城市商业银行改革创新的实践和探索

马时雍　主编

人民出版社

序

　　进入21世纪以后，遍布全国的一百多家城市商业银行摆脱困境，迅速发展壮大起来，总资产每年都以两位数增加，市场占有率几乎年年都有提高，利润总额翻了几番，不良资产率居全国银行业中最低水平。更为可喜的是城市商业银行建立了比较规范的公司治理，为可持续发展奠定了良好的基础；在成立之时就定位于为中小企业和城乡居民服务的宗旨逐步在实践中得到落实，并积累了比较丰富的经验；差异化发展和特色化经营已形成共识并付诸行动，并正在被市场认可；风险控制和科技基础建设有了长足的进步；等等。尽管城市商业银行还存在不少问题和缺陷，特别是银行业竞争日趋激烈，使这支年轻还不强大的团队面临着巨大的挑战，但按照市场原则组建并经历了市场经济风浪考验的城市商业银行将会在竞争中变得更加成熟，我们有理由相信，城市商业银行将会沿着又好又快的道路不断地前进，为我国金融业的发展作出应有的贡献。

　　究竟是什么原因，使城市商业银行这支队伍走出困境十多年后就取得了不菲的成绩？我们重温这十几年的历史不难发现，除了我国经济和社会快速健康发展这个大背景外,最根本的原因是他们始终坚持在市场经济的条件下走改革创新的道路。

我国经济转型三十多年来取得了举世瞩目的成绩,经济总量已居全球第二,人民生活水平也迅速提高,一条最基本的经验是我们抛弃了计划经济时代那些僵硬死板的理念,三十多年来坚持改革开放的路线,在经济活动中不断地开拓创新。这样的经验对城市商业银行来讲尤其弥足珍贵。城市商业银行是改革开放的产物,包括城市信用社的历史在内也走过了30年的历程,它们的发展是我国金融业三十多年来的一个缩影。想当初,作为体制外的地方小金融机构,没有国家信用背景,没有国有大企业支持,分散、零乱地被挤压在大银行垄断的市场缝隙中,几乎不被传统的市场所认可,经营活动十分困难,常常是险象环生,甚至危及了地方的金融安全。在当时,刚刚走上市场经济道路的我国金融界对地方小金融机构的发展、整顿、改造缺乏经验,城市信用社要走出困境只能"摸着石头过河",在实践中走出一条有中国特色的城市小金融企业改革发展道路,组建城市商业银行本身就是改革创新的一个重大举措。尔后,化解和消化城市商业银行历史形成的巨额不良资产,使它们卸掉包袱轻装上阵靠的是地方政府、监管部门和城市商业银行干部员工从各地的实际出发,用改革创新的思路去实践才得以完成。同时,在近十年发展中城市商业银行率先在我国银行业金融机构中进行股份制改造,引进战略投资者并把"引资"和"引智"相结合,建立适合小金融机构的内部控制和风险管理体系,开展城市商业银行之间的合作和联合,利用内外资源建设和完善IT系统,探索有效的小企业和小微企业的信贷机制,逐步形成差异化发展和特色经营,稳妥地探索跨区域发展等等,无一不是改革创新的结果。城市商业银行发展到今天,成为勃勃生机具有一定竞争力并有良好发展前景的银行群体，靠的就是不断的改革创新。

当前，我国经济和社会发展开始进入一个新的阶段，国家把经济结构战略性调整作为主攻方向，强调经济和社会发展的全面性、协调性和可持续性，强调把提高人民的生活品质，构建和谐社会作为我们一切工作的出发点和归宿。同时，经历了经济和金融危机以后，国际经济金融环境也发生了根本的变化。城市商业银行下一步的发展面临严重挑战，具有很大的不确定性。尽管经过十多年发展已具有良好基础，但就目前的情况而言，绝大多数城市商业银行的综合竞争力还不足以保证在形势和时代的变革中能顺利地生存和胜出。出路在哪里？只有一条路，这就是顺应历史潮流，遵循经济发展规律，坚持改革创新不动摇，克服前进道路上的千难万险，扎扎实实地把发展方式转变和科学发展贯彻于我们行动的始终。

毫无疑问，城市商业银行改革创新的主体是企业本身。在认真总结过去十几年来改革创新经验和教训的同时，我们必须深刻分析存在的问题，把差异化发展和形成自己的经营特色作为改革创新的主题。经过十几年发展，城市商业银行各主体之间也已出现了很大差距，除了一些诸如完善法人治理、重视战略研究、坚守风险底线等共性问题以外，更多的个性问题，除了借鉴同行一些经验以外，更重要的是要从自己面临的实际情况和问题出发，有的放矢地改革创新，简单地在别人后面跟进已不会有明显的效果。改革创新的道路不可能一帆风顺，经济和金融环境已变得越来越复杂，必须把增强员工改革创新意识和提高改革创新的水平作为长期的基础性工作，不能因为改革创新的一二次失败和可能出现的一些问题而停止改革创新的步伐。不坚持改革创新，城市商业银行的继续、稳定、快速发展是不可能的。

改革创新需要一个良好的外部环境。我国银行业经过一段快速扩张过程后，将逐步进入稳健发展的阶段，监管政策也有重大调整，银行业长期依赖"以量补价"、"以价补量"的传统盈利模式在金融脱媒和利率市场化不可逆转的趋势下将发生变化。这是银行业今后发展的压力和动力，也是城市商业银行加快调整结构，加快改革创新的有利时机。同时，分类监管政策的稳定，公平、公正、规范、透明的竞争环境，对改革创新的理解和支持，对小银行必要的政策支持等等，都将会对城市商业银行改革创新产生重大影响。

近二十年来我有幸参与了一座城市的城市信用社整顿、城市商业银行的组建和改革发展的全过程，为城市商业银行群体取得的成绩欢欣鼓舞。城市商业银行走过的道路是不平凡的，有帮助、鼓励和支持，有竞争、成功和喜悦，也有批评、指责和失败，"事非经过不知难"，我深切地感受到要十分珍惜城市商业银行来之不易的良好局面，觉得有必要把这近二十年改革创新的经验和教训认真总结，于是就编写了这本书，抛砖引玉，希望为今后的城市商业银行发展提供一点点借鉴和帮助。

写上以上一些文字和城市商业银行的同仁们共勉。是为序。

巧时雍

2011年初夏于仁寿山居

目 录

Content

Chapter 5 The Development and Innovation of City Commercial Bank' Traditional Business/117

Chapter 6 The Development of City Commercial Bank's Emerging Business/165

Chapter 7 The Practice and Exploration of City Commercial Bank's Financial Management/199

Chapter 11 The Cross-regional Expansion of City Commercial Bank/359

Chapter 12 Trend Analysis of City Commercial Bank's Development/373

Postscript/410

第一章
城市商业银行发展历程概述*

第一节 城市商业银行的创建

一、我国单一银行体制的变化

改革开放以前我国实行国家垄断的单一金融体制。人民银行既是国家金融管理部门又经营具体的银行业务，其服务对象主要是中央和地方的国有企业(当时称国营和地方国营企业)。由于我国长期实行高度集权的计划经济，国家财政收入是银行存款的主要来源，社会闲散资金很少，国有企业所需的资金都是由各级财政直接拨付，银行其实只是在资金运用过程中充当了出纳、会计的职能，这种体制延续了近三十年。

这样的制度安排在新中国成立初期有其必要性和合理性，但随着经济和社会的发展，弊端越来越明显。灾难性的"文化大革命"结束后，中国经济和社会开始发生根本的变革。在改革开放政策指引下，国家实行了

---

* 本章由马时雍撰稿，李杨健为本章搜集了部分资料。

"简政放权"、"搞活企业"、"让利于民"等一系列政策，国民收入的分配格局发生了转变，居民收入占国民收入的比重逐步增加，从1978年的32.1%上升到1995年的67.2%，居民储蓄的迅速上升，使银行有机会获取不断增加的社会分散资金，能够更好地满足国有企业发展的资金需求。国有企业的资产负债率1979年为29.5%，1985年实行"拨改贷"后上升至40%，1990年则上升为60%，国有企业对银行的依存度迅速提高。[①] 同时，中小企业和民营经济在改革开放政策的刺激下从萌芽状态迅速成长，尽管它们还很弱小，但十分迫切希望得到金融服务和支持。在这样的背景下我国单一的金融体制开始发生变化。1978年，中国人民银行从财政部门分离出来。1979年3月，中国农业银行恢复，同年，中国银行从中国人民银行中分离出来，中国建设银行从财政部分离出来。1984年初，中国人民银行开始独立行使中央银行职能，将其全部商业性信贷活动分离出来，成立了中国工商银行。短短几年时间，在我国金融体系中发挥主要作用的国有商业银行体系便基本形成。1994年，根据政策性业务和商业性业务相分离的原则，国家开发银行、中国进出口银行、中国农业发展银行等政策性国有银行相继成立。邮政储蓄银行也于2007年3月宣告成立。

从20世纪80年代初开始，我国开始由计划经济体制向市场经济体制转变，在这具有历史意义的经济转轨过程中，中国的银行业得到了迅速的发展。1986年7月，我国第一家以股份制形式组建的商业银行——交通银行重新开业，标志着股份制商业银行开始进入我国的银行业市场。同年，招商银行获得中国人民银行批准筹建，并于1987年4月正式对外营业。此后至1996年，中信实业银行、深圳发展银行、福建兴业银行、广东发展银行、光大银行、华夏银行、浦东发展银行、中国民生银行相继成立。21世纪初以来又有恒丰银行、渤海银行和浙商银行开业，形成了迄今为止我国12家全国性股份制商业银行的强大阵容。

---

① 参见武志：《中国地方金融体系的改革与重构》，东北财经大学出版社2005年版，第11页。

20世纪70年代后期以来，随着改革开放的不断深入，城市和农村的经济迅速发展，特别是集体经济和其他非国有经济的快速增长，催生了城市信用社和城市商业银行(成立时称城市合作银行)，至2010年全国已有147家城市商业银行。同样，农村信用社、农村合作银行和农村商业银行也快速发展，至2010年我国有2646家农村信用社和308家农村合作(商业)银行。近年又开始组建村镇银行，至2010年底已成立349家村镇银行。我国在加入了世界贸易组织（WTO）后，外资银行开始进入我国，至2010年在我国境内已有具有法人资格的外资银行40家和外资银行的分行90家。

改革开放三十多年来，我国形成了政策性银行、国有商业银行、全国性股份制商业银行、城市商业银行、农村合作(商业)银行、村镇银行和外资银行等组成的完整的银行体系，这个体系的形成既是我国经济和社会发展的必然结果，也有力地保证和推动了我国经济和社会的快速发展，为我国各项事业的改革开放发挥了重要作用。

二、城市信用社在经济体制改革的大潮中兴起

城市商业银行来源于城市信用社，因此我们有必要对城市信用社的发展简要回顾一下。如前所述，改革开放前的近三十年，我国的金融体制是国有金融垄断的制度，绝大部分金融资源为国家控制并配置给了体制内的国有经济。体制外的非国有经济很难得到金融支持，这也是前近三十年我国经济增长不快的重要原因。在城市，这种现象更为严重，金融资源几乎100%的只为国有经济服务，因此非国有经济发展不起来，即使地方政府创办的所谓地方国营企业，也很难得到充足的金融支持。地方政府为体制外企业寻求金融支持的行为从来没有间断过，但在高度集权的计划经济体制下，这种努力往往是徒劳的。改革开放后，地方政府看到了希望。1979年人民银行开始同意组建城市信用社，尽管城市信用社的成立需要人民银行批准并由人民银行管理，但它的服务对象是非国有的中、小企业和民营企业，因此地方各部门，小到街道办事处大到省级机关，甚至国有银行的省、市分行都对筹建城市信用社表现了很大的热情，这里除了有满足非国有经济金融需求的动力外，也

有一些国有单位和企业希望借此机会能得到一笔体制外可支配的收入，这在当年呆板的经济体制下是一种很大的诱惑，也因此埋下了以后城市信用社管理混乱的祸根。

1979年6月，我国第一家城市信用社在河南驻马店成立，实现了我国城市信用社零的突破。尔后几年，城市信用社数量急剧增加。1985年年底，全国已有约1000家城市信用社，到1988年底，这一数字已达到3265家。到1994年底，全国城市信用社已有5200多家，各项存款余额1481.09亿元，各项贷款915.66亿元，自有资金87.18亿元，其中有2275家设在地市级以上城市。[①]

城市信用社的快速发展主要是有旺盛的市场需求。几乎所有大城市的前几家信用社都产生于当时各地的小商品市场和商贸特色街。比如杭州的第一家信用社是为丝绸市场的摊位业主服务，北京的第一家城市信用社开办在东皇城根小商品市场等等。城市信用社从无到有，从小到大，简单高效的审批程序逐步被社会认可，在发展城市个体私营经济方面的作用越来越明显。城市信用社以灵活的经营手段在竞争尚不充分的市场上崭露头角，并取得了良好的效益，申请开办城市信用社的单位、部门越来越多，城市信用社的主办单位也逐渐复杂起来。由于处在改革开放的初期，对市场经济条件下的金融体制大家都很陌生。城市信用社的诞生和发展并没有整体的政策指引，业务营运、人才招聘、管理制度都没有清晰的政策和法律框架来规范。因此，从城市信用社成立之日起，就意味着它必须在发展中整顿提高。中国人民银行从1989年下半年起对城市信用社进行了第一次整顿，历时两年。使城市信用社的管理水平和运行质量有所提高，资本金的注册起点从10万元提高到50万、100万元。[②]

20世纪90年代初，我国的市场经济建设步伐加快，非国有经济和中小企

---

① 参见武志：《中国地方金融体系的改革与重构》，东北财经大学出版社2005年版，第114页。
② 参见武志：《中国地方金融体系的改革与重构》，东北财经大学出版社2005年版，第113页。

业在国民经济中的比重迅速增长，这为城市信用社开拓了广阔的市场，城市信用社的经营活动更加注重规模化、行业化。各地开始成立城市信用联社，以联合的形式提高竞争能力并防范可能出现的风险，这标志着城市信用社进入了一个新的发展阶段。但是在城市信用社快速膨胀的同时也出现了很多问题：开办主体复杂，而且大都不熟悉金融工作，一味只追求规模扩张而不注意风险的防范；很多地方把城市信用社作为安排子女和社会闲散人员的就业渠道，人员素质明显不适应金融工作的需要；城市信用社资金成本高、股权结构不合理、内控体制不健全，经营风险日益突出和显现；更为严重的是一部分城市信用社抛弃了为小型企业和个体工商户服务的宗旨，盲目地把贷款发放给一些资本金严重不足的房地产开发企业，甚至发放给一些不法的金融掮客，结果造成了贷款的大量沉淀和不良资产迅速增加，违法违规案件迭起，不少城市信用社出现了支付危机。城市信用社面临着严峻的形势，发展走到了十字路口。

三、城市商业银行的组建

1992年邓小平南巡讲话发表以及党的十四大确立了市场经济体制，大大地推动了我国市场经济的发展。1993年11月党的十四届三中全会作出了《关于建立社会主义市场经济体制若干问题的决定》，明确提出经济体制改革的目标是建立社会主义市场经济体制。同时，国务院发布了《关于金融体制改革的决定》。按照决定的精神，为了完善我国金融体系，防范和化解城市信用社的金融风险，促进地方经济健康发展，国务院在1995年9月发布通知，决定在全国各大中城市以城市信用社为基础分期分批组建城市合作银行。

1995年6月，全国首家城市合作银行——深圳城市合作银行成立，人民银行在深圳召集各城市政府开会研究组建城市合作银行工作，同年上海城市合作银行也开业。1996年国务院办公厅发出通知，扩大组建城市合作银行试点范围，在60个城市组建城市合作银行。1997年，中国人民银行根据国务院的要求，批准了58个城市开展城市合作银行的组建工作。至1998年底，全国共合并了2000多家城市信用社，组建了88家城市合作银行。[①] 1998年3月，国务院办公厅发出通知，将城市合作银行统一更名为城市商业银行。近年大部分城市商业银行经中国银行业监督管理委员会批准，将行名中"商业"两字去掉，直接以城市名命名。至2010年年底，全国已有147家城市商业银行，总资产已达7.85万亿元，从业人员20.66万人。

城市商业银行是根据《中华人民共和国公司法》（以下简称《公司法》）和《中华人民共和国商业银行法》（以下简称《商业银行法》），在合并城市信用社的基础上，由城市企业、居民、地方财政投资入股共同发起设立的主要为地方经济、中小企业和城市居民提供金融服务的股份制商业银行。和其他银行相比，城市商业银行具有几个显著的特点：一是城市商业银行吸收原城市信用社转移过来的法人和自然人股东，并采取发起方式设立，按股份有限公司的要求组建；二是城市商业银行在合并所在城市的城市信用社的基础上，由地方政府出资控股，从城市商业银行成立之日起，地方政府对城市商业银行的发展和防范风险承担了很大的责任；三是城市商业银行从成立之日起就把为中小企业和城镇居民服务作为主要任务。

---

① 参见武志：《中国地方金融体系的改革与重构》，东北财经大学出版社2005年版，第114页。

第二节 城市商业银行的发展过程和经验

一、城市商业银行的两个发展阶段

经过十五六年的发展，城市商业银行的经营规模不断扩大，总体实力不断增强，资产质量逐年好转，盈利水平稳步提高，呈现了良好的发展态势，已经成为中国银行体系中一支重要的力量。不少城市商业银行已经走出组建的城市，面向全省或经济区，甚至面向全国发展分支机构。几家大型的城市商业银行总资产与效益已接近或超过部分全国性的股份制商业银行，其效益也超过这些全国性股份制银行，城市商业银行以其顽强的生命力蓬勃发展。这十几年城市商业银行走过的道路大致可以分为两个阶段：第一个阶段是艰难的起步阶段；第二个阶段为健康的成长阶段。

建行之初，几乎所有城市商业银行都面临着严峻挑战：一是由于信用社时期管理制度不健全、经营管理混乱，致使不少城市商业银行成立之初就背负着沉重包袱。城市商业银行不良贷款率普遍很高，按照当时不良贷款的分类标准，不少城市商业银行的不良贷款率在30%-40%，有些甚至高达70%以上。尽管在成立时都进行了资产评估，并且地方政府都注入了资金，但少数城市商业银行实际上已资不抵债，它们只好采取了一些技术手段，把一部分不良资产放到表外处理等，勉强应付开业。由于不良资产高，其中不少又是死账坏账，城市商业银行的领导不得不花很大的精力在追讨债务、处理烂账上，没有更多的时间去开拓业务加强管理。同时，由于过高的不良率严重影响银行的流动性，有少数城市，比如郑州、汕头等地发生挤兑，在人民银行和省、市政府的紧急救助下金融风波才得以平息。二是员工队伍参差不齐，业务素质明显不适应银行业的要求。城市信用社的从业人员大部来自机关、学校和其他企、事业单位，也有街道、居民区的干部，基本没有金融从业经验。尽管其中有一部分人经过几年实践掌握了一些金融工作技能，但要适应银行工作困难还很大。城市商业银行成立时，地方政府从国有和股份制银行商调了一些人员，但人数有限，很难左右局面。面对这样的人员结构，城市商业银行必须把很多的精力放在提高人员素质上，尽快让这些员工掌握银行从业人员的基本技能，防范可能出现的操作风险和道德风险。同时，为了逐步优化人员结构，动员一部分年龄较大又不适合银行工作的员工提前退休或内部退养是一项很艰巨的工作，也给城市商业银行内部带来一些不稳定的因素，对城市商业银行管理层的领导能力和水平提出了挑战。三是市场和社会的认可度不高。城市商业银行成立时由于资本金小、业务量少、营业场地简陋等，很多企业对其经济实力、业务能力都持怀疑态度，社会公众也是不了解、不信任、不放心，加之部分原信用社造成的不良影响，城市商业银行成立初期业务开展步履艰难。同时，1996年以前，我国五大国有商业银行(包括后来划入国有商业银行范畴的交通银行)和九家全国性股份制银行都已成立，这些银行基本垄断了全国的金融市场，并已形成较强的竞争。1996年我国银行业的存贷款已达6.86万亿和6.12万亿，而城市商业银行和城市信用社仅有0.45万亿元和0.27万亿元。至2001年，城市商业银行的存贷款也仅占全国市场的4.74%和3.83%。除了这三方面的困难和挑战外，城市商业银行还碰到了其他很多问题。但在地方政府、监管部门的帮助和支持下，城市商业银行十几万名员工艰苦努力、开拓创新，经过五六年的努力终于走出了艰难的起步阶段，开始走上健康成长的轨道。至2003年全国已有112家城市商业银行，总资产1.46万亿元，存款总额1.17万亿元，占全国市场的5.31%，贷款总额0.77万亿元，占全国市场的4.53%，实现利润54.22亿元，不良贷款率下降至12.85%。

21世纪以来，走出困境的城市商业银行在继续加快风险资产处置工作的同时，加快基础管理建设、积极开拓市场，取得了良好的业绩。一是在监管部门指导下，城市商业银行苦练内功，在完善公司治理方面取得了显著成效，有效确保了稳健经营。二是在不断的市场实践中，城市商业银行进一步明确了市场定位并制订了发展战略，在服务中小企业和城乡居民中逐步形成经营特色，提高了核心竞争力和可持续发展的能力。三是持续加强内控合规建设，经营管理水平和防范风险能力不断提升。四是积极实施IT战略，倡导科技兴行，核心系统建设得到加强，基本实现了由单纯的"去手工化"向综合信息管理系统建设阶段发展。五是注重多渠道补充资本，不断提升资本补充水平和质量。同时，不少城市商业银行引进战略投资者，提升市场竞争力。城市商业银行还不断加强精神文明建设，形成积极的企业文化，加强人才建设，增强社会责任，确保企业的健康稳定成长。近几年来，在全球金融危机的宏观背景下，城市商业银行仍然保持了稳健发展的良好势头，在中国银行业中的地位逐渐提升，对地方经济的支持作用逐渐增强。以下几组数据反映了城市商业银行的发展现状。[①]

一是资产规模持续扩大。到2010年年末，全国147家城市商业银行的资产总额达到7.85万亿元，比上一年增长2.17万亿元，增幅38.20%，在全国银行业中占比8.24%。图1-1是从2003年以来城市商业银行资产规模的变化情况。

图1-1 2003-2010年全国城市商业银行总资产情况

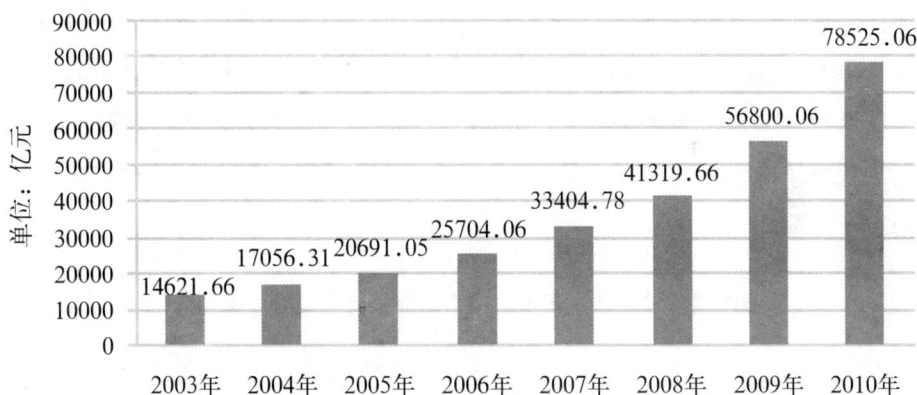

二是存贷款规模迅速增加。至2010年年末，全国城市商业银行各项贷款余额达到3.59万亿元，比上一年增长0.70亿元，增幅为24.22%，在全国银行业中占比7.05%。全国城市商业银行的存款2010年已达到6.1万亿元，是2003年的5.2倍，占全国银行业的8.32%。图1-2是2003年至2010年城市商业银行存贷款规模的增长情况。

---

① 数据来源：中国银监会网站。

图1-2 2003-2010年全国城市商业银行总贷款情况

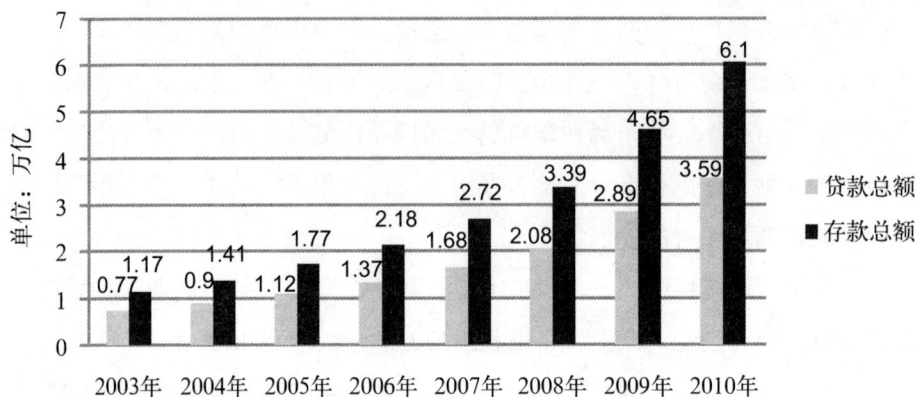

三是资产质量达到了较好水平。至2010年末，全国城市商业银行的不良贷款率0.91%，低于全国商业银行0.2个百分点，不良贷款余额325.6亿元，不良贷款余额和比例继续实现"双降"。从2003年以来，城市商业银行的不良贷款率呈持续下降局面，图1-3是城市商业银行从2003年以来不良贷款率的下降情况。

图1-3 2003-2010年全国城市商业银行不良贷款率情况

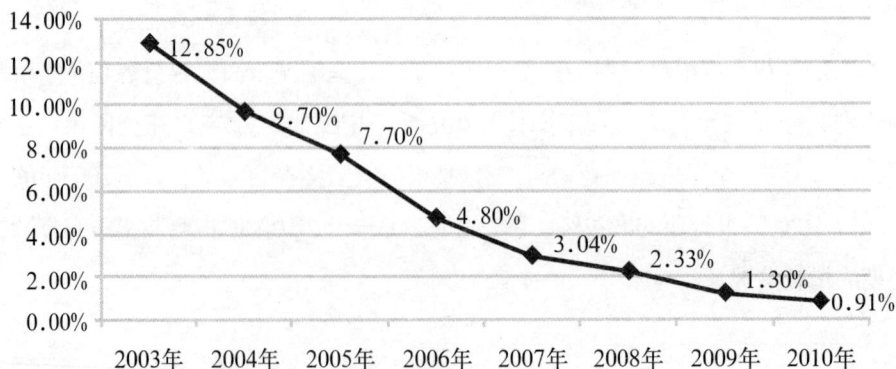

四是盈利能力进一步提高。2010年，全国城市商业银行平均资本收益率达到18.3%，实现税后利润769.8亿元，比上一年增长273.3亿元，在全国银行业中占比8.56%。这些年来城市商业银行的利润逐年快速提高，图1-4是从2003年以来城市商业银行的利润提高情况。

图1-4 2003-2010年全国城市商业银行利润情况

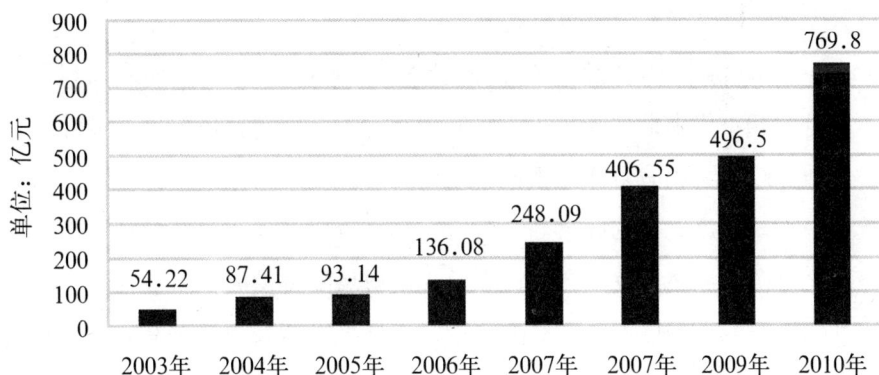

五是资本实力进一步提升。2010年末，全国城市商业银行平均资本充足率达到了12.84%，高于同期股份制商业区银行1.8个百分点，147家城市商业银行全部达到监管要求。图1-5是从2003年以来全国城市商业银行资本充足率增长情况。

图1-5 2003-2010年全国城市商业银行资本充足率情况

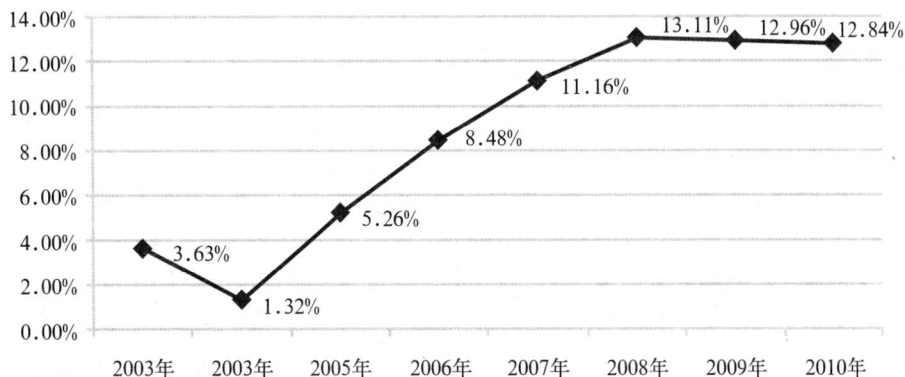

二、城市商业银行发展的经验和启示

十几年来，城市商业银行的发展得益于中国经济和社会的快速发展，其中地方经济和社会的发展对城市商业银行的成长尤其重要。在我国经济转型过程中，中小企业、民营经济的快速成长，城乡人民生活水平的提高为城市商业银行提供了广阔的市场空间，使城市商业银行健康壮大起来。城市商业银行这十几年发展有不少经验和启示：

（一）只有坚持有质量的发展才能克服困难

20世纪90年代中期城市信用社暴露出来的严重问题，使中央决策部门下决心由地方政府组建城市商业银行，以化解可能出现的地方金融风波。面对着重重困难，筹建之初的城市商业银行，如何克服困难，会有两种选择：一种是把主要精力放在清收不良资产上，先化解风险再发展；另一种是一手抓有质量的发展，一手抓不良资产的化解，而且把主要精力放在发展上。实践说明，用第一种方法既达不到目的也无法让城市商业银行健康成长起来的。且不说当时随着开发区热、房地产热的降温，金融企业投放的大量贷款沉淀下来是个短时间无法解决的问题，更何况由于经济秩序的不规范和法律不健全，短时间内要解决大量经济纠纷也是不现实的。只有迅速地建立起有效的风险防范和内控制度，积极地开拓市场，扩大有效的业务投放，在有质量的逐步做大规模后才能走出困境，这是化解风险的积极办法。1996年以来城市商业银行的一些数据可以清楚地表明，随着城市商业银行规模的不断扩大，管理制度的不断规范，内控制度的健全，不良贷款的比例迅速下降，城市商业银行抗风险能力明显增强。2010年城市商业银行存贷款占全国市场份额分别为8.32%和7.05%，与2001年相比几乎翻了一倍。同时，城市商业银行的不良贷款率迅速下降至1%以内，低于国有商业银行和股份制商业银行，拨备覆盖率2010年达到257.1%，抗风险能力明显提高。

（二）完善内部体制和机制才能确保城市商业银行健康快速成长

改革开放以来，我国经济一直保持了较快增长的态势，城市信用社在改革开放初期诞生，在以后的十五六年中发展很快。但是，由于内部体制机制的不完善积累了严重的风险，最后只能走上重组的道路。这说明外部条件再好，如果内部体制和机制出现问题，企业要健康发展是不可能的。正是总结了城市信用社的教训，城市商业银行成立以来，十分重视内部体制和机制的完善。

1.完善公司治理，有效地确保城市商业银行的稳健经营。城市商业银行成立之初在清理和保留原有股东的基础上，由地方政府出资控股，这样的安排，在城市商业银行成立时是完全必要的，并对城市商业银行初期的发展发挥了重要作用。但一股独大的股权结构不利于城市商业银行的长期健康发展。从2000年左右开始，全国城市商业银行陆续开始股权结构的改革，吸收了符合条件的国企、民企成为城市商业银行股东。至今已形成了股东地域多元化、股东规模多元化、股东所有制成分多元化、股东行业分布多元化的股权结构，夯实了公司治理基础，为提高公司治理水平打下了坚实基础。还有不少城市商业银行引进境外战略投资者或者境内全国性股份制商业银行、信托、保险公司、大型城市商业银行作为境内战略投资者，这不仅改善了股权结构，还使城市商业银行经营管理水平得到了提高。在股权结构多元化的基础上，城市商业银行按照《公司法》和《商业银行法》的要求，在监管部门的帮助下，建立了"三会一层"的公司治理架构，董事会、监事会的运作日趋完善。董事、监事的专业素质，独立董事、外部监事的履职和决策能力不断提高，决策程序逐步明确完善，公司治理运作逐步走上轨道。在董事会领导下，城市商业银行加快激励约束机制建设，不断修订以业务指标、效益指标为重点的考核标准，开始引入了与风险周期、内控合规指标等挂钩的考核要素，围绕改革高管薪酬体系这一中心，逐步形成了一套科学有效的激励约束机制。

城市商业银行引进境外战略投资者一览表*

城市商业银行	境外战略投资者及持股比例
上海银行	国际金融公司7% 香港汇丰银行8% 香港上海商业银行3%

---

* 表中数据截至2009年末。

续表

齐鲁银行	澳洲联邦银行20%
西安市商业银行	国际金融公司0.89% 加拿大丰业银行14.77%
北京银行	荷兰ING银行16.07% 国际金融公司4.04%
南京银行	法国巴黎银行12.61%
杭州银行	澳洲联邦银行20% 亚洲开发银行3.95%
南充市商业银行	德国投资与开发有限公司10% 德国储蓄银行国际发展基金3.30%
天津银行	澳新银行20%
宁波银行	新加坡华侨银行10%
重庆银行	香港大新银行20%
成都银行	马来西亚丰隆银行20%
青岛银行	意大利联合圣保罗银行20% 洛希尔金融集团控股公司4.98%
厦门市商业银行	富邦银行（香港）有限公司19.99%
烟台银行	恒生银行20% 永隆银行4.99%
营口银行	马来西亚联昌银行18.19%

2.内部控制和风险管理的完善与加强是城市商业银行十多年来健康发展的保证。城市商业银行成立以后，除了要化解历史遗留的风险外，还必须应对快速增长过程中面临的各类风险，监管部门对此予以了高度的关注。城市商业银行深刻总结信用社及建行初期出现风险的教训，制订了风险战略和风险政策，逐步建立了较完善的风险管理体制，并引入了较先进的风险管理工具和技术来应对信用风险、市场风险、流动性风险和操作风险。城市商业银行在对制度和流程进行梳理的基础上加强了内部控制制度的建立和完善，经过十几年的努力正在形成良好的合规文化。通过加强法律、法规的学习，城市商业银行倡导"做合规之人，行合规之事，兴合规之风"的意识，增强员工风险责任观念，不断完善事前、事中、事后监督机制，确保各项业务依法合规经营，从而降低城市商业银行的各类风险。

3.在市场竞争中，城市商业银行加快了营销模式和管理体制的改革。城市商业银行成立以后就面临着强大的竞争对手，在当地市场上，除了具有独立法人地位，效率较高外，别无其他优势可言，因此在市场竞争中处于弱势的地位。这就逼着城市商业银行努力去研究市场、发现市场，寻找有效的营销模式。在实践中城市商业银行认识到，传统粗放的营销模式适应不了市场竞争，这种模式不但没有竞争力，还引发了一系列风险，经过不断的调整和完善，专业化营销模式逐步形成，使城市商业银行的效率优势和市场竞争力得到提高，业务发展开始走上了正常轨道。专业化营销模式对原来传统的管理体制提出了挑战，城市商业银行逐步加快了在管理制度、业务运营、人力资源、风险控制、资源配置等等方面的改革，一部分实现跨区域发展的城市商业银行，在总、分、支组织架构上也进行了有益的探索。营销模式和管理体制的改革使城市商业银行的市场定位进一步明确，为中小企业和城乡居民提供金融服务的宗旨得到了较好的落实，为形成城市商业银行的经营特色，减少和其他银行业务的趋同性和同质化奠定了良好的基础，这也是城市商业银行可持续发展的重要保证。

4.加强科技建设，增强城市商业银行的科学发展能力。城市商业银行十几年的顺利发展得益于大力倡导科技兴行与实施IT战略，信息系统建设力度得到加强，努力实现了由单纯的"去手工化"向综合信息管理系统建设的阶段发展。通过自主开发、引进系统、联盟合作等多种形式和渠道，加强核心信息系统建设。

大部分城市商业银行能够根据业务发展需要，自主开发建立了符合自身特点和业务发展需要的核心信息管理系统。部分城市商业银行将IT建设纳入公司治理框架，开始尝试建立IT委员会，着手制订IT建设中长期战略，并搭建了先进的IT专业研发团队，使得IT建设不断朝着符合长期发展战略和业务特色的方向发展。一些城市商业银行根据自身发展需要，积极引进股份制商业银行成熟的管理信息系统，借鉴先进银行IT系统建设上的做法，立足高标准、高起点，顺利完成了第一代核心业务系统的升级工作，并陆续开发了符合自身业务特点的各类业务系统以及风险管理系统。在借鉴德国储蓄银行联盟经验的基础上，山东14家城市商业银行组建成立了山东省城市商业银行合作联盟有限公司。2009年11月13日，山东省城市商业银行合作联盟开发的综合业务系统在齐鲁银行顺利切换上线，标志着国内首个"单系统、多法人"综合业务系统的成功建立。该业务系统的顺利建设使得山东省城市商业银行合作联盟各成员在实现业务合作的同时，能够资源共享和集约化合作经营，有效提升了城市商业银行的市场竞争能力和客户服务水平。

5.提高员工素质，加快适用人才的培养和引进。企业的发展，说到底要依靠一支高素质的员工队伍，在发展过程中城市商业银行对"人才是第一资源"的理念有了深刻认识，将员工成长纳入促进银行发展的重要措施之一。建行初期，城市商业银行的员工绝大部分是城市信用社转岗过来的，他们经受过市场经济的洗礼，有一定的从业经验，但要适应银行的工作还有很多知识和技能需要补充。在这种情况下，加强对员工的培训和教育成为非常紧迫和重要的工作。城市商业银行采取各种措施鼓励员工学习和深造，并为员工提供多样的培训、学习、交流，实现员工与银行共同成长，其中很多人已成为城市商业银行的骨干。同时，由于历史的原因，原信用社中一部分员工的文化水平、年龄结构和城市商业银行的发展不相适应，城市商业银行普遍采用了提前退休或退养的办法来调整人员结构，并积极地从其他金融机构和大专院校的应届毕业生中引进和招聘员工。经过近十年的努力，目前城市商业银行的员工是一支年轻和有活力的队伍，具有大专以上学历的员工占比普遍在95%以上，还引进了一定数量的硕士和博士学位的高学历人才，有了这样一支队伍，才有城市商业银行十五六年来的快速健康发展。在快速发展的过程中，城市商业银行围绕着有利于员工发展和成长逐步形成了人力资源管理体制和机制，积极探索建立健全科学的人才机制和有利于人才成长的激励约束机制，使员工在城市商业银行的发展中本身也得到不断提高。

三、地方政府为城市商业银行的发展作出了巨大的努力

在改革开放形势下，中央政府在制度安排上允许地方政府介入金融市场是我国金融创新和改革的一大亮点。一方面随着经济和社会的快速发展，如雨后春笋般成长起来的这些小金融企业如果仍然由中央机构直接管理不仅在

人力上不允许，而且实际上已暴露出非常多的矛盾和问题，甚至直接影响到金融稳定。另一方面这些小金融企业要走出困境顺利发展，在初始阶段不仅需要从外部补充不过分追求回报的资本投入，而且还要帮助其拥有一定的市场竞争能力。很显然，能提供这些条件的出资人只能是地方政府。在这种情况下中央政府明智地作出决定，由地方政府把城市信用社改组为城市商业银行，并负责解决城市商业银行历史遗留下来的问题和今后的发展。对地方政府而言，为了促进本地区经济和社会发展，在继续争取国有银行和全国性股份制银行金融支持的情况下，增加了一支地方银行的支持力量无疑是十分乐意的，特别是地方政府十分关注涉及增加就业和地方税收增长的中小企业、民营经济长期得不到充分的金融支持的状况可以通过组建城市商业银行得到缓解，地方政府支持城市商业银行发展的积极性就自然被调动起来。城市商业银行十多年的发展和地方政府的帮助、支持是分不开的。

城市商业银行成立之时就背负着十分沉重的历史包袱，有的行不良贷款比例甚至超过70%，成立后就被监管机构确定为高风险行。也有一些行在初期运营期间由于风险管控能力薄弱和盲目发展，增加了巨额风险资产，严重地威胁着城市商业银行的发展。地方政府认识到这些情况的严重性，采取果断措施处置不良资产，出现多种城市商业银行风险处置方式：一是资产置换。主要以土地、现金、专项贷款和房地产等变现能力较强的实物资产为置换资产。二是自身核销。三是新入股股东分摊。利用增资扩股机会，通过一定形式的约定或承诺，让新入股股东分摊历史不良资产。四是税收返还。某些地方政府承诺将一定期限、一定比例的地方税收让渡返还给城市商业银行。五是现金回收等其他方式。截至2009年年末，全国城市商业银行历年共处置不良资产近2000亿元，资产质量不断优化，资本充足水平不断提高，风险抵御能力不断增强。2004年，全国城市商业银行不良贷款率下降至10%以内，2006年不良贷款率下降至5%以内，2008不良贷款率下降至2.5%以内，2010年不良贷款率为0.91%，逐步达到或接近国际先进银行水平。江苏、安徽、吉林、黑龙江等地城市商业银行在风险处置的基础上进行了联合重组，区域风险进一步降低；广西北部湾银行、富滇银行等二十多家城市商业银行通过风险处置进行了财务重组，单体风险得到有效化解。在监管部门的帮助指导下，地方政府作为大股东主导与支持风险处置工作，为中国银行业的风险处置积累了经验。在不良资产的处置过程中，城市商业银行的风险防范长效机制也得以建立和完善。

除了对不良资产的处理以外，地方政府也千方百计增加城市商业银行资本。在建行初期，几乎所有的地方政府都采用以地方财政入股的形式增加城市商业银行的资本，在基本走出困境实现盈利以后，又对城市商业银行进行股份制改造，吸收国有、民营企业入股，有不少城市商业银行还通过引入境内外战略投资者，既提高了资本充足率又引入了新的管理和技能，收到了良好的效果。2003年城市商业银行平均资本充足率为−1.6%，2004年平均充足率为1.3%，2006年为8.5%，实现平均资本充足率达标，2008年平均资本充足率达到13.11%实现单体城市商业银行资本充足率全部达标，资本实力和抵御风险能力显著增强。

我国市场化改革采取的是渐进的方式，市场的完善需要很长的时间，政府在改革中拥有广泛的行政权力，资源配置的市场化会有较长的过程，企业的改革还不彻底。所有这些，使企业在进入市场的同时，必须借助政府的力量谋求发展，这就形成了中国企业在一定时期内的亲政府行为。城市商业银行在发展初期同样如此，在清收不良资产、组织存款、选择优质客户、树立企业形象、引进优秀人才等方面都得到了地方政府的帮助和支持。同时，由于地方政府更接近于市场，随着金融风险意识的提高，亲政府行为可能引发的一些负面影响，比如对业务发展的干预并没有大规模发生，这也保证了城市商业银行在克服困难走上正常发展道路后，能在市场经济的大潮中迅速健康成长起来。

四、不断完善监管政策和措施，推动和保证了城市商业银行的健康发展

自城市商业银行成立以来，这十几年监管部门和政策都有很大的变化，从人民银行到银行业监督管理委员会(以下简称银监会)，从市场化改革到防

范和化解金融风险，从逐步达到巴塞尔Ⅱ的监管要求到将实施巴塞尔Ⅲ新资本协议等等，城市商业银行在不断完善和更加规范的监管环境中成长壮大。

城市商业银行成立之初，监管部门主要是帮助和指导城市商业银行化解风险，降低银行的不良贷款率，使各项指标逐步达到监管要求。在此基础上又提出了城市商业银行公司治理体系的建设，并加强了对银行业务营运中的现场和非现场检查。这一系列监管措施的实施，无疑是城市商业银行从城市信用社粗放经营向精细化管理和经营最重要的保证。2003年中国银监会的成立，对城市商业银行的监管进入了一个新的阶段。

1993年12月通过、又两次修订的我国《公司法》以及2003年12月通过、2006年修订的《中华人民共和国银行业监督管理法》是对银行业监管的根本大法。但由于城市商业银行有它的特殊性，中国银监会成立不久，针对城市商业银行面临的风险和相关问题还十分突出，地区差异明显，缺乏明确的市场定位和长期发展规划等问题，在2004年颁发了《城市商业银行监管与发展纲要》（以下简称《纲要》），标志着对城市商业银行分类监管的强化和发展方向的明确。《纲要》提出按"防险、管理、改革、发展"的方针和实事求是、开拓创新的原则做好城市商业银行监管工作；明确以公司治理为重点，进一步完善城市商业银行的治理机制，强化内部控制，建立持续发展和风险防范的制度保障；加强对城市商业银行的资本金监管，建立及时有效的资本金补充机制；推行贷款质量五级分类，按照审慎监管原则促进城市商业银行资产质量的全面改善；同时规范信息披露，加强对城市商业银行的社会监督。《纲要》还提出监管体制和机制要从完善监管体系、明确职责分工着手，科学使用监管资源，实现向风险监管、持续监管转变；以"分级管理、突出重点、缩小差距、科学发展"为原则，建立风险识别机制，继续推进分类监管政策。此后，监管部门根据城市商业银行的发展以及宏观经济、金融环境的变化，不断完善监管政策和措施并及时提出了新的监管要求和目标，使城市商业银行的发展跨上了一个新的台阶。城市商业银行的公司治理进一步完善，业务规模快速增长，资产质量大幅改善，风险控制有效加强，为地方经济、中小企业和城乡居民服务的市场定位得到了落实。

加强对城市商业银行的战略研究并制订切实可行的发展战略，明确为中小企业服务的市场定位，是监管部门高度关注的问题。这是城市商业银行可持续发展的关键。近几年来城市商业银行围绕着充分发挥经营管理体制灵活、信息传导机制迅速等特点，制订了差异化的发展战略，出现了一批在为小微企业服务中有明显特色并取得良好效益和得到社会认可的城市商业银行，为城市商业银行下一步的发展明确了方向。同时分类监管政策的实施使一部分发展好的城市商业银行在市场准入和跨区域发展中找到新的发展空间和机会，分散了它们集中在一地和单一传统业务可能带来的风险，也促使少数发展滞后、困难较大的城市商业银行积极努力地走出困境。

第三节 改革和创新是城市商业银行的必然选择

一、城市商业银行对我国金融体制改革和发展的贡献

城市商业银行作为金融体制改革的产物，在我国改革和发展的进程中不仅增加了地方金融平台，支持地方经济和社会的发展，而且还完善和优化了我国金融体系，探索了一条我国中小银行改革创新的道路，为我国金融体制改革积累了经验。同时，城市商业银行的发展增加了我国银行业一支竞争的力量，形成了我国的银行业从大银行垄断向大、中、小银行竞争的局面，提高了我国银行业总体服务的水平。城市商业银行在我国金融体制改革和发展事业中发挥了重要作用。

（一）完善和优化了我国银行体系

长期以来，我国的银行体系中只有国有大银行。改革开放以后，虽然

也成立了一些全国性的股份制商业银行，它们的服务对象主要也是政府项目和大中企业。这些大银行为提高经营效益和业绩，在改革过程中采取了收缩网点、集约经营的方式，使中小企业和城乡居民不断增加的金融需求和金融服务难以得到满足。特别是随着我国经济体制改革的深入，民营经济迅速发展，成为我国经济增长的重要力量。但是长期以来这些经济实体很难从大银行那里得到支持，以至于地下钱庄、民间借贷、金融掮客等现象在一部分民营经济发达地区非常活跃，由此引发了一些严重影响社会稳定的事件。据有关资料显示，我国信贷资源的80%流向大中型企业和政府项目，而对我国经济贡献超过50%的中小企业只能得到20%的份额，众多对解决城乡居民就业作出很大贡献的小微企业更难以得到信贷支持。以上种种情况说明，我国亟须一批为民营经济、中小企业、城乡居民服务的金融机构。城市商业银行的成立和发展，填补了这一空白，较好地满足了民营经济、中小企业和城乡居民的金融服务和需求，使我国的银行体系进一步完善，能适应我国经济的健康发展。

（二）有力地支持了地方经济和社会的发展

2010年全国147家城市商业银行总资产达到7.85万亿元，占全国银行业总资产的8.24%，各项贷款余额达到3.59万亿元，占全国银行业贷款总量的7.05%。城市商业银行的所有信贷规模全部用于支持地方企业和地方的社会项目，对地方经济和社会发展作出了很大贡献。中小企业是地方经济的核心，城市商业银行在支持中小企业和个体经营户的发展上功不可没。它们充分发挥地方金融机构的特点，积极探索面向中小企业的金融产品，推出个性化、差异化的服务，满足中小企业的多种需求。近年来不少城市商业银行还秉承"普惠金融"的理念，把小微企业和农副产品龙头企业、农户作为自己的服务对象。它们积极引进国际先进技术和手段，从当地实际出发，把小额信贷搞得有声有色，使这些在其他银行很难得到信贷支持的企业和客户也有了良好的金融服务。比如包商银行专门成立了微贷企业部，为4万多微贷客户服务，提供从几千元到50万元以内的贷款，收到了良好的效果。哈尔滨银行小额贷款占全部贷款的60%，它们的业务范围由城市向县域拓展，覆盖哈尔滨市8区10县(市)的185个乡镇、1623个村，以及省内25个国营农场，帮助40多万农户实现了扩大再生产。为小微企业服务已成为城市商业银行的重要市场定位，并在支持小微企业发展上发挥了重要作用。

(三) 推动市场竞争，提高银行业的服务水平

由于历史的原因，在很长时间里我国的金融市场被国有大银行垄断，客户没有话语权，得不到良好的服务。全国性股份制商业银行成立后，这种局面得到了改善，市场竞争开始形成，银行的服务水平得到提高。但是对于一个有13亿多人口，金融总量巨大，有千万家企业的大国来讲，十多家商业银行还形不成充分的竞争，没有竞争就难以有良好的服务。加入世界贸易组织后，打开了我国金融业对外开放的大门，银行业的对外开放也在逐步深化中，几年来，有多家外商独资银行或它们的分行在我国开业。但是，由于外资银行业务开展的局限性和对中国国情的熟悉需要较长的过程，它们的进入在相当长时间里对提高中国银行业的竞争性是有限的。城市商业银行由于其分布的广泛性以及其业务范围涵盖了企业和个人的基本金融需求，特别是城市商业银行拥有的锐意改革、勇于创新、努力振兴、不甘弱小的精神使其具有较强的竞争意识。这种竞争意识和竞争力促进了我国银行业竞争机制的完善和竞争水平的提高，推动了我国银行业服务水平、服务质量和工作效率的改善，广大客户在银行业的竞争中得到了实惠。

(四) 为我国银行业的改革积累经验

由于金融体制的复杂性和系统性，金融业的改革难度比其他行业要大，银行业作为金融业的主要组成部分同样如此。在长期的计划经济体制下，我国的银行业积累了很多矛盾和困难，必须进行改革才能适应社会主义市场经济的需要。大银行的改革关系到国家、地方和部门的利益，涉及上亿客户，必须积累一些经验循序渐进地进行，否则会有很大风险。城市商业银行体量比较小，机制相对灵活，地方政府改革的积极性比较高，进行改革的成本小，因此城市商业银行成立以来，在监管部门和地方政府帮助指导下，改革的步伐从来没有停顿过。从历史遗留下来的风险资产处置到风险管控体系的

建立，从实现投资主体的多元化到公司治理框架的建立，从人员结构的调整到组织架构的改革，从营销模式的改变到激励约束机制的建立，从引进战略投资者到人才的引进和培养等等，这些改革既为城市商业银行的发展积累了经验，也为我国银行业的改革积累了经验。

（五）化解了历史形成的地方金融风险，为社会稳定作出贡献

城市信用社时期积累的大量不良资产已逐渐酝酿成地方的金融风险，严重威胁到地方的稳定。实践证明，把规模小、抗风险能力差的城市信用社组建成城市商业银行是处置城市信用社的风险、确保地方稳定的最合适、最有效的办法。一方面不少城市信用社由于经营不善已严重资不抵债，一旦实施破产，由于金融机构的市场退出机制尚未形成，不仅众多存款人和企业经受不住打击，而且城市信用社的股东也难以接受。在当时不要说金融企业不能破产，即使是一般企业也很难进入破产程序。另一方面由于地方政府有相对强大的行政权力和一定的资产配置权，由它们来组建城市商业银行既能采取有效办法清收一部分风险资产减少损失，又可以支持城市商业银行发展壮大逐步化解不良资产。正是在这种情况下，地方政府把历史遗留下来的2000多亿不良资产妥善处理完毕，城市商业银行在经营中又加强了风险控制，使不良贷款率在2010年下降至0.91%，比同期全国银行业金融机构整体不良率低0.2个百分点。到2010年，全国147家城市商业银行资产份额在全国银行业金融机构中占比8.53%，但不良贷款余额只占全国银行业金融机构的7.51%。城市商业银行的组建和发展为全国除西藏以外的省、市(区)100多个大城市的金融稳定和社会稳定作出了历史性的贡献。

二、改革创新造就了城市商业银行的今天

城市商业银行是我国银行业金融机构中的新生事物，是改革创新的产物，虽然和其他大金融机构相比，其规模还小，但是十几年的发展历程说明城市商业银行有顽强的生命力，正处在勃勃生机的发展阶段，它是在不断改革创新中成长起来的。我们用简单几个案例来回顾一下这十几年城市商业银行的改革创新。

（一）依靠改革创新处置风险资产走出困境

城市政府牵头组建城市商业银行后最棘手的问题就是历史遗留巨额风险资产的处置，因为这个问题不解决，城市商业银行的健康发展无从谈起。经过几年反复的探索和思考，地方政府用改革创新的思路，逐步摸索出解决办法。杭州银行成立之初只有30多亿贷款，但其中有25亿左右是不良贷款，经过几年清收，还有21亿贷款已成为死账、坏账，尽管经过上下努力没有出现支付危机，经营状况也迅速好转，到1999年把死账、坏账放在表外，企业产生了利润，但实际上还处在极度困难之中。杭州市政府经过反复研究，决定用优质资产来置换这笔巨额不良资产，杭州银行自己消化小部分。方案经市政府讨论，市人大批准，向监管部门多次汇报终获同意。同时监管部门要求银行只能在一定时间内拥有这笔资产，5年后市政府必须用现金逐步赎回。2002年3月，杭州市政府有关单位正式和杭州银行签署合同，置换其18.05亿元不良资产。当年杭州银行的不良贷款率就下降至1.59%，企业轻装上阵迅速健康发展。地方政府也兑现承诺，从2005年起分5年用现金回购这18.05亿元资产，至2009年全部收购完毕。由于企业卸下了沉重包袱，5年来上缴税收二十多亿元，市财政按其在杭州银行的股份收到分红近二十亿元。同时由于运营良好，所有者权益大幅升值，市财政拥有股份的净值超过25亿元，实现了国家、地方、企业三盈的良好结局。杭州银行处置巨额不良资产的改革创新举措，受到了当时国务院领导肯定，被誉为"杭州模式"，其他各地纷纷仿效，并创造了多种处置历史遗留不良资产的办法。改革创新使城市商业银行在十年左右时间内基本甩掉了历史包袱，走上了健康发展的轨道。

（二）用改革创新的思路优化股权结构，奠定公司治理的基础

城市商业银行的组建是以地方财政控股开始的(其实大部分城市商业银行建立之初财政控股在80%-90%以上)，这种一股独大的股权结构在初始阶段有其积极意义，但长此以往不利于公司治理结构的建立和企业的健康发展。同时，成立初期绝大部分城市商业银行仍然是亏损或盈利微薄，少数原信用社的股东(包括职工股东)甚至要求退股。但另一方面，城市商业银行要继续发展就要增加资本，在当时情况下很难找到新的投资者。为了解决这个问

题，地方政府和监管部门反复研究，同意城市商业银行内部职工可持有不超过20%的股份，单个职工股东最高不超过1%。那时候城市商业银行的收益前景并不明朗，员工认购股份的积极性不高，大多经过动员才实行了员工持股。员工投资入股不但增强了员工办好企业的决心，而且提高了外来投资者的信心。近年，有人对城市商业银行员工持股表示质疑，其实他们不了解当时这项改革创新措施的背景与现实意义。员工持股补充资本以后，城市商业银行继续用改革创新的思路优化股权结构。在民营经济发达的江浙等地，民营资本开始进入城市商业银行，温州、台州、金华、绍兴等地城市商业银行民营资本比例达到50%以上，甚至70%-80%，财政资本一股独大的情况开始改变。继引入民营资本以后，城市商业银行开始尝试引入境外资本。上海银行率先在2004年引进境外资本——香港汇丰银行，尔后又有IFC和香港上海商业银行入股，外资股本达18%。北京银行引进荷兰ING银行作为战略投资者。杭州银行、齐鲁银行引进澳洲联邦银行作为战略投资者，分别占了两家银行20%的股份。至2009年，已经有15家城市商业银行引进外资股东和战略投资者。随着城市商业银行经营状况的好转，国有企业、股份制企业、民营企业等纷纷注资城市商业银行。2007年，北京、南京、宁波3家城市商业银行成功上市，实现了城市商业银行股权结构的公众化。在改革创新政策指引下，城市商业银行股权结构多元化已形成，在此基础上城市商业银行公司治理结构逐步完善，成为真正意义上的股份有限公司。

（三）以改革创新的思路实施城市商业银行的并购和重组

并购和重组是企业发展的一种模式，但并购重组成功的案例并不多。从2005年开始，部分省、市的城市商业银行按照改革创新的思路，通过并购重组壮大实力，以求更快发展。徽商银行就是一个典型的案例。2005年8月，安徽省政府决定把省内城市商业银行和城市信用社合并重组。合并重组按照市场化、合规性、自愿性原则进行，首先将合肥市商业银行更名为徽商银行，然后吸收合并芜湖、安庆、马鞍山、淮北、蚌埠等5家城市商业银行和六安、淮南、铜陵、阜阳等城市的7家城市信用社。合并各方股东持有的股份，根据各自清产核资报告、资产评估报告以及最终确认的折股比例，置换成徽商银行股份,被合并方注销法人资格。2005年12月28日,徽商银行正式挂牌成立。中国银监会刘明康主席说:"徽商银行成立,实现了省内城市商业银行的首次合并重组,在我国银行史上翻开了崭新一页。"截止2005年9月,参加这次重组的6家城市商业银行和7家城市信用社资产总额460.8亿元,负债总额439.76亿元。重组5年后,2010年,徽商银行总资产已达2089.76亿元,负债总额1946.19亿元,实现净利润27.02亿元,不良贷款率0.60%。很显然,这是一次成功的合并重组。此后江苏省部分城市商业银行合并重组为江苏银行,内蒙古银行、吉林银行、富滇银行等也相继由多家城市商业银行和城市信用社合并重组诞生。合并重组成为经营地域和业务合作上联系比较密切、资产规模相当的城市商业银行改革发展的一种模式。

(四)明确市场定位,以改革创新的理念为小企业服务

为中小企业和城乡居民服务是城市商业银行十分明确的市场定位,对中小城市商业银行来说,小企业和个体工商户又是其主要的客户群。这部分客户在我国量大面广,机制灵活,有的为大中企业服务,有的和人民群众的生产、生活紧密相连,这些企业还创造了大量的工作岗位,是国民经济的重要组成部分。长期以来,这些企业得不到金融部门的支持,往往依靠民间借贷维持运转,严重影响了发展。由于这类企业经营管理比较简单,通常由经营者亲力亲为,难以建立现代企业制度和规范的财务核算。因此,银行很难用传统的办法判断其是否符合信贷标准,对大中企业风险控制的手段也不适用于这类企业。包商、哈尔滨和浙江台州、泰隆、民泰等城市商业银行从当地的实际出发,改革创新信贷模式,成功地创造和建立了小企业的营销办法和风险控制机制,以"简单、方便、快捷"的理念和方法为它们服务,小企业不仅成为它们的主要客户,还为银行创造了丰厚的利润,而且保持了较低的不良贷款率。浙江泰隆商业银行到2009年末小企业贷款户数32187户,贷款余额130.92亿元,分别占贷款总户数和贷款总余额的99.25%和84.96%,小企业贷款的不良率0.81%,当年实现净利润3.44亿元。这些年来,城市商业银行在小企业经营管理模式、营销模式、小企业产品、小企业风险管理等方面进行了大胆创新,成效十分明显,城市商业银行已成为我国小企业贷款的

主力军。

（五）加快业务创新，参与市场竞争

城市商业银行成立之时，国有商业银行、股份制银行占据了我国银行业的大部分市场，传统银行业务的竞争已十分激烈，业务的同质化现象突出。城市商业银行用老的经营模式、陈旧的产品、一般化的服务已很难在市场上有所作为。事实上城市商业银行成立初期的几年，业务发展缓慢主要原因就是缺少业务的创新，在"红海"市场上没有竞争力。在严酷的市场面前，各地城市商业银行认真进行反思，逐步树立了"以客户为中心"的经营理念，从只顾"做业务"转变到"做客户"，坚持服务理念创新、经营理念创新和产品模式创新，注意寻找"蓝海"市场，竞争力逐步提高，业务发展走上良性的轨道。北京银行提出"科技金融"、"文化金融"、"绿色金融"，塑造"小巨人"优质品牌，重点为中小企业服务，与中关村科技园区紧密合作，推出"瞪羚计划"贷款、留学人员创业贷款、集成电路贷款和软件外包贷款等，支持300余户拥有自主知识产权的科技型中小企业脱颖而出，成为各行业的领军企业。北京银行还开展了文化创意产业的金融服务，推出了文化创意贷款、知识产权质押贷款等以版权、知识产权为核心质押物的特色产品，两年多时间发放"创意贷"千余笔，金额超过170亿，在北京市场保持了80%的市场份额，在社会上产生了较大影响。由于坚持了业务创新，城市商业银行的市场占有率逐步提高，2010年全国城市商业银行存贷款的市场占比已分别上升至 8.23%和7.05 %。

以上仅仅从5个方面来回顾城市商业银行十多年来改革创新的历程，不难看出只有改革创新才有城市商业银行蓬勃发展的今天，改革创新必须认真地研究市场，从城市商业银行的实际出发，在实践中不断探索和完善，这是城市商业银行十多年来一条重要的经验。

三、城市商业银行未来的可持续发展必须坚持改革创新

城市商业银行走过了十多年的路程，取得了良好的业绩，成为我国银行业金融机构中的重要一员，为我国经济和社会的发展作出了贡献。面对复杂

多变的国际、国内经济和金融形势以及不断完善的市场经济秩序，城市商业银行还存在很多问题。比如公司治理需不断完善、体制机制尚不够科学、风险控制有待加强、人员素质亟须提高、市场定位要进一步明确、管理制度要精细化等等。处在成长期的城市商业银行进入了一个新的发展阶段，必须坚持科学发展的理念，适应市场变化，转变发展方式，实现可持续发展。城市商业银行要顺利地实现这场转变达到既定目标，必须坚持改革创新。

（一）围绕转变发展方式，加快体制机制的改革创新

城市商业银行这几年的快速增长主要得益于国家经济和社会的快速增长。当国家把经济结构战略性调整作为主攻方向，强调发展的全面性、协调性和可持续性时，城市商业银行必须深刻认识到：过去那种以信贷业务的快速扩张来实现银行的增长已不可能；过度依赖规模和存贷利差的盈利模式难以长久维持；依靠外部资金补充资本的难度越来越大；热衷于"垒大户"的营销模式不可持续；过于追逐短期利益的激励机制来推动业务发展难以为继；等等。针对这一系列问题，城市商业银行必须充分发挥自主性和灵活性的优势，加快体制机制的改革创新，实现可持续发展。体制机制的改革创新要把进一步完善公司治理，增强科学决策和风险管理能力放在重要位置：进一步优化股权结构；强化董事会建设，确保履职能力；结合自身比较优势制订差异化的发展战略，提高战略的可执行性；制订科学的风险策略，确保稳健经营；等等。体制机制的改革创新要围绕执行新资本协议和相关的监管政策来展开：采取多种形式和手段，建立资本补充的长效机制；调整信贷结构，发展中间业务，强化资产组合管理，改变业务发展依赖大量消耗资本的局面；加强流动性风险管理，改变资产负债期限错配严重、中长期贷款比例偏高的状况，减小市场波动对流动性的影响。体制机制的改革创新要进一步完善激励约束机制：提高城市商业银行薪酬的竞争力；员工薪酬与风险暴露挂钩；积极探索员工的利益和银行的长期利益挂钩；改变重业务拓展、轻内部管理的考核激励取向；等等。

（二）以改革创新精神，建设全面风险管理体系

在新的发展阶段，城市商业银行能否顺利发展，关键在于要以改革创

新精神逐步建立全面风险管理体系，守住风险底线。这是一项庞大的系统工程，也是城市商业银行前十几年发展中的薄弱环节。在认真总结经验和深刻反思教训的基础上，健全风险管理的政策和组织架构，通过不断完善风险管理工具、流程和方法，提高对各类风险的识别、计量、监察、报告和控制能力。城市商业银行在市场变化中对流动性风险、操作风险、市场风险、同质同类机构的系统性风险、信用风险要做深入的了解和评估，并以改革创新的精神，落实防范和化解这些风险的措施和方法。既要不断推动风险管理的科学化、精细化，也要充分认识风险管理模型本身存在的模型风险、数据风险。同时，面临业务转型和市场定位以中小企业，特别是小企业为主的变化过程中，针对中小企业金融服务特点，积极探索与自身业务特性、经营环境相适应的风险管理新方法和新工具。要积极倡导并建设风险管理文化，强化审慎、主动和全员风险管理理念，强调风险管理和资本增值的一致性，重视风险管理技术的应用，将健康的价值观自上而下传导给每一位员工。

（三）创新管理体制，以客户为中心实施组织和流程再造

城市商业银行沿袭了传统的银行管理体制，面对着金融服务需求的多元化以及外部环境的变化，必须对管理体制进行改革。推进"以客户为中心"的组织架构建设，积极寻找适合自己的管理模式。在过去一段时间，部分城市商业银行推行了扁平化的管理模式，对加强管理、提高效率等发挥了重要作用，但也产生了一些新的矛盾和问题。部分城市商业银行实施了专业化的管理模式，以条线为单位，向客户提供专业、统一和多样化的服务，对业务的发展及风险控制产生了积极的作用，但仍然需要不断地调整，以充分发挥分支行的积极性，明确职责，推行交叉销售，保持城市商业银行的高效率。还有部分城市商业银行正在积极探索矩阵式的管理模式，把以专业化的纵向管理和以分支行横向管理有机结合起来，通过专业化的纵向管理包括产品设计、营销推广、风险控制以及为客户提供一体化、专业化的金融服务和分支行的横向区域管理、实际运营和操作有效地结合起来，使全行整体上实现信息相通、流程清晰、权责明确、风险可控。实现跨区域发展的城市商业银行要从本行的实际出发，对总分制的组织架构进行改革创新。管理模式没有统

一的标准，要从有利于发展和风险控制，并结合实际的管理能力和水平，不断在实践中改革、创新、完善。按照建设流程银行的目标，以满足客户需求和有效防范风险为前提，积极探索前、中、后台紧密联系、相互协调、有效制衡、高效运转的新模式。

（四）加强业务创新，形成城市商业银行的经营特色

站在一个新的历史起点上，面对着日趋激烈的市场竞争和不断显现的市场机会，城市商业银行必须审时度势，加强业务创新，形成经营特色，不断提高市场竞争力。业务创新的基础是找准市场定位，走差异化、特色化的发展道路。经过十几年的发展，城市商业银行之间已发生了很大的变化，我们不能要求不同地区、不同规模、不同管理水平的城市商业银行有统一的市场定位，每家城市商业银行在市场定位中有共性也有个性。所谓共性就是城市商业银行要为地方经济、中小企业和城乡居民提供金融服务，这个共性可能是其他中小银行也具有的。因此我们必须认清自身在中小银行群体中所处的层次，与其他层级的银行错位竞争。所谓个性就是每家城市商业银行必须对自己进入的市场进行层次化、差异化细分，找到适合自己的客户群，有的是以信贷的规模进行细分，有的是根据行业的门类进行细分等等。只有坚持细分市场，选择能和城市商业银行相匹配的客户，才能有的放矢地进行业务创新，满足客户所需要的产品和服务，并取得良好的效益。

（五）在提高"软实力"和基础设施建设上加强改革创新

城市商业银行发展到今天，和其他银行的差距还表现在企业文化、品牌建设、人才储备和信息系统等方面。我们把这些称之为银行的"软实力"和基础设施建设。客观上讲，由于城市商业银行历史比较短、规模比较小，"软实力"和基础设施建设需要比较长时间的积累和比较大的投入，因而这种差距的产生有其必然性，但另一方面也反映城市商业银行在发展战略上对"软实力"和基础设施建设重视不够。进入新的发展阶段后，城市商业银行必须以改革创新的精神加强"软实力"和基础设施建设，尽快提高自己的核心竞争力。

企业文化是企业的灵魂和核心价值观，它不仅仅是企业使命、愿景、

宗旨、精神和经营理念的反映，还是在这些理念指导下的经营实践、管理制度、员工行为方式与企业对外形象的总和，反映了企业的凝聚力和战斗力，是推动企业发展的不竭动力。城市商业银行在发展过程中已逐步形成自己特有的企业文化，现在必须认真地回顾、审视已经形成的企业文化，有什么需要坚持的，什么需要改进的，什么需要引入的，扬长避短，从改变我们的习惯、行为、观念着手，坚持长期建设，逐步树立积极向上、严谨、科学、团结、奋发、开拓的企业文化，并采取各种形式和措施为全体员工所认同与遵守。

品牌建设同样如此，城市商业银行在形成自己经营特色过程中必须努力形成有影响的品牌。在以往十几年的发展过程中，城市商业银行百废待兴，没有更多的精力去培育企业的品牌；当城市商业银行走上良性的发展道路，创新了有一定竞争力的产品后，就必须把品牌建设摆到重要位置，以形成良好的市场形象。品牌建设要从最有优势和最具特色产品着手，并坚持长久的维护和完善，以特色业务的品牌来带动全行业务的发展。城市商业银行的品牌建设不可能面面俱到、齐头并进，必须从实际出发有所侧重，期望在各业务领域都形成有影响的品牌，对中小银行来说是不现实的。

银行业的竞争是科技和人才的竞争，因此IT系统建设和人才储备已引起了城市商业银行的高度重视。对已经具有一定规模和特色的城市商业银行，要坚持高起点、高水平、高投入，在IT系统建设和人才储备上培育竞争力。对于众多规模比较小，特色不明显的中小城市商业银行必须用改革创新的思路来解决IT系统和人才的竞争力问题。比如IT建设，在降低同质、同类系统性风险的前提下，在业务、地域比较相近的地区采取某种有效的方式进行合作是一条值得探索的道路。

改革和创新是企业永恒的主题，城市商业银行作为我国银行业金融机构中的新生事物，只有认真地向国内外其他银行业金融机构学习，坚持从实际出发、实事求是，不断实践探索，不断地总结经验，不断改革创新，才能走上一条科学的可持续发展道路。

本章参考文献

1.武志：《中国地方金融体系的改革与重构》，东北财经大学出版社 2006年版。

2.中国建设银行专题组：《中国商业银行发展报告》，中国金融出版社2009年版。

3.王松奇：《中国商业银行竞争力报告（2010）》，社会科学文献出版社2011年版。

第二章
城市商业银行的公司治理*

　　有效的公司治理是现代企业制度建设的核心，是实现企业永续发展和价值最大化的根本性制度安排。从21世纪初开始，我国银行业监督管理机构借鉴国外公司治理的先进理念，并结合我国经济、法律环境的实际情况和我国银行业的发展实际，出台了一系列有关公司治理的指导性文件，致力于加强我国商业银行的公司治理建设，以促进商业银行的持续稳健经营和维持整个金融体系的安全与稳定。城市商业银行的公司治理建设就是在这样的背景下开始起步的。经过近十年的努力，在监管部门的指导与推动下，我国城市商业银行结合自身特点在公司治理建设方面进行了很好的实践并取得了一定的成效，对城市商业银行的快速健康发展起到了重要作用。

第一节　城市商业银行公司治理的实践

　　2002年，中国人民银行出台了《股份制商业银行公司治理指引》、《股份制商业银行独立董事和外部监事制度指引》和《商业银行信息披露

---

* 本章由王志森撰稿。

暂行办法》等有关股份制商业银行公司治理的指导性文件，对包括城市商业银行在内的股份制商业银行的公司治理建设进行了诸多规范与要求。但当时，城市商业银行仍然面临着比较困难的局面："经营管理的能力和水平较低，且市场竞争能力不足；资本充足率普遍偏低，募集股本困难；资产质量较差，损失类贷款的处置和消化日趋困难，贷款损失准备严重不足；公司治理结构不完善，相关的制度和机制未发挥应有的作用；城市商业银行间发展不平衡，有百分之十的银行仍处于高风险状态，有百分之二十的银行未摆脱历史包袱的束缚，仍在原地徘徊。"[①] 所以，大部分城市商业银行更多的精力在于解决生存问题，还没有意识到公司治理建设的作用与重要性，规范公司治理的动力与主动性不强。

根据中国银监会2004年出台的《城市商业银行监管与发展纲要》、2005年发布的《股份制商业银行董事会尽职指引》，城市商业银行结合自身实际，逐步加强了公司治理建设。2007年后，中国银监会又颁布了《商业银行信息披露办法》和《关于进一步完善中小商业银行公司治理的指导意见》等有关城市商业银行公司治理的指导性文件，城市商业银行的公司治理逐步规范，并在银行发展的实践中开始发挥重要作用。

一、股权结构多元化逐步形成

由于历史原因，从成立起到21世纪初，除少数几家城市商业银行由民营股东控股外，大部分城市商业银行的股权主要集中在地方政府手中，这种地方政府"一股独大"的股权结构，不利于城市商业银行的健康发展。同时，国有产权缺乏人格化的产权主体，容易形成管理层内部人控制的局面。虽然在这样的股权结构下，城市商业银行也建立起了"三会一层"的公司治理基本架构，但发挥作用有限。2002年以后，为充实资本、满足业务发展需要和监管要求，各地城市商业银行纷纷进行增资扩股，引入了多种不同性质的投资者，有的引入了民营企业股东，有的引入了境内外战略投资者，少数甚至

---

① 中国银监会：《城市商业银行监管与发展纲要》，2004年。

还通过上市成为了公众持股银行，由此很多城市商业银行初步形成了国有股东和民营股东、境内股东和境外股东、本地股东和外地股东、法人股东和自然人股东等多元化的股权结构，从而夯实了公司治理基础。从我们统计的多家城市商业银行2010年年末的股权结构来看，国家股（即当地财政直接持股）的比例普遍已经下降到20%以下，其中16家城市商业银行有外资参股。从中我们可以看出，城市商业银行已经初步实现了股权结构的多元化和分散化，其公司治理已经有了一个比较稳定的基础。

一些民营股东控股的城市商业银行也在尝试股权结构多元化，比如台州银行2008年引进招商银行和平安集团为战略投资者，浙江民泰商业银行2010年引进中信产业投资基金管理有限公司为战略投资者，希望借引入战略投资者改善银行的公司治理，同时提高其风险管理与金融创新能力。

二、公司治理组织架构基本健全

在成立之初，大部分城市商业银行虽已搭建了"三会一层"（股东大会、董事会、监事会及高级管理层）的公司治理基本组织架构，但更多的只是形式上完备，而没有有效运行。一些城市商业银行在成立后，很多年都没有召开过股东大会，而由于国有股"一股独大"的原因，很多城市商业银行的大部分董事与监事来自当地政府部门或者国有企业，董监事们缺少足够动力和专业知识来履行职责。另外，董事会和监事会下也没有专门的机构和人员，董事会的领导决策作用，监事会的监督作用没能有效发挥。2002年之后，各家城市商业银行根据监管要求，采取了一系列措施完善公司治理组织架构：一是通过《公司章程》和其他内部公司治理制度，对"三会一层"的职责范围进行了界定，实行董事长、监事会主席、行长分设，为各治理主体相互制衡、各司其职、各尽其职提供了必要的前提条件；二是在董事会下设立风险管理、关联交易控制、战略发展、审计、提名与薪酬考核等专业委员会，在监事会下设立提名和审计等专业委员会，以分别协助董事会和监事会履行职责，并提高董事会和监事会的运作效率；三是建立独立董事与外部监事制度，并借助增资扩股和引进战略投资者，改组董事会和监事会，逐步实现董事会和监事会人员结构的调整优化；四是设立董事会秘书负责和协调对内、对外各方主体的关系，很多城市商业银行还专门设立了董事会办公室和监事会办公室来具体承办董事会和监事会的相关工作。

三、公司治理运行机制逐渐完善

各家城市商业银行从加强公司治理制度建设入手，逐步改进了各项公司治理运行机制并取得了较好的效果：一是决策机制更加完善。大部分城市商业银行的股东大会、董事会和监事会及下设各专业委员会、高级管理层均制定了明确的议事规则和决策程序，较好地确保了各治理主体独立行使权力，这些规则和程序随着各行公司治理建设的推进在实践中不断得到修订和完善。二是执行机制更加通畅。很多城市商业银行从股东大会到董事会、董事会到高管层的决策传导机制在实践中逐步理顺，经营管理中基本能做到董事会执行股东大会决议、高管层执行董事会决议，且建立了明确的报告路线，基本确保决策层及时、准确地获取执行情况的信息。三是监督机制更加有力。各家城市商业银行的独立董事和外部监事的履职得到较好的制度保障，内部审计部门力量得到充实，独立性不断增强，独立董事在董事会内部的约束作用、监事会对董事会和高管层的监督作用日益彰显。

经查阅多家城市商业银行发布的近五年年报，我们可以看到，经过健全公司治理运行机制，各家城市商业银行的股东大会、董事会、监事会以及董事会和监事会下设的各专业委员会的会议次数都有较大幅度的增长，而且从披露的会议内容来看，股东大会、董事会和监事会以及下设各专业委员会都有了比较好的运行：与银行相关的重大决策事项基本都被提交到股东大会上讨论决议，董事会也基本能够有效地履行战略管理、风险管控、对高管层的激励与约束、制定恰当的红利政策、信息披露等方面的核心职能，较好地发挥了董事会在公司治理中的核心作用；而监事会则能够比较好地履行对董事会与高级管理层的监督职责和对全行经营管理情况的监督职责。另外，董事会与监事会下设各专业委员会的运作也一定程度上增强了董事会决策和监事会监督的专业性与独立性。

四、信息披露水平有所提高

从2004年起，中国银监会要求城市商业银行分批开始信息披露试点工作，2006年更是要求全部城市商业银行建立信息披露制度，逐步按照制度化、规范化的要求，真实、准确地公开披露有关经营管理信息。各家城市商业银行基本能遵照中国银监会《商业银行信息披露办法》的要求，公开披露财务会计报告、风险管理状况、公司治理及年度内重大事项等信息，而且信息披露的覆盖面在逐年扩大、质量在逐年提高、内容也日益翔实。2007年以后，随着经营业绩的大幅提升和公司治理水平的逐渐提高，除在指定的报纸上披露之外，很多城市商业银行还通过银行网站披露年度报告，各项信息披露也逐步向上市银行的标准看齐，特别是一些正在积极争取上市的城市商业银行。除了披露年报之外，根据监管部门的要求，从2009年起，一些城市商业银行还开始逐年披露社会责任报告，进一步丰富了信息披露内容。

年度报告等信息披露为银行增添了第三方监管，社会舆论和潜在投资者都会对银行内部各方形成很大的监管压力，对银行的经营管理有极强的市场约束作用。同时，对银行公司治理的改善和提高也起到了很大的激励和促进作用。

五、公司治理认知不断深化

经过近十年的努力，除了在股权结构、公司治理组织架构、公司治理运行机制和信息披露等方面有较大改进以外，城市商业银行对公司治理的认知在不断深化，这种深化主要体现在对公司治理重要性的认识、规律性的把握和广泛性的参与上。在重要性认识方面，城市商业银行已经充分认识到公司治理是事关现代商业银行经营成败的关键因素，已将公司治理水平的提升作为改革和发展的核心，并为此投入了大量力量来切实加强公司治理建设。在规律性的把握方面，城市商业银行经过多年的探索，公司治理建设已从感性经验的积累阶段逐步转向理性规律的认知阶段，对公司治理基本规律有了一个初步的认识，对提升公司治理水平有了更充足的信心。在广泛性的参与方面，城市商业银行的公司治理文化已逐步渗透并开始影响各公司治理利益主体，各行股东、董事、监事、高管层、员工等各个层面开始自觉参与公司治理活动，并基本上能积极地履行自己的责任和义务，表现出了一定的积极性和主观能动性。

第二节　公司治理的理论与实务简述

一、公司治理的理论与实务分析

公司治理问题是随着现代企业制度的建立和发展、企业的各种权利关系逐渐发展和深化进而产生的。一方面，企业的组织形式逐渐层级化，逐渐形成分权结构，企业所有者将部分权利转移给各级经营者，而由于所有者与经营者的利益存在不一致性，加上信息不对称，经营者可能会为自己的利益而不是投资者的利益作出决策。另一方面，随着企业发展壮大，企业的资金来源逐渐多元化，除了依赖留存收益进行内源性融资外，企业还必须依靠股权融资以及债务融资，这就会使企业的股权结构变得复杂，同样由于信息不对称等各种原因，就会产生有控制权的股东剥夺没有控制权的股东的情形。[1] 另外，企业追求的不应仅仅是股东价值最大化，还要兼顾相关利益者的利益。所以，所谓的公司治理就是为解决信息不对称条件下企业股东与经营管理层之间的委托代理问题和股东之间利益剥夺问题以及对利益相关者利益的合理关注等问题而进行的一系列制度安排。对此，世

---

[1] 宁向东：《公司治理理论》，中国发展出版社2006年版，第5—7页。

界经济合作与发展组织(OECD)对公司治理有很好的定义："公司治理是指公司管理层、董事会、股东以及其他利益相关者之间的一整套关系。公司治理还通过制定公司目标、确定实现这些目标和监督执行的手段来构成治理架构。良好的公司治理应当提供适当的激励，以使董事会和管理层追求符合公司和股东利益的目标，并应该便于实施有效的监督。无论是在单个公司内部，还是对一国经济整体而言，有效公司治理机制都一定程度有助于提高信心，这对市场经济的稳健运行是十分必要的。"

（一）公司治理的理论研究

多年来，国外学者们运用各种分析手段和工具对公司治理进行了很多研究，并提出了一些公司治理理论，其中比较有影响的有"两权分离理论"、"委托代理理论"和"利益相关者理论"。"两权分离理论"研究的是公司治理问题产生的前提和过程；"委托代理理论"研究的是如何使具有独立利益的控制权主体最大限度地维护所有权主体利益的问题；而"利益相关者理论"则将债权人、雇员、供应商、客户甚至社区等企业的其他利益相关者也纳入了公司治理主体的范围，进一步丰富了公司治理理论框架。

（二）公司治理的实务进展

相对于理论研究，公司治理问题受到实务领域的普遍重视是在亚洲金融危机之后。1998年，OECD成立公司治理原则专门委员会并于次年发布了《公司治理原则》，世界银行也加强了向成员国家在有关公司治理问题上的知识普及和观念传播，而各市场经济发达国家的证监会、证券监管机构、证券交易所也都先后发布了有关上市公司加强治理工作的准则和指引。2001年，中国证监会也对外发布了中国上市公司的治理准则。这些都促进了很多国家把公司治理问题放在了一个很重要的位置去加以考虑。2002年，美国爆发了以安然事件为核心的公司治理危机，2007年又爆发了次贷危机，引发了国际性的金融危机，这两次危机深刻暴露了公司治理问题的复杂性和全球公司治理实践及监管制度中的一些弊端，更促使人们进一步提升了对公司治理的认知程度，也促使相关国际机构和相关国家的监管机构不断结合实际情况进行治理机制的完善，改进公司治理的准则和指引。

另外，由于公司治理的实际情况比监管部门规定的治理准则或指引要复杂得多，所以很多企业在实际推进公司治理工作的时候就会有很多不同的做法。为此，一些监管机构、媒体或公司治理研究团体和协会还会在准则和指引之外，推出一系列好公司在公司治理方面的"表率做法"或"最佳做法"，以供企业参考和效仿。一些学者、媒体记者或者分析师也会撰写一些公司治理领域的案例研究，以供企业借鉴。与理论研究相比，在实务领域对公司治理的探索更大程度地推动了公司治理的向前发展。

（三）公司治理的不同模式

人们对公司治理的认识是伴随人们发现公司治理问题然后找到问题的解决方案，再发现问题然后又找到解决方案，这样一个不断循环的过程而不断提高的。由于不同国家不同的经济法律环境和不同的商业文化传统，会出现不同的公司治理问题和不同的解决方案，于是不同国家在公司治理机制的发展方向和进化程度上就很不一样，所以就产生了不同的公司治理模式。比如大陆法系和英美法系就衍生出了不同的公司治理模式：

1.大陆法系下的内部控制主导型公司治理模式。这种模式的典型代表是德国和日本等两个大陆法系国家，由于资本市场不够活跃，加上法律对金融机构的管制较为宽松，导致银行的力量非常强大，所以在这两个国家，企业融资以银行系统为主，企业的股权集中在银行和相互持股的企业手中，资本流通性较弱，主要通过企业内部的直接控制机制对企业经理层实施监督，企业运作的透明度不高，这就是所谓的内部控制导向性公司治理模式。这种模式的治理结构主要由股东大会、董事会、监事会和经理层组成，但在具体的组织结构的安排上，德国和日本又有所不同。德国企业是由股东大会选举产生监事会，而由监事会选举产生董事会，监事会有权罢免董事，也就是说监事会的权力在董事会之上。而日本企业则是在董事会之外，还设立一个监事会（并规定监事会中须有一定数量的外部监事），监事会和董事会是平行结构，董事会履行决策职责，而监事会履行监督职责。

2.英美法系下的外部控制主导型公司治理模式。这种模式的典型代表是英国和美国两个英美法系国家。由于这两个国家资本市场的发展比较完善，法律对金融机构的限制也比较严格，所以企业的融资主要从资本市场获得，企业的股权分散在个人和机构投资者手中，资本流通性极强，加上这两个国家具备比较完善的立法和执法体系，所以对企业经理层的监督主要通过企业外部发达的资本市场来进行，企业运作高度透明，这就是所谓的外部控制主导型公司治理模式。该种模式的治理架构主要由股东大会、董事会和经理层组成，没有监事会。董事会由股东大会选举产生，直接向股东大会负责，兼具决策和监督双重职能，而独立董事在董事会中的比例多在半数以上。董事会一般下设执行、提名、薪酬、审计等专业委员会，以协助董事会更好履行决策与监督职能，提高董事会的决策与监督效率，这些委员会主要由独立董事组成，分别承担不同的责任。

我国的公司治理主要是在考虑我国经济法律环境的基础上，借鉴了上述两种公司治理模式的一些好的做法，并有所创新而形成的具有我国特色的一种新的公司治理模式。我国的公司治理基本结构由股东大会、董事会、监事会和经理层组成，但由于在我国的企业中，大股东控制和内部人控制的现象比较严重，所以我国的《公司法》又规定上市公司董事会必须引入一定数量的独立董事来保护中小股东和整个企业的利益。此外，一些行业监管部门除了要求在董事会中有一定数量的独立董事外，还要求设立专业委员会来协助董事会更好地履职，同时更好地发挥独立董事的作用。

（四）完善的公司治理的基本特征

总结国内外优秀企业在公司治理建设方面好的做法以及历次经济金融危机得到的经验教训，我们必须认识到：一个企业要实现相对完善的公司治理，既需要良好的内部治理机制，也有赖于良好的外部治理环境。良好的内部治理机制就是要协调处理好企业内部的各类权利关系，推动企业的向前发展。

一是内部治理机制要能保护不同股东的各项基本权利。股东的基本权利具体包括：与获得信息有关的知情权；在知情之后向公司进行提案的权利；对涉及自己利益的有关提案进行表决的权利；与公司收益和财产相关的收益权；当以上权利受到侵犯的时候，对有关利益主休进行诉讼的权利；等等。

如果董事会不尽职，股东便可以在股东大会上行使自己的表决权，提出更换或者改选董事会，如果更换或者改选董事会都不能保护自己的利益，股东便可以根据自己意愿退出企业。

二是董事会制度是内部治理机制的核心。董事会是股东大会的信任托管机构，代表股东行使对企业的管理权利。董事会自身要充分独立于企业的实际控制人（控股股东或内部控制人），并要有强大的专业能力，能够很好地履行各项职责。比如：领导公司战略的制定与实施；对企业内部控制体系进行审查；选择与任命企业的高级管理人员，确定合理的报酬政策，适时解聘不合格的企业高级管理人员；确定企业信息披露的基本策略，监督企业信息披露的过程；等等。董事会可以通过引进独立董事、优化董事会人员构成、提高董事素质、加强专业委员会建设等手段来加强董事会的独立性与专业性。

三是企业主动的信息披露也是内部治理机制的一部分。公司治理的有效性是和信息充分披露紧密联系在一起的，企业主动的充分的信息披露能够增加信息的透明度，使得广大投资者、其他利益相关者以及各种中介机构、媒体等能够更多地知道企业的实际经营管理情况，有利于对控股股东（或实际控制人）、董事会、经营者等进行约束。

内部治理机制要能很好地发挥作用，还需要外部一个良好公正的环境和强有力的制度保证，这就是所谓的外部治理环境。外部治理环境主要包括：

一是法律体系。公平有效的法律体系能够保障投资者特别是小股东的各项正当权利。

二是资本市场。有效的资本市场不仅能更准确地用股价来反映企业的经营情况，使投资者能用股价高低来判断企业的经营状况，减少对企业监控的信息成本。另外，更重要的是，有效的资本市场能让有能力的投资者接管并购经营不善的企业，从而对该企业的董事会、经营层形成强大的压力。

三是政府管制。政府管制也包括行业监管，如证监会、银监会等，政府的政策制定水平、管制过程的效率、机构的廉洁性，对于企业公司治理有很大的影响。有效的政府管制，能够很大程度上缓解公司治理上的种种问题，比如限制经理人员对信息披露的操纵和因追求自身利益而损害投资者利益的行为，以及限制有控制权股东对没有控制权股东的利益侵害等等。

四是中介机构。中介机构不仅能够帮助投资者分析企业的相关信息，为投资机会的质量提供独立的证明，而且还能相对有效地监督和规范经理人员的行为，或者为投资者提供监督信息。发达资本市场体系中的中介机构通常有两类，即金融中介和信息中介。

五是社会舆论。虽然有诸多监管要求，但要企业主动进行充分的信息披露不大现实，而社会舆论（媒体记者、律师、专家学者、专业分析人员等等）一定程度上可以解决这个问题。社会舆论可以收集和分析企业的有关信息并向投资者提供，这会对企业的信息披露和经营管理起到很好的管理监督作用。

二、对商业银行公司治理的研究

（一）商业银行公司治理的特殊性

国外学者对商业银行的特殊性有过深入研究，归纳起来，商业银行的特殊性主要表现在以下三个方面：一是商业银行资本结构的高负债性。商业银行资本结构的高杠杆性特征，使其常有更大的冒险冲动。二是商业银行合约的不完全性。存款人与银行、股东与银行都存在信息不对称，使之无法有效了解银行的经营。对存款人来说，存款人是高度分散的，这种债权人的监督不太有效，相应地小股东们也无法低成本地了解银行信息。三是银行产品的特殊性。银行主要的产品是贷款，其质量的好坏需要一段时间才能看出，银行贷款产品并不存在活跃的交易市场，银行可以通过其会计处理方便地隐藏不利信息，使外部判断银行的好坏并不容易。[1] 由于上述三方面的特殊性，所以银行公司治理应当比一般公司的治理要求更严，应更强调信息披露，更强

---

[1] 参见李维安、曹延求：《商业银行公司治理——基于商业银行特殊性的研究》，《南开学报》2005年第1期。

调外部监管。

关于商业银行公司治理特殊性的研究，国内学者也有很多好的见解，李维安（2003）认为商业银行公司治理机制与普通公司不同，商业银行公司治理的特殊性主要体现在商业银行有特殊的经营目标、委托代理关系更为复杂、存款保险制度的负激励、市场及竞争程度的特殊性、管制的影响、资本结构的特殊性以及并购成本较高等若干方面。夏秋、黄荣冬也将商业银行公司治理的特殊性归纳为四个方面：信息不对称更为严重；商业银行不仅在政策层面存在进入壁垒，而且还有信用性、经济性地进入壁垒，导致外部投资者无法进行能够有效促进治理结构的接管行为；严格的管制阻碍治理结构作用的自然发挥；银行资本结构的高杠杆率时期必须兼顾银行内部的私人利益和外部的公众利益。[①] 欧明刚认为，除国外学者归纳的三方面特殊性外，银行风险管理的重要性、银行具有很强的外部性、银行形象的重要性等三方面也导致商业银行需要更加关注自身的公司治理。[②]

（二）商业银行公司治理基本原则

正因为商业银行的诸多特殊性以及商业银行公司治理的重要性，所以各国监管部门和国际监管机构都非常重视银行的公司治理。巴塞尔委员会从1999年开始三次修订《加强银行公司治理的原则》，并于2010年10月出台了《加强银行公司治理的原则》第三版，修订提出了商业银行稳健公司治理的十四项原则。这十四项原则包含以下主要内容：一是董事会要能够对银行承担总体责任并监督管理层；二是高管层确保银行经营行为符合董事会的商业战略设想与风险偏好；三是银行通过设立风险管理体系以持续识别与监控风险；四是确保员工薪酬安排要体现风险情况；五是董事会、高管层必须了解银行的复杂结构和产品；六是需提高对利益相关方、市场参与者的透明度。

[①] 参见夏秋、黄荣冬：《商业银行公司治理的特殊性及其政策含义》，《财经科学》2005年第2期。

[②] 参见欧明刚：《城市商业银行问题研究——公司治理与发展战略》，中国经济出版社2010年版。

与前两个版本相比较，第三版《加强银行公司治理的原则》主要有以下几点变化：一是更加突出董事会在公司治理中的作用，强调由董事会负责审议监督银行的风险策略；二是增加对风险管理的要求，要求银行将风险管理渗透到公司治理的各个方面；三是增加对银行员工薪酬的制度安排，要求由董事会监督薪酬体系的设计运行；四是首次提出对银行复杂结构及复杂产品的治理要求。

正是商业银行的特殊性，所以商业银行的公司治理既要遵循一般企业公司治理的普适原则，同时更要特别强调风险管理与内部控制、对员工的激励与约束、信息披露以及外部监管等。

第三节 加强城市商业银行公司治理 的思考和探索

一、城市商业银行公司治理目前存在的问题

我国城市商业银行近十年来在公司治理建设方面取得较大成绩，但对比完善的公司治理所应具备的各种基本特征，特别是商业银行特殊性导致的对商业银行公司治理的更高要求。目前，我国城市商业银行的公司治理更多的只是"形似"，而"神似"不够。这其中很重要的原因，一方面是我国城市商业银行目前尚处在初期发展阶段，自身的公司治理水平还存在诸多的不足。另一方面也是因为目前我国正处在经济转型期，外部治理环境还不足以满足城市商业银行完善公司治理的需要。

（一）公司治理的重要性尚未引起足够的重视

无论是从西方发达国家的理论与实践还是我国企业改革开放以来的发展来观察，良好的公司治理不仅是商业银行持续稳健经营的基础，而且能有效

地提升商业银行的价值。在国内，由于近几年经济增长强劲，使得城市商业银行从表面上看形势不断趋好，经营环境相对稳定，整体绩效不断改善，在某种程度上掩盖了城市商业银行内部治理和经营管理上的很多矛盾，使得公司治理对战略指引与风险管控的重要性未能得以充分显现，也使得城市商业银行的相关各方，尤其是地方政府与银行高级管理层对公司治理未能予以充分重视，往往停留在被动应付监管部门要求的层面。

（二）城市商业银行内部治理机制存在不足

1.各治理主体之间职责还不清晰、权力制衡不足。清晰的职责边界是确保商业银行各治理主体独立运作、有效制衡的基础。但一直以来，我国城市商业银行各公司治理主体之间存在着职责不够清晰问题，特别是董事会与高管层之间、监事会与独立董事之间的职责没有清晰的边界。这主要由于我国公司治理架构既借鉴了大陆法系，又借鉴了英美法系，公司治理架构较为复杂，容易出现不同治理主体之间职责边界不清晰的问题，甚至带来不同主体之间的职责重叠。另一个原因还在于城市商业银行自身，即城市商业银行部分治理主体没有力量去履行职责，比如不少城市商业银行董事会在履行战略管理、风险管理等方面的职责时，监事会在履行财务监督职责时，由于自身人力所限，很大程度上依赖于高管层，这样自然就造成了职责不清晰的问题。

城市商业银行各治理主体之间职责边界不清晰的问题在一定程度上导致了各治理主体之间的权力制衡不足，而没有清晰的职责边界，自然也就不能进行很好的权力制衡。同时，在我国的企业中，还有党委会、纪检系统以及企业内部工会制度和职工代表大会制度等一系列我国特有的内部制衡机制，过多的制衡制度安排有时非但没有形成有效制衡，反而增加了制衡成本，降低了经营管理效率。这是我们需要认真思考的一个问题。

2.内部人控制现象较为严重。产权结构的缺陷以及商业银行经营管理的复杂性、专业性导致城市商业银行内部人控制现象相对较为突出。一方面，当地方政府在城市商业银行中处于"一股独大"的地位时，由于国有产权缺乏人格化的产权主体，就很容易出现"代理人缺位"的现象；另一方面，当城市商业银行股权过于分散，由于"搭便车"效应，小股东没有动力去监督经营者，也会导致出现内部人控制现象。此外，城市商业银行的内部人控制现象还与商业银行经营管理的复杂性与专业性有关，商业银行有着与一般工商企业不同的特性，这使得城市商业银行的经营管理往往由其高级管理人员主导，其他相关方既难深入了解城市商业银行的经营状况，也难以对其经营管理绩效、风险状况进行科学有效的评估。在这种情况下，城市商业银行也同样容易出现内部人控制现象。

城市商业银行的内部人控制对城市商业银行董事会与监事会的独立性、专业性提出了更高的要求。

3.董事会独立性不够，未能更好发挥领导决策作用。目前，城市商业银行的董事主要由股东董事、执行董事和独立董事三部分组成，而股东董事基本上是按股份大小为标准由股东推荐的人员担任。同时，独立董事的推荐、选拔程序缺乏相应的法律依据，不少是由大股东或高管层推荐的，其独立性自然存在先天不足。正因为董事会的独立性不足等原因，目前城市商业银行的董事会在高管人员选聘、战略管理、风险与内控管理以及激励与约束等核心职能较难更好地发挥作用。

一是选聘高管人员缺少市场机制。大多数城市商业银行的高级管理人员同时由地方党委和政府管理，这些城市商业银行的董事会只是在地方政府决定之后再形式上履行一下聘任的法律程序。董事会没有对高级管理人员实质性的选择权、聘任权和解聘权，不能有效约束高级管理人员。

二是战略管理运行不畅。目前，多数行的董事会下设立了战略委员会，但从运行效果看，不尽如人意，战略规划的研究、制定、实施和评价、修订工作存在与战略实施脱节的现象。一方面是董事会制定了战略规划，但和每年的经营目标和考核目标衔接不够，导致决策与执行脱节；另一方面，城市商业银行在跨区域发展后，一些行在总行确定的战略发展方向与异地分支机构的市场定位脱节情况比较严重。

三是风险与内控管理缺乏互动。一方面董事由于自身从业精力和知识结构所限，对商业银行业务和产品以及风险的认识不足；另一方面，城市商业银行内部的信息报告制度不够完善，导致风险信息无法有效传递至董事会，董事们无法获取履职所必需足够的风险信息。

四是对高管层的激励与约束不够。目前很多城市商业银行董事会对高管层的薪酬考核办法还存在较大缺陷，还不能有效激励与约束高管层的经营管理行为。第一，一些城市商业银行的高管层薪酬考核办法实际是由高管层草拟或者由高管层聘请的薪酬咨询公司制定的，董事会只是履行一下审批的程序。第二，考核指标体系不够科学合理。很多城市商业银行的董事会将对高管层的考核绩效评价指标分为定量指标和定性指标两类，并主要以定量指标为主。而定量指标又主要是当年的存贷款规模、总资产、净利润、净资产收益率等指标以及不良贷款率等资产质量指标，还很少有城市商业银行将风险成本调整后的收益情况作为考核依据，这种注重规模和与当年收益的薪酬文化孕育着巨大的道德风险和逆向选择，使得经营层有可能忽视银行的长期利益，刻意追求规模扩大和短期效益。第三，薪酬考核办法的约束力度不够。

4.对监事会作用认识不足，监事会监督职能有待进一步发挥。根据《公司法》的规定及银监部门对商业银行公司治理的相关要求，监事会是城市商业银行的监督机构，主要行使对城市商业银行经营管理的监督权。按照其职权，监事会应当监督董事会、高管层的履职情况，监督董事和高管人员的尽职情况，并检查和监督城市商业银行的财务活动，拥有对董事会及高管层违法行为的制止权，对董事和高管人员离任审计权，对城市商业银行稽核部门的指导权和质询权等。但目前不少城市商业银行监事会的监督职能没有得到切实发挥，城市商业银行以监事会为核心的监督机制还未建立，这是由于多方面原因造成的：

一是目前不少城市商业银行监事会的独立性与专业性还不强。由于国有股持股比例过高等方面的原因，股东监事是大股东提名的，外部监事是大股东或高管层推荐的，而职工监事又基本上是根据高管层的意愿从员工中选择的，所以城市商业银行的监事会的独立性不足。同样，由于股东监事金融专业知识普遍不足，职工监事有很大的局限性，监事会的专业性也较弱。由于独立性和专业性上的缺陷，导致一部分城市商业银行监事会在监督董事会和高管层的履职情况、在监督董事和高管人员的尽职情况时难以深化，导致监事会无法真正有效对城市商业银行的财务活动进行监督。

二是城市商业银行对监事会作用的认识不足。虽然大部分城市商业银行能够认识到监事会直接对股东大会负责，且对董事会、高级管理层以及银行经营管理活动进行监督，但是对监事会的建设普遍不够重视，目前很多城市商业银行对监事会履职所必需的资源投入不足，不少城市商业银行的监事会没有履职所必需的办事机构和人员安排，也缺少向监事会的信息报告制度，存在着信息不对称问题，导致监事会不能够获得足够信息以有效履行监督职能。

三是公司治理结构安排的问题。我国企业的公司治理是在大陆法系的双层治理结构的基础上又引入了英美国家公司法的独立董事制度，并且额外给独立董事赋予了更多的监督职责，这就和企业原有的法定监督机构——监事会的职责有一定的重叠。监事会的监督与独立董事的监督如何区别，监事会的监督作用体现在何处，还需要城市商业银行在实践中积极地探索。

5.经营透明度不高导致外部治理机制失效。城市商业银行的信息披露范围与质量虽然近几年有很大改观，但仍有待提高。主要表现在几个方面：一是信息披露的主动性不够。商业银行信息披露的渠道主要有两个，即依照监管规定公开披露信息和主动向投资者等利益相关者提供信息。目前对城市商业银行来说，主要还是通过前一个途径来进行。而且在按照监管规定进行信息披露的时候，很多城市商业银行也只是按照最低监管要求来进行披露的，高于监管要求的自愿披露则很少。二是信息披露的完整性不够。这表现在城市商业银行在信息披露时存在有选择性和不规范性的现象，一部分城市商业银行在信息披露过程中，只选择披露达标的指标和对自己有利的事项，比如很多城市商业银行没有披露股权结构和实际控制人信息，关联交易信息披露不全等等。三是信息披露的质量有待提高。比如在有限的信息披露中，有的城市商业银行大力描述自己银行取得的社会荣誉，而对核心经营指标轻描淡写；有的城市商业银行把董事会成员的个人情况做详细披露，占用很大的篇幅，但对这些董事的履职情况基本不做说明；再比如有的城市商业银行在披露风险信息时，只是说做了哪些改进工作，而对存在风险管理、风险状况问题则少有着墨。

城市商业银行目前信息披露的缺陷使得利益相关者和非确定性公众了解

信息缺乏有效的保障机制，特别是中小股东的知情权得不到保障，造成银行信息对股东和利益相关者不透明。

（三）城市商业银行公司治理的外部环境也存在不足

1.现有法律体系尚不足以有效保护股东权益。一是对大股东的制衡约束不够。《公司法》对大股东的责任和义务没有更多特别的要求，仅是在第20条笼统地规定了包括大股东在内的全体股东的一些责任和义务："公司股东应当遵守法律、行政法规和公司章程，依法行使股东权利，不得滥用股东权利损害公司或者其他股东利益；不得滥用公司法人独立地位和股东有限责任损害公司债权人的利益。"《公司法》还在第21条对控股股东和实际控制人的责任和义务进行了比较模糊的规定："公司的控股股东、实际控制人、董事、监事、高级管理人员不得利用其关联关系损害公司利益。违反前款规定，给公司造成损失的，应当承担赔偿责任。"但对怎样的行为可被视为损害公司或其他股东或债权人的利益以及对责任如何追究等问题，《公司法》和其他法律法规都没有明确的规定。

二是对小股东的权利保护不够。与对大股东的制衡约束不够相对应的，我国《公司法》对小股东的权利保护也有不足，比如《公司法》第103条规定："单独或者合计持有公司百分之三以上股份的股东，可以在股东大会召开10日前提出临时提案并书面提交董事会；董事会应当在收到提案后2日内通知其他股东，并将该临时提案提交股东大会审议。"这一条规定实际上使得小股东提案的门槛升得很高，广大的投资者，特别是上市公司的流通股股东参与公司活动的权利，实际上被剥夺了。所以，我国企业的中小股东要想有效保护自己权益，还是存在很多困难。

2.一些地方政府的隐性控制导致制衡功能弱化。在城市商业银行的公司治理中，地方政府担当了一个非常独特的角色。一方面，地方政府对城市商业银行的持股比例普遍较高，虽然近几年城市商业银行通过不断引进境内外资本，股权结构得到一定程度的优化，但不少地方政府仍是城市商业银行的相对控股股东。作为城市商业银行的相对控股股东，地方政府理所当然地对城市商业银行施加着各种影响。

另一方面，由于地方政府在当地经济与社会发展中的强势地位，尤其是大部分地方政府实际上掌控了城市商业银行高管人员的任命权，这使得地方政府有超越其他股东的权利。没有了对高级管理人员实质性的选择权、聘任权和解聘权，城市商业银行的董事会就不可能有效地激励与约束高级管理人员，也就难以催生市场化的经营管理体制。

3.中介机构与社会舆论还不足以形成有效约束。由于在法律上还缺乏对中介机构的责任追究机制，所以在我国，为资本市场配套的中介机构的独立性和客观性较差，它们中的一部分会出于谋取利益的考虑，向投资者提供偏离事实的有倾向性的信息，有的甚至还不惜造假。比如为企业发行股票或债券承担包销责任的券商或经纪公司向投资者发布的分析报告有时会刻意美化企业，有的会计师事务所甚至还会为服务的企业出具虚假的审计报告以美化企业业绩，等等。与中介机构一样，目前在我国，由于各种原因，社会舆论对企业的监督力度还比较低，而且其独立性和客观性也不够。中介机构和社会舆论不能形成有效约束，使得我国企业实现良好的公司治理缺少了一个重要的前提条件。

二、对城市商业银行公司治理的认识与思考

城市商业银行公司治理的完善是一个系统而渐进的过程，既需要遵循公司治理的一般原则，又需要结合城市商业银行的自身特点，围绕着影响公司治理的核心问题不断加以改进。

（一）要充分认识公司治理对城市商业银行长远发展的重要性

良好的公司治理是银行现代管理的核心，其优劣直接决定了银行的竞争力。未来几年，城市商业银行群体将面临着严峻的挑战：外部经营环境趋于复杂多变，市场竞争进一步加剧，利率市场化导致传统的赢利模式难以为继，这一切都将对城市商业银行的战略与风险管理提出了更高的要求。城市商业银行唯有通过良好的公司治理机制才能建立贯穿整个银行机构的战略目标和一整套价值准则，真正地克服短期利益的诱惑，找准市场定位，做到"有所为"、"有所不为"；才能建立科学的决策机制和有效的控制体系，

形成完善的资本约束机制和内部控制体系，有效地控制经营风险；才能对高管层实施充分地激励与约束，保持发展的充足动力，规范经营管理行为，从根本上提升自身持续的竞争优势。

（二）多元化的股权结构是城市商业银行良好公司治理的基础

城市商业银行从信用社过渡过来的股权结构以及地方政府的主导地位使得其公司治理有一定的特殊性，唯有适度引入另外的制衡力量，城市商业银行才能奠定良好公司治理的基础。目前，不少城市商业银行已通过引进民营资本与国际资本，建立了适度分散、多元化的股权结构，有效地提高了公司治理效率。此外，少数城市商业银行通过进入资本市场，进一步推动了股权结构的多元化，社会公众、审计机构、投资研究机构等外部监督力量大为增强，公司治理也由此得到了很大的提升。而在股权结构多元化以后，如何让股东特别是小股东全面及时地了解企业的经营情况和重大决策的执行情况，充分发挥股东大会对企业重大问题的决定权是公司治理上的重要内容，必须引起高度重视并认真解决，这也是目前城市商业银行公司治理上的薄弱环节。

（三）理顺地方政府的角色定位是城市商业银行良好公司治理的重要条件

地方政府对城市商业银行的发展起到了极为关键的作用，而且城市商业银行未来的发展也离不开地方政府的支持与帮助，虽然目前地方政府对城市商业银行的控制在一定程度上影响了城市商业银行的公司治理建设和经营管理水平的提高，但我们不能因此否定地方政府在城市商业银行发展中的重要作用。

同时，我们必须认识到即使城市商业银行形成了多元化的股权结构，理顺地方政府的角色定位仍是其良好公司治理的重要条件，而这需要政府职能转变、投融资机制改革等大环境的配合。城市商业银行所在地的地方政府应转变观念，尊重城市商业银行的商业本性，通过市场化的手段，逐步改革城市商业银行的用人体制，促进城市商业银行在市场竞争中逐步发展壮大，实现政府的社会公共管理职能和出资人职能的分离，不断改进领导和管理城市商业银行的方式方法。

（四）良好的公司治理需完善相关的法律、法规，改进监管办法

良好的公司治理需要相关的法律、法规来保证。从目前我国的法律、法规体系来看，亟待进一步完善。比如立法规范大股东的行为和保护小股东权益，完善董事、监事和高管人员的责任追究机制，修改"三会一层"的职责分工方法等等。

鉴于城市商业银行的特殊性，监管部门应该制订专门针对城市商业银行公司治理的指导意见，鼓励城市商业银行在遵循良好公司治理基本准则的前提下，进行各具特色的公司治理实践，不断增强公司治理建设的有效性。同时，监管部门要从我国的实际情况出发，调整、完善相关的监管政策，如调整入股城市商业银行股东资格准入条件，鼓励产权清晰、管理水平高、发展前景好的大型企业尤其是优质的民营企业入股城市商业银行；调整、完善城市商业银行董事、监事和高管层的任职资格标准，促使城市商业银行股东等各公司治理主体依法定程序推荐素质高、责任心强、能胜任工作的优秀人才进入董事会、监事会和高管层，改善董事会、监事会、高管层的人员构成结构，使他们发挥更好的作用；等等。

（五）人是城市商业银行良好公司治理的关键性因素

银监会刘明康主席曾谈道：中国银行公司治理结构的关键，主要是两个因素：一个是设立健康、负责的董事会；另一个主要关键因素是人。选聘高素质的外部独立董事和选好非执行董事，是解决董事会建设问题的一个有效措施之一。城市商业银行的公司治理实践充分证明了这一论断，不同的人员组成与人员结构将形成不同的董、监事会文化，并极大影响着公司治理的效率。因此，如何引入市场机制选聘城市商业银行的高级管理层，如何形成一个职业独立董事与外部监事市场以及如何对城市商业银行独立董事和外部监事进行有效的激励都将是亟待研究的课题。

（六）要积极探索、建立各具特色的公司治理模式

城市商业银行的公司治理既有共性也有个性，不同的股权结构以及不同的发展历程都会导致形成不同的公司治理模式，因而城市商业银行要根据自身情况，积极探索，而不宜盲目地照搬照抄国内外其他商业银行的公司治理模式。

在目前外部治理环境不完善，内部治理水平不高的情况下，城市商业银行要在遵循良好公司治理基本准则和框架的前提下，从本身的实际出发进行各具特色的公司治理实践。同时，公司治理是一个不断实践、不断完善的过程，希望通过一次改革，短时间内就形成一个完善的公司治理是不现实的，对城市商业银行的法人治理有一个长期的规划，不断在实践中进行探索，逐步建立具有中国特色，有利于城市商业银行发展和能不断提高综合竞争力，符合城市商业银行实际的公司治理模式。

三、城市商业银行公司治理由"形似"到"神似"的探索

城市商业银行的公司治理在基本达到"形似"后，对公司治理的进一步完善需要在把握其内涵的基础上更多地从文化、机制与流程等方面着手进行研究。近几年来，有不少城市商业银行在这方面进行了有益的探索，并取得了明显成效。

（一）优化股权结构和股东资质，进一步夯实公司治理基础

股东结构的多元化和资质良好的股东是公司治理的基础。在目前我国公司治理规则不够到位，董事会的独立性不高，小股东权益得不到有效的法律和资本市场保护的情况下，股权高度集中和过度分散都不利于公司治理完善。在实践中我们发现，在现时的外部环境下，构建一个相对分散但又适度集中的股权结构是城市商业银行一个较优的选择，有利于发挥各类股东对公司治理的积极作用。

那么城市商业银行如何构建一个相对分散但又适度集中的股权结构，同时又能提升股东资质呢？当前背景下，比较可行的办法是以"增量改革"的方式优化股权结构和提升股东资质，具体是通过引进战略投资者和良好资质的股东，继而通过上市的方式来优化股权结构。

城市商业银行寻求战略合作伙伴，大致有两类：一类是国内外大中型银行；另一类是有丰富金融资源的大型企业。由于历史的原因，城市商业银行在管理能力、产品创新、风险控制、IT系统等方面还不成熟，依靠自己的力量改变这一状况需要较长的时间和大量的投入，但目前快速的发展和激烈的竞争又

不允许它们花太长的时间来改善这种状况。引进境内外优秀的大中型银行作战略投资者，既能改善股权结构，又能通过"引资"促"引智"，学习和借鉴它们在管理和经营上的优秀成果，通过实施技能转移计划，较快地提高自身的素质和水平。特别是境外战略投资者，他们在公司治理上有丰富的经验，对城市商业银行改善公司治理有较大的帮助。而引进有丰富金融资源的大企业集团作为战略投资者，对城市商业银行迅速扩大业务有较大的推动，在提高银行的素质和水平上也会发挥一定作用。因此这几年，城市商业银行成功引进的战略投资者绝大部分是优秀的境内外大中型商业银行。在选择境外战略投资者时，城市商业银行要将其在中国的发展战略是否有利于城市商业银行的未来发展，其对中国国情和城市商业银行的自身特点是否有较高的认同度，其经营理念、文化理念是否与城市商业银行有较好的融合性、一致性，其对银行公司治理建设和长远发展能否提供足够帮助等内容作为重要的选择标准。

在进行股权结构调整、完善股权结构时，城市商业银行应注重股东的价值取向和银行价值取向的融合以及股东之间价值取向的融合，注重选择价值取向一致的投资者入股，注重引进有助于银行公司治理和长远发展的积极、专业的股东。比如某城市商业银行处于民营经济发展良好的区域，它们充分认识到民营资本既有对公司治理积极的一面，也有其消极的一面。因此，在选择民营企业股东时，非常注重对民营企业成长经历与经营文化的考量，偏重于选择那些经历较长时间市场磨炼与资本原始积累的实体企业，偏重于具有战略合作意愿而不是以投机盈利为唯一目的的民营企业，从而保证了股东的良好资质。

公开上市是城市商业银行优化股权结构的一条很好的渠道。上市不仅可以建立稳定的资本补充渠道和引进专业的机构投资者，更重要的是可以借此转换经营机制，完善法人治理结构。当然，上市不是每家城市商业银行都能够实现的，大部分城市商业银行还是应该立足于多种渠道补充资本金，优化股权结构。

（二）着力建设高效尽职的董事会

1.不断优化董事会构成，提高董事会专业能力。一个高效的、具有互补功能的董事会团队对于董事会作用的发挥具有至关重要的意义。董事会构成既要最大限度地体现各方利益，又要高效精干，便于组织协调；既要有多元化背景，具有较强的互补性，又要有一定专业化背景，具有独立的专业判断能力，从而提高董事会决策的科学性和有效性。城市商业银行的董事会规模一般以11人或13人为佳，并应逐步减少董事会中股东董事人数和执行董事人数，增加独立董事人数。目前，不少城市商业银行虽然还未上市，但已经按照上市公司的要求按董事人数的三分之一以上配置独立董事，同时除了行长以外其他副行长不再担任执行董事，从而形成了一个精干、高效的董事会。

一个专业独立、具有互补功能的董事会团队对于董事会作用的发挥具有至关重要的意义。同时，培育真诚坦率、勇于负责的董事会文化也十分重要。所以，不少城市商业银行在选择独立董事的过程中，除注重其独立性、专业能力外，还注重对其品行与操守的了解，要求独立董事在文化和专业背景上能其他董事形成良好的互补，使董事会形成良好的内部环境，董事们能积极发挥作用，独立自主地发表意见，并根据自己的意志行使表决权，从而提高了董事会决策的科学性和有效性。

董事能否尽职，关键在于其专业能力和责任感，同时对城市商业银行的了解和对中国银行业的熟悉程度，也是重要影响因素。因此，加强学习和了解，是提高董事素质和熟悉银行业情况的重要手段。某城市商业银行提出打造学习型董事会，希望董事通过不断学习提高履职能力。每年该行董事会都会组织一二次的培训，形式包括学习监管部门下发的监管政策，邀请专家教授和监管部门领导进行公司的治理、风险管理、经济金融形势等专题讲座等。对新任董事，在其上任初期，该行还会及时向他们介绍相关信息，邀其进行实地考察，并和银行高管、中层、基层员工进行当面沟通，以使其尽快熟悉银行。该行还通过编写《信息月报》向董事提供本行经营业绩、本行动态、行业动态、监管政策等信息。而董事会各专业委员会则根据各自工作职责每年都安排一二次到总行部门、分支行的专题实地调研。通过以上措施，使董事基本能及时全面地了解银行的经营管理情况和行业发展状况，由此自身的履职能力得到了提高，进而增强了董事会决策的正确性和科学性。

2.积极探索董事会专业委员会的有效运作。城市商业银行的董事会一般设有战略发展、风险管理、关联交易控制、提名、薪酬、审计等专业委员会。发挥董事会专业委员会的关键在于委员的专业性、能动性以及如何解决专业委员会成员精力有限的问题。为充分发挥各专业委员会的作用，要不断完善并细化各专业委员会的年度工作计划，增强各专业委员会工作的计划性与可评价性；通过为专业委员会配备专职人员或建立联系人制度等，使得各专业委员在充分获得相关信息的同时，也将各专业委员会的专业意见及时传达至高管层并得以贯彻实施；要充分借助中介或咨询机构的力量，化解专业委员会成员精力有限的矛盾，提高其在各自领域的履职能力；各专业委员会也要积极主动地加强对城市商业银行的了解与指导，每年都能进行多项的专项调研与评估。根据目前我国的体制和现实，大部分董事和独立董事不是专职的，而专业委员会的委员都是由董事兼职，平时他们没有更多的精力去研究问题，委员们从收到董事会材料到正式开会研究也只有10天左右时间，难以更深入更全面地对一些问题进行研究和判断。为此，有的城市商业银行准备为专业委员会配备精干而又有丰富经验和充裕时间的助理人员(或称顾问)，帮助专业委员会委员开展事前的调查，为专业委员会决策提供参考咨询意见。这无疑是在目前体制下提高专业委员会决策能力的有益探索。

3.加强董事会的制度建设，确保董事会良好的运作。科学合理的制度和运作程序是董事规范高效工作的保障，董事会可借此引导和支持董事正确行使相应权力，促使董事正确发挥积极作用。所以，城市商业银行除按照法律法规的规定和监管部门关于商业银行公司治理的要求，合理界定"三会一层"权力界限，并根据实际运作经验制定董事会及董事会下设立各专业委员会的各项议事规则、工作细则外，还要积极寻求通过其他方式加强自身的制度和运作程序建设。某城市商业银行近几年来审议通过了《董事会尽职实施意见》、《关于进一步提高董事会议事效率与议事质量的建议》、《董事履职评价暂行办法》、《关于进一步加强董事会建设的若干意见》等制度文件，以上市银行为标准建立了《独立董事实施办法》、《公司信息披露管理办法》，还多次通过阶段性的总结，修订各项制度，不断完善自身运作机制。为使董事会充分履职，该城市商业银行高度重视董事会各种辅助性制度建设，建立完善了高管层向董事会的信息报告制度，明确高管层应向董事会报告的具体内容、时间、频率及路线等，以有效解决董事会与经营层之间的信息不对称问题，避免出现内部人控制现象，并通过对董事及各专业委员会委员的职责权限和履职程序进行科学界定和合理安排，有效的保障和促进了董事作用的发挥。

4.开展对董事履职评价。由于各种原因，目前城市商业银行对董事履职既缺乏激励也没有约束，客观上影响了董事会作用的发挥。为规范董事的履职行为，增强对董事履职行为的约束力，2010年12月，中国银监会颁布了《商业银行董事履职评价办法》，对董事履职评价给出了一个原则性框架。根据这一办法，城市商业银行应建立健全对董事的履职评价制度，明确董事的履职标准，建立并完善董事履职与诚信档案。在此办法出台以前，有的城市商业银行已经开展对董事履职的评价，通过董事互评、董事长和董事的交流互动、听取监管部门意见、监事会对董事会工作评价和对离任董事的审计等形式对董事进行考评。实践证明，开展对董事的履职评价对提高董事会工作效率和质量有明显效果。

（三）董事会要专注于战略、风险、激励等核心职能

法律和相关的规章赋予了董事会诸多的职能，城市商业银行的董事会在努力完成各项职能的同时要根据自身状况突出重点，逐渐在公司战略、整体风险的控制、激励与约束等核心职能上发挥重大作用，要通过制定年度规划与年度预算来实现既定的战略，通过制定年度风险管理政策以及风险管理状况的定期评估来加强对整体风险的控制，并通过制定科学的高管层薪酬考核制度来对其实施有效地激励与约束。

1.提升战略管理能力。城市商业银行董事会要主导战略规划的全过程，并要努力把战略的研究、制定、实施和评价、修订等战略管理的整个流程都

做深做实：一是要加强战略规划研究，要对城市商业银行的内外部经营环境和城市商业银行的优劣势进行仔细的分析，进而探索科学合理的市场定位、发展方向、经营策略和增长目标；二是要科学制定战略规划，遵循城市商业银行发展的客观规律，结合内外部经营环境和自己的比较优势来确定自己的市场定位和自己的战略规划；三是要切实抓好发展规划的实施工作，避免战略规划实施中出现制定与实施脱节的问题，督促和检查经营层将年度的战略发展目标与银行的年度经营管理目标有机结合；四是要加强战略规划实施情况的评估工作，董事会每半年（或至少每年）应对战略规划的实施情况进行一次评估；五是要根据内外部条件的变化和战略规划实施情况做好战略规划的修订工作。

为了加强对战略的研究和规划的制订，目前不少城市商业银行已聘请专业的咨询机构一起参与战略的制订工作，银行的发展研究部门既是总行业务部门同时是董事会战略委员会的工作机构。战略制订完成后，由行长担任战略执行委员会主任，经营层根据战略规划制定年度经营预算并上报董事会审议通过，形成了战略规划—经营预算—执行评价三位一体的战略管理执行流程，保证了全行的业务发展与经营管理在战略规划指导下开展。为保证战略规划的有效执行，每半年经营层将战略执行情况向董事会书面报告，每年由董事会对战略规划的执行进行一次评估，并按年度对战略规划滚动修订。

2.加强风险与内控管理。作为经营货币的特殊企业，商业银行相对于其他类型的企业而言，面临着种类繁多的各种风险，所以对风险实施恰当的管理、保证银行的稳健经营是商业银行董事会的核心职能之一。在加强对风险和内控的管理上，不少城市商业银行的董事会做了以下一些探索：一是由董事会直接聘任银行的首席风险官，并维护首席风险官的独立性，实现其与董事会之间的有效互动，落实董事会对于风险管理的最终责任，同时董事会赋予银行风险和稽核管理部门独立和直接向董事会汇报的权利。二是建立高管层向董事会的风险信息报告制度。银行内部必须就所暴露的风险和风险管理状况进行充分的沟通，然后及时准确报告董事会，要确保所有最真实的风险信息都能够及时传递到董事会，以供董事会作出最后决策。三是高度关注风险政策的制定。每年通过制定审慎的年度整体风险管理政策来明确全年的风险管理目标和要求，并通过对风险管理状况进行定期评估来加强对公司整体风险的控制。

3.完善对高管层的激励与约束。建立良好的高管层的激励与约束机制对城市商业银行的健康发展十分重要。一是董事会要真正担负起高管层薪酬考核办法的制定与运行职责。二是要优化考核指标体系。城市商业银行董事会要将风险成本调整后的收益情况作为对高管层主要的定量考核指标，在定性指标中，加大对依法合规情况、内部管理水平的提高、员工人力资源的培养等等方面的考核力度。三是要增强薪酬考核办法的约束力。要建立高管人员薪酬风险准备金制度，合理确定风险准备金的比例和发放期限，以约束高管人员承担其任职期间造成的风险和损失。四是要董事会要将高管层的薪酬考核办法与城市商业银行的中长期战略规划有机结合，逐步建立对高管人员的中长期激励和约束机制。

某城市商业银行对高管层的薪酬考核经过不断地摸索形成了一套严密的机制与流程：首先由提名与薪酬委员会独立聘请第三方机构制定高管薪酬考核办法并掌握同行业薪酬水平；然后由董事会根据战略发展规划确定和批准年度经营计划，并据此制定高管层的年度定量和定性考核指标，定量指标采取与上市银行的相应指标进行比较，定性指标具体分解为每位高管的年度核心工作；考核时首先由监事会对高管的履职情况进行合规性的评价，然后由提名与薪酬委员会抽选30%的中层管理人员对高管层就年度核心工作的完成情况进行评议，根据评议结果与监事会的评价，提名与薪酬委员会合议得出最终的薪酬考核结果，并上报董事会审议。在此基础上该银行还建立了和全行三年关键业绩指标挂钩的中长期激励办法，长期激励授予价值每三年一次，三年后根据目标完成情况予以兑现。

除了对高管层的激励约束机制以外，根据监管部门的要求，城市商业银行董事会还要对建立与银行业绩和风险状况真正匹配的全行激励约束机制负责。董事会要确保薪酬体系的设计与实施有助于银行运行和风险管理，并将其置于银行公司治理和风险管理的核心地位。在这一方面，城市商业银行董事会还需要积极进行新的探索和实践。

（四）更有效地发挥监事会的监督约束作用

良好的公司治理需要建立科学规范的监督管理体制，没有制衡，权利就会失控。根据我国公司制度的安排，发挥监事会在公司治理中的作用非常重要。一是需要通过调整监事会结构和提高监事素质来增强监事会的独立性和专业性。在监事人选的选择上，要重视专业能力和专业背景的考量，外部监事则必须要求有较强的财务或审计的专业知识和专业经历。二是要加强对监事会的组织体制与运行机制建设。完善监事会审计委员会和提名委员会职能，并给监事会提供其履职所必需的资源。同时要完善监事会的制度建设，要建立高管层向监事会的信息报告制度，明确高管层应向监事会报告的具体内容、时间、频率及路线等，以确保监事会能够获得足够信息并有效履行监督职能。

从《公司法》和证监会《关于在上市公司建立独立董事制度的指导意见》以及人民银行《股份制商业银行独立董事与外部监事制度指引》分别规定的监事会和独立董事的监督职能来看，监事会和独立董事确实存在着一定的监督职能交叉（比如双方都享有对公司财务的检查监督权），但实际上，无论是从角色定位上来看，还是从履职目的来看，监事会和独立董事都有着极大的不同。从角色定位来看，独立董事是站在董事会内部来监督董事或者经营者的行为，而监事会是站在董事会整个决策过程之外来监督董事和经营者的决策行为。从履职目的来看，独立董事的监督是为决策的作出提供准确的意见，而监事会的监督是为了明确公司经营状况是否异常，是为了明确董事、高级管理人员的行为是否符合其忠实义务的标准。因此，监事会和独立董事的监督职责应该各有侧重，监事会是进行事后监督，而独立董事更多的是进行事前监督和事中监督，两者是可以进行很好的互补的。对此，城市商业银行董事会和监事会要共同构筑起城市商业银行完善的内部监督机构，维护城市商业银行的健康发展。

城市商业银行监事会作用的发挥关键是要选好人。某城市商业银行监事会组成时就从公司治理的内涵出发聘用了精通财务与稽核，敢于发表不同意见的监事与外部监事。在他们的带动下，监事会发挥了有效的监督约束作用，每年都要定期听取高管层关于业务经营、财务状况的报告，关注年报审计进程，对会计师事务所出具的年度审计报告及会计报表附注进行审核；按季度对业务规模及增长、债券投资、资产收息水平、管理成本、不良贷款与专项准备等业务经营与财务事项进行检测分析和评价。同时还加强对董事会、高管层及其成员的监督，对董事会、高管层落实股东大会决议情况，以及年度经营目标执行情况进行检查，对高管层的履职报告进行评议，还与独立董事约见谈话，征询意见，对董事会、高管层及其成员履职、尽职情况作出评价。此外，监事会每年还结合经营情况开展一些专项监督检查。

（五）推动各相关方认同公司治理的内涵与精神

良好的公司治理需要股东会、董事会、监事会、高管层等几方面相互协调和有秩序的工作，而且在我们企业中还有党委、工会和职工代表大会等。所以，只有各相关方充分认识到公司治理对城市商业银行长远发展的重要意义，并在相应的权利义务框架下认真履行各自的职责，才能建立起良好的公司治理。城市商业银行除了有意识、有目的地选择优秀的投资者、董监事、高管层等各参与方，还要通过多种形式加强各参与方之间的融合与沟通，提高其对公司治理内涵与精神的认同程度。

如某城市商业银行在董、监事会闭会期间，建立了董事长、监事会主席、高级管理层和党委等几方联席会议制度，及时就董事会、监事会、行内一些重大事情互通有无、交换意见，这种良好的协调机制有利于在更高层面上统一思想，明确目标，达到了很好的效果。经过多年的倡导与磨合，该行公司治理的各参与方都已从思想上认识到公司治理的重要性，认识到健全良好的公司治理也是一种持续竞争力。各参与方在这一大的共识下，都能够积极履行自己的责任和义务，并在行使权力的同时以包容的心态欣然接受相应的约束。

（六）加强信息的主动披露，提高披露质量，增强对外透明度

信息披露制度的完善与否直接关系到城市商业银行公司治理的成败，一

个强有力的信息披露制度是对城市商业银行进行监督的关键，是股东行使表决权的基础。通过知情权的引入、确立、实施和保障，改善股东大会、董事会、监事会和高级管理层以及其他利益相关者之间的治理意识、治理信息不对称等问题。有条件的城市商业银行要积极创造条件争取公开上市，通过公开上市改进信息披露的质量，接受包括投资者、分析师、中介机构等更广范围内的外部监督。

1.董事会要真正担负起信息披露责任。城市商业银行董事会要制定信息披露管理办法，对信息披露的范围、程序、形式和内容等作出规定，并要明确责任划分和责任追究，以此来加强对信息披露工作的管理，提高信息披露质量。

2.提高信息披露的主动性和完整性。城市商业银行董事会应该不限于监管部门对商业银行信息披露的标准，争取高于监管标准，主动地、完整地对外披露信息。

3.提高信息披露的质量。针对商业银行的特殊性，城市商业银行董事会应将资本充足状况、资产质量状况、盈利性状况和风险管理状况作为信息披露的重点，除公布定量数据和相关指标外，还应该定性分析这几方面的现状，特别是存在的问题。另外，对股权结构、实际控制人、关联交易以及市场定位、发展战略、风险偏好等等信息，城市商业银行董事会也应对外披露。

本章参考文献

1.宁向东：《公司治理理论》，中国发展出版社2006年版。

2.欧明刚：《城市商业银行问题研究——公司治理与发展战略》，中国经济出版社2010年版。

3.巴塞尔银行监督管理委员会：《加强银行公司治理的原则》，2010年。

4.刘明康：《银行业公司治理：机遇和挑战——在南开大学第四届公司治理国际研讨会上的讲话》，2007年。

5.廖岷：《国际金融危机中银行公司治理的主要问题及启示》，《国际金融研究》2010年第5期。

6.李维安、曹延求：《商业银行公司治理——基于商业银行特殊性的研究》，《南开学报》2005年第1期。

7.周文武：《城市商业银行公司治理的特殊性与有效性研究》，《武汉金融》2010年第1期。

8.严胜波：《论独立董事制度与监事会制度的和谐共存》，《人民论坛》2010年第2期。

9.夏秋、黄荣东：《商业银行公司治理的特殊性及其政策含义》，《财经科学》2005年第2期。

第三章
城市商业银行的战略管理*

第一节 企业战略管理和城市商业银行
战略管理现状

一、企业战略管理简述

(一) 企业的发展战略

企业要健康发展必须要认真制定发展战略，战略是决定企业经营活动成败的关键性因素。"战略"一词来源于希腊的军事用语"strategos"，原本是指对战争全局的分析而作出的谋划，"是将军指挥军队的艺术"。"战略"一词后来被广泛应用到企业的经营管理中，描述企业长期的发展方向。简单地说，企业战略就是企业为了实现持续经营、稳步发展并不断增强竞争力，根据外部环境变化和内部资源能力情况，对企业的主要发展方向、目标

---

* 本章由聂庆撰稿。

及实现的途径、措施所展开的一系列全局性、根本性和长远性的谋划。企业战略也可以表述为企业应遵循的发展方向和为实现具体发展目标而需要采取的各种行动。战略一经确定，将在相当长时间内对企业未来整体格局的发展变化起指导作用。

根据以上表述，企业在制定战略时必须对外部环境和内部情况有清晰的了解和分析，制定战略的目的是为了企业谋求长期稳定的发展，并在发展中不断提高自身的竞争力。企业的战略应该有一个明确的目标，并明确实现这个目标的途径和应当采取的手段。企业战略可分为三个层次：公司战略、业务单元战略和职能部门战略。公司战略明确了公司的整体战略目标，活动范围及如何管理各个战略业务单位来创造企业价值。业务战略主要关注企业经营的各个业务单位如何获取竞争优势，识别和创造市场机会，进行产品和业务创新，从而达到公司所设定的目标。职能部门战略是指企业内部各职能部门，如人力资源、财务、科技等等，如何更好地为是实现企业战略向业务部门提供更好服务，从而提高组织效率。

（二）企业的战略管理

企业战略管理是一种崭新的管理思想和管理模式。"战略管理"一词最早是由战略管理的鼻祖伊戈尔·安索夫在1972年提出的。企业战略管理是企业分析战略环境、明确战略目标，形成战略方案、进行选择与评价、组织战略实施、控制战略执行的一个动态管理过程。企业的战略管理一般涵盖战略分析、战略制定、战略实施、战略控制四个阶段，在战略制定阶段，还要对提供的方案进行评价和选择。

企业战略管理是一种全局性、系统性、动态化的管理。企业战略管理是把企业战略作为一个整体来进行管理，无论是业务战略，还是各职能部门战略都必须服从公司战略，并使它们有机结合起来形成一个整体；企业战略管理是系统性的管理，不仅涵盖战略分析和战略的制定，而且也包含着将制定出的战略付诸实施并进行有效控制的管理；企业战略管理是一种循环性的动态化管理，是一个不断完善、不断创新的过程，一次战略管理过程结束，是新一轮战略管理的开始，如此不断地循环使企业战略管理水平不断提高。

（三）企业战略管理的流程

战略分析。战略分析是整个战略管理流程的起点，包括对外部环境和内部资源能力分析两个方面。外部环境分析是要全面、系统地了解企业生存发展的关键因素，例如宏观经济金融发展态势、行业发展趋势、同业竞争对手的战略和竞争策略等等，并且预测这些因素的发展变化对企业发展的影响程度。任何一家企业都在瞬息万变的社会经济环境中运行，其经营活动必然要受到外部环境的影响和制约，只有与环境的变化相适应，才能把握机遇并最终达到预期目标。内部资源和能力分析则集中在企业内部经营状况、员工素质、管理水平、技术水平、市场竞争能力等方面。通过分析企业的优势和劣势，促使企业了解自我、提高自我、强化素质，明确在市场竞争中取胜的基础，判断企业在市场和同业中的核心竞争力。

战略制定。企业战略制定是企业的决策机构组织各方面的力量，按照一定的程序和方法，为企业选择合适经营战略的过程。战略制定是在对企业自身经营和发展所面临的内外战略环境进行分析、评价，并预测这些内外环境的未来发展趋势及其对企业经营发展影响的基础上形成的。战略制定中要确定企业的愿景和使命，并用简单、简练的语言来表达。要确定与企业使命和愿景相一致的企业战略目标，战略目标的定量指标要便于分解落实和检查，并有短期、中期、长期三组数据。企业的战略方案在制定时应该尽可能有多种方案，供企业的决策层根据可行性和使用性进行评价和选择。在确定企业整体战略的基础上，进一步作出企业的业务战略和职能部门的战略，使企业的总战略真正得到落实。企业战略的制定是一个从上到下，从下到上，反复讨论、比较、总结的过程，需要花较多的时间和精力。

战略实施。战略实施是将战略构想转化成战略行动的过程。在战略实施中，战略执行力与配套策略和支持体系、战略计划以及战略实施机制始终是密切相连。一是科学务实的配套策略和战略支持体系是战略得以实施和最终实现的基本前提。配套策略主要包括市场定位策略、业务发展策略、成本控制策略、资产控制策略和组织体系发展策略等等。战略支持体系主要包括市场营销体系、财务保障体系、信息技术、人力资源和企业文化等。二是具有可操作性的战略计划是企业战略得以实施和最终实现的根本要求。要把企业战略目标和实现目标的各种措施进行分解，形成一系列以企业整体为对象、与企业战略规划相一致、具有可操作性的战略计划。战略实施是企业在战略规划期内逐一完成各年度的战略规划任务，直至完成整个战略任务的过程。三是健全的战略实施机制是银行战略得以实施和最终实现的有力保障。企业战略是企业行动的共同纲领，必须人人遵守，共同维护。企业要明确责任，逐级落实责任，保证战略在经营管理行动中得到真正实施；要加强战略实施过程的督导检查，发现偏差及时纠正；要充分发挥全体员工的主动性和创造性，保证战略执行的严肃性和有效性。

战略控制。战略控制与战略实施是同时进行的，目的是战略实施的进程和结果基本符合战略方案预期的进程和结果。同时，也是为了企业发展战略能够适应内外环境变化而及时调整和改变。该阶段的主要内容包括：一是密切跟踪内外经营环境变化，定期分析环境变化对战略实施的影响；二是设置一套定性或定量的战略评价指标体系，持续监测和评价战略的实施效果；三是把战略实施的实际情况与其对应的方案和标准进行比较，发现实际与战略的偏差；四是采取调整或纠正措施，确保战略目标的实现。如果内外经营环境和条件出现较为重大的变化，要主动对战略进行修改和调整，以适应经营环境发展变化的需要。

二、城市商业银行加强战略管理的重要性

（一）城市商业银行的经营环境发生了很大变化，必须加强战略管理赢得市场的主动权

经过十几年的发展，我国的金融市场发生了很大的变化，一方面，传统的信贷业务仍然是银行经营和盈利的主要手段，但另一方面，由于业务结构和产品的同质化趋势严重，不仅让客户不满意而且使银行竞争力明显下降；"金融脱媒"的挑战，使商业银行积极探索多元化经营，大中型商业银行在综合化经营上已迈出了步伐，努力向证券、基金、保险等领域渗透，城市商业银行何去何从需要慎重地进行决策；面对金融危机和国内经济增长放缓，

以及利差收窄等因素对银行利润增长的不利影响，各家商业银行都在积极加快业务创新，扩大中间业务，增加非利息收入，城市商业银行简单地采用"跟进"策略已明显不利于发展，必须及时地自主创新适应市场；为中小企业和城乡居民服务是城市商业银行的市场定位，但近几年来，大中型商业银行也大举进入中小企业市场和个人业务市场，小企业市场的竞争已经开始显现，城市商业银行必须认真面对这一挑战；近些年来，银行业金融机构数量迅速增加，一方面大中商业银行改变前些年收缩县以下网点的做法，开始重新在县及县以下增设机构，另一方面农村商业银行、村镇银行等新型银行业金融机构不断诞生，甚至也进军城市大量开展业务，我国银行业务机构的竞争愈来愈激烈，城市商业银行面临空前的挑战。所有这些情况的发生，都要求城市商业银行从战略层面重新审视自己，通过加强战略管理来提高核心竞争力，实现良好的发展和达到设定的战略目标。

（二）转变城市商业银行的发展方式，实现科学的可持续发展，要求城市商业银行进一步加强战略管理

经过十五六年的发展，城市商业银行取得了很大成绩。这些成绩的取得来之不易，是全国城市商业银行二十多万从业人员艰苦奋斗、开拓创新的结果。但是我们必须清醒地认识到，城市商业银行这些年的发展主要靠外延式的扩张，靠规模的迅速增加，靠跨区域发展，也就是靠做"大"来实现的。世界金融危机以后，宏观经济环境发生了重大变化，国家采取了一系列宏观调控的措施，经济发展的速度趋缓，特别是世界各国的金融监管部门从金融危机中汲取教训，加大了对银行业金融机构的监管力度，从全面实施巴塞尔Ⅱ到开始推行巴塞尔Ⅲ的监管措施。银行业简单依靠做"大"来实现发展，依靠大量消耗资本来求发展已不可能，必须转变发展方式，走一条消耗资本少、效益好、风险小的不断做"强"的可持续发展道路。这就需要城市商业银行的高层领导要用更多的时间花更大的精力去研究和落实企业的战略管理。

（三）加强城市商业银行的战略管理是城市商业银行稳健经营的需要

这些年来城市商业银行的风险控制取得了很大进展。截至2010年年底，

全国城市商业银行的不良贷款率已经下降至0.91%，低于国有商业银行和股份制商业银行0.2个百分点；拨备覆盖率已达到257.1%，高于监管要求107个百分点。城市商业银行以制度建设为切入点，依托IT技术，着力推进垂直管理的稽核监督体系，建立内部审计工作问责制度，在建立完善内控管理体系和风险管理机制上取得了长足进步。但是，我们必须看到：外部金融形势十分复杂，如何应对严峻形势和宏观调控带来的风险，是城市商业银行必须审慎面对的首要挑战。同时，随着前些年信贷规模激增，城市商业银行系统性资本短缺和系统性呆坏账增大的风险同时存在，进一步增强风险管控能力，坚守风险底线的任务非常艰巨。加强对整体风险战略的研究，制定包括风险偏好和容忍度在内的风险政策，完善风险体系，加强提高员工的风险意识和防范风险的技能，采取多种形式和手段确保城市商业银行的稳健经营是城市商业银行今后很长一段时间内重要的工作。风险控制和稳健经营是城市商业银行永恒的主题，是城市商业银行战略管理非常重要的组成部分。只有在战略管理中不断完善、充实风险控制的内容，城市商业银行的战略管理才是一个成熟的管理模式。

除了以上三个方面以外，加强战略管理还是城市商业银行建立现代企业制度，加强法人治理的需要；是顺应科学技术发展、加强银行IT系统建设的需要；是提高人员素质，建立积极、有效、合理的激励和约束机制的需要；等等。城市商业银行如果不加强战略管理，就像一只行驶在大海中的小船，没有罗盘，没有目的地，那是相当危险的。美国通用电器的总裁说："我每天没做几年事，但有一件事是做不完的工作，那就是规划未来。"在发达国家大部分企业家认为：最占时间、最为重要、最困难的事就是制订战略。

三、城市商业银行战略管理的现状

（一）城市商业银行战略管理科学理念逐渐形成

随着城市商业银行股权结构的逐步优化，包括境外战略投资者的加入，同业竞争的日趋激烈，以及内部管理逐步精细化，城市商业银行这个中国金融界的新生力量开始注重战略管理，以谋求长远发展。城市商业银行的战略管理科学理念正在逐渐形成。

回顾一下城市商业银行的历史,从1995年至2000年前后,是我国各地城市商业银行成立的起始阶段。在这个阶段,城市商业银行主要是解决在城市信用社时期留下的各种问题,克服资产质量差、人员素质低、社会认知度不高等困难,谋求生存和发展。因此,大部分城市商业银行仅仅是有一个年度计划,明确一些经营活动的主要指标,还没有精力和经验去研究战略、制定战略,更不用说战略管理。进入21世纪以后,大部分城市商业银行已经走出困境并得到良好发展。至2003年全国有112家城市商业银行,当年实现利润54.22亿元,不良贷款率也下降至12.85%,比前几年有大幅度下降。除了城市商业银行得到良好发展外,在我国平稳经历了亚洲金融危机以后,经济快速增长,金融需求旺盛,宏观经济金融形势有利于银行业金融机构的发展。在这样的内外环境下,城市商业银行开始重视发展战略的研究和制定。比如杭州银行在2002年制定了"三步走"的发展战略。第一步是引进民营资本,改善股权结构,加强法人治理;第二步引进战略投资者,改革组织架构,建立现代企业制度;第三步是实现跨区域发展,向区域性银行迈进,并争取成为上市银行;同时它们也提出了3-5年的定量经营指标。至2008年,杭州银行除上市以外,三步走的战略已基本完成,各项经营指标都超额实现。其他很多城市商业银行在2002—2005年也制定了类似的发展战略。分析这一时期城市商业银行战略有这么几个特点:一是当时城市商业银行的战略并没有严格按照战略管理的要求来做,特别是在战略分析、战略实施和控制上都很简单甚至没有;二是这样的战略其实是一个短期或中长期的计划,缺乏综合性和系统性;三是战略的制定局限在少数人中讨论,缺乏论证、评价和选择,一般没有聘请专业的咨询机构,战略的内容和文本都比较简单。

2007年爆发了全球金融危机,世界各国的金融业都面临着严峻的挑战。我国实施了积极的财政政策和量化宽松的货币政策,减少了全球金融和经济危机对我国的影响,银行业仍然得到了较快的发展。但是银行业之间的竞争加剧,实现发展方式转变成为城市商业银行最重要工作。同时,政府加强了对经济的宏观调控,金融监管的要求不断提高,城市商业银行面临着新的挑战和机遇。在监管部门的要求下，城市商业银行重新审视了以前制定的战略，重新按战略管理的要求认真科学地开始制定新一轮发展战略。这一轮城市商业银行的发展战略和战略管理比上一轮有明显的提高。一是在这一轮新的战略规划中已明显反映出城市商业银行的发展出现很大差异。少数实力雄厚的城市商业银行提出"做大做强、综合定位"的战略定位，要把自己建成为"信誉优良、管理科学、运营高效、服务一流"的全国性商业银行，甚至是有一定国际影响力的银行；有的提出建成区域性银行；有的提出"依托传统优势，做深做透"战略，建成小企业服务的特色银行；有的打算向社区银行发展；等等。二是各城市商业银行围绕着为中小企业和城市居民服务，普遍明确提出要实施差异化、特色化战略。三是发展战略中对加强风险控制、加快IT等银行基础设施、实施人才兴行等提出了更高要求和措施。四是战略的制定更严谨和科学化，对战略环境分析、战略实施和控制有详尽的内容和安排，有的还实行了三年滚动修订的计划，不少城市商业银行聘请中外著名咨询机构帮助制定战略。

（二）城市商业银行战略管理尚待继续完善

城市商业银行战略管理理念和方法的进步将会有力地推动城市商业银行的健康发展。但是我们也看到城市商业银行的战略管理中还存在以下一些问题。[①]

一是将行业经营方针作为发展战略。我国城市商业银行组建之初就提出了"服务地方经济、服务中小企业、服务城市居民"的特色经营方针。从城市商业银行十多年发展的实证分析看，这一特色经营方针无疑是正确的，指引着城市商业银行改革发展。但是，有些城市商业银行简单地把它看做是银行的发展战略，则无疑是认识上的重大偏差。行业经营方针是宏观的，是指导性的，是行业的基本发展方向，与城市商业银行的发展战略有着本质的区别。发展战略是一个城市商业银行长期的发展方向、范围和目标的组合，它

---

① 参见张道军：《我国城市商业银行战略管理的五大误区》，中国金融网2009年6月24日。

是通过在不断变化的环境中调整资源配置来取得竞争优势，从而实现利益相关方的期望。相比经营方针，发展战略的外延更丰富、内涵更深刻。

二是将发展战略简单地"口号化"。发展战略"口号化"最常见的表现是将城市商业银行的发展战略看做是口号，例如成为零售银行、跨区域发展、引进战略投资、公开上市等，误以为有发展口号就等于有了发展战略，而忽视了战略管理。制定城市商业银行发展战略是一项复杂的活动，是将银行家的商业直觉和缜密的战略管理逻辑思维有机结合的过程，是利益关系人之间的合作博弈过程，其目的是建立一座通向未来目标的桥梁，远远不是几个简单口号能涵盖的。在发展战略制定完成后，需要把发展战略在银行利益关系人范围内进行宣传。为了便于交流，可以把发展战略进行浓缩，形成言简意赅的口号，但这并不等于口号就是发展战略。用口号代替发展战略的做法，可谓"本末倒置"，往往空洞无力，难以取得实效。

三是将自身的发展战略与其他银行雷同化。各个城市商业银行，因其所处的内外部环境不同，面临的外部机遇和挑战、内部的优势和劣势，可谓千差万别，发展战略是不应该相同的。美国哈佛《商业评论》2004年1月号，在"哈佛经典"专栏摘要介绍了迈克尔·波特的文章《什么是战略》。在这篇文章中，波特不但对"战略"意义做了新阐述，而且对"战略"含义做了新注释。他说，"战略"一是"创造一种独特、有利的定位"；二是"在竞争中做出取舍，其实质就是选择不做哪些事情"；三是"在企业的各项运营活动之间建立一种配称"。很显然，各城市商业银行如果不能在发展战略中"创造一种独特、有利的定位"，不能作出科学的"取舍"，不能建立适合自己的"配称"，是难以在激励的竞争中脱颖而出的，将会在和国有商业银行、其他股份制商业银行和外资银行等的竞争中处于不利地位。

四是避免将制定发展战略与战略管理体系混为一谈。城市商业银行要实现战略制胜，需要提升战略管理能力，构建战略管理体系，而不是单纯地制定一个"发展战略"。战略管理是对战略所涉及问题动态的系统化组织和决策管理，包括战略分析、战略制定、战略实施和战略控制四个层次。战略分析是要在了解企业所处环境状况、企业能力及企业利益相关方期望基础上，明确影响企业现状和未来的主要因素。战略制定是按照一定的程序和方法，为企业选择愿景、使命、目标以及实现的途径和措施的过程。战略实施则是要确保战略转化为实践行动。战略控制是根据企业内外经营环境的重大变化，及时对所制定的战略进行调整。制定发展战略只是战略管理的一个组成部分。

第二节　城市商业银行战略环境分析和战略选择

一、外部环境分析——机遇和挑战

（一）机遇

中国经济的高速增长、经济结构性调整、金融改革的深化都对我国城市商业银行外部发展环境形成巨大影响，挑战和机遇并存。预计未来十年，仍然是中国经济金融快速发展期，是推进工业化和城市化进程的重要阶段，也是城市商业银行稳健发展的重要战略机遇期。其主要机遇表现在以下几个方面：一是经济结构调整中中小企业的稳步发展。"调结构、促转型"是"十二五"期间的主题，政府将加大力度鼓励和引导民间投资，民营经济和中小企业经营环境有望获得新的改善，传统产业的转型升级和战略性新型产业的快速发展将为中小企业业务发展带来新的机遇。二是城乡一体化建设中的商机。统筹城乡发展及新型城镇化战略的实施将促进城市郊区和县域集镇的快速发展，城市郊区、县域集镇和新农村建设将对金融服务提出巨大需求。三是城乡居民财富增加衍生的金融需求。"刘易斯拐点"的到来和分配制度改革将推动城乡居民财富系统性快速增长，居民消费结构升级和投资理财对金融服务的需求将为零售业务创造巨大发展空间。四是区域经济发展前景将创造出广阔的市场空间。我国在"十二五"期间实施区域发展总体战略，全国各省市根据当地的特色，出台二十多个国家级的区域发展战略，城市商业银行生存和发展主要立足地方经济，必将在地方经济增长中获益。五是监管引导城市商业银行做"强"、做"深"的政策机遇。近年来，监管突破原有的政策障碍，在支持符合条件的城市商业银行异地跨区经营和向县域经济渗透等方面、进行了诸多突破性的创新，引领城市商业银行稳健发展。

（二）挑战

监管升级挑战城市商业银行的传统发展思路。逆周期、动态化和差异化将成为未来5年我国银行监管的主基调。动态拨备管理、动态资本充足率管理以及反周期资本预算管理将直接影响银行的战略定位、风险管理能力以及资产规模扩张意图。从2011年开始，监管机构将在原有的监管政策基础上，在资本充足、动态拨备、杠杆控制和流动性管理等四方面实行更加严格的监管新规。一是在资本充足率指标上扩大风险资产的覆盖范围，大幅提高交易业务的资本要求。引入针对系统性风险的资本指标，对所有银行设置超额资本以抵御经济周期波动，对系统重要性银行设置1%的附加资本要求。二是引入动态拨备率指标，对商业银行贷款损失准备金占贷款余额的比例实施动态管理，原则上不低于2.5%。三是引入杠杆率指标，进一步强化资本对规模扩张的约束力。一级资本和表内外所有风险资产比例控制在4%以内。四是在流动性管理方面，增加了更加严格的流动性覆盖率和净稳定融资比例的要求。此外，人民银行也将实施差别存款准备金率。监管新政改革措施的推行，将使得城市商业银行面临更严格的资本约束和流动性约束，直接影响城市商业银行的业务增速和盈利水平，促使城市商业银行更稳健的经营。

利率市场化挑战城市商业银行的传统经营模式。利率市场化是金融改革的核心环节。展望未来，存款利率市场化趋势可期。中央银行已明确表示，"十二五"期间将有规划、有步骤、坚定不移地推进利率市场化。利率市场化对所有银行都是一个不容回避的问题，对小银行更是一场严峻的挑战。取消利率管制以后，银行业金融机构运用利率手段竞争日益激烈，由于小银行的信用程度比大中型银行低，在吸收存款时不得不以高于平均水平的存款利率来吸引客户，在发放贷款时对有些客户又要低于平均利率，利差收缩的程度会明显大于大中型银行，这对于以传统业务为主的城市商业银行来说会导致成本迅速上升，收益明显减少。同时，由于大小银行对利率变化的承受能力不一样，利率市场化过程中小银行很可能从一些大客户中退出，对中小客户和零售客户的争夺将更激烈，因此小银行的业务增长也会受到很大影响。此外，一些中小银行可能为了追求提高效益，在风险控制能力不足的情况下盲目发放高利率贷款，造成不良贷款迅速增加。利率市场化不仅对银行的盈利形成重大影响，还会在制约小银行业务发展和增大风险上造成很大压力。

金融"脱媒"挑战城市商业银行的传统发展模式。金融"脱媒"和多元化经营是各国近现代银行挣扎与发展的主线。中央银行已明确表示，要继续加大资本市场直接融资的发展力度。金融"脱媒"主要表现在以下三个方面：一是一些业绩优良的大中企业公司通过股票或债券市场融资，对银行的依赖性逐步降低，银行公司客户群体的质量趋于下降，对银行业的公司信贷业务发展产生了一定的影响。二是随着大型企业集团财务公司的迅速崛起，企业资金调配能力加强，不仅分流了公司客户在银行的存、贷款量，而且开始替代银行提供财务顾问、融资安排等服务，对银行业务造成了强有力的冲击。三是短期融资券的发行造成了大中型大企业客户的流失和优质贷款被替换，直接导致了贷款利息收入的下降。为应对金融"脱媒"的挑战，大中商业银行一方面积极探索多元化经营，努力向证券、基金、保险等领域渗透，搭建金融综合服务平台，拓展优质大中型企业客户的直接融资渠道；另一方面调整客户结构，将中小企业作为培养和发展客户的重点之一。城市商业银行的综合化经营受到自身规模、业务资质和监管政策的约束，同时服务中小企业的传统优势又受到了大中银行积极进入的严峻挑战。金融"脱媒"的连锁效应，压缩城市商业银行的业务空间、客户空间和盈利空间，对城市商业银行的业务发展和盈利能力带来新的挑战和变化，传统的主要依靠信贷规模扩张获取收益的经营管理模式将会不可持续。

中小企业和城乡居民金融服务市场竞争加剧挑战城市商业银行的传统比较优势。中小企业业务和城乡居民金融服务是城市商业银行的传统业务，也是其具有比较优势的业务领域，但是城市商业银行在这一领域的比较优势正在逐渐丧失。近几年来，一方面，大中商业银行改变前些年集中力量追逐大项目、大企业的做法，将经营重心逐步下移，加大对中小企业的服务支持力度；另一方面，农村商业银行、村镇银行等新型银行业金融机构不断诞生，大量小额贷款公司、典当公司等新型放贷机构产生，我国中小企业和城乡居民金融服务市场的竞争愈来愈激烈，城市商业银行的中小企业业务的传统服务优势正在加剧丧失，面临空前的挑战。

产业结构调整战略性挑战。国家已经把科学发展、加快转变经济发展方式作为"十二五"的发展主题。经济发展方式转变和经济结构调整将直接影响银行业监管政策和信贷政策，进一步影响银行信贷投向和结构，以及存贷款结构和质量的变化。社会经济发展方式的转变带来产业结构的变迁与不同行业的兴衰，这将给城市商业银行的资产结构调整提出更高的要求。城市商业银行的资产基本都在实体经济内，而产业经济的结构调整必然影响到城市商业银行的资产结构。如果城市商业银行不能作出相应的调整，城市商业银行可能会发生与国民经济发展方向不一致的现象，因而这种调整必须是提前的、主动的、有计划的。城市商业银行要及时关注行业，主动预见和调整，坚决退出不适合城市商业银行的行业和客户。

二、内部资源能力分析——优势和劣势

（一）优势

差异化格局提供了城市商业银行多样化的生存发展空间。城市商业银行群体拥有140多个成员，单个成员之间无论是资产规模，还是财务状况，或是经营管理水平都有巨大差异，这些城市商业银行所在城市之间更是拥有不同经济结构、产业背景和发展模式，差异化发展是城市商业银行群体发展的必然结果。在多年的经营发展过程中，城市商业银行在资产规模、资本充足率、盈利能力等方面两极分化加深，这也决定了未来城市商业银行差异化和多层次化的发展格局。按照经营地域、经营特色和服务功能三个纬度进行划分，城市商业银行的差异化发展有四个方向，即全国性银行、区域性银行、

中小企业特色银行和社区银行。后三类将是大多数城市商业银行的选择。这几年来，城市商业银行的快速发展在很大程度上可以归功于"市民银行"和"中小企业银行"的差异化定位。2008年以来，部分城市商业银行在外部竞争的压力下，由"市民银行"转向"社区银行"。但随着外资银行的大量进入，特别是国有银行、股份制商业银行向零售银行转型，并纷纷推出服务于高端客户的私人银行业务，城市商业银行"市民银行"定位与股份制商业银行和国有商业银行的差异已不大，城市商业银行在此方面的优势也逐步减弱。城市商业银行要进一步细分市场，特别是发挥在当地城市网点多，与地方经济和社会各方面关系密切的优势，寻找新定位。在此背景下，"社区零售银行"被越来越多的城市商业银行所推崇。社区零售银行面向社区居民和小企业，蕴涵巨大的市场需求，同时也能充分发挥城市商业银行的传统优势，并与同业形成差异化竞争。吉林银行在对长春市200个社区进行调研的基础上，选择6个社区进行试点，启动"社区银行"和民生金融计划，北京银行在全市推出20家社区银行，全面实施社区银行战略。

中小企业业务是城市商业银行的传统业务，也是其具有比较优势的业务领域。大部分城市商业银行将中小企业尤其是小企业的市场定位做深做透，不断开发新产品，完善业务流程，实施组织架构再造，提升服务水平，在服务中小企业方面形成一定的特色。这突出表现在成立专门的小企业服务中心，设立小企业业务特色支行，与政府机构合作、与有经验的国内外金融机构合作，实施专门的方案或计划等方面。同时，各城市商业银行纷纷推出针对小企业的信贷产品和服务。如吉林银行推出的小商铺抵押贷款，杭州银行和有关单位合作推出的中小企业集合信托债权基金，深圳平安银行推出的"供应链融资W计划"，宁波银行推出的"金色池塘"，北京银行推出的"现金优管家"等等。大多数城市商业银行推出并实施中小企业战略，努力打造中小企业特色银行。

决策效率高和先天的地缘优势。城市商业银行组织结构扁平，决策层次较少，信息传递速度快，审批程序简单，业务处理效率高。同时，经营机制灵活，反应敏捷，能够在短时间响应客户需求，为客户提供个性化的产品和服务。多年的发展历程表明，与国有银行和全国性的股份制商业银行相比，效率是城市商业银行在激烈的市场竞争中赖以生存的法宝。此外，城市商业银行长期以来立足地方，贴近众多的中小企业和广大的社区居民，熟悉所服务客户的资信水平与经营状况，有助于预防和解决贷款的逆向选择风险和道德风险。城市商业银行与地方政府也有密切的关系，能够从地方政府中获得客户资源、优惠政策以及竞争保护。

（二）劣势

一是核心竞争力和经营特色还不明显。国外的情况表明，一国银行业在实现全面开放后，其发展路径将朝着两个方向分化：一种是一些大型银行凭借规模取胜，并进一步做大做强，实现综合化经营；另一种是那些中小银行靠差异化定位生存，并不断培育经营特色，实行特色化经营。但不管是哪种模式下的商业银行，凡是经营好的都存在一个共同特征，即拥有明显且强大的核心竞争力和经营特色。我们必须认识到，城市商业银行在差异化、特色化和精细化经营方面已经取得一定成就，但是还存在很多不足，其中最突出的是市场定位和发展方向还不够准确和清晰，造成核心竞争力和经营特色还不明显。

城市商业银行自诞生之日起就具有很深的地方特色，经过多年的发展，初步确立了"地方银行"、"中小企业银行"和"市民银行"的市场定位。按照这一明确的市场定位，城市商业银行能够制订出比较有效的发展战略。但是目前，一些客观原因的存在使这一本应明确的市场定位正在模糊化。现实中的经营压力使得城市商业银行重视大中型客户的营销，其市场定位日益模糊。城市商业银行市场定位的模糊，使得城市商业银行在实际经营过程中与国有商业银行和全国性股份制商业银行的市场定位趋同，产品高度相似，从而在与国有商业银行和全国股份制商业银行的竞争中，基本上采用了"跟随型"的市场战略。这种"跟随型"战略，不能有效体现城市商业银行产权明晰、经营灵活的特色，而是与国有商业银行的密布的网点体系、完善的清算系统、强有力的国家信用支持来竞争，其拓展业务的难度越来越大，业务经营重点被局限于传统的存贷款和结算领域，与国有商业银行的规模优势、机构网络优势相比，明显处于相对劣势地位。

二是客户综合化服务能力和业务创新能力还不够强。近几年来，随着城市商业银行的快速发展，其人员结构不断优化、科技水平有了很大提高，从而业务创新能力有所改善，产品品种也不断丰富。但与国有商业银行和股份制商业银行相比还有一定的差距。首先，产品和服务的品种单一，缺乏针对客户特定需求的综合化服务解决方案。与国有商业银行和股份制银行相比，城市商业银行各类产品仍然主要集中在存款、贷款等业务的单一、单个零散产品。但是，为特定行业客户提供综合化服务解决方案已经成为国有商业银行和股份制商业银行公司业务的主流服务。例如，现金管理和供应链融资在国有商业银行和股份制商业银行公司客户服务中已经比较普遍，但是在城市商业银行中基本没有获得实质性应用。其次，产品和服务的科技含量不高，缺乏强有力科技系统支撑。在信息技术迅速推广和普及的现代社会，信息化技术广泛渗透到银行的产品与服务方案中，例如集团现金管理的全电子化、手机银行的推出、远程互动电话银行以及网上金融超市等等。国有商业银行和股份制商业银行通常是先进的信息技术应用的"领头羊"，城市商业银行大多采用"跟随"战略，在电子化手段和服务方式的应用上处在极度被动地位。最后，业务创新能力较弱，缺乏配套的国家政策、创新理念以及人才储备等方面的支持。我国金融机构业务创新很多时候要受到监管对业务资质的要求，比如要直接进入银行间债券市场为客户发行债券，就必须先具备短期融资券主承销商等业务资质，但是我国绝大部分城市商业银行都尚不具备该类业务创新的相关资质。对应于相关资质的缺乏，城市商业银行目前还没有形成强有力的业务创新理念，尤其是突破传统存贷业务，发展投资银行、电子商务等新型业务模式的创新理念和人才储备。

三是部分城市商业银行跨区域发展缺乏配套资源能力保障。跨区发展后机构和人员扩张带来财务压力、专业人员紧缺、风险管控难度加大、业务发展缺乏特色、机构布局效率低下以及科技保障支撑能力不足等问题，这些都是城市商业银行发展面临的内部资源能力约束。在财务管理方面，部分城市商业银行财务制度、内控制度不完善，财务会计标准低，管理水平低下，远远达不到国际会计准则的要求；在风险管理方面，部分城市商业银行还没有完全建立全面风险管理体系，特别是在利率风险、操作风险方面缺乏对各类风险的认识和科学的管理手段；在人力资源方面，部分城市商业银行人才储备与发展速度不相称，缺乏具有战略眼光的高素质专业管理人才，导致各项工作跟进；在机构设置方面，部分城市商业银行没有通过机构设置的错位布局，与国有商业银行、股份制商业银行形成应有的互补效应，而是低水平重复建设，造成资源配置的低效率。

三、战略选择

城市商业银行成立伊始就确定了"服务地方经济、服务市民、服务中小企业"的战略定位。这一定位对于城市商业银行成立初期迅速找准市场，形成自身特色和比较竞争优势，进而实现快速发展具有重要意义。在金融需求日益多元化、层次化，多层次银行业体系逐步形成的大背景下，差异化、特色化发展则是城市商业银行未来发展的必然趋势，不同城市商业银行的定位将呈现出明显的区别。如何结合自身特色和所处环境，明确战略选择方案成为当前城市商业银行亟待解决的重点问题。从业务发展路径来看，城市商业银行差异化、特色化发展道路通常有以下三种类型的战略选择：[①]

（一）做深、做透传统优势业务战略

"做深、做透传统优势业务战略"是指城市商业银行充分发挥在服务地方经济、服务市民、服务中小企业等方面的传统优势，始终坚持并持续深化服务地方经济、市民以及中小企业等客户和业务，不断完善产品和服务体系，建立相应的组织架构、业务流程、考核机制、人力资源、业务系统，形成专业化经营模式，打造特色银行。长三角地区的浙江泰隆商业银行（以下简称泰隆银行）、台州银行、杭州银行、宁波银行等城市商业银行是实施"做深、做透传统优势业务"的典型。我们以泰隆银行在小微企业业务方面的实践为例阐述城市商业银行如何做深、做透传统优势业务。

泰隆银行始终坚持小企业市场定位，深化小企业金融服务模式，做专、

---

① 参见张吉光：《城市商业银行战略定位模式分析》，《银行家》2010年第8期。

做精、做出特色。通过十多年探索和实践，泰隆银行在服务小微企业方面已经形成了银行业内具有较强核心竞争力的业务模式及运营方式。在贷款结构方面，500万以下的贷款占贷款总额的85%以上，100万元以下的贷款额占50%左右。在信贷管理方面，推行资金责任制，将放款质量、吸存、收贷、收息任务逐户落实到各分管信贷员，"谁发放、谁收回、谁负责"。在小企业信贷服务和风险控制技术方面，总结出一套以"三品、三表、三三制"为特色的小企业金融服务模式。"三表"指的是电表、水表与外向型企业的海关报关表。"三品"指的是企业主的人品、公司经营的产品以及企业所拥有的物品。"三三制"原则是指承诺老客户三小时办结、新客户三天内答复。在跨区域发展本地经验模式复制方面，泰隆银行在不同经营区域内坚持服务小微企业的市场定位，摸索推行契合当地实际的小企业金融服务差异化发展模式。截至2010年年底，泰隆银行已设立35家分支机构，服务范围涵盖台州、丽水、宁波、金华、杭州、上海和衢州；累计向小企业发放贷款30万多笔、1400多亿元，共计支持8万多家小企业，创造了50多万个就业岗位；2010年年底盈利能力和资产质量在银行业居于领先水平，资产收益率1.62%，资本收益率是33%，不良贷款率0.65%。

（二）探索实践蓝海市场战略

探索实践蓝海市场战略是指城市商业银行绕开同质化竞争严重的业务领域，深入当前银行服务薄弱环节，充分发挥自身的比较优势，形成差异化定位和竞争优势，实现特色化发展。蓝海市场是大中型银行尚未介入或者介入较少，金融服务不充分、竞争程度较低的领域。这类市场的地域较"偏僻"，如欠发达的中西部地区、发达地区的城郊结合部和农村等等；客户较"低端"，如农民、个私企业主等；业务规模较"小而繁琐"，单笔规模较小、次数较频繁。这就需要城市商业银行针对此类业务的特点形成相应的经营模式、组织结构和技术工具。哈尔滨银行率先进入农村小额信贷领域，形成了鲜明的业务特色，成为城市商业银行进军新农村市场，探索实践"蓝海市场"战略模式的先行者。

哈尔滨银行制定了"努力建设国内一流、国际知名小额信贷银行"的战略定位和目标，并提出"用3—5年时间建设成为国内一流的小额信贷银行，用5—10年时间建设成为国际知名的小额信贷银行"。为此，该银行将目标市场瞄准小企业贷款、微小企业贷款、个人经营贷款、小额农贷等四大市场，并坚持以"小"为主，突出抓"小"不放"大"，走"农村包围城市"的特色发展道路。为打造小额信贷业务特色，该行与国际小额信贷组织法国沛丰协会、美国行动国际、国际金融公司（IFC）等开展合作，探索本土化与国际化相结合的小额信贷发展模式；加强研发和系统支撑，在北京成立中国小额信贷研发中心，自行研发了微贷管理信息系统、农贷IT系统等业务系统，形成了具有自主知识产权的小额信贷IT技术体系；积极研发小贷特色产品，推出了"乾道嘉"系列小额贷款，包括"商全通"小企业贷款、"金稻谷"农户贷款、"速易通"城市微小企业贷款等四大系列71个产品；打造了一支专家型的小额信贷队伍。哈尔滨银行还注意推进小额信贷技术的标准化和规范化，形成异地复制能力。截至2009年年末，哈尔滨银行小额贷款余额189.33亿元，占信贷资产总额的60%，收益占信贷资产总收益的60%，总体不良率控制在1%以内，取得良好的效益。据亚洲开发银行统计，哈尔滨银行小额信贷规模已经位居世界前10位，走出了一条独具特色的小额信贷发展之路。

（三）共享集团资源协同发展战略

"共享集团优势协同发展战略"是指城市商业银行获得大股东的客户资源、网络渠道等资源支持，重点围绕大股东资源开展业务，实现市场、客户或者渠道的快速扩张，并形成与大股东之间的协同发展，从而走上一条与其他银行不同的发展道路。在这种战略模式下，城市商业银行往往服从和服务于集团的战略定位，通过集团内资源的整合，形成协同优势，形成经营特色。昆仑银行和平安银行是实施这类战略的典型代表。

2009年，中石油入股克拉玛依市商业银行，持有92%的股份，将其重组更名为昆仑银行。重组后的昆仑银行将把实际运营总部设在北京，并将发展的重点转向服务于中石油相关业务。根据中石油的重组安排，昆仑银行将瞄准三大服务群体，即中石油集团企业以及相关客户资源、各家央企、中石油各矿区职工和家属。在跨区域发展方面，昆仑银行首先在中石油资金最集中的北京、大庆和长庆油田三地设立分行。目前，昆仑银行与中石油集团旗下的加油站网点结合，开发集结算、信用、加油于一体的"昆仑卡"。

平安银行由平安集团绝对控股。平安集团的管理层明确提出，平安银行没有单独的战略，平安银行的战略就是服从集团的战略；在集团战略中，平安银行的作用就是向集团客户提供各种银行服务。平安银行与平安集团的协同体现在四个方面：一是客户协同。平安集团拥有5000多万名个人客户及200多万个公司客户，通过交叉销售模式，平安银行能够迅速有效地共享集团庞大的客户资源。二是渠道协同。平安集团拥有庞大且不断增长的营销队伍，平安人寿约有41.7万名营销员，通过高效的交叉销售模式，这支销售队伍成为了平安银行的客户经理。三是产品与服务协同。作为平安集团的成员，平安银行具有综合金融服务的天然优势，可以依托集团其他成员的产品，为客户提供包括保险、投资等在内的综合金融服务。四是管理协同。依托平安集团强大的后援运营平台和良好的IT基础设施，平安银行致力于实现营运和管理的自动化、标准化、集中化，并已取得了显著成效。

第三节 城市商业银行战略的制定、实施和控制

一、城市商业银行的战略制定

（一）愿景、使命、战略目标的确定要处理好长期和短期的关系

首先要明确愿景、使命和战略目标的内涵。愿景是企业对未来的憧憬和展望，是一个企业远期愿望和长远目标，所要回答的是"企业将来要成长为什么样子"。使命是一个企业之所以存在的根本目的和理由，要回答"为谁、做什么，怎样去实现愿景"。战略目标是在具体的时间框架下达到的具体业绩目标。战略目标是要把愿景转化为具体的效益，同时还要为效益提供一个衡量的标准，包括一些财务目标以及其他的数据。在愿景、使命、战略目标的确定过程中，关键要处理好长期和短期的关系。

一方面，愿景和使命具有长期性和相对稳定性。愿景和使命一经确定，将在较长的时间内保持稳定，甚至在多个规划期内都维持不变，一旦要调整需要慎之又慎的进行方向性战略抉择。比如杭州银行的愿景是要"成为中国价值领先银行"，使命是要"为城乡中小企业与居民家庭提供专业、便捷、亲和的金融服务"。杭州银行在2002年制定"三步走"的发展战略时，就已经明确达成和清晰表述了这一愿景和使命。此后，在2008年的第一次重大修订中将使命里的"镇"改成"乡"，虽然一字之差，但是全行董事层和高管层进行了热烈而民主的讨论和抉择。由"镇"变"乡"体现了杭州银行将持续关注并积极把握中国城镇化、城乡一体化和新农村建设所带来的诸多商机，向城市郊区、县域和中心集镇延伸机构与服务网络。

另一方面，战略目标要有长期、中期、短期目标体系安排来保障愿景和使命的具体化和分阶段实现。要将企业的战略展望转换成企业分阶段实现的具体标准，必须要建立与企业愿景和使命相一致的长期、中期、短期相结合的企业战略目标体系。企业的总体战略目标着眼点是未来和长远，是一种长期的任务，是

要经过企业员工相当长的努力才能够实现的。总体战略目标作为一种总任务和总要求，必须层层分解以便于落实，要将总目标进一步分解为一系列的业务目标，子目标还可以再进一步细分为各个业务单位或部门目标体系。只有把总目标层层分解，使目标可操作和可考核，才能最终实现总体战略。比如杭州银行的战略目标体系包括长期、中期和短期三级目标。杭州银行的战略目标体系的设置就是长期、中期和短期的有效结合。在明确全行愿景和使命后，杭州银行制定了战略未来10年发展的长期目标，然后对10年内的三个阶段制定了中期目标；接着制定了近三年每年在规模、质量、效益等方面的具体目标；全行近三年的具体目标再分解到各业务条线和中后台职能部门；全行年度预算目标要与年度战略目标相衔接。

（二）公司战略、业务战略、职能战略制定要处理好全局和局部的关系

企业战略是一个多层次的体系。按照战略的层次性，可把企业战略划分为公司战略、业务战略和职能战略。公司战略是覆盖企业整体的最高层次战略，用于明确企业的整体战略目标、活动范围及如何管理各个战略业务来创造企业价值。业务战略又称竞争战略，它的重点是重点各业务单元如何在市场实现可持续的竞争优势或者是改进在特定市场中的竞争地位。职能战略是一种操作性的战略，决定企业职能部门如何具体实施公司战略和业务战略，主要侧重于企业内部特定职能部门如何更好地为了实现企业战略而向业务部门提供更好的服务，从而提高组织的运行效率。在公司战略、业务战略和职能战略的制定过程中，关键要处理全局和局部的关系。

一方面，各业务单元和职能部门的战略必须服务于公司战略这一整体。公司战略是统筹各项分战略的全局性指导纲领，明确企业生存和发展等根本性问题，确定企业活动的范围和重点，决定企业资源分配的先后顺序及数量。各业务单元和职能部门战略必须服从公司战略的业务范围、重点及资源安排。杭州银行公司战略中确定把小企业作为全行战略重点，小企业战略重点确定后，公司业务、零售业务和资金业务等业务单元战略就要服务这一战略安排，同时职能部门战略中给了小企业业务在人力资源、费用、风险管理、授信审批等相配套的资源优先保障和安排。

另一方面，公司战略要和业务战略、职能战略形成有机统一的整体。公司战略要统筹规划多个战略业务的选择、安排、维持或放弃，业务单元战略只是就本业务部门从事的某一战略业务进行具体规划，职能战略是在企业既定战略条件下，各层次的职能部门根据各自职能采取行动，集中各部门的资源，支持和促进公司战略的实施，保证企业战略目标的实现。公司战略、业务战略和职能部门战略三者是有机的统一整体，公司战略要充分整合业务单元战略和职能部门战略的要求，只有公司整体战略和各部门局部战略有效贯通，才能保证战略执行能形成合力。

（三）战略方案的设计、评价和选择要处理好领导、专家主导和各级员工参与的关系

战略制定尤其是战略方案的设计、评价和选择，不仅仅是企业领导者和专家的任务，不同层级、不同职能的企业员工都应该参与到战略的制定过程中来。战略方案的提出、评价以及最终选择需要各级员工积极参与，需要专家团队提供科学的战略方案选择方法和模板，也需要领导最后定夺。战略方案设计、评价和选择的过程中要处理好领导、专家主导和员工共同参与的关系。

首先在战略方案设计阶段，相关部门要充分发挥主动性，在战略分析的基础上尽可能设计多种战略选择方案，以供决策层根据可行性和适用性进行评价和选择。企业领导和战略专家要发挥主导性，引导各相关部门从对企业整体目标的保障、企业各部门战略方案的协调等多个角度考虑，从自上而下、自下而上或上下结合的方法来制定多个战略方案。其次，在战略方案评价阶段，要由战略专家提供战略评价的标准模板和方法，领导提出管理层和利益相关团体的价值观和期望，引导员工对各战略方案进行评价。最后，在战略方案选择阶段，战略选择一般交由最高决策层最终定夺。在战略制定过程中多种方案的提出、评价和最终抉择，需要一个从上到下，从下到上，反复讨论、比较和总结的过程，需要花费企业领导、战略专家和骨干员工的大量时间和精力。

杭州银行战略方案的提出、评价和选择过程在处理领导、专家的主动和各级员工的参与方面进行了有益的尝试。一是广泛的参与性。战略规划制定过程中，根据需要召开节点报告及战略研讨会，组织高级管理层、总行相关部门负

责人、业务骨干及经营单位负责人参与研讨，通过战略研讨会汇聚集体智慧。二是领导尤其是董事会的最终决策权。注重在董事会层面形成战略选择共识，再通过战略管理手段来引导经营行为的转变。三是专家的专业指导。专业战略规划管理人员全程参与战略制定过程，提供科学模板和方法，引导员工多种战略方案并进行评价，并且为领导最终选择战略方案提供专业建议。

二、战略实施

战略管理的实质不仅仅在于"知"，更在于"行"。如果战略不能转化为行动，战略方案得不到执行，则再完美的战略规划文本也只是摆设而已。战略管理的核心是经营者要切实把各项资源投入到将来会取得成果的各项具体行动中，使得战略方案在实践中得到有效执行。我们以包商银行为例来阐述企业的战略方案是如何在实践中得到有效的执行。包商银行由一家西部工业城市的小银行发展成为管理先进、经营良好、发展潜力大的"好银行"，其优秀表现在很大程度上归因于不断探索和成功实践为小企业服务的发展战略。

包商银行成立于1998年12月，是内蒙古自治区最早成立的股份制商业银行，前身为包头市商业银行，2007年9月经中国银监会批准更名为包商银行。目前，包商银行有9家自治区区内分支机构，有宁波分行、深圳分行、成都分行3家区外分支机构。截至2010年末，总资产达到1141亿元，是成立初（7.12亿元）的160倍；各项存款余额933亿元，是成立初（4.6亿元）的203倍；各项贷款余额341亿元；不良贷款率为0.46%，实现利润17.5亿元。包商银行是中国银监会评定的首批风险最小（即二级）的七家城市商业银行之一，近几年监管风险评级始终保持在二级水平。2010年，包商银行被《银行家》杂志评为"最佳城市商业银行"，获得全国大型城市商业银行竞争力第一名，被《亚洲银行家》杂志评为亚洲银行第10位。

（一）对金融政策的敏锐把握和迅速反应

包商银行小微企业差异化经营的开端源于对小微企业金融服务政策的敏锐把握和迅速反应。2005年4月15—16日，国务院发展研究中心与中国银监会举办了微小企业融资国际研讨会，首次提出了由国家开发银行与城市商业银行、城市信用社和农村信用社进行微贷款业务合作的设想。包商银行正是抓住了这次机遇，成为与国家开发银行合作开展微小额贷款项目的首批合作银行。

2005年8月，包商银行制定了"以市场原则和商业化运作为前提，以广大市民和小企业为核心客户，学习借鉴国际理念和先进技术，全力打造服务小企业的品牌银行，全面实现包头市商业银行可持续发展"的经营战略。明确提出了"不与大银行抢市场、争客户，将全行的业务发展重点转移到服务小企业上来"的市场定位，突出自主创新，由此开始了战略转型的改革。包商银行认为，城市商业银行要想提高核心竞争力，就要避开大银行的优势产品而发展自己有优势且大银行没有优势的业务；城市商业银行的地缘优势和体制优势更能符合中小企业的融资需要，可以降低双方的成本而提升价值，因此，定位于为中小企业服务具有比较优势。

包商银行将其战略定位确定为"做中国最好的小企业金融服务集成商"，并将其解释为"以全世界范围内的微型企业和小企业为主要客户，在可持续发展的前提下，通过为百姓创业提供综合性金融服务解决方案，积极履行社会责任，努力成为一家具有国际影响力的、受人尊敬的、中国最好的为小企业提供金融服务的商业银行"。近两年，包商银行又在银监会鼓励发展村镇银行的精神指引下，加大了村镇银行的建设力度，发起设立了四川广元包商贵民村镇银行、北京昌平兆丰村镇银行等16家村镇银行。

（二）毫不动摇地坚定推行既定战略

包商银行摒弃传统的信贷理念，抓住机遇，主动出击。2005年12月，通过积极主动争取，包商银行在国内首开先河，与国开行签订了微小企业贷款合作协议，引入了国外微小企业贷款的理念与技术，在德国IPC公司的技术指导之下，本着"先固化，后优化"的原则，积极探讨研究总结提炼出了小微企业贷款的核心技术，迅速将这一技术移植到小企业贷款等信贷业务之中。在学习借鉴国际先进信贷理念和技术的基础上，通过不断实践、创新、总结，逐步形成了自身的知识、技术体系，建立起真正适合小企业客户的业务体系。

包商银行经过近五年持续地努力与坚持，已经在特色化经营方面取得了较为明显的成效。包商银行在借鉴国际先进微贷技术的基础上，历经几年的磨合与阵痛，在微小企业金融服务领域建立起较为突出的竞争优势，基本实现了增长方式的转变。包商银行在向小微业务转型的过程中并不是一帆风顺的，期间也经历过不少的困难与坎坷，但正是对既定战略的坚持与不动摇才换来今天的厚积薄发。因为坚持，包商银行才能在与国外专家不断冲突的过程中实现了对先进技术的消化与吸收，才能在80多人一年半时间仅发放了6000多笔贷款的情况下，全行仍能倾力支持；才能在初期对微小企业信用状况很难评估的情况下，坚持不依赖抵押的担保方式；才能在信贷收紧的形势下，仍把大部分宝贵的信贷资源分配给小微业务条线。时至今日，包商银行的微小业务已经迎来了收获的季节，步入了高速成长期。

（三）扎扎实实夯实能力基础和服务体系

2005年12月，包商银行引进了国际先进的小企业信贷技术，同时结合中国银监会出台的小企业贷款"六项机制"，在细分市场的基础上成立了微小企业金融部和小企业金融部，建立了真正适应我国中小企业群体融资特点的小企业贷款机制，逐渐在小企业金融领域形成自己的核心竞争力，探索出了一条差异化、特色化的发展道路。通过打造"招聘、培训、放款"三台机器，充分利用在小企业金融服务方面的技术优势，扎实、高效开展微小企业和小企业金融服务。

包商银行的微小业务吸收了德国专家严谨、有序的文化，在对国外技术先固化后优化的基础上，把更多的精力放在制度、管理与人才等体系建设上。包商银行在不断的实践过程中，不仅制定了一套既适合客户需求，又简化高效的微小贷款业务流程和管理办法，而且还造就一大批微小信贷管理的专业人才，使得整个微贷业务形成了由招聘机器、培训机器与放款机器三个环节组成的高效流程。在招聘环节，本着宁缺毋滥的原则，基本上选择没有从业经验的应届大学毕业生；在培训环节，采用"学徒制"，并保持着较高的淘汰率，同时注重职业道德的培训，在展业的过程中有着严格的纪律规范要求；在放贷的环节，坚持以"现金流"为核心的经营理念，坚持可持续的双赢定价原则，实行矩阵式授权管理和高效审批模式，注重按月等额还款的还款方式；等等。正是由于包商银行充分重视基础与体系的建立，才逐渐形成了易于复制的微小业务盈利模式。

经过5年的发展和积累，包商银行已成为中国小企业贷款业务的"样板银行"，小企业金融业务进入了快速发展阶段，建立了一支1300多人的小企业业务条线专业队伍，推出了面向小企业、个体工商户和农牧民的5大系列、15个产品，并针对小企业发展需要研发了联保贷款、循环贷款、经营物业贷款等30种产品。截至2010年年末，包商银行累计发放小企业贷款208亿元，实现月最高发放微小企业贷款5773笔，累计为5万户小企业、个体工商户、农牧民发放了贷款，支持了近百万人的就业、创业和展业。

三、战略控制

战略控制是指将预定的战略目标与实际效果进行比较，检测偏差程度，评价其是否符合预期目标要求，发现问题并及时采取措施，借以实现企业战略目标的动态调节过程。战略控制的目的是确保战略目标的有效实现。要达成这一目标，需要建立相应的配套体制和机制。我们以杭州银行为例来阐述战略控制的全过程。杭州银行通过三年多的战略规划滚动修订实践，在城市商业银行战略组织管理体系、保障机制建设、执行评估以及滚动修订等方面积累了较为丰富的实践经验。

2008年初，杭州银行响应监管部门的要求，开始重新审视了以前制定的战略。2008年9月中旬开始，杭州银行在境外战略投资者CBA的支持下耗费近一年的时间与国际性知名战略咨询公司CVA科学制定了2009—2011年发展战略规划。从2009年9月至年底，杭州银行对战略规划进行了第一次滚动修订，滚动递延编制了2010—2012年发展战略规划；从2010年9月至年底，杭州银行对战略规划进行了第二次2011—2013年发展战略规划递延编制滚动修订。目前，杭州银行已经建立了一套比较科学战略控制体制机制，战略规划逐步成为统领全行经营管理活动的纲领，战略管理的科学理念和方法已经渗透到杭州银行各级管理层和员工的思想与行动中。

（一）战略组织管理体系

战略组织管理体系是战略管理的基础保障。杭州银行根据战略层次的不同，建立了较为完善战略组织管理体系。首先，划分董事会和经营管理层的决策边界，建立科学的决策程序和决策责任制。董事会设立战略发展委员会，该委员是战略规划管理的最高决策机构，审定全行的总体发展战略，特别是重点对重大投资和影响银行发展的重大事项进行研究和决策，同时对战略实施和控制进行有效的监督。经营层在总行层面设立战略执行委员会，该委员会由总行行长任主任委员，分管副行长、计划财务部负责人、发展研究部负责人共同参加，主要负责战略实施的组织、部署以及控制。其次，发展研究部实施双线负责制，对董事会和经营层双线负责。发展研究部是董事会战略发展委员会和经营层战略执行委员会的常设办公室。发展研究部履行董事会议战略发展会员会和经营层战略执行委员的日常工作。具体工作主要包括：负责战略规划草案编制的组织与协调工作；负责对本行发展的外部环境进行战略分析；根据董事会的修改意见对战略规划进行修订；为总行各业务条线管理部门、职能部门、各分行编制战略规划提供必要的技能支持；牵头整体战略规划的执行评估。再次，各业务条线和中后台管理部门设定战略规划管理小组或人员。战略管理的全过程需要各部门共同参与。总行各部室视情况设立战略规划管理小组或人员，组织协调本业务条线和职能领域战略管理各阶段的具体工作。

（二）预算与战略相衔接

预算是实施战略的手段，预算管理要与战略相衔接、才能真正做到为战略保驾护航。预算指标的确定与分解过程实际上是战略目标的落实过程以及围绕战略目标进行的资源配置过程。杭州银行通过战略制定与预算管理理念培养和机制建设，基本实现了将全行的战略按实施路径的要求转化为全行的预算指标，将全行的预算指标按利润驱动因素和权责转化为各部门的预算指标。

对战略的理解以及对预算的正确认识。预算编制的起点是战略目标及战略路径，上年的预算数及预算执行数虽然是重要的依据，但不是编制的起点。将全行战略目标转化为全行层面的预算指标，具体应遵循以下步骤：公司战略目标—战略路径—预算指标。在这一过程中，实施路径是预算与战略结合的关键点。从预算管理的角度看，战略路径实际上是公司战略目标的价值驱动因素，公司层面预算指标则是价值驱动因素的细化，战略路径决定着预算模式的选择。战略规划是统领全行经营管理活动的纲领，每年编制经营预算要以战略规划为依据，确保经营预算和战略规划的有效衔接。高管层将战略规划分解到年度经营计划中加以贯彻落实。总行各部门、各分行、各经营单位应将经营预算与战略规划进行有效对接，将战略规划转化为日常的经营行动。

建立预算和战略保持一致的预算管理机制。计划财务部是全行预算管理的日常组织和协调机构，承担指标的分解和预算执行中的核算、分析等事宜。为了防止预算编制人员不了解或不能准确理解企业战略的情况下，只能以过去的预算资料为基础编制下一年度预算，杭州银行在战略管理和预算编制之间搭建了将战略目标依据实施路径转化为预算的桥梁。计划财务部负责人是战略规划执行委员会成员之一，对全行战略管理行使重要职责。全行预算编制人员全程参加战略制定过程中各阶段研讨会，全程了解全行总体战略、业务单元战略及职能部门战略。战略规划管理部门负责人参加预算工作会议，对全行预算指标的制定是否吻合全行战略发表独立意见。

（三）执行评估

企业战略的顺利推进需要策划系统的方法去评价战略制定和执行。及时有效的评估，可使企业长远发展保持正确的方向，为企业营运提供经营指引。战略执行评估可发现企业的执行状态，并确保执行成效管理的各项目得到推进。杭州银行每半年对战略规划的执行情况进行跟踪评估，并将评估结论作为滚动修订编制下一轮战略规划的依据，形成了"战略规划编制—战略规划实施—战略规划执行评价—战略规划滚动修订"的管理循环流程，既有利于提高战略执行力，也能保证战略规划根据内外形势变化及时得到修正。战略规划执行评估报告应包含以下内容：外部环境变化情况、主要竞争者动态、战略指标实际完成与预期目标差距情况、战略举措实施情况、有关经验总结、拟定的相关措施、对战略提出修正意见等。执行评估的方法是通过一系列定性和定量指标评价体系，发现现行战略实施的有效性，制订战略方案的环境预测的可靠性；战略方案修正的必要性和优化的可能性；是否出现需要对战略方案与战略规划进行重新评价的问题。战略规划执行评估后，要对当前状态、后续措施进行评价和决策，包括修正战略、调整措施和资源、修订指标、修订战略等，同时将战略规划的执行效果作为高管考核的主要依据。

（四）滚动修订

战略规划的滚动编制工作目的是要使得战略规划能随经营环境的变化而不断调整，提高战略规划的科学性和有效性。杭州银行每年根据总行战略规划执行委员会的安排，启动战略规划滚动修订编制工作，一般在每年9月至12月进行，根据外部经济环境和内部资源能力的变化对中期战略规划进行研究修订，完成修订初稿，并于每年年底将修订编制完成的三年战略规划草案提交董事会审议。战略规划修订由总行发展研究部、总行计划财务部、总行各业务条线管理部门和各分行在执行评估的基础上提出，经过行经营管理层充分讨论后，由战略规划执行委员会决策，并交由董事会审定。

本章参考文献

1.张道军：《我国城市商业银行战略管理的五大误区》，中国金融网2009年6月24日。

2.张吉光：《城市商业银行战略定位模式分析》，《银行家》2010年第8期。

第四章
城市商业银行的组织体制改革[*]

第一节 组织体制与商业银行的组织体制

一、组织体制与组织体制变革

（一）组织体制

组织体制是组织的运作方式。广义的组织体制包括组织架构、业务流程以及企业文化三大核心要素，有效的组织体制能够通过合理的分工、便捷的流程，使企业对顾客的需求作出快速反应，并通过企业文化保持这种核心能力，组织体制决定了企业的经营效率。狭义的组织体制主要指组织架构，本章研究城市商业银行的组织体制主要是指组织架构。

组织架构是组织中正式确定的使工作目标得以分解、组合与协调的框架体系，即管理职位、管理部门和管理层次之间所确立的相关形态及排列组合的方式。组织架构是组织体制最显性的要素，也是组织顺畅运行和功

---

* 本章由陈予、袁立宏撰稿。

能正常发挥的制度保证，合适的组织架构对于企业实现发展战略和经营目标具有重要的支持作用。当组织架构与组织的发展要求不匹配时，便会出现一系列问题。例如，因为分权不足导致高级管理层囿于日常事物而无法作出战略性决策，组织内部各利益集团激烈冲突，组织整体交易成本增加等等。[①]

企业的组织架构经历了由简单到复杂，由集权到分权的不断演进。从最初的"职能制"、"直线制"和"直线职能制"三种基本形式，到后来出现了"事业部制"、"矩阵制"组织架构。近十几年来，由于市场全球化、剧烈的技术变革以及产品生命周期缩短等因素使企业面临着前所未有的环境不确定性，组织柔性日益受到关注，企业组织架构又出现了"虚拟化"、"网络化"等发展趋势。[②]

（二）组织体制变革

企业组织作为一个与外界保持着密切联系的开放系统，需要不断与外部环境进行资源和信息交换，也不可避免地要受到各种环境力量的影响。企业组织只有主动适应环境，积极进行变革和创新，才能维持企业自身与环境之间的平衡，获得生存与发展。外部经济环境、市场需求、行业竞争态势等情况的变化构成了企业进行组织体制改革的外部动力。

企业战略、企业规模、企业所拥有的技术条件是企业组织体制改革的重要内部动力。第一，战略是组织形成与发展的指引和方向，组织是实施战略的载体，不同的经营战略要求不同的组织体制与之相适应，企业经营战略的改变，必将引起企业组织结构的相应改变。在"以客户为中心"的战略指引下，通常要求企业采用管理层次较少、管理幅度较大的扁平化组织架构，从而提高管理效率、降低组织成本。第二，企业规模

---

① 参见汪应洛、李桓、刘益：《企业柔性战略——跨世纪战略管理研究与实践的前沿》，《管理科学学报》1998年第1期。

② 参见斯蒂芬·P·罗宾斯：《管理学》，中国人民大学出版社2004年版，第254—263页。

是影响企业组织的一个基本因素，几乎会影响到组织设计的方方面面，尤其会影响到企业的专业化程度、管理层次、集权程度、规范化、制度化以及人员结构等方面的设计。随着企业规模的扩大，企业管理层次与组织成本将逐渐增加，组织刚性也呈现逐步增加的趋势。这时就需要采取有效措施来恢复企业的组织柔性，否则组织绩效就会下降。第三，企业所拥有的技术对组织体制改革有重大影响。不断涌现的新技术改变着产业结构和企业的组织架构，其中信息技术的应用已成为推动企业组织体制改革的重要力量。信息技术的敏捷性与数据管理技术的日趋成熟，使得及时响应客户需求与快速捕获市场机遇成为可能，同时也提高了组织内部的运营效率。[①]

二、商业银行的组织架构

银行组织架构是指银行分支机构及其内部职能部门的设置，可以分为纵向组织架构和横向组织架构。纵向组织架构主要有总分行制、单元制、集团制和连锁银行制；常见的银行横向组织架构有直线职能型、事业部型和矩阵型等。

（一）纵向组织架构

从银行组织架构的发展进程来看，其纵向架构呈现出多样化的格局，包括单一银行制、总分行制、集团银行制和连锁银行制。其中，总分行制已为大多数国家的商业银行所采用。总分行制也叫分支行制，就是法律允许除了总行以外，在国内外各地设立分支机构。

按银行业务如何推动、总分行关系如何定位，又可将总分行制的组织架构分为两大类：一种是分区管理模式，即传统的总分行体制，以分行为基本运作中心，按照区域来组织管理和推动，每一个地区有一个最高授权人（行长），由其负责该地区所有业务的开展。在这种模式下，总行是管理中心，分行是经营主体和利润中心，拥有较大自主权。目前，

---

① 参见邢以群：《管理学》，浙江大学出版社2004年版，第210—211页。

国有商业银行基本属于该种组织架构。另一种是纵向管理模式，这种组织架构是按客户导向的要求来设置部门和业务流程，实行专业化、垂直化管理。这种模式以总行部门（条线）为基本运行和指挥中心，按业务条线来组织管理和推动，总行的业务单元是经营的主体和利润中心，分支机构演变为产品销售和客户服务功能的专门渠道，执行上级的要求，自主权较小。

从西方国家银行组织架构发展的历史来看，银行在资金市场处于卖方市场的时候，普遍实行传统的分区管理模式，组织结构设计的重点在于提高内部运作效率。随着市场经济和资本市场的发展，银行在资金市场地位由卖方市场变成买方市场，企业跨地区、国际化经营对银行服务提出了新的要求，商业银行不得不改变传统的组织架构模式，开始按客户导向的要求来设置部门和业务流程，实行垂直化、专业化管理。

（二）横向组织架构

银行的横向组织架构是指总行及分支机构内部业务部门、管理部门及支持保障部门的设置。

在传统的商业银行中，以产品为中心和以物理网点为运行主体，直线职能型的科层式组织结构运用较为广泛，大部分银行都设置了信贷部、计财部、资金部、科技部、会计部等部门，这是一种决策权高度集中的组织模式，决策迅速，分工细密，职责分明，在外部环境变化不大的情况下，易于发挥组织的集团效率。但也容易造成服务的分散化，而且由于不同直线部门和职能部门之间的目标不易统一，相互之间容易产生不协调或矛盾。同时，由于信息传递层级较多，影响了企业决策的灵活性和敏感性，因此只能适用于规模较小的银行。

20世纪80年代，银行的经营环境开始发生变化：一方面，资金市场已逐步从卖方市场演变为买方市场，银行需要推销自己的产品；另一方面，客户的需求也更加多样化，单一的产品和服务已无法满足客户的需要，许多客户需要的是一揽子的金融服务。加上信息技术的发展，组织扁平化、流程再造等理论在银行业得到了广泛运用，西方商业银行组织架构先后完成了"地区主导—产品主导—客户主导"的三步跨越，事业部制成为国际先进银行普遍采用的组织架构，以事业部为基础的矩阵制组织架构和战略业务单元制组织架构等也开始出现。事业部制或矩阵制的组织架构使西方银行能对环境、客户、技术、竞争变化保持高度适用性，同时通过合理设置总行与分行及各利润中心的关系，较好地处理了集权与分权的关系，有效克服了职权冲突问题，从而在取得适应性的同时维护了银行整体的稳定性和效率性。[①]

第二节 城市商业银行组织体制
的改革与创新

一、艰难起步期的组织体制

城市商业银行组建时，高级管理层基本来自政府部门或国有银行，因此在组织架构设计与制度、流程建设上大多照搬国有银行甚至是政府部门的模式，带有典型的行政色彩，总行部门负责人被称为"处长"，薪酬制度也是套用行政事业单位的模式。

城市商业银行在成立之初，纵向组织架构基本采用"总行——一级支行—二级支行"三级组织架构，二级支行由一支行代管，功能相当于储蓄所，主要从事柜面服务，内部不设置营销部门，也没有信贷功能。横向组织架构一般实行"直线职能制"管理，总行以业务和产品分类设置专业职能处室，如

---

① 参见张燕：《对我国有商业银行组织结构的分析与研究》，西南财经大学硕士学位论文，2003年，第8—11页。

办公室、人事处、计划财务处、信贷处、个金处、资产保全处、稽核处、会计处等,通过建立管理职能部门和统一的规章制度,保证总行对支行业务进行有效管理。

为了完成"保支付、防挤兑、稳过渡、求发展"的阶段性任务,此时的城市商业银行大多建立了集中化的经营管理模式,适度集中营运资金,上收或缩小支行的贷款审批权、资金调度权等,为配合经营权限的调整,在人事管理、费用支配等方面也进行了相应的调整和改革。

这时的城市商业银行组织架构带有初创阶段企业组织的一般特征:机构和管理人员比较精简,决策权相对集中,实行直线职能制管理,企业组织运行高效。依靠适宜的集中化经营和地方政府的扶持,城市商业银行群体逐步摆脱了组建初期的混乱局面和发展困境,初步奠定了稳健发展的基础。

二、巩固发展期的"扁平化"和"专业化"改革

2000年前后,城市商业银行基本上完成了初创阶段的磨合和整顿,走出了困境。此时地方政府控股的股权结构带来的弊端也越来越明显,政府股东缺乏足够的动力对城市商业银行进行有效的激励与约束,单一力量的股东结构也使公司治理流于形式;同时,政府的行政管理方式包括对人员以及信贷投放的管制与干预阻碍了城市商业银行走向市场的步伐。

2003年,市场化程度较高的浙江省内部分城市商业银行开始了引入民营资本的尝试,这一尝试得到了民营资本的积极响应,国内其他城市商业银行在随后的增资扩股中也纷纷向民营资本敞开了大门。同时,北京、上海、南京、杭州、宁波等地城市商业银行又开始引进境外战略投资者,境外战略投资者带来了先进的银行经营管理理念和技术,对提高城市商业银行的管理水平发挥了重要作用。伴随着产权多元化和公司治理的改革,城市商业银行经营管理的重心也逐步转向了如何建立适宜的业务运营管理模式、风险控制体系以及营销组织架构等。

由于初创期城市商业银行基本沿袭了国有银行的经营模式,这在当时虽然有利于城市商业银行的规范与短期发展,但也带来了城市商业银行在经

营管理和业务定位上市场化程度不够等问题，在激烈的市场竞争中，原有组织体制的弊端逐渐显现出来。其具体表现为：

一是部门设置行政化倾向明显，助长机关作风。总行部门设置往往把一个部门承担的事情分成若干个部门来完成，造成部门之间相互推诿，内耗过多，效率低下。内部组织中非经营性部门过多，增加了管理成本，降低了经济效益，这些部门还经常和其他部门争夺有限的经济资源，干扰其他业务部门正常的经营活动。在负责业务审批和管理的总行部门中，通常根据行政级别而不是根据专业能力实行审批授权，如以信贷审批为例，信贷处专业人员履行审查职能（参谋辅助职能），处长、分管副行长和行长才有审批权，职位越高审批权限越大。

二是市场化程度低。分配上没有建立竞争机制，薪酬主要与职位挂钩，不是与业绩挂钩，基本上是"吃大锅饭"，缺乏市场化的激励机制。总行业务管理部门的主要职责是负责信贷审批，考核不与业务发展挂钩，没有动力和压力来推动产品创新和市场营销，难以形成"市场导向"型的工作机制和流程。

三是专业化程度低。主要体现在两个方面：其一，没有实现业务管理、授信审批、资产质量评价职能的分离，这些职能通常都集中在信贷审批部门；其二，支行和客户经理综合营销所有业务，没有进行专业化分工，没有建立专业业务条线和差异化的风险管理流程。

四是二级支行定位为纯服务网点，主要提供柜面服务，网点的营销功能没有有效发挥出来。

为建立起适应市场经济发展的组织架构与运行机制，提高经营管理水平与运行效率，从21世纪初期开始，我国城市商业银行在坚持"市场原则、企业属性原则、发展原则和效率原则"的前提下，沿着"扁平化"和"专业化"方向，在机构设置、部门职能划分、人员岗位设置以及考核激励等方面进行了一系列的体制改革。这种改革一方面主要来自于政府金融改革和监管合规要求的推动；另一方面也是城市商业银行在产权层次的公司治理改革完成后，基于新的内外部形势所作出的必然选择。

扁平化改革是指通过减少管理层次、压缩职能部门和机构、裁减人员，减少企业决策层和操作层之间的中间管理层级，建立起高效、富有弹性的管理体制，以便使企业快速地将决策权延至生产经营的最前线。扁平化管理主要包括三个方面的内容：组织架构的扁平化、业务流程的扁平化和信息传递的扁平化。组织结构的扁平化为扁平化管理提供了一个平台，在这个平台上要不断地进行业务流程的优化，从而为信息传递的扁平化提供物质载体。扁平化组织宽管理幅度、低管理层次、团队合作方式等特点都决定企业需要素质高、知识结构合理的员工，只有训练有素、工作能力强、工作经验丰富的员工才能在扁平化的组织中进行有效的自我管理。

专业化是指企业基于内部条件和外部环境，将其业务活动主要集中在某一特定领域（如特定业务、特定客户、特定地域等），同时把企业经营活动的特点和员工的专业技能结合起来，通过组织架构的专业划分、人员或机构的专业分工，建立人员专职化、业务专业化、流程标准化、运营集中化的经营模式。专业化的优势在于经营单位和员工的目标更加清晰，也有利于员工积累专业知识，提高专业技能和工作效率，更容易形成在特定领域的核心竞争力。一般来说，组织分工越细、专业化水平越高、责任越明确，效率越高，但同时也会带来机构增多、协作困难等问题。因此，专业化改革必须根据需要和可能合理确定分工的专业化程度，同时还要统筹兼顾分工与协作的关系，以实现组织机构的扁平和高效。

由于城市商业银行之间差异较大，各家城市商业银行在推进组织体制扁平化和专业化改革的路径与深化程度是有差异的，有的银行是先实施扁平化改革，后实施专业化改革；有的银行是先实施专业化改革，后实施扁平化改革；有的银行则是同时实施扁平化和专业化改革；也有的银行仅实施了扁平化改革或专业化改革。尽管各家银行实施组织体制改革的整体目标和策略有差异，但在扁平化和专业化改革方面的具体举措还是基本相似的，主要有以下一些做法：

一是将二级支行升级为总行直管支行。随着市场竞争的加剧，一线支行的营销服务职能得到进一步重视，部分城市商业银行通过调整二级支行的功能，充实营销职能，扩大其经营授权，使其由纯结算服务性网点升格为总行直属的经营性支行，从而在纵向组织架构上从"总行——级支行—二级支行"改变为"总行—支行"的两级构架。

二是在前台建立专业业务条线。此前，多数城市商业银行总行的业务管理部门和支行的客户经理较少进行专业化分工，大多是综合管理和经营公司业务与零售业务，在以业务规模和增量为核心的绩效考核政策下，客户经理偏好营销大中型客户，小企业和零售业务普遍不受重视，服务中小企业和市民的市场定位及业务发展战略难以落实。

在专业化经营理念指导下，部分城市商业银行开始对客户进行划分，组建公司、小企业和零售三大业务条线，并按条线对客户经理进行专业分工。公司业务部、零售业务部、小企业业务部分别负责全行公司业务、零售业务、小企业业务的政策制定、营销管理、市场调研、产品创新、业绩考核、专业培训等等。

由于各家城市商业银行发展战略和经营条件存在差异，业务条线的划分也有差异，如有的银行专门建立了信用卡业务条线，规模较大的城市商业银行还建立了资金业务或金融市场业务条线。整体来看，建立专业条线、加强业务条线管理是城市商业银行前台业务部门组织体制改革的主流趋势。

三是实行公司业务营销、经营的相对集中。将公司业务客户和专业团队从分散的支行分离出来，建立若干营销中心或集中到中心支行，进行规模化、集约化管理。小企业业务、零售业务顺应贴近客户服务的要求，一般仍分散在支行网点经营，各家银行在这方面改革的差异较大，有的银行倾向于市场营销和业务经营集中管理，将客户经理集中到不同的营销中心或中心支行。

四是按照全面风险管理治理架构与内控原则要求，理顺风险管理体制。将总行授信审批职能从业务管理部门分离出来，成立专业的授信审批部门，真正做到了审贷分离，一些城市商业银行开始推行独立审批人制度，摆脱了直线职能制组织架构下长官审批的模式，专业技能受到重视。同时，成立风险管理部，全面负责风险管理制度政策制定、执行评价、资产质量分类、风险管理技术建设等等。

五是推进后台的集中运营。这一时期，一些城市商业银行开始按照集约化和效率最大化原则，将分散在各业务部门、计划财务部和会计结算部等部门以及各支行的一些操作环节如账务处理、放款、档案和现金配送等进行集中处理，建立了统一的营运中心（如放款中心、业务处理中心、财务核算中心等等）。

六是推行"综合柜员制"。在"综合柜员制"下，柜员单人临柜，独立办理会计、出纳、储蓄、中间代收业务等全部业务，这是一种营销策略、组织架构、劳动组合以及管理体制的改变。

七是建立健全各专业委员会。专业化分工在带来效率提升的同时，也必然导致跨部门的沟通变得困难。为了解决这一问题，许多银行成立了行长领导下的资产管理委员会、信贷评审委员会、风险管理委员会、内部控制委员会，完善了相关工作制度，各专业委员会成为解决银行内部相关重要问题、进行跨部门沟通和协调的重要联结机制。

组织体制改革虽然主要是组织架构调整，但必须要有授权和激励机制等方面的配套改革才能达到预期效果，改革的目的是要建立起适应市场经济发展要求的现代银行运行机制，形成适应市场化竞争要求的企业文化，如按照责、权、利一致的原则实行岗位授权与激励，在干部使用上引入竞争机制，建立绩效薪酬制度，压缩管理层级，扩大支行授权，提升支行的营销服务职能等等。

三、分化转型期的组织体制改革

自2005年开始，监管部门对城市商业银行采取了"扶优限劣"的监管思路，根据城市商业银行经营管理情况、各项非现场监管指标和日常监管情况采取不同的监管措施，确立了"分类监管、一行一策"的监管原则，推动经营管理状况较好的城市商业银行加快发展，并为其提供新的发展空间。在此监管政策指引与推动下，城市商业银行发展呈现出分化转型趋势，部分城市商业银行迈出了跨区域发展的步伐，原有的组织体制又暴露出一些问题。

一是分行设立后对"总行—支行"两级构架的管理体制提出了挑战。扁平化改革大大增加了总行直管支行的数量，新设分行快速发展又进一步加大了总行的管理幅度，使总行管理分支行的难度加大。同时，跨区域发展后，城市商业银行原来在一个城市经营、"总—支行"两级架构下建立起来的管理信息系统、业务流程、管理制度难以适应"总—分—支行"三级架构下组织运行管理的要求，特别是分行远离总行，如何对分行进行合理授权，使其在风险可控的情况下开拓业务，对于城市商业银行而言是个新的挑战。

二是业务条线分设增加了银行内部的组织冲突与经营成本。自上而下建立业务条线、实行专业化经营后，由于没有对各业务条线内的营销部门、人员进行有效整合，导致机构和人员数量大量增加，经营成本上升。在总行层面，不同业务线争资源、争优惠政策，没有实行全成本管理与内部交易定价方面的配套改革，难以公平评价各业务条线的利润贡献；在支行层面，公司业务、零售业务、小企业业务经营机构不能有效开展联动营销。

三是流程建设与授权制度改革滞后。专业化营销部门建立后，许多城市商业银行仅仅建立了专业化的前台营销组织，没有对授权制度和业务流程进行相应改革，没有合理划分总行与分行、条线管理与块块管理的职责，没有建立适应条线管理要求的业务流程，实际上只是完成了形式上的组织结构调整。流程和授权是组织运行的机制和保障，没有这些方面的改革，单一的组织架构调整就没有实质性意义。

四是业务条线的组织管理与营销推动能力不强。城市商业银行在一个城市经营，实行"总行—支行"两级架构和专业化经营体制下，业务条线的组织管理与营销推动能力是比较强的。跨区域发展后，总行条线管理与分行块块管理的冲突就显现出来，业务条线在对分行的组织管理与营销推动方面往往显得缺乏能力和手段。

针对这些情况，部分跨区域发展走在前列的城市商业银行开始了"总—分—支"架构下的组织体制变革探索。改革的主要方向是开始尝试"条块结合"的矩阵制管理。

一是对总行所在地机构进行管理整合。扁平化改革后，总行直管支行过多，疲于应付本地支行的事务，难以将精力集中到全行的战略重点和分行管理上来。针对这种状况，一些城市商业银行在总行所在地实行管辖支行体制（或中心支行体制），将总行承担的对本地机构的部分管理职能下放到管辖支行，由其管理一定区域内的若干个辖属支行，形成"总行—辖区支行(中心支行)—辖属支行"三级架构，如上海银行、杭州银行、南京银行等等。辖区支行(中心支行)定位为一级管理机构和经营单位，管理职能包括营销管理、运营管理、队伍管理和风险管理等等，辖属支行的定位为运营服务平台与营销渠道。也有城市商业银行在总行所在地设立几家分行级区域管理部，将总行承担的对本地机构的部分管理职能下放到管理部，如北京银行在北京设立四家区域管理部。也有的城市商业银行直接在总行所在城市设立分行，如徽商银行、哈尔滨银行等。

二是强化业务条线管理。为了保证总分行业务发展战略的一致性，跨区域发展后，城市商业银行一般都坚持了专业化改革形成的条线化的业务管理体制，加强了条线在战略规划、预算控制、资源分配、业绩考核等方面的管理职能。

三是建立垂直的风险管理与稽核检查体制。为了加强对分行的风险管理与内部控制，部分城市商业银行建立了垂直的风险管理和内部审计体制，主要举措是在分行设立风险总监和稽核办公室。风险总监由总行聘任与委派，负责所在分行的全面风险管理及授信审批。分行风险管理部由风险总监直接管理与考核，内设专职审批人、合规风险管理、操作风险管理等岗位。风险总监、专职审批人、合规风险管理、操作风险管理等岗位人员都由总行实行资格考核和聘任。分行稽核办公室是总行稽核检查部的派出机构，主要职能为对驻地分行（或分行所在片区）及下辖支行的经营活动、风险状况、内部控制情况进行稽核检查和监督评价。分行风险总监和稽核办公室实行"垂直管理、双线报告"的管理机制，即由总行直接管理，同时向总行和分行行长报告风险管理和内部控制情况，提出管理意见和建议。

四是推进"总行—分行—支行"管理体制下的制度、流程建设。分行作为一级管理机构，处在一个特定的区域市场，面临不同的政治、经济、社会和监管环境，采用"一刀切"的政策不利于分行的业务发展，总行需要根据分行实际对分行授予必要的管理权限，分行也需要根据实际对总行制定的政策、制度进一步地细化、补充和完善。因此，跨区域发展后，需要对原有的制度、流程进行全面梳理，合理划分总行与分行、条线与块块的职责、权限，进行制度、流程改革，使总行对分行的管控和分行的经营管理有章可循。

五是建立交叉销售机制。专业化有利于提高员工的技能，深化客户服务，但专业化注重条线管理，弱化了横向合作，专业分工也带来了业务范围的限制，不利于对客户的综合服务。为了解决这一问题，需要通过营销制度、文化、机制和流程创新，促进业务条线之间的交叉销售和联动营销，从而实现从经营业务到经营客户的转型。具体举措包括建立交叉销售的流程和机制，实行客户推荐制度，开发完善客户关系管理系统，加强对交叉销售工作的考核激励，强化行长对交叉销售组织管理的职责与权限等等。

六是加强总行中后台管理与支持服务能力。主要是：第一，加强战略规划管理。建立战略规划管理的制度和流程，形成"战略规划—经营预算—执行评价—滚动修订"的循环流程，用战略规划来主导全行的业务发展和经营管理活动。第二，健全业务条线的经营预算与业绩考核。计划财务部根据发展战略对各业务条线实行独立的经营预算，对各业务条线的绩效进行评价，以促进业务条线提高经营效益。各业务条线独立实施经营预算和考核，保证本条线的经营预算与全行发展战略、经营预算相衔接。第三，推进集中运营。总行层面设置运营管理部，负责全行业务运营的管理，为了实现集约经营，降低经营成本，将一些业务处理环节主要包括账务处理、档案管理、放款、单证处理和清算业务等等从整体流程中剥离，实行专业化运作。

四、城市商业银行组织体制发展趋势

总体而言，城市商业银行的组织体制变革历程符合"与发展阶段相适应"、"与管理能力与水平相适应"等组织体制改革的基本原则，达到了组织体制、外部环境和内部资源之间的动态平衡。在改革过程中，城市商业银行"经营灵活、高效率"的优势得以保持和发挥，风险控制能力得到了加强，管理的精细化程度得到提高，实现了从以产品为中心向以客户为中心方向转变。

从城市商业银行组织体制发展的趋势来看，除了部分坚持本地发展，走社区银行发展道路的城市商业银行外，进一步改善业务流程，实行"条块结合"的矩阵制管理将是大部分城市商业银行组织体制完善的方向。"矩阵制"的组织体制能使城市商业银行保持对环境、客户、技术、竞争变化高度适应性，同时通过合理设置总行与分行及各利润中心的关系，较好地处理了集权与分权的关系，有效克服了矩阵型组织易出现的职权冲突问题，从而在取得适应性的同时维护了组织整体的稳定性和高效率。

与西方商业银行实施"矩阵制管理"过程中强调总行对业务的垂直化管理，大大弱化分行的职能不同，广大城市商业银行实行"矩阵制"管理应该根据更好地适应客户需要、更有效地节省成本和更有效率地组织推动业务发展等原则去确立自己的管理体制，合理地拿捏集权与分权的关系，实现经营管理从以"块块为主"向"强化条线管理、条块结合"转变，既要提高前台对客户需求的响应能力，也要保证总行对于各经营机构的控制与监督。

具体来说就是市场营销以块块组织为主，对分行适度授权，保障分行负责人对不同业务线的组织、协调及管理权力。业务管理应以纵向推动为主，采用条线式管理，上下级行对口业务部门之间实行直线汇报，强化垂直报告与监控机制，防止分支行业务发展的盲目性和风险失控。在此过程中，应以流程为基础，根据职能的不同合理设置前台、中台及后台，并实现无缝连接。前台（如与客户直接接触的零售、公司业务等）按"以客户为中心"的方式组织，实现客户经理工作重心由产品销售向对客户提供全方位综合服务转变。中台（如风险控制、业务规划与预算、法律事务等）按有效发挥其功能的最佳形式组织，提升其专业能力和与业务条线的协同配合能力。后台（如中央交易处理、数据库、网络平台等）采用集约化的组织方式以实现规模经济化。通过前、中、后台合理分工与组织，使各部门专注于核心优势，提高客户服务质量和资源共享的程度。以客户为中心再造业务流程，以业务流程为中心再造组织结构和管理决策流程，通过流程优化与岗位授权，实现"以客户为导向"及前、中、后台无缝链接。

第三节 城市商业银行组织体制改革的配套措施

一、制约组织体制变革的主要因素

（一）原有体制惯性的影响

组织体系上产生变革阻力的因素有很多，既包括了组织结构、规章制度等显性阻力，还包括了组织文化、氛围、员工的工作习惯等隐性阻力。其中最大的难点往往不在于管理体制本身，而在于统一思想，形成共识，改变人的固有思维方式和习惯的过程。由于管理模式改革涉及面广、波及程度深、影响巨大，人员的观念需要更新，有时还涉及企业文化内涵的变化和再次形成，这些变革通常不是短期内可以一步到位的。

组织体制改革也意味着调整和重组各个部门的权力和责任，改变现有的信息汇报路径，在这一过程中总会削弱部分人员的权利，影响其地位，这就可能使那些原本在组织中权力较大、地位较高的部门和群体产生抵触，他们会将变革视为一种威胁，为了保护自身利益而抵制变革。

除此之外，如果一个企业在经历了长期的稳定之后，员工的工作习惯和工作方式都已经根深蒂固，组织内部的关系也已达成一种默契，一旦实施变革，组织内的各种关系就必须去重新适应，如果准备不足或处理不当，原有的体系就会在无形中形成一股强大的阻力。

（二）企业资源状况的限制

组织变革是有成本的，需要投入相应的人力、财力、物力等资源。原有的与其他相关企业的依存关系、企业组织的地域分布状况、企业与社区的关系、顾客对现有企业组织的依赖、组织间的协约等这些过去长期积累的有形和无形资产，以及所投入的软硬件设施和其他条件有可能难以满足组织创新的需求，需要再作投入。这就要求企业必须有一定的资源做后盾，否则组织变革将难以顺利进行。可见，企业内部资源状况也会成为组织体制变革的阻碍因素。[①]

对于广大城市商业银行而言，科技资源的限制尤为突出。绝大部分城市商业银行在信息化建设初期，由于认识水平、经营理念、技术手段的局限，把信息化建设视同于信息技术的推广应用，当做改进业务处理的手段，这种业务驱动型的信息化建设模式，很难从兼顾全局和长远发展的需要来推进信息化建设。在此基础上推进管理模式改革，意味着商业银行从数据支持到流程优化的各个领域都需要重新规划和大规模投入，这将影响管理模式调整的速度和效果。

（三）发展方向不清晰

城市商业银行以前主要在一个城市经营，业务范围比较传统单一，普遍重视短期经营，缺乏长远的发展规划，对未来的发展方向不清晰，对环境的变化把握不足。近几年来大部分城市商业银行都制订了发展战略，明确了发展目标，但是在战略的执行过程中，由于客观环境和内部情况都在不断发生变化，不少城市商业银行并没有根据这样的变化去修订和完善发展战略，发展的方向变得模糊，从而也使组织变革失去了明确的方向。

二、相应的配套措施

组织体制变革是项系统工程，涉及企业内部的方方面面，如果仓促启动变

---

① 参见刘璇华：《基于核心的能力的企业组织创新研究》，暨南大学博士学位论文，2003年，第98—101页。

革，没有采取正确的策略，相关配套措施未能跟进，就会影响到变革效果，甚至打乱企业正常的经营计划，使企业人心涣散。自从20世纪60年代以来，对组织变革的研究一直为组织理论界所重视，先后提出了一系列描述组织变革的过程模式，其中卢因（Lewin）的三阶段模式是比较具有代表性的一个。

卢因是20世纪40年代第一个提出"组织创新过程模式"的人，他认为组织是一个具有稳定状态或者由相等的反向力量制衡的"平衡体"，组织变革可以分为三个阶段：

一是解冻阶段。解冻阶段的主要任务是发现组织变革的阻力，采取措施克服变革阻力，并描绘组织变革的蓝图，明确组织变革的目标和方向，以形成待实施的比较完善的组织变革方案。

二是变革阶段。变革阶段的主要任务就是按照所拟定变革方案的要求开展具体组织变革运动或行动，以使组织从现有结构模式向目标模式转变。卢因认为，变革是个认知的过程，获得新的概念和信息必不可少，因此要特别注意沟通及协作方式。

三是再冻结阶段。现实中经常出现组织变革发生之后，个人和组织都有一种退回原有行为方式的倾向。为了避免出现这种情况，变革的管理者就必须采取措施保证新的行为方式和组织形态能够不断地得到强化和巩固。因此，在再冻结阶段，必须利用必要的强化手段如制度、政策及流程，使新的态度与行为固定下来，使组织变革处于稳定状态。如果缺乏冻结阶段，变革的成果就有可能退化消失，而且对组织及其成员也将只有短暂的影响。卢因的三阶段模式虽然较为简单，但这一模式描述了组织创新过程的整体轮廓，具有开创性和奠基性的意义。[①]

根据卢因的三阶段模式，结合我国城市商业银行的组织体制改革实践，我们认为对应解冻、变革、再冻结三个阶段，具体的改革配套措施如下表所示：

---

① 参见孟领：《西方组织变革模型综述》，《首都经济贸易大学学报》2005年第1期。

变革阶段	应采取的措施
解冻阶段	建立危机意识，充分动员沟通，做好人事准备
变革阶段	再造业务流程，改造IT系统，调整考核体系
再冻结阶段	重塑企业文化，改进和完善

（一）建立危机意识

强化组织成员对组织现状的不满是激励变革需求的有效方式。要使组织成员建立危机意识，首先要对组织内外环境进行必要的调查研究，发现问题，并认识到变革的必要性与紧迫性，为组织提高绩效提供推动力。在方法上，可使用竞争对手企业作为标准，考察本组织的差距并获得相应的经验；可通过参照别的组织接受新观念和新方法；可通过收集组织运营现状信息和组织期望值相比较的方式；可通过不断传递变革所带来的可信的正面效果的方式，使组织成员对变革树立良好的预期，将其作为一种奋斗目标，引导其为实现该目标不断努力。

（二）充分动员沟通

组织变革过程中，沟通工作十分重要。变革方案要真正地为广大员工理解并切实加以贯彻，不厌其烦地沟通工作是前提和保障。变革中应提供尽可能多的信息材料、会议以及讨论，从而用真实的信息减轻人们对变革的误解。对于组织目前所处的运行环境、所面临的困难与机遇等，要坦诚公布，从而使组织上下形成共识，增强变革的紧迫感，扩大对变革的支持力量，使组织变革拥有广泛而牢固的群众基础，这是保证组织变革得以顺利进行的首要条件。

在沟通的基础上，还应组织员工参加组织变革的诊断调研和计划工作，使员工充分认识变革的必要性和重要性；引导员工参与或先让他们被动地卷入，然后主动而又积极地参与，让他们承担起某种推动变革的责任，能使其感到他们的意愿和态度已包含在变革的进程中，他们不是局外人，这样就能减少人们的抵触情绪，变抵制为接受甚至支持。

美国学者理查德·吕克对变革管理者做好沟通工作提出了11条建议，

分别是：详细地阐明变革的实质；解释原因；讲清楚变革的幅度，包括可能产生的负面效应；演示或宣讲要简洁明了，让人过目不忘；事先声明变革实施过程中可能出现的问题；解释成功的标准以及如何衡量成功；让人们知道相关的激励方案；不断重复讲述变革的目的及整个的流程安排；针对不同受众，采取不同的沟通方式；沟通应该是双向的；学会以身作则。

（三）做好人事准备

企业在进行重大的组织变革之前，大都需要对组织中某些关键性职位进行人事调整，以便从组织体系上保证未来的改革能够顺利进行。但这种人事调整范围不宜过宽，以期最大限度地减少因改革而带来的振荡。通过人事调整，可以打造一支高水平高素质的人员队伍，以适应未来组织机构和职位对人员的要求，为组织变革创造有利条件。领导者在组织内具有核心作用，在人事调整中一定要高度重视合理构建组织变革的领导班子，同时应加强高层领导和中层领导的沟通，确保思想一致，认识一致，行动一致。

（四）再造业务流程

流程设计是组织架构的基础，科学整合业务流程和规范业务操作程序可以提高银行的组织效率。再造业务流程要以整合业务流程为核心，本着"客户至上"的服务理念，对原有业务流程进行技术分析，对问题较多、效率较低的关键流程进行重组，以"创新业务、简化环节、简便运转、简便服务、顺畅运行、满足需要"为原则再造业务流程。要在规范业务操作流程的基础上，整合内部分工，明确各职能部门、岗位的权责，设计标准化的业务操作程序，提高工作效率。

在流程再造时，还应注意根据客户的不同来设计差异化的业务流程，以满足不同客户在服务品种、质量、时间和价格等方面的个性需求，从而为不同的群体提供个性化、多功能、全方位、高质量的金融服务，以增强银行的市场竞争力。

（五）改造IT系统

组织架构只是企业的"骨架"，信息系统则是企业的"神经"，信息技术的广泛应用是新型组织结构产生的动因之一。银行业作为高度依赖信息技术的产业，信息化建设深刻影响着现代银行的管理体制、经营模式和服务水平，随着知识经济的兴起和金融竞争的加剧，信息技术对银行综合竞争力的影响也日趋显著。

信息系统需要随着银行组织体制改革作相应的调整。以实施业务单元制为例，实施业务单元制的难点之一在于如何对条线进行准确的绩效评价。长期以来，银行业务系统以有形网点作为基本核算单位，而对于各业务单元，其资源占用、内部转移价格、收入确认、直接费用、间接费用、资本消耗等都无法准确地核算到每个客户和产品，因此准确的绩效评价很难开展，而这恰恰是实施业务单元制的基础。除此之外，城市商业银行在管理领域的信息化水平离先进银行还有很大的差距，特别是数据库、业务流程等方面的系统研发还处于一种各部门各自为政、信息不能有效共享、处理流程割裂的状态，影响了银行整体竞争力的提升。

对于广大城市商业银行而言，在组织变革的同时应树立"科技兴行"、"信息创造价值"的理念，高标准地规划未来科技的发展，在总体规划上，既要着眼于未来的发展，追求先进和完美；又要考虑现实的条件和可能，合理投入，稳步推进，逐渐完善。中小银行在信息网络建设中不可能也没有必要像大银行那样集中投入，可采用技术外包等形式，并分析具体项目可能创造的利润和对全行产生的综合效益，力求使以较小的投入获得较大的产出，使有限的资源得到最佳配置。

（六）调整考核机制

考核制度是企业中的指挥棒，组织体制的改革必然会涉及考核机制的调整。总体而言，广大城市商业银行应建立科学的成本管理体系和指标考核标准，设定合理的内部转移价格，使各业务部门的成本核算和利润分配公平、合理、有章可循。在对分支机构考核的基础上，逐步引入和加大业务线考核的比重。

与此同时，应该重点加强业务条线考核的系统性、科学性，业绩评测数据和系统必须支持更加精细化的管理。可先从产品和客户类别细分着手，实现以客户和产品作为基本核算单位测算出收入，在此基础上，逐步将各种成本因素摊入，为今后更合理计算各业务单元对资源的占用，准确度量其创造的收入和贡献做准备。

（七）重塑企业文化

先进的企业文化能给企业树立鲜明的价值观、明确的经营理念和奋发向上的团队精神，是一种强大的内在力量，能有效推动企业的健康发展。组织架构、业务流程、等级制度、考核机制等的变革都需要有相应的文化作为支撑。这种文化体系包括：

以客户为中心的文化。树立"以客户为中心"的观念，鼓励员工按提高顾客满意度的思路行事，应主动根据客户细分要求，按最能满足客户需要的方式，最能为客户创造价值的标准，重新设计产品和业务流程。

团结协作的文化。在激烈的市场竞争中，为了更好地满足顾客的需求，往往需要许多不同的分支机构、部门、不同专业和技能员工的通力合作形成一揽子金融解决方案，这使得创新不再是个人行为，而是团队协作的产物和共同创造的结晶，这就要求企业必须具有团结协作的组织文化。

灵活适应性文化。在竞争激烈、复杂多变的社会环境下产生的组织变革，要求灵活适应性的组织文化与之匹配。在这种文化下，员工们善于应对组织中任何机会和威胁，勇于变革和创新，主动地识别问题和解决问题，以实现在变化中生存，在变化中发展。

（八）改进和完善

组织体制的改革进入再冻结阶段并非不能对组织体制再做任何调整。由于人们认识上的差距，组织体制改革的方案不可能十全十美，存在这样那样的缺陷在所难免，需要在改革的实践中去检验哪些是正确的，哪些需要调整。这些年来，城市商业银行经历了创业、成长、逐步成熟的快速发展，组织体制也从传统模式逐步向符合市场经济的要求转变，但这种变革往往是探索性的，缺乏系统性和完整性，在组织体制改革大框架基本稳定的基础上需要在改革的过程中进行阶段性的总结和回顾，发现存在的问题及时改进完善，使组织体制改革也逐步成熟定型，更好地适应市场的变化、业务的开拓、风险的控制等。

本章参考文献

1.杨德勇：《现代商业银行组织设计研究》，中国金融出版社2006年版。

2.余龙武：《中国国有商业银行综合改革新论》，中国财经出版社2003年版。

3.周三多：《管理学—原理与方法》第四版，复旦大学出版社2005年版。

4.邢以群：《管理学》，浙江大学出版社2004年版。

5.汪应洛、李垣等：《企业柔性战略——跨世纪战略管理研究与实践的前沿》，《管理科学学报》1998年第1期。

6.斯蒂夫P.罗宾逊：《管理学》，中国人民大学出版社2004年版。

7.迈克尔·哈默、詹姆斯·钱皮：《企业再造》，上海译文出版社2007年版。

8.聂叶：《银行再造：理论与实践》，中国金融出版社2004年版。

9.保罗·H·艾伦：《银行再造：生存与成功范例》修订版，中国人民大学出版社2006年版。

10.田晓军：《银行再造》，上海财经大学出版社2002年版。

11.刘桂平：《中国商业银行再造》，中国金融出版社2002年版。

12.张志勇、匡兴华、晏湘涛：《基于流程的组织结构设计研究进展》，《管理科学》2004年第5期。

13.金·S.卡梅隆、罗伯特·E·奎因：《组织文化诊断与变革》，中国人民大学出版社2006年版。

14.成思危：《路线及关键：论中国银行的改革》，经济科学出版社2006年版。

15.张燕：《对我国国有银行组织结构的分析与研究》，西南财经大学硕士学位论文，2003年。

16.刘璇华：《基于核心的能力的企业组织创新研究》，暨南大学博士学位论文，2003年。

17.孟领：《西方组织变革模型综述》，《首都经济贸易大学学报》2005年第1期。

第五章
城市商业银行传统业务的
开拓和创新*

第一节 城市商业银行公司业务的开拓和创新

一、城市商业银行公司业务开拓创新的历史演进

一直以来，公司业务是商业银行的主导性业务。城市商业银行作为地方性商业银行，公司业务在整体业务中也占有举足轻重的地位。即使在经历了多年转型后的今天，城市商业银行的公司业务比重还相当高。据统计，在诸多城市商业银行中，公司业务占比低的银行也达到60%左右，高的银行该比例将近90%。因此，公司业务的开拓和创新是城市商业银行业务发展的重要内容和课题。

自20世纪90年代末成立以来，城市商业银行的公司业务根据各个时期不同的市场环境、竞争状况和客户需求，在自身的经营能力范围内开展了各种形式的业务和管理的开拓和创新。城市商业银行公司业务的开拓创新可以归

＊ 本章由赵映珍、余南军撰稿，余晓、宋建军、陈振峰、严峻提供资料。

纳为营销体制的开拓创新、产品和服务模式的开拓创新、服务区域和服务对象的开拓创新、风险管理创新、激励创新、服务品牌的开拓创新。

（一）公司业务营销体制创新

2000年前后，由于处于城市商业银行市场化改革初期，城市商业银行对公司业务的营销并没有像现在这么重视，公司业务的营销管理职能比较弱，在大多数城市商业银行的总行部门设置中，并没有公司业务部，即没有一个专门的部门来负责公司业务的营销组织和推动。虽然总行设有一个负责市场营销工作的市场部，但市场部主要负责对个人业务的营销组织和管理。这个阶段，城市商业银行对公司业务的管理主要的精力放在信贷管理方面，城市商业银行总行设有信贷管理部，负责公司业务审查、审批，信贷制度制定，新产品开发，以及信用等级评定、五级分类及信贷检查等管理工作，事实上，当时的信贷管理部同时也承担着协助支行开展公司业务营销的职能。相应的，在支行层面，业务部门也是合二为一的，如有的城市商业银行当时支行的业务部门称为"市场信贷部"，其业务管理关系对应总行的信贷管理部和市场部。在一些支行的市场信贷部里，信贷员有较为明确的分工，如有些信贷员专门从事公司业务，有些信贷员专门从事个人业务。也有一些支行的信贷员没有明确的划分，一个人兼做公司业务和个人业务。

进入21世纪以后，随着国有商业银行的股份制改革和股份制商业银行的崛起，城市商业银行的公司业务面临更加激烈的竞争，一些规模较大的城市商业银行应时而变，审时度势对公司业务的营销管理体制进行改革。一是在总行层面实行公司业务的营销和审查审批的分离，一些城市商业银行开始设立公司业务部和信贷审批部，其中公司业务部专门从事公司业务的营销组织和推动、产品创新、计划考核。信贷审批部负责公司业务的审批、信贷基础管理等。分设公司业务部和信贷审批部，实现专业化审批是城市商业银行公司业务条线营销体制的一大进步。一方面使城市商业银行公司业务部从单笔业务的审查审批工作中解放出来，能集中力量组织营销、推动公司业务的发展；另一方面，实行信贷审批专业化，废除以前行政化的审批，促进了城市商业银行内部审批人员的培养，又使支行行长腾出更多的时间和精力从事市场开拓工作。这是城市商业银行公司发展业务过程中一个很大的进步和开拓性的举措。尽管在实施初期，公司业务信贷专业化审批受到经营单位尤其是支行行长的质疑甚至是反对，经过一段时间的磨合和试行，实践证明，公司业务的专业化审批较好地控制住风险，也促进了城市商业银行公司业务的发展。二是在支行层面，城市商业银行对公司业务进行了集中化管理，将公司业务客户、客户经理集中于一些有较好地理优势、服务经验优势的支行，使公司业务营销和管理更好地体现规模优势，同时使大部分的支行网点成为零售业务的营销和服务平台。

2007年6月，中国银监会颁布《商业银行开展小企业授信业务指导意见》之后，一些城市商业银行在总行成立小企业业务部。至此，大部分城市商业银行把小企业业务条线从公司业务条线中分离，成为城市商业银行的一条单独的业务线，公司业务条线的客户也专指中型及中型以上的客户。公司业务的营销体系又发生了一些变化，城市商业银行开始对公司业务进行进一步集中式管理。

（二）公司业务产品创新

城市商业银行公司业务产品创新是伴随着产品日益丰富和多元化的进程开展的。成立初期，城市商业银行的很多新产品是从国有商业银行和股份制商业银行引入的，随着自身客户基础的壮大和经营能力的增强，城市商业银行逐渐在自身的经营实践中根据客户需求摸索出一些新产品，如应收账款质押贷款、存货质押贷款、出口退税账户质押贷款、工程款账户托管贷款等。当前，城市商业银行公司业务产品创新主要是集中在信贷产品方面，信贷产品创新又主要体现在担保方式的创新方面。

担保方式创新是随着外部法律、政策等方面的日趋完善而不断进行的。如《中华人民共和国物权法》的颁布实施，为城市商业银行在担保方式方面的创新奠定了法律基础。2007年10月1日起，人民银行出台了4号令，制定了《应收账款质押登记办法》。将中国人民银行征信中心（以下简称征信中心）作为应收账款质押的登记机构，建立应收账款质押登记公示系统，为城市商业银行应收账款质押贷款的退出提供了外部条件。近年来，集体林权制度改革为银行业产品创新提供了契机。浙江省在全国率先完成了集体林权制度的主体改革，率先建立了资产抵押登记、评估及抵押财产流转、保险等服务平台，这为银行开展森林资源资产抵押贷款提供了基本条件，也为城市商业银行推出林权抵押贷款业务创造了条件。随着国家对节能减排工作的重视和加强，节能减排日益成为转变经济发展方式的重要抓手，排污权的有偿使用和交易试点逐步在全国推开，各地排污权交易中心的建立，为城市商业银行开展排污权抵押贷款业务奠定了基础，一些城市商业银行顺势推出排污权抵押业务。此外，城市商业银行还在知识产权质押、股权质押、订单贷款、私募基金贷款等方面进行了诸多创新，形成百花齐放的局面。

城市商业银行的公司业务产品创新，还表现在对产业链中资金流转的监控，通过监控上下游和产供销之间的资金流向，实现信息互通和风险控制，为公司客户提供信贷支持。如供应链融资产品，在风险控制理念方面实现了一定的创新。

（三）公司业务客户和服务区域创新

建行初期，城市商业银行业务和客户主要集中在市区，随着经济的快速发展及城市化进程的加速推进，城市商业银行也逐渐将客户范围和服务区域延伸到城郊和县域。许多城市商业银行纷纷将市区过于密集、网点效能较低的支行迁移到城郊结合部，并在各个郊县设立支行，网点布局范围的扩大对城市商业银行业务尤其是公司业务的促进作用非常明显。从2002年前后到城市商业银行跨区域发展之前（2007年左右），郊县、县域新设支行是城市商业银行主要的业务增长点。

2007年之后，城市商业银行开始迈出跨区域步伐，其客户和服务区域向更大范围进行拓展和创新。跨区域发展初期，由于网点、品牌知名度等方面的限制，零售业务、小企业业务的发展比较困难，城市商业银行跨区分行的业务主要是公司业务，跨区分行的公司业务也因此成为城市商业银行新的业务增长点。

总而言之，城市商业银行公司业务的客户和服务区域的创新是与监管政策的变化、社会经济发展的总体趋势、银行自身发展的要求等内外部因素紧密联系在一起的。客户和服务区域的创新，对城市商业银行分散信贷行业集中风险、扩大业务规模、规避竞争、更好地满足客户跨区域发展的要求等具有重要的意义。同时，城市商业银行的跨区发展对支持地方经济快速发展、加快城市化进程、填补农村金融服务空白、完善现代金融体系作出很大的贡献。

（四）公司业务风险管理创新

自成立以来，公司业务的风险管理一直是城市商业银行经营管理的重要内容，与其他的经营管理活动相比，城市商业银行公司业务的风险管理相对比较健全。近年来，随着国内外银行监管政策的新发展，尤其是巴塞尔新资本协议的更新升级以及中国银监会对商业银行实施新资本协议提出了更加明确的时间要求，城市商业银行提升风险管理技能的要求越来越迫切。在外部监管政策以及自身提高风险管理能力要求双重因素推动下，城市商业银行对公司业务风险管理开展了积极的创新，其中最具代表性的是部分城市商业银行开发了公司客户内部评级系统和标准化的信贷调查报告模版。

开发内部评级系统是实施巴塞尔新资本协议的基础性工作，也是银行信贷管理的基石。公司客户信贷准入、业务授权、贷款定价、风险预警、绩效考核以及风险资产和资本充足率的计算等一系列的工作都将建立在内部评级基础之上。部分城市商业银行在2007年左右开始开发内部评级系统，根据自身信贷客户特征和信贷数据分行业、分客户规模建立客户内部评级模型，通过PD（违约概率）、LGD（违约损失率）指标的计算，科学计量信用风险。至今，部分城市商业银行的公司客户内部评级系统已经投入使用，评级结果已经在业务准入、风险预警等方面实施应用。此外，为提高客户内部评级信息的准确性和评级质量，部分城市商业银行还借鉴国外先进银行的做法，专门成立评级质量跟踪监测小组，对客户经理的内部评级工作进行现场与非现场监督和检查。

信贷调查报告标准化模版是指在管理信息系统中嵌入统一格式的调查报告模版，对客户经理撰写调查报告提出统一要求和规范。一方面有利于新入职的客户经理较快地掌握撰写调查报告的技能，起到培训、引导的作用；另一方面通过在全行范围内建立统一的标准，使信贷调查报告尽量简化、抓住要点，并充分揭示风险，减少信贷审查、审批人员的工作量，提高效率。同时，有些城市商业银行在标准化调查报告中还嵌入情景分析工具，通过情景分析工具，只要客户经理录入客户的财务报表，便可计算客户的融资缺口，也能预测由于客户销售量、应收账款、应付账款等科目变化而引起的融资需求变化，帮助客户经理掌握客户的真实融资需求，提高财务分析能力，加深对客户的了解，从而能及时识别业务营销机会，提高对客户的谈判技能。

（五）公司业务激励创新

以往，城市商业银行公司业务客户经理的考核主要是业务量的考核，如以存款、贷款、国际结算量、中间业务收入等指标为主进行考核，以"业绩论英雄"是城市商业银行的普遍做法。但随着市场竞争的加剧和银行经营管理实践的深入，这种"重结果、轻过程"的考核激励模式逐渐暴露出一些弊端。如客户经理为了做大业务规模，在无意中会降低客户准入门槛，埋下信贷风险隐患。为做大业务规模，客户经理会忽视同事间的团结合作，弱化银行整体营销能力。为改变这些状况，部分城市商业银行对公司业务客户经理的考核激励机制进行了改革创新，推出涵盖个人素质、行为考核、业绩考核等多项内容的综合激励考核办法，改变了过去纯粹以业务指标考核的客户经理激励方法。对客户经理工作能力、工作态度等不可量化的日常行为进行考核激励，是业务定量指标考核的有效补充，可增强客户经理工作的主动性、责任心、自律性、敬业精神，改善工作态度，也可提升客户经理的工作能力。当然，对客户经理的行为考核同时也适用于小企业客户经理和零售客户经理。

（六）公司业务品牌创新

城市商业银行的品牌创新是近几年兴起的。随着银行业竞争日趋激烈，想要客户熟知并牢记自己的产品和服务，银行必须要有一个独特、顺口、易记、响亮的品牌称谓。这也是城市商业银行品牌创新的起源。目前，各家城市商业银行已经意识到品牌创新的重要作用，并开始将产品创新与品牌创新相结合，为新产品的市场营销和客户开发提供有力的支持。如宁波银行在公司业务方面，推出"商盈100"现金管理品牌，着力打造"商盈在线"、

"商盈有方"、"商盈理财"三大特色子品牌；杭州银行在公司业务方面推出了"投融一站通"品牌等；临商银行针对中小企业客户推出了"商通保"、"商家乐"、"高科技企业成长快车"等品牌。

二、新时期城市商业银行公司业务创新的策略

在当前银行竞争激烈、客户需求变化多样的情况下，城市商业银行只有不断地开拓创新，才能保持住自身的市场份额，在市场竞争中站稳脚。对城市商业银行而言，如何进行公司业务的创新，形成经营特色或者说是"独门绝技"，是迫切需要解决的问题。公司业务作为城市商业银行的立家之本，又是银行的传统业务，其创新的策略应该有别于新兴业务。公司业务创新策略应基于自身和竞争对手优、劣势分析，理性地选择最适合自己的创新策略。城市商业银行公司业务创新可以考虑以下几种策略：

（一）公司业务总体创新策略

1. 建立全局性、整体性创新思维，提高资源利用效率。在实践中，由于城市商业银行采取分条线专业化业务管理模式，公司业务的创新仅仅是围绕公司业务客户的需求而进行的。但实际上，公司业务的有些新产品尤其是一些负债类新产品，有时是可以与小企业甚至是零售客户共享的，但由于在公司业务新产品设计、系统开发方面没有考虑到其他条线的需求，最终推出的新产品使用范围受限制，其他业务条线又需要进行重复开发，造成资源的浪费。

多年以来，城市商业银行公司业务产品创新都是主要集中在信贷业务方面，信贷产品的创新尤其体现在担保方式的创新方面。2010年下半年开始，随着外部市场银根紧缩，银行存款营销难度加大，银行流动性风险日益凸显，存款对商业银行生存的重要性更加显现。对于城市商业银行而言，在奉行"存款立行"经营理念的同时，更要重视负债业务的创新，提高负债业务创新的能力。在进行资产业务创新的时候，要植入交叉销售负债业务产品、中间业务产品的理念，才能促进城市商业银行负债业务、资产业务和中间业务联动、协调发展。

在公司业务条线内，创新活动要加强调研和分析，包括客户需求、同业竞争者情况以及外部法律法规等监管环境的约束，只有在全面了解外部环境和内部资源约束条件的基础上，才能提出科学、合理、可行的业务创新方案，使资源效用最大化。

2. 模仿基础上的改良策略。业务创新需要耗费大量的人力、精力和财力，还需要占用银行的系统资源，结果又具有较大的不确定性。因此，业务创新是一项高投入、高风险的活动，直接影响银行的经营成果的好坏。城市商业银行需要加大对业务创新的投入，组织高素质的人才专门研究市场，开发产品。但是与国有商业银行和股份制商业银行相比，城市商业银行的经营实力、经营资源、创新能力都比较弱，原创性的业务创新对城市商业银行而言起步较晚，能力较弱，还难以适应市场的需求。近年来，国有商业银行、股份制商业银行纷纷调整自身的客户定位，重心下移，将原先看不上眼的中小型客户作为自己的目标客户，城市商业银行公司业务面临着这些强大的竞争对手的严酷竞争。想要在竞争中脱颖而出，保持住自身市场份额，城市商业银行必须采取扬长避短的竞争策略。城市商业银行与国有银行和股份制银行等竞争对手比，在公司业务的创新方面有自身的优势，如机制灵活，汇报路径短，决策高效，便于产品创新部门了解客户需求，有利于发现业务创新机会。因此，在公司业务创新实践中，城市商业银行可采用在模仿基础上的改良策略，发挥自身的效率优势，借鉴银行同业先进的产品和经验，可有效节约客户市场调研、可行性研究、产品设计的时间，"站在巨人肩膀上"会使我们更加容易接近成功。

采用这种策略应注意避免完全模仿，因为完全的模仿不仅可能无法适应自身客户的需求，而且城市商业银行内部管理信息系统也可能无法兼容。因此，对同业新推的业务品种或新产品，城市商业银行要及时做进一步研究分析，掌握产品的核心要素。城市商业银行要设立专门岗位，配备专人关注竞争者动向，了解市场、客户需求的变化，以便及时采取措施，更新产品，防止客户的流失。在研究竞争者最新创新动态的同时，关键是要对从同行引进的产品根据自身实际情况和客户的需求进行适当的改进，对自身内部信息系统进行调整，制定自己的管理办法和操作手册。如某城市商业银行公司业务条线在经营单位设立"创新联络人"制度，定期召开工作例会交流创新信息和想法，及时捕捉竞争者情况，对创新联络人赋予相应的职责和考核激励，对业务创新具有良好的推动作用。

3．对现有产品进行重新组合或改进策略。公司业务是较为传统的业务，现有业务是创新业务的根基，城市商业银行开展公司业务创新应该是现有业务的延伸，即要在现有业务巩固和发展的基础上进行业务创新，形成现有业务与创新业务的良性循环和双向促进，实现共同发展。目前，城市商业银行在公司业务产品管理方面是比较薄弱的，虽然新产品源源不断地推出，但对一些已不适应市场的业务并没有进行相应的清理。城市商业银行公司业务的产品创新应基于现有产品梳理基础之上，对现有服务和产品进行重新组合，或对现有产品、服务、流程、担保条件进行局部改良，在特定的目标市场形成个性化的服务方案，也能在竞争中形成局部领域的竞争优势，并且取得较好效果。

（二）资产业务创新策略

1．以行业金融为突破口，发展专业化经营，营造竞争优势。囿于自身资本及规模因素，城市商业银行公司业务的核心客户只能是中型企业，而目前绝大多数的城市商业银行还是以总行所在地为大本营，带有明显的区域性特征。在开展公司业务过程中，城市商业银行要围绕与当地社会经济发展相适应的重点行业，进行重点产品创新和客户深度开发，实现专业化发展。以行业金融为突破口，实现专业化发展是城市商业银行进行资产业务创新的方向和有效途径。公司业务行业专业化经营有两方面的好处：一是可以使城市商业银行深入了解客户所在的行业的历史、现状和发展趋势，提高风险控制能力从而提升业务发展质量。二是可以提高客户经理的专业化营销水平，为客户提供资金支持的同时提供管理方面的建议，提升客户信任度和忠诚度。

城市商业银行公司业务专业化经营应在梳理各重点行业的专业知识和行业经验的基础上进行，包括对行内客户经理的经验、行业知识进行系统调研和分析，对重点行业进行外部调研，了解行业现状、竞争环境、风险情况和未来潜力。汇集行内的行业经验和专业知识，培养内部行业专家，为产品开发和营销推广提供支持。开发行业智库，通过专业知识管理系统，在全行范围内总结管理行业经验、营销经验和风险控制经验，促进信息传递。另外，城市商业银行还应建立与外部行业专家的合作，提供行业信息和专业培训，推动营销机构团队的专业化组织。

2.加强与其他机构合作的创新策略。在中国目前分业经营、分业监管的情况下，银行的经营范围受到严格的约束。随着直接融资的发展，如何应对由于资本市场发展引起的"资本脱媒"给银行造成客户流失问题，是商业银行必须面对的一个现实问题。加强与其他金融机构的合作，发挥自身机制灵活的体制优势，借助第三方机构的营业资质开展城市商业银行公司业务创新是较为可行的策略。"桥隧模式"和目前正兴起的"期权贷款"就是这种策略的典型案例。

"桥隧模式"是城市商业银行在和担保公司的合作过程中，碰到担保公司因无法转移风险或无法获得足够的反担保条件而导致业务中断难题的背景下诞生的。"桥隧模式"是指在担保公司、银行和成长性企业三方关系中导入第四方，如风险投资或行业上下游企业，第四方事先以某种方式承诺，当企业发生财务危机而无法按时偿付银行贷款时，只要满足一定的条件，由第四方来购买企业股权，为企业注入现金流，偿还银行贷款。"桥隧模式"实质上是一种风险的转移，将风险从担保公司转移给最了解企业、最能够将企业价值最大化的投资公司或上下游企业，这相对于传统的抵押和第三方担保来讲，是一种创新。

"桥隧模式"对各参与方都提供了价值。在传统的担保模式下，一旦违约企业破产清算，由于企业实物资产有限，银行与担保公司都需承担一定比例的风险。通过"桥隧模式"可以最大限度发挥企业的潜在价值，使银行与担保公司降低风险，提高收益。从投资公司角度来讲，通过担保公司筛选高成长性客户，而后与企业签订协议。当企业无法及时偿付银行贷款时，投资公司就购买企业相应股权，为企业注入现金流，同时偿付银行贷款。投资公司作为这些高成长性企业的股东，在未来享有更多资本收益。对企业而言，通过"桥隧模式"可在初创期以较小的代价获得债权融资，避免股权摊薄。

"期权贷款"是城市商业银行推出的一种类似"债转股"的融资模式。我国《商业银行法》明确规定："银行不能向非银行金融机构和其他企业进行股权投资"。因此，银行想分享高速成长企业的股权收益是受到法律限制的。一般来说，私募股权基金（PE）积极介入企业上市前的融资，PE作为财务投资者，可以分享企业首次公开募股（IPO）带来的高达数倍、数十倍的股权溢价。当然，如果企业因各种原因导致IPO无法实现，甚至陷入破产的境地，PE就可能"血本无归"了。相比3%-4%左右的存贷款年利差，PE投资的高收益，是银行传统业务所不能企及的。在应对激烈竞争和银行追求高收益的背景下，期权贷款应运而生。"期权贷款"即银行发放贷款给企业时，与企业约定，可将贷款作价转换成相应比例的股权期权，银行可以与PE签署协议，由PE出面代持行权后的企业股份。等到PE实现IPO退出后，银行再与PE按照之前的协议进行利润分配。

目前，国内不少城市商业银行已经开始尝试此项业务，特别是在信贷紧缩的背景下，提高贷款额度的收益水平是所有银行共同追求的目标。城市商业银行规模小，贷款额度紧张，在开展"期权贷款"方面更具动力。"期权贷款"虽然会占用银行一些贷款额度，但它却可能带来高出一般贷款好几倍的收益，并且由于其使用的资金量不大，越来越多的银行将其视为获取高收益的一条重要"通道"，同时也为拓展中间业务收入开创了一条较好的道路。

（三）负债业务创新策略

"三个办法一个指引"实施后，城市商业银行存款业务的营销难度加大。由于城市商业银行过去偏重于资产业务的创新，对负债业务重视程度不够，因此在新形势下，城市商业银行必须努力提高负债业务的创新水平，进行存款工具和业务手段的创新。

针对某些特定客户群的共同特征，采取推出批量营销计划策略是城市商业银行可选的创新做法。随着政府市场化金融服务采购政策的实施，城市商业银行公司业务存款中地方政府的财政性存款将面临着流失的风险。如何才能吸引更多的公司存款客户，从而扩大存款规模，是每家城市商业银行必须认真解决的问题。

负债业务创新策略的核心是如何有效地吸引存款，这是以往城市商业银行的经营实践中受忽视的环节，也没有太多的经验总结。城市商业银行公司业务的负债业务应充分发挥机制灵活、决策链条短、流程简便的体制优势，针对具有共同特征的客户群体开发出能满足他们需求的公司业务负债类产品，采用这种策略要求对客户进行精确化的细分，并针对不同的细分市场，进行产品和服务组合，形成了个性化的服务方案。

这种策略典型的案例是某城市商业银行近年推出的"卓越计划"、"星火计划"和"起飞计划"。

"卓越计划"是针对拟上市企业的金融服务需求，定制综合化的金融服务方案。拟上市企业将通过资本市场募集大量资金，一定是各家银行激烈争夺的优质客户。该银行通过在业内率先推出综合服务方案，吸引了一批满足上市要求、可在一至二年内实现上市或增发的拟上市公司、上市公司等优质客户群。"卓越计划"的核心是提供一揽子综合服务，具体包括：协助改制，推荐和引进合适的中介机构，如券商、会计师事务所、律师事务所等；协助引进战略投资人等；与专业中介机构合作，推进企业上市进程；提供全面和专业的融资服务，发展为主办合作银行；开展募集资金的专业监管服务，为企业提供增值服务；为企业上市增发提供再融资过桥贷款；为企业寻找并购目标，推进并购交易，并提供并购贷款服务；公司理财及股权投资顾问服务；私募股权投资顾问及私人高端财富管理服务；等等。通过"卓越计划"的实施，该银行公司客户的负债业务取得较好的成果。

"星火计划"重点服务于城镇化进程中的中小城镇和城郊区域，为社会主义新农村建设、集体经济发展和农户资产的保值增值提供融资、理财、结算等一揽子高效、便捷的金融服务。该银行提供的主要服务有：支持新城镇建设、旧城改造、道路整治、河道综保、集镇改建、撤村建居、城中村改造等各类城镇化项目；支持村级经济组织发展，择优接入留用地项目，并服务于楼宇经济和总部经济等；服务各类村镇行政事业单位，为公共卫生、保险养老系统、居民团体、医疗系统等提供高效金融服务；支持龙头农业企业和特色农业产业，为农业产业化提供综合金融服务。"星火"计划的实施，使该银行城郊支行迅速扩大客户群，形成城郊区域客户的营销模式，不断总结经验，取得了良好效果。

"起飞计划"是针对成长型企业提供的整体金融服务方案。主要的客户群体是在未来两三年内能够基本达到创业板上市条件，包括技术领先类企业，如新能源、节能环保、新材料、新医药、信息产业等行业的技术领先企业；商业模式创新企业，如现代物流、电子商务、连锁经营、人才服务、文创产业、金融服务、区域特色等具有创新的商业模式企业。具体的服务内容包括：积极探索多种银行创新融资模式，满足企业发展需要；充分利用第三方平台，积极为企业做好财务及管理顾问，持续改善和提升公司经营水平；积极帮助企业引进战略或财务投资者，加强风险投资与私募股权投资VC/PE及政府引导基金等的合作与对接。

实践证明，该银行"三大计划"受到客户的普遍欢迎，也为银行负债业务的拓展作出了较大的贡献。

三、城市商业银行公司业务创新的趋势

（一）围绕"十二五"规划纲要重点支持行业进行产品和服务创新

1.为新兴产业服务。新兴产业，主要是指电子、信息、生物、新材料、新能源等新技术的发展而产生和发展起来的一系列新兴产业部门。新兴产业是我们国家经济发展的方向，随着经济的发展，新兴产业在社会经济中的地位会越来越重要。因此，选择高成长性、高回报的新兴产业客户发展业务合作关系，是城市商业银行应该努力把握的重点。目前新兴产业处于高速增长的阶段，对资金的需求量较大，但所处的成长阶段不确定因素大，风险较高，城市商业银行应根据新兴产业的行业特征和金融服务的新需求，创新出符合新兴产业企业实际情况的资产业务、负债业务和中间业务，以寻求更多的业务机会。

2.为节能减排行业提供金融服务。根据《中华人民共和国国民经济和社会发展第十二个五年规划纲要》（以下简称《国家"十二五"规划纲

要》），在今后较长一段时间内国家将持续出台针对高污染、高耗能行业和企业的政策，城市商业银行应高度关注这些政策对银行公司业务的影响，特别是那些位于环境压力较大地区的城市商业银行，更要关注节能减排政策趋势及其对银行的影响。节能减排对城市商业银行而言，既是挑战也是机遇，应对此进行深入研究，根据"两高一资"行业的政策趋势，制定前瞻性的信贷政策，为存量客户业务退出找到风险可控的方式和方法。需要指出的是，城市商业银行在关注"节能减排"政策对部分企业构成的风险因素时，也应当高度重视"节能减排"政策推动环保产业的发展，从而为信贷业务提供市场，如为清洁能源生产提供信贷支持等。

3."碳金融"创新的发展。"碳金融"创新泛指一切与降低和限制温室气体排放的金融活动，包括以碳排放等为标的的碳市场投融资、清洁能源发展项目的投融资、咨询等。减少碳排放，实施清洁能源是今后国内外经济发展的重要内容，将对经济和金融产生重大影响。碳交易市场将会在市场资源配置中发挥重要作用，甚至对每家企业都产生影响。尽管目前"碳金融"在我国尚处于起步阶段，但作为我国商业银行体系的重要组成部分，城市商业银行应该关注借鉴国内外碳金融创新活动，积极尝试碳金融创新。

（二）围绕低资本消耗、资本节约型业务开展业务创新

随着资本充足率、拨备率、杠杆率、流动性四大监管工具所提出的更高监管要求，资本金将成为未来银行业增长的关键稀缺资源。可以预见，城市商业银行公司业务创新将围绕中间业务和低资本消耗业务来进行。

1.逐步推出现金管理业务。近几年，随着企业需求的日益多元化，现金管理服务逐步进入城市商业银行的服务范围。银行现金管理业务，在国际银行界是一项比较成熟的金融业务，目前，它已经成为欧美地区银行为优质企业提供理财服务的支柱型中间业务之一。根据国外银行经验，现金管理业务可概括为：银行协助客户进行有效现金管理而提供的收款、付款、账户管理和账户信息报告、流动性管理、资金池、投资、融资等一系列金融服务的组合业务。现金管理的实质是通过银行整体的金融产品和服务方案，为客户提供符合个性需求的现金管理方案，提高客户资金利用率和资金流动性。银行

提供现金管理服务可以提高客户的忠诚度，稳定优质客户群，为银行创造出更多中间业务收入，吸引更多活期存款，降低银行资金成本，与客户建立更深入的长期合作关系。目前，许多国有商业银行和股份制商业银行在现金管理方面已经积累了一些经验，但对城市商业银行而言，现金管理业务还处于发展初期。未来几年内，城市商业银行应借鉴国内外银行业的先进经验打造现金管理服务，依托行业特征量身定做个性化现金管理方案。

2. 创新发展中间业务。大力发展中间业务是今后城市商业银行业务转型的重要内容，城市商业银行要积极思考如何实现中间业务创新发展。城市商业银行公司业务条线的中间业务创新应与其他业务条线的合作与联动，积极参与国家重点扶持产业譬如文化创意产业、科技产业、节能减排产业等设立产业投资基金的项目工作，加强与政府部门的合作，了解客户需求，积累经验，逐步培养为客户量身定制打造金融服务平台的能力，通过运用电子化手段为企业提供投资顾问、投融资等金融服务。城市银行可对自己拥有的资产类、负债类客户进行分类整合和需求排序，创新并发展利用银行为交易平台（或服务载体）的撮合类业务，这将是未来城市银行公司业务发展方向之一。

另外，随着人民币国际化进程的加快，国际贸易金融服务领域的机会将增多，大型城市商业银行尤其是国际业务发展走在前列的城市商业银行应重点关注人民币国际化带来的中间业务发展空间，创新服务模式，在提高技术含量、个性化定制服务方面下工夫，提升自己竞争地位。比如人民币境外结算业务的推行和扩大试点范围，城市商业银行要不失时机地抓住这一机遇，抓紧开拓融资性保函等业务。

（三）与信息技术发展相结合的业务创新

随着IT技术的深入运用，实体经济的信息化和网络化将逐渐成为主流趋势。信息技术进步将给社会带来巨大的变革，将影响着经济社会的产业形态，城市商业银行要高度关注科技进步对银行公司业务的影响，在业务创新过程中充分利用信息技术。网络贸易融资便是城市商业银行可以尝试的创新业务之一。

所谓的网络贸易融资，是指充分利用信息技术发展贸易融资业务，借助供应链中的核心企业信用来解决中小企业融资业务，传统供应链融资业务高操作成本的业务瓶颈。网络贸易融资通常依托供应链核心企业的ERP系统（ERP系统是指建立在信息技术基础上，以系统化的管理思想，为企业决策层及员工提供决策运行手段的管理平台）来获取物流、资金流等信息，通过网上银行完成贷款功能。

从技术方面而言，企业的财务管理软件和企业网银的对接，企业可通过网银交易足不出户地完成贷款的申请、审批、放款和归还的全部过程，打破时间和空间上的限制。这种方式的创新业务使客户能够避免道路拥堵、节约时间，将更加符合信息化时代客户的需求。

目前，银行开展企业网银与ERP相关业务主要有两种方式。一是以大型银行为代表的与大型企业ERP系统进行银企直连服务模式。二是银行与软件企业共同推出企业网银在线ERP系统服务，在推出的产品中，直接嵌入银行网银，客户开通企业网银后即可通过网络申请企业网银在线ERP服务。城市商业银行在未来的业务创新活动中，应吸取先进同业的经验，充分借助信息化发展优势，推出自己的贸易融资网络贷款业务，为客户提供便捷的金融服务。

（四）与资本市场相关的创新

根据金融业改革发展的趋势，未来直接融资与资本市场将快速发展。城市银行可充分利用结构性债券融资工具与银行提供的相关间接融资进行有效组合，为客户提供多元化的投融资配套服务。相较于信贷服务领域的激烈竞争，我国银行业在资本市场的渗透力度不大，市场空白点较多，城市商业银行应对与资本市场相关的业务及政策予以重点关注，及早采取行动，争取在相关业务创新方面取得先发优势。

四、城市商业银行业务营销策略创新

营销策略是城市商业银行业务开拓的重要手段，近年来，银行业竞争日益加剧，对城市商业银行的业务营销提出了许多新的要求。城市商业银行传统业务营销策略应做出必要的转变，我们将其归纳为"四转变一培育"，即从单一产品营销向产品组合营销转变，从专业营销向专业营销与交叉营销相结合转变，从个别营销向批量营销转变，从"做业务"向"做客户"转变，以品牌培育促销营销。

（一）从单一产品营销向产品组合营销转变

目前，很多城市商业银行还是以单一产品的营销为主，单一产品营销不是从客户的角度考虑问题，更多是从银行的角度去营销产品。随着客户需求的多元化和银行产品的日益丰富，城市商业银行营销策略应该从单一产品营销转向产品组合营销，从客户需求出发，对产品进行组合，可以一次性地向客户推介多个产品，提高产品渗透率。一般来说，一个客户使用银行产品数量越多，他对银行的依赖性会越大，忠诚度就会越高。开展产品组合营销还有利于促进产品销售，节约人力资源，提高劳动生产率。

（二）从专业营销向专业营销、交叉营销相结合转变

城市商业银行实施业务条线专业化以后，对提高人员专业水平、风险控制、业务发展都发挥了积极的作用，但专业化营销也面临着一些问题，如客户资源得不到充分利用，有时甚至会导致客户流失。开展交叉营销是弥补专业化营销不足的有效方式。城市商业银行需要从专业化营销向专业营销、交叉营销相结合转变。交叉营销涉及客户经理的资质、客户推荐制度的建立以及相应的利益分配机制等等，需要几个业务部门共同努力。

（三）从个别营销向批量营销转变

城市商业银行业务营销往往是一对一地个别营销，这种方式的好处在于能迅速了解客户，与客户建立良好的关系，但工作效率较低，特别是对零售业务和小企业业务而言，个别营销的效果不甚理想。今后，城市商业银行要实现业务转型，大力发展小企业业务和零售业务，就需要实现从个别营销向批量营销的转变。批量营销是指利用商会、社区、协会、政府等客户资源丰富的平台，集中向客户推介产品和金融服务，扩大营销效果。这种营销策略十分适合零售业务、小企业业务等标准化程度较高的产品的推荐，对个性化较强的产品则不太适用。

（四）从"做业务"向"做客户"转变

在以往，银行营销人员一般都从单笔的业务出发开展营销活动，一笔业务做完了和客户的联系也就结束了，这种营销策略虽然比较简单易行，但从城市商业银行的长远发展来看，不利于发展自己的核心客户，扩大基础客户群。同时，对客户的评价，也不能光从某项业务得失来认定客户的价值，而应该从客户与银行长远发展的角度进行综合评价。城市商业银行的营销策略需要从"做业务"转变为"做客户"，以取得更长远的发展。"做客户"就是要关心客户的发展，了解客户的全面和长久的需求，保持和客户长期的联系。同时，在做业务以前就有一个潜在业务发展的"客户库"，对这些客户有一个基本的了解，一旦需求发生就可以高效率地提供适合客户的产品和服务。

（五）培育品牌促销营销

品牌是为产品而设计的名称、术语或符号，品牌营销就是利用品牌符号将特色金融产品与其他商业银行的产品区别开来，把无形的营销网络铺设到客户的心里，使客户选择银行产品和服务时认定这家银行。品牌是企业的无形资产，品牌的塑造首先需要银行练就好内功，提供好的产品和服务，进行品牌设计并开展持续的传播和广告宣传，使品牌形象深入人心。目前，城市商业银行的品牌意识逐渐增强，开始推出自己的品牌产品，品牌营销也成为银行业竞争发展的新趋势。可以预见，以培育品牌促进营销将是今后银行业差异化经营的重要内容。

第二节 城市商业银行小企业业务的开拓和创新

一、城市商业银行小企业业务的发展现状

（一）城市商业银行小企业业务发展现状

城市商业银行的很多分支机构都设在社区、专业市场，加上资本、人员等方面的特征，城市商业银行自身的资源条件与小企业业务有着很好的匹配性。目前全国100多家城市商业银行，对小企业的服务管理模式总体上可以分为三种模式。一种是"举行体制"，全行的管理体制、机制都围绕服务小企业设计，以"泰隆银行"、"台州银行"等为代表。另一种是在全行范围内划分出一条小企业业务线，采用单独的政策，单独的考核，单独的业务准入标准，以"宁波银行"、"杭州银行"为代表。还有一种模式是在城市商业银行内部并没有将小企业业务单独划分为一条业务线，小型企业归为公司客户，个体工商户归为个人客户，这是一种传统的模式。不管采取哪种小企业服务管理模式，城市商业银行对小企业业务都进行了广泛的创新实践和探索，并且这种创新是随着监管部门的要求和竞争格局的变化逐渐深入的。从实践的情况看，小型城市商业银行的"举行体制"和大型城市商业银行将小企业业务划分为单独的业务条线是城市商业银行小企业业务发展的主流趋势，也是最具代表性的发展模式。本书主要以后一种模式为模板进行阐述。

（二）城市商业银行小企业业务条线的形成

监管部门的引导和推动是城市商业银行小企业业务条线形成的外部原因。从2005年开始，银监会把促进银行业金融机构改善小企业金融服务列入工作重点，要求不能单纯把它看做是一项具体银行业务，而应视为一项带有战略意义的创新和改革。银监会于2005年7月出台了《银行业开展小企业贷款业务指导意见》，着力引导和督促银行业金融机构按照市场原则和商业化运作模式，努力建立和完善风险定价、独立核算、高效审批、激励约束、专业培训和违约信

息通报等六项重要机制。2006年，银监会再次颁发了《关于进一步做好小企业贷款的通知》。明确要求各银行金融机构在贯彻执行《银行开展小企业贷款指导意见》基础上，切实建立和完善"六项机制"。2007年7月，银监会在吸收经验的基础上，发布了《银行开展小企业授信工作指导意见》，规定具体授信额度。2008年3月，《在从紧货币政策形势下进一步做好小企业金融服务工作的通知》出台，要求银行业金融机构进一步做好小企业的金融服务工作。2009年开始，银监会以专营机构建设为抓手，督促银行业金融机构转变观念、重组流程，大力推进专业化经营，提升小企业金融服务水平。在此基础上，适时提出专营机构建设的"四单"管理原则，要求各类小企业金融机构单列信贷计划、单独配置人力资源与财务资源、单独客户认定与信贷评审、单独会计核算，构建专业化的经营与考核体系。2011年6月，为提高小企业贷款满足率、覆盖率和服务满意率，银监会印发了《关于支持商业银行进一步改进小企业金融服务的通知》，从市场准入、发行金融债、风险资产计算权重、不良贷款率的容忍度等几方面鼓励银行发展小企业业务。

培育基础客户群，经营转型升级之需是城市商业银行小企业业务条线形成的内在动力。相比中型企业金融服务市场，由于小企业自身抗风险能力弱、信息披露不充分、信用意识淡漠、操作成本高等原因，小企业金融服务需求得不到满足，是商业银行尚待开发的"蓝海"。随着竞争的加剧，传统的"傍大款，垒大户"经营模式受到严峻挑战，特别是对于自身规模较小、资本实力有限的城市商业银行，将战略重点确定为小企业金融服务是银行转变发展方式、实现差异化经营的有效途径，也是银行长期生存和发展的必然选择。从银行经营管理实践来看，中型企业与小型企业在客户准入、评级方法、授信流程、五级分类、贷后管理等方面都与中型企业存在很大差别。银行要发展小企业业务，必须从机制创新出发，突破传统的信贷文化，用全新的理念、方式和经营模式进行差别化运作，建立与小企业相适应的专业化经营管理机制。这是城市商业银行小企业业务条线形成的内在动因。

在监管部门的引导和自身转型升级需要双重因素作用下，一些城市商业银行将小企业业务单独划分为一条业务条线，并将小企业法人客户及个体工商户、个人经营户都纳入小企业客户①范畴。这样，在城市商业银行内部就形成了公司业务、小企业业务、零售业务三条传统的业务条线。

二、城市商业银行小企业业务创新的探索实践

城市商业银行在小企业业务方面的创新实践内容丰富，形式多样，归纳起来可以总结为经营管理模式创新、风险管理创新和产品创新等。

（一）城市商业银行小企业业务经营管理模式创新

1. 小企业业务的总行管理模式创新。总行管理模式是专业化经营管理的龙头，在总行层面如何进行管理将很大程度决定小企业业务发展的速度、质量和可持续性。总行管理模式的一个核心问题是专业管理部门权限配置，包括风险政策、产品政策、考核政策、流程管理权限等，最重要的是审批职能和营销管理职能是应该集中于小企业业务的专业管理部门还是应该如公司业务那样两者进行分离。回答这个问题的关键是如何看待小企业业务，是将小企业业务看成是"小金额的公司业务"，还是承认小企业自身运作和发展规律的独特性以及小企业金融服务与传统金融运作的差异性。许多城市商业银行的实践证明，仅仅将小企业看成是"小金额的公司业务"，实现营销管理与审批职能的分离，难以保证思想统一和行动统一，将削弱总行专业管理部门的营销推动力，不利于小企业业务的发展。因此，我们认为，城市商业银行小企业业务的总行专业管理部门应按照银监会提出的"六项机制"要求建设，要赋予小企业专业管理部门充分的管理权限。当然，由于各方面的原因，小企业"六项机制"的建设很难实现一步到位，是一个逐步推进的过程。一般来说，首先要解决的是单独流程、单独政策、针对性产品等问题，在此基础上，再解决"单独预算、单独队伍、专门考核"的问题。

2. 小企业业务的机构管理模式创新。城市商业银行建设小企业特色金融服务模式，除了要解决总行层面的管理问题，还解决经营机构的管理问题。相比而言，前者较后者更容易实现。在基层机构，小企业业务专业化运营的实施存

---

① 本书的小企业含小型企业、微型企业及个体工商户等。

在诸多复杂因素。从银行业实践来看，实行"机构专业化"是首选模式，如建设专业支行、信贷工厂都属于这种模式，这种模式对于树立品牌、积累经验有积极作用。对于机构众多，资金实力雄厚的大银行来说，"机构专业化"起到树点扩面的作用，不失为一种好的模式。但对城市商业银行来说，网点是稀缺的资源，每个网点都要充分发挥效能，每个网点都是公司业务、零售业务、结算服务等方面的综合性经营基点。同时，小企业特色金融服务是"客户化"的服务模式，而不是"产品化"的服务模式，其服务内涵往往覆盖银行多条产品线。因此，在基层营销层面实施机构专业化，从成本效益角度看，是性价比较低的机构管理模式。"机构专业化"的另一种形态是开设"专营机构"，脱离物理网点独立运营。但是由于城市商业银行的规模和实力限制以及"专营机构模式"与物理网点的脱节，"专营机构"模式也无法实现可持续发展。在实践中，至今还没有出现城市商业银行小企业专营机构的成功范例，即使是一些股份制商业银行的"小企业专营机构"，其可持续发展问题也面临很多瓶颈。

那么，在探索小企业特色金融服务模式过程中，城市商业银行应采取何种方式的机构管理模式？经过调研分析，我们认为"队伍专业化"和"小企业重点支行"模式是较为可行的管理模式。在没有建立专业化的小企业客户经理时，一个客户经理既可以做公司业务也可以做小企业业务，但由于公司业务单户金额大，工作量小，很多客户经理往往喜欢做公司业务，不愿意做小企业业务。为解决这个问题，有些城市商业银行甚至用更高的奖励对小企业业务进行激励，但收效甚微。建立专业化的小企业专业客户经理队伍后，这个问题就迎刃而解了。"小企业重点支行"模式是在现有银行网点中选择一些具备市场空间和目标客户群体的机构网点作为"小企业业务重点支行"，并配备专业客户经理队伍。即在不影响机构原有业务结构和资源配置的情况下，机构增加了新的业务领域和拓展队伍，只需要在干部配置、考核内容、主要工作任务做相应整合就能够达到专业经营的效果。这比前述的"机构专业化"和"专营机构"模式改革成本低，内部需要调整的幅度小，是改革性价比较高的一种可供城市商业银行选择的模式。

当然，"队伍专业化"也会遇到一些新的问题。如当银行各个业务条线客户经理完全实行专业化管理后，如何防治客户资源的流失？在信贷规模趋紧时，如何解决公司客户经理与小企业业务经理业务量不均问题？如何在银行内部建立跨业务条线的交叉销售管理机制问题？在城市商业银行跨区发展以及异地分行的逐步增加的情况下，在分行地区应采取何种小企业机构模式？这些问题的解决，还有待于城市商业银行在新形势下对小企业机构管理模式的积极探索和尝试，在实践中不断加以完善。

3. 小企业业务的营销管理模式创新。以往城市商业银行对小企业客户的营销模式处于自发的、散乱营销的状态，总行为推动营销而采取的手段也是传统的下达发展户数量指标，这样往往导致"目标不清晰，营销搞突击，质量难保证"。面对量大面广、行业包罗万象、需求各具特点的小企业客户群，城市商业银行应采取怎样的营销管理模式，才能充分调动分支机构的积极性，有效地发展小企业客户？为回答这个问题，在总结金融同业成功经验和城市商业银行传统实践做法的基础上，我们认为城市商业银行可尝试的小企业业务营销策略大致有以下六大类：

（1）品牌营销策略。总行树立小企业金融服务的良好品牌形象，并通过社会公众传播手段增加社会影响力，扩大产品的公众认知度，增加小企业产品营销的效果。在"品牌营销"策略上，民生银行的"商贷通"很值得城市商业银行借鉴。

（2）产品营销策略。营销人员依托某个或多个小企业金融产品的局部优势，集中营销适合的客户群体，取得目标客户群体的认同，形成规模效应，达到拓展业务的目的。如宁波银行以"透易融"信用类产品批量开发客户，取得一定的成效。

（3）模式营销策略。这种营销策略可概括为"发现市场——创新产品——组织营销"等步骤，由基层机构经过市场调研，整合某一区域或某一领域目标客户群体的共性需求和特点，依据客户情况创新产品、细化营销和服务策略，形成集"目标市场、产品创新、渠道拓展、服务策略、风险管控"于一体的规模化营销策略。城市商业银行本身的经营实力决定了产品创新很难做到普众化、开创式的创新，其产品创新是基于微观市场需求的、个性化、小众化的。由于城市商业银行机构数量少，汇报路线短，决策链条相对快捷，因此微观的、小众的、个性化的创新是城市商业银行业务创新的特长和方向。这也与前述服务小企业的总行管理模式有密切的相关性，总行部门强有力的决策能力和效率是"模式营销"的基本支撑。此外，在总行建立风险、合规等部门参与的小企业业务创新联动机制也是保证小企业创新效率的必要手段。如某城市商业银行针对神州数码经销商推出的"神州贷"是模式营销的典型案例，该行某支行先发现这批有共同特征的客户需求，以项目形式上报总行，再进行产品设计、系统开发、综合金融服务方案制定，开展批量营销，取得良好成效。"模式营销"是小企业业务批量营销的一种手段，这种营销模式在实践中有较好的效果。但存在小众化，点对点的缺陷，可复制性比较差。

（4）关系营销策略。关系营销是指营销人员利用社会资源，通过各种渠道取得与客户交流的机会，并根据客户的不同需求，提供专业金融服务，增加客户的满意度和认同感。这种营销策略是最基础也是大量存在的一种营销模式。这种营销策略在市场空间比较有限的县级、乡镇效果比较好，但是一旦进入大市场空间，大量采取关系营销策略将不可避免出现"高成本、高风险"的特征。

（5）交叉营销策略。交叉营销是指各业务条线、经营机构和前中后台员工之间相互推荐客户或业务的活动。交叉营销可以充分发挥资源效率，促进业务发展。当然，交叉营销也要把握好一个度，城市商业银行可以制定有关的制度或政策，鼓励非营销岗位人员在不影响本职工作的前提下开展交叉营销，对业务营销人员可以下达交叉营销的指标，配以相关的奖励。在专业化经营的城市商业银行，开展业务条线之间的交叉营销非常重要，能有效弥补专业化的不足之处。

（6）客户关系维护营销策略。对已经与银行发生关系的存量客户，必须采取有效的客户关怀措施，及时了解客户需求，充分挖掘客户潜力。通过现有客户挖掘其周边和上下游客户关系，客户之间口口相传，能进一步扩大目标客户群。

（二）城市商业银行小企业产品创新

1.对城市商业银行小企业产品创新的认识。对城市商业银行来说，小企业产品要取得突破性的设计存在很大的难度。但是，社会经济活动中的创新无处不在，设计无处不在，小企业产品细微的不同就可以产生差异化，这是金融创新的主流形态。

对小企业金融服务来说，因为小企业的财务管理体系相对单薄，所以适用的产品系列相对内涵简单，无非是常用的贷款、票据、信用证、保函、信用卡等传统产品。在中小企业金融服务起步比较早的台湾地区，几十年的金融产品发展也无非如此。一直以来，小企业融资难的主要原因被认为是"担保难"和"无抵押"，因此，这些年来，金融机构在解决小企业担保难问题方面采取了很多举措，例如联保贷、应收账款质押、专业担保公司、风险资金池、动产浮动抵押等等。但实际上，小企业融资难的症结并不仅仅在于"担保难"和"无抵押"，而更重要的是在于"了解难"。在充分掌握企业情况，洞悉其物流和资金流之后，银行是可以抛弃过去认为必需的担保条件，特别是对专业担保公司的引入。机械化地把担保公司当做"保险箱"，只会导致风险的累积和小企业融资成本的提高。一些真正掌握小企业运作规律的银行，不会过分依赖担保手段。例如泰隆银行、台州银行等掌握了微小企业信贷技术的城市商业银行，长期以来只依靠个人担保作为主要的担保措施，事实证明风险可控，银行的盈利能力也增强。这种经验数据不仅仅在东部社会经济较发达的地区，在北方、西北的很多欠发达地区一样有效。因此，"担保难"、"无抵押"虽然是一个长期困扰小企业融资难的问题，其实质是对小企业的发展规律认识不到位，解决这个"难"要看银行"敢不敢放弃传统思维"、"能不能把握第一还款来源"，这是银行风险管理理念和技术进步的问题。

综上所述，对小企业金融服务来说，产品创新的目的，在于在现有产品基础上，经过一定的设计，使得小企业使用起来更方便，而过度的设计反而会使交易结构复杂化，其功效对于本来金融能力就弱的小企业来说是"质量过剩"。

2.业务人员是城市商业银行小企业产品创新的主体。基于对小企业产品创新的上述认识，我们可以得出，小企业产品要素细微的改变有可能会取得巨大的成功。而各级业务人员是最了解小企业客户需求、也是最有可能提出差别化产品设计的人员。因此，提升各级人员的业务设计能力是城市商业银行提升小企业金融服务核心能力的必要手段。在城市商业银行小企业产品创新过程中，要改变"总行决定产品设计"的传统做法，鼓励更多的一线业务人员参与产品设计过程，或者从本质意义上说，是参与金融服务方案的设计过程。在前述模式营销"发现市场—创新产品—组织营销"的工作步骤中，要鼓励机构在分析市场的前提下，自下而上提出金融服务方案的业务设计，总行层面所要做是对设计的完善、提供政策与技术支撑。只有充分发挥业务人员的智慧，业务创新才有不竭的源头，才能实现可持续发展。一线业务人员在参与设计业务方案的过程中，不仅可以提高业务素质，而且还能获得强烈的成就感，这种精神上的成就感的激励作用远超过物质的激励作用。

3. 城市商业银行产品创新案例分析。某城市商业银行的"连锁贷"就是按照"发现市场——创新产品——组织营销"的产品创新思路设计出的小企业新产品。2008年该城市市政府围绕"旅游城市，休闲之都"的城市定位，提出发展特色休闲产业，其中包括旅游、餐饮、娱乐、文化创意等十大产业。该城市商业银行开始研究休闲产业的特征，试图进入这个市场。休闲产业属于现代服务业范畴，具有"特色靠人才，技艺靠传承"的产业发展特点，是典型的轻资产企业，传统的信贷政策基本不介入该行业。在初步调研该类企业的过程中，信贷人员觉得无从下手：营业场所主要靠租赁，运营成本，或者说资金用途主要是租金、装修、广告、前期人工成本等等，基本都形成不可复原的无形资产，这也是银行不喜欢休闲行业及门店型行业的原因。在调研中还发现该行业中稍有知名度的企业一般不需要银行的信贷资金，因为这些企业大多现金流充沛，营业收入足以支撑日常运营开销。当然，有些企业也通过发行储值卡的方式补充资金来源。

该银行总行和支行在共同收集和研究这些行业特征和市场信息的过程中，发现休闲行业的发展潮流是规模化、产业化，实行连锁经营，实现可复制化，这也是该城市政府发展休闲行业的主导模式。在开设连锁门店的过程中，企业主要依靠自身积累和其他渠道筹措资金，成熟一家发展一家。但是如果有银行信贷资金支持，其开设连锁门店的进程或者说发展壮大的进程将大大加快，这是银行介入该市场的切入点。

针对这类企业轻资产的特点，该行认为只要其母店经营正常，现金流充沛，企业具有一定的核心能力（如技艺和管理成熟），在信贷资金与母店的净现金流匹配的情况下，企业就基本没有违约的动机，即使在连锁的子店投资上遇到一些困难，也完全可以由母店的现金流归还贷款。换句话说，企业违约的意愿和可能比较小。这是依据现金流管理的原理进行的风险控制和产品创新。

依据以上分析，该行开发了针对餐饮茶馆、美容美发、洗浴洗脚等休闲产业（后来又复制到特种文印等现代服务业）的"连锁贷"产品。在产品推出之初，无机构愿意尝试。总行指定某支行专业开展此项业务，实行有组织、有针对性的营销。2008年5月，该支行第一次组织这类企业的行业协会召开产品推介会，经过起伏和波折，这个支行陆续营销了该类企业五十余家，在开展信贷业务的同时，支行交叉营销了营业款回存、员工代发工资、网上银行、现金管理等多项业务。同时支行也初步把握了该类客户的风险控制要点，例如实际控制人的个人嗜好了解，营业收入计算方法、行业利润率水平、利润测算方法等。至今，"连锁贷"业务开展三年来，没有发生风险资产。该行上海分行后来又将"连锁贷"复制到上海地区，取得良好效果。

（三）城市商业银行小企业业务风险管理创新

1.服务小企业的风险管理理念。"贷前调查—贷中审查—贷后检查"的风险流程几乎是每个银行从业人员对信贷业务的基本认识和信条。即贷前要收集分析企业基本情况，要分析财务情况和非财务因素、担保条件等等；贷中要实施独立审查审批；贷后要开展定期的贷后检查，直至单笔贷款的安全回收，一个完整信贷业务流程才算完成。银行业围绕贷款的生命周期形成了一套传统的信贷管理模式。这套管理模式主要是针对单笔信贷业务的。随着社会经济运行形态的变化，银行业越来越觉得仅仅依靠单笔信贷业务的技术已经不能保证整体信贷资产的安全了，又出现了综合授信、集团授信等整体风险管理手段。

就小企业信贷风险管理理念，银行业业内已达成一致认识：必须要与大、中型企业有所区别，但究竟是如何区别，还没有达成系统性的理论认识和实践方法。一些城市商业银行总结了"三表、三品"等信贷调查技术，一些银行以对信贷人员的管理措施代替风险管控技术，使用了"贷款实行包发放、包管理、包本息按期收回，贷款收益与客户经理收入挂钩的贷款"的"三包一挂"机制，但也未能完整地以理论角度来阐述小企业业务的风险管理理念。

通过对城市商业银行实践经验的总结，我们归纳了"小额分散、概率控制"，"实地、实质"，"充分利用信息化技术"的小企业风险管理理念。

（1）以"小额分散，概率控制"作为宏观风险管理理念。所谓"小额"，是把预计单户贷款损失的风险金额控制在银行能够、愿意承受的范围以内，当然这个金额会根据不同银行、不同目标客户群体特征而有所不同。这个金额标准将决定银行对单笔业务风险管理的把握尺度，金额越小单笔业务的调查、审查会越简单。所谓"分散"，是通过数量众多的客户来分散风险，包括实现行业、地区分布的分散性。所谓"概率控制"，是在"小额分散"的前提下，银行整体业务的风险概率与当地总体不良比例存在正相关或接近关系，如果某地区的总体不良比例超过了银行预期的风险容忍度，就要放弃或减少该地区的信贷投入，或者采取其他更严格的管控措施。对风险概率的预计、测算和控制对银行信贷投向选择和业务创新具有很大作用。如在前述的模式营销和产品创新中，通过限定准入条件，测算风险概率、设置止损点等，可以事先把可能出现的最坏结果设计在一个可承受的范围之内，换句话说，就是把"风险容忍度"细化到具体的产品或项目中去。在实践中，城市商业银行与当地各级地方政府合作的"中小企业集合债权基金项目"一般都使用了这一风险控制策略。

（2）以"实地、实质"作为微观（单笔）业务风险管理理念。因为小企业的种种特点和客观现实，每个小微企业给银行提供的经营管理、财务情况、非财务因素等方面的信息一般都存在瑕疵或失真的情况，这种偏离如果放在管理规范的大中企业，可以认为是"造假"，但是在小企业，大多数这种情况并不是人为"造假"，而是客观因素造成的。因此，小企业信贷调查就是必须把这些银行需要的，可以用于风险识别的信息，还原成其本来的

"实质"。而且这种"还原"必须是要在实地调查的基础上，"量化"反映企业情况。任何不能量化的信息，例如人品、声誉等，在信贷报告时只能作为辅助信息。

（3）以电子技术作为风险流程管理的基础，任何的风险业务都必须纳入全行统一的信息化管理平台。虽然信贷系统的电子信息化是所有银行都普遍实行的，但是要保证所有产品和渠道的接入都实现统一技术标准、统一数据平台，并不是件简单的事情。统一信息平台的好处是可以为今后的风险集约化管理提供有力的支持。

2.小企业业务的风险管理手段。基于"量化管理"的思想，我们认为城市商业银行小企业信贷业务在风险管理手段上应实行"工具化"的模式，用三大工具具体管理贷前、贷中、贷后三个风险环节。

（1）在贷前，以内部评级作为客户准入的工具。将小企业业务单独设为一条业务条线的城市商业银行，应开发有针对性的小企业内部评级体系。某城市商业银行的小企业内部评级体系，财务因素约占50%左右，在财务分析中，使用了"企业财务情况核实表"作为"还原"企业真实财务情况的工具，在"还原"的重点上选取了小企业常用的13个财务科目，并结合了个人资产负债数据。包商银行对50万—300万贷款区间的客户，要求信贷人员重新编制钩稽关系平衡的企业财务报表，这个"还原"的要求就更高，实际操作难度也比较大。

（2）在贷中，以"预期风险损失值"作为集约控制风险的工具。在此基础上，由于基层人员较总行或分行的审批人员掌握更充分的信息，城市商业银行可以将大部分的信贷授权下放到基层，以实现在有效控制风险的基础上提高业务效率。

（3）在贷后，以"小企业现金流预警系统"作为集约化贷后管理的工具。小企业客户数量多，经营情况变化快，长期以来贷后管理就是难点，银行总是在管理成本和风险成本之间难以取舍。"小企业现金流预警系统"能有效解决小企业贷后管理的问题，所谓的"小企业现金流预警系统"是指根据企业现金流的变化趋势监测，动态预警企业风险。小企业现金流主要是根据银行账户贷方发生额、账户余额及其变化来分析企业经营情况的变化。部分银行的实践证明，企业现金流预警系统的准确率达到75%—80%左右，也就是说事实发生风险的企业，绝大部分提前（这个提前量一般在3个月左右）就被系统监测到，可以为银行化解风险争取宝贵的时间。小企业现金流预警系统对小企业不良信贷客户的主动退出、实现集约型贷后管理、减少管理成本具有积极意义。

3.小企业业务的风险管理难点。用技术工具仅仅是解决了风险控制环节问题，却无法解决人的主观能动性问题，毕竟工具是靠人使用的。在实践中，我们认为：小企业信贷的市场风险是可以控制和承受的，但是职业道德和尽职风险是巨大的，也是小企业风险管理的难点。大部分风险的产生都起源于尽职意识和职业道德的缺失。

职业道德风险是普遍存在的风险形态，对于小企业信贷来说，一线人员的决策权相对比较大，有的职业道德风险不直接表现为信贷风险，比较难以发现。因此，银行同业都在探索此类风险的控制手段，有的城市商业银行实行赔偿制的办法约束。有的银行采取"团队作业"的办法约束职业道德风险，以三人小组共同经营和管理客户，彼此牵制和制约。这种办法也只是尝试过程中，因为还缺乏大量的统计分析数据，还无法定论这种机制的优劣。

如果说职业道德风险的产生是少数或者说是个别情况，日常大量产生的是信贷人员的尽职风险。从银行业可观察的数据看，绝大部分的信贷风险实际上是"先天不足"，即在贷前就存在风险隐患，并且以资产抵押贷款和担保公司担保为多数，信贷人员因为有资产抵押，就不自觉地在思想上放松了信贷调查的质量。

城市商业银行若在小企业金融服务方面采取"队伍专业化"的模式，如果队伍不能达到理想的尽职能力和意愿，业务的风险隐患就会非常大。要提升专业人员的尽职能力。首先要有针对性、流程化的尽职要求和标准，这点基本上所有的银行都能够做到，或者说是开展业务的先决条件。其次，也是最关键的，是基层专家要有督促、辅导信贷人员尽职尽责的意愿和能力。这个基层专家主要是基层审查和审批人员，或者是基层单位负责人。他们能够结合具体业务，指导信贷调查人员不断改进和提高调查水平，往往比任何的培训都更有效。建立基层专家的培训和尽职考核机制，是解决小企业风险管理难点的必然选择。

（四）小企业业务实现商业可持续发展所需的管理变革

城市商业银行开展小企业业务无外乎"客户培育"和"盈利"两个相互矛盾又相互统一的目标，而"效益"又是最终目标。城市商业银行小企业业务要以高收益覆盖高成本和高风险，实现商业可持续发展，面临着来自效率、成本、客户选择等方面的挑战，必须在流程优化、客户选择、人员分工方面作出变革。

1.优化流程，提升"微观效率"。为了提高效率，以效率换取效益，建立简单高效、抓住本质的业务流程对城市商业银行小企业业务来说是非常关键的。因为流程效率决定"微观效率"的提升，也就是单笔业务的效率提升。流程优化的方法可以有很多种，例如实行"信贷工厂"式的分工作业法等。从实践效果看，采取"流程瘦身法"，减少"盲目管理，管理过度"的不必要流程环节是有效的方法，也是更为精细化的方法。例如，对一个有多次信贷历史的老客户，在续贷的过程中，是否还需要信贷人员把原来调查报告"翻烧饼"式地重复一遍呢？对风险管理来说，这种形式意义何在？在对这个问题"去伪存真"式地分析后，我们认为，要求信贷人员只对重大变动指标做说明，而不再需要重复阐述生产经营的全部情况，能揭示风险就足够了。当然，这是建立在信贷人员对重大变动情况真正掌握的基础上，信贷人员必须对真实性作出尽职承诺，如果这种承诺事后被动态预警机制证明是虚假的，就必须有相应的处罚措施。流程的简化反过来对管理手段和措施又提出了更高的要求，"流程瘦身法"更多的是考验管理部门的业务水平和服务基层的思想意识。

2.不断细分市场，选择"成本、收益、风险相匹配"的市场领域。对于百业百态的小企业市场来说，金融服务永远存在尚未开发的市场领域和客户群体，这是与传统公司金融和个人金融业务相比，更具魅力和吸引力的特质。随着近年来小企业金融服务的发展，更多的金融机构进入了小企业金融服务领域，快速拓展业务和市场，有形市场、无形商圈都成为各家银行争夺的焦点。这种竞争同时伴随着收益的降低和风险的增加，因为融资渠道的增加，客户的资产负债率会有所提高。金融服务过度对于抗风险能力比较低的小企业来说，并不是什么好事。城市商业银行由于没有很好的成本承受能力和风险承受能力，在小企业金融服务中选择别人不做的市场，营造差异化特色是必然的选择，否则在日益激烈的竞争中，城市商业银行的小企业金融业务将很快会陷入越发展越难以持续的境地。

发现成本、收益、风险相匹配的目标市场需要管理部门结合基层实践，深入市场实际的调查研究。更重要的是，对目标市场，管理部门还需要在限定的资源条件下，制定针对性的服务模式或商业模式。发现市场和开发服务模式，应成为城市商业银行总行管理部门最重要的工作内容，这也带来了深刻的管理变革。管理越来越面向市场、面向基层，在许多方面提出了变革要求，如对人员素质的要求从熟悉业务转为熟悉商业模式，思维方式也要求从线形思维转变为系统性设计，工作习惯要求从直观感受转变为量化考量。

3.不断组合和分工，提升客户经理团队能力和劳动效率。小企业业务是劳动密集型的金融业务，随着业务的不断发展，人力资源的投入和管理需要不断的改革和创新。首先是需要树立正确的，符合客户经理实际能力的团队文化。其次是通过不断地组合和分工，提高客户经理的劳动生产率，促进生产力的发展。

三、城市商业银行在细分市场专业化服务小企业的案例分析

——某城市商业银行尝试科技型金融服务，设立科技支行案例

科技型中小企业是技术创新的主要载体和经济增长的重要推动力量，在促进科技成果转化和产业化、以创新带动就业中发挥着重要作用。为此，银监会和科技部2009年专门联合发文，要求进一步加大对科技型中小企业的信贷支持，大力解决科技型中小企业的融资难问题。某城市政府将大力发展科技产业作为打造"天堂硅谷"、推动经济结构转型升级的重要举措，要求该城市商业银行发挥本地银行优势，积极开展金融创新，承担起科技金融服务主力军的重任。在市政府的推动下，该银行于2009年7月设立了科技支行，作为科技金融服务的试验田，专门服务于全市的科技型中小企业。

科技型企业具有"高成长、高收益、高风险"的特点，对银行金融服务的专业性要求更高。为切实做好科技金融服务，该银行在政策和资源上对科技支行采取了一系列特殊政策，实行单独授权、单独标准、单独核算、单独规模的运作模式。该行科技支行成立一年半的时间内，切实从科技型中小企业的特点出发，不断摸索，初步走出了一条颇具特色、专业专注、创新发展的道路。到2010年末，累计发放贷款近20亿元，信贷客户221家，其中科技型中小企业信贷客户和科技型企业贷款均占总客户数和累计发放额的93%以上，更有100家企业是首次获得银行信贷支持。

该银行科技支行是金融创新的产物，在科技金融服务上紧扣"创新"这一主旨，主要在四个方面进行了探索。

一是创新管理机制。为切实向科技型企业提供"两低一高"(低门槛、低成本、高效率)服务，该银行科技支行实行单独的客户准入标准、单独的信贷审批授权、单独的信贷风险容忍政策、单独的业务协同政策和单独的专项拨备政策。如在业务准入上，实行"内部评级+特殊准入"的模式，对内部评级不符合标准的企业，经个别认定，符合条件的可实行特殊准入。在信用风险评审上，建立由产业政策专家、技术专家、投资专家和信贷专家组成的专家咨询委员会制度，对重大信贷项目和业务，实行联合信贷评审。在信贷审批上，总行向科技支行下放信贷审批权限，派驻专职信贷审批人，有效提高了业务办理效率。

二是创新风险分担模式。合理的风险分担体系是建立科技金融服务长效机制的关键。在政府部门的支持下，该银行科技支行积极推动建立政府部门、各类投资基金、科技型中小企业、担保公司等多方参与的合作机制，基本形成"银投、银政、银保、银园"四位一体的合作平台。在这一平台基础上，联合推出了"风险池基金"等多个创新的服务模式。以"风险池基金"为例，各区(县)科技局、市高科技担保有限公司和该银行按一定比例出资共同组建风险池基金，该银行在风险池的额度基础上放大5-10倍，由高科技担保公司提供担保，为区域内的科技型中小企业提供融资服务。目前已有4个风险池基金项目实施完毕，受益企业超过60家。

三是创新服务模式。处于不同成长阶段的科技型企业具有不同的金融服务需求。该银行科技支行将科技型企业细分为初创期、成长期、成熟期三类，分阶段、有侧重地提供个性化服务。对初创期企业，一方面通过提供管理、财务、风险投资等方面的咨询服务，加深了解、建立联系；另一方面重点通过"风险池"、担保机构以及股东合作等风险控制手段，适度提供信贷支持。同时借鉴硅谷银行经验，深化银投合作，开展"银投联贷"模式，通过贷投结合，拓宽科技型中小企业融资渠道。已有近三十家企业受益于这一模式，吸引风险投资超过5.8亿元。对成长期企业，在跟进创业投资基金、股东和担保公司的基础上，逐步摆脱对担保的依赖，减少担保，依靠企业的回笼款，重点为企业提供信用类和准信用类的流动资金支持。对成熟期企业，则利用知识产权质押等方式为企业提供资金支持，并提供包括财务顾问、管理顾问等一揽子综合金融服务方案。

四是创新产品。为有效解决科技型企业融资的担保难问题，针对科技型企业的资产和现金流特点，该银行科技支行重点推出了一系列无需企业提供外在抵押、担保方式的创新产品。例如，对于已完成研发、技术先进且处于产业化初期的企业，推出期权贷款；对于有订单但缺乏流动资金的企业，推广"订单贷"；对生产周期长、库存压力大的企业，推出存货质押贷款；对技术先进、持有各类专利资产，但缺少自有资金的企业，开展知识产权质押贷款业务。目前，该行科技支行已为四家企业提供了4800万元知识产权质押授信。

基于科技支行的成功经验，2011，该银行在全行主要是分行范围内推广科技金融服务，以"成长力"为品牌，以"专业、专注、联合、创新"的核心理念，以"四位一体"为基本手段，通过细分市场，提供专业化服务，力争在三年内在全国科技型中小企业市场占据一定的份额。

第三节 城市商业银行零售业务的
开拓和创新

一、城市商业银行发展零售业务的现状及意义

（一）城市商业银行零售业务发展现状

1.零售业务占比较低，但发展速度很快。长期以来，我国商业银行普遍存在"重公司、轻零售"的观念，业务主要集中在对公业务方面，零售业务占比较低。城市商业银行也如此，零售业务的份额也较低。从几家规模较大的城市商业银行业务结构看，零售负债业务占比，高的在20%左右，低的只有10%左右，零售资产业务占比，高的在25%左右，低的还不到15%。尽管零售业务占比较低，但城市商业银行零售业务发展速度很快。从几家规模较大的城市商业银行储蓄存款和个人贷款发展速度来看，近三年来，储蓄存款的复合增长率，高的达到41%，低的也超过20%，个人贷款的复合增长率，高的达到37%，均呈现较快的发展态势。

2.业务品种丰富，但业务资质尚不齐全。经过十几年的发展，城市商业银行零售业务产品不断增加，服务手段日益更新。一些规模较大的城市商业银行零售业务品种已经非常丰富，基本覆盖了股份制商业银行和国有商业银行所提供的零售业务产品，但一些规模较小的城市商业银行由于缺乏业务资质，尚无法向客户提供一些基本零售产品，如信用卡、基金代销、理财产品等。目前，城市商业银行零售业务可分为资产业务、负债业务和中间业务三大类。资产业务主要有住房按揭贷款、个人消费贷款、汽车按揭贷款、公务员卡内限额授信贷款等；负债业务主要是个人存款业务，包括储蓄活期存款、整存整取存款、零存整取、通知存款等；中间业务主要有代理缴纳公共事业费（水费、电费、管道煤气费、电话费）、代理缴纳保险费、代理缴纳考试报名费等。虽然城市商业银行的零售业务产品已经比较丰富，但与国有商业银行和股份制商业银行相比，在零售业务方面的

资质还比较欠缺。尤其大部分城市商业银行不具备第三方存管资格，对储蓄存款业务具有不利影响。特别是2011年2月，证监会推出"一对多"模式，改变了原先将单一客户单银行存管、单银行银证转账模式变革为单一客户多银行存款、多银行银证转账模式，第三方存管资格对城市商业银行的重要性更加显现。

3.外部环境有利于城市商业银行发展零售业务。进入新世纪以来，我国经济持续高速发展，居民收入不断增加，居民的财富积累和消费水平都得到提高，商业银行零售业务也呈现快速发展的态势。我国"十二五"规划纲要明确提出今后5年经济社会发展的主要目标之一是"城乡居民收入普遍较快增加"，要实现居民收入增长和经济发展同步、劳动报酬增长和劳动生产率提高同步，人民生活质量和水平不断提高。可以预见，随着城乡居民的收入水平和社会保障体系的逐渐完善，未来银行业零售业务面临着历史性的发展机遇。

城市商业银行作为地方性银行，自成立以来就以"市民银行、中小企业银行"作为自身的市场定位，这一市场定位也有效地拉进了城市商业银行与当地市民的心理距离，"亲和、便捷"的服务也使市民更愿意到城市商业银行办理业务。另外，由于城市商业银行在当地具有网点优势，使其比股份制商业银行更能抓住市场机遇在当地发展零售业务。相比国有商业银行，城市商业银行没有网点优势，但具有效率优势和地缘优势。因此，随着社会财富结构和消费结构的变化以及居民收入的增加，城市商业银行为个人和家庭提供全方面零售业务面临着很好的发展机会。

（二）城市商业银行发展零售业务具有重要意义

近年来，居民收入水平不断提高和财富逐渐增长，给城市商业银行零售业务的发展带来了很好的机遇。除了外部环境外，城市商业银行内部具有转型升级的要求，需要改变目前公司业务占比过高的业务结构。外部的发展机遇和内在的转型需求成为城市商业银行大力发展零售业务的强大动力。发展零售业务对城市商业银行而言具有重要意义：一是可以优化业务结构，平抑业务大幅波动。近年来，以消费信贷、银行卡业务以及个人理财业务为代表的金融零售业务在国际上呈现了蒸蒸日上的趋势。在经历金融危机乃至欧美经济衰退之后，国际银行业普遍认为，个人信用比企业信用更能够经受住经济周期的考验。二是可以应对利率市场化的挑战。利率市场化后，银行的利差将不断缩小，城市商业银行必须大力发展零售业务中的各种非利差业务（如财富管理业务），提高银行综合收入水平。三是零售业务的发展有利于城市商业银行打造产品品牌，创出业务特色。零售业务与客户联系广泛、直接，对银行的公众形象影响很大，对带动其他业务的发展具有不可低估的作用。因此，零售业务的发展除了能够为城市商业银行开辟新的收入和利润来源之外，还能有效应对利率市场化的冲击，保持银行利润的稳健增长和盈利能力的稳定。

二、城市商业银行零售业务开拓创新的实践和探索

近年来，随着同业竞争的加剧以及居民金融服务需求的变化，城市商业银行零售业务的服务内容和服务模式都发生了很大变化，在营销管理、交叉销售、业务品种、服务模式、管理手段等方面进行了积极的开拓与创新。

（一）城市商业银行零售业务服务创新

零售业务客户量大面广，要提供所有零售客户都满意的金融服务是有较大难度的。但即使这样，城市商业银行也要努力做好客户服务工作，这是银行零售业务发展的前提。近年来，城市商业银行的零售客户服务取得了明显的进步，但与国有商业银行和股份制商业银行比，城市商业银行在零售客户服务方面还要加强创新和改善。今后应重点在以下几方面进行探索和尝试：

1.注重细节，提高柜面服务的人性化水平。人性化的服务能给客户增加心理的愉悦程度，使客户更愿意到银行办理业务。而银行柜面服务的人性化往往体现在细节之处，城市商业银行应注重服务细节的改善，有时细微的改进便可以明显提高客户的满意度。如某城市商业银行由于承担着该市退休职工养老金发放、个体劳动者养老保险费缴纳等具有公益性质的业务，很多支行网点的柜面业务压力很大，客户到支行网点办理业务经常需要排队，特别是在发放退休职工养老金的日子里，柜面更是繁忙，从早上

开门到晚上下班，一直都有人在营业大厅排队，客户意见很大。为解决这个问题，该城市商业银行引入了柜面业务排队叫号系统。有了这个系统，客户就不需要站在1米黄线以外排队，只要取个业务编号，就可以坐着等候。这个细微的改进，有效地提高了柜面服务的人性化程度，给客户带来舒适感，受到客户好评。

2.优化流程，提高服务效率和服务质量。客户对银行服务的要求已不仅停留在良好的业务办理环境方面，更重要的是对银行服务效率和服务质量提出更高的要求。柜面人员业务技能水平的高低将直接决定服务质量和服务效率。因此，一方面，城市商业银行应加大柜面服务人员的培训力度，提高他们的业务能力和服务水平；另一方面，城市商业银行还应加大流程改造，减轻前台柜面工作人员的工作强度，将一些适合批量处理的业务移到后台业务处理中心集中处理。这一方面可以提高柜面业务的办理速度，缩短客户的等待时间；另一方面还使柜面工作人员有时间与客户进行交流与沟通，柜面人员的"一句话营销"有时会有意想不到的效果。

3.针对核心客户群，开展交叉销售，提供一揽子综合服务。由于城市商业银行与当地政府的渊源关系，大部分城市商业银行在成立之初便获得了当地政府的大力支持。在零售业务方面，很多城市商业银行获得市、区级公务员和医院、学校等事业单位工作人员工资的统一发放业务（统发工资业务），统发工资业务同时带动了这批客户群的公共事业费（如水费、管道煤气费、电话费、电费等）代理业务。公务员和事业单位工作人员因此成为城市商业银行优质的零售客户群，为银行带来了良好的回报，也是其他商业银行竞相争夺的客户群体。为避免客户流失，某城市商业银行开展了一系列的服务创新活动，使客户享受更多品种的银行服务，提高他们的忠诚度，如推出统发工资卡卡内限额授信贷款业务等一揽子综合服务，得到客户的认可，使他们成为该城市商业银行核心的零售业务客户群。

4.加强监督，推出柜面服务质量监督机制。最近几年，一些城市商业银行对所有服务环节制定出统一的服务规范标准，如要求柜面人员对客户要"来有迎声,去有送声",对问候、回答问题的语气和态度都有标准化的要求。如何才能保证每位柜面人员都能按规定去做?除了加强培训,光靠支行网点负责人或营业部负责人来监督是不够的。某城市商业银行创新推出的"神秘访客"制度,对监督、检查柜面服务人员的服务质量、服务态度产生很好的效果。该城市商业银行通过聘请行外人员担任"神秘访客",定期或不定期地到支行网点去检查或作为普通客户去办理业务,柜面人员由于不认识这些"神秘访客",会在最自然的状态下为客户办理业务,也是其日常服务效率和服务态度的真实表现。"神秘访客"制度的施行,对柜面人员来说是一种持续、无形的督促,他们知道自己接待的每一位客户都有可能是银行聘请的"神秘访客"。同时,"神秘访客"的评价与临柜人员个人的晋升、考核、奖励等挂钩,从而保证了服务质量。

5.加强零售业务队伍建设,完善客户服务。经过多年的发展,大部分城市商业银行目前已经组建了专业化的零售业务客户经理队伍,对零售业务发展起到很大的促进作用。但是,从优化零售客户服务、提高专业化服务水平的要求看,城市商业银行在零售业务专业化队伍建设方面还有很大的发展空间。如可探索建立包括客户经理、大堂经理、理财经理等具有明确分工又相互协作的零售业务专业人员队伍。客户经理重点工作应放在市场拓展和营销及客户关系管理上。大堂经理以流动的形式,主动引导、分流客户,维持营业厅的秩序,为客户提供咨询指引、营销宣传等金融服务,给客户提供好的服务体验。理财经理则主要是以理财产品组合设计和推荐为核心,辐射其他服务内容,如产品销售、客户关系管理、签约类业务操作等。今后,随着客户需求的变化及专业分工的细化,零售业务队伍建设还会有新的要求。

(二)城市商业银行零售业务产品创新

随着零售客户金融服务需求的提升,城市商业银行应该根据客户需求的变化在自身经营能力范围内进行有效的产品创新,通过对城市商业银行零售业务产品创新现状及趋势的分析,我们认为城市商业银行今后应重点开展以下几方面的产品创新:

1.存款及支付结算产品。全面提升存款及支付结算类产品对城市商业银行的业务发展具有很强的拉动作用。有些城市商业银行在存款类产品创新上已经推出了"存款积分"活动，客户储蓄账户余额可以转化为积分，积分达到一定的数量后可以兑换奖品，以此来提高客户存款的积极性。今后城市商业银行应在"存款积分"的基础上，推出客户与银行之间具有互动性的创新产品，提升对客户的黏合度及交叉销售率。在银行卡业务方面，可以以公司客户或小企业客户为介入点，通过为这些客户的员工代发工资，尝试推出储值福利卡等，也可尝试与大型第三方商业机构合作发行联名卡。在支付结算业务方面，城市商业银行要及时了解新的经济业态，对一些具有共同支付结算需求的个人客户，有针对性地开发新的支付结算类产品。如针对承揽工程的个体商户这批客户群，可考虑推出个人票据保函等融资新工具。

2.理财产品。随着居民投资意识增强以及投资知识逐渐丰富，80后甚至是90后的年轻人将渐渐成为社会消费和投资的主体，零售客户对财富的管理将不仅仅满足于存款、国债等传统的投资品种。城市商业银行应根据客户金融服务需求的变化，推出多样化的理财产品。如对中老年客户，可提供保本型理财产品，这类产品具有中低风险、流动性强的特征。对具有较高风险承受能力的中青年客户，可推出收益率较高但风险也较高的理财产品。对于城市商业银行自己发行的理财产品，还应考虑投资者临时的资金需求，在风险可控的条件下，推出理财产品质押贷款。

在开发自身理财产品的同时，城市商业银行应通过建立代销平台，尝试代销信托产品、阳光私募基金等其他非银行金融机构的产品，丰富供应的理财产品品种。从近年来国内商业银行推出阳光私募理财产品（代销模式或发行理财产品模式）的情况看，阳光私募理财品种的推出受到了银行高端客户的青睐。城市商业银行代销阳光私募基金和代销信托产品，不仅能在短期内迅速扩大银行的产品线，丰富银行理财的品种，给投资者提供更广泛的选择权，满足特定高端客户的理财需求，还可以节约银行的研发和管理成本，突破现行政策限制进入发展前景广阔的投资领域如二级市场、私募股权基金等，为日后综合化经营积累经验。此外，通过代理业务也能增加城市商业银行的中间业务收入。

另外，由于国家对房地产行业的调控，商品房的投资、投机在中长期内都将受到抑制，所以很多投资者将目光转向对黄金等贵金属投资，城市商业银行应积极争取贵金属代理业务资格，启动开展贵金属制品代销等业务，推出个人贵金属质押贷款业务，为持有金条的客户提供融资便利，也为城市商业银行自身创造更多的盈利机会。

3.信用卡产品。尽管信用卡在国内银行业已经不算什么新产品，但对城市商业银行而言，很多还没有发行信用卡。由于信用卡业务发展需要巨额系统、人力和广告费投入，但收入来源有限，真正被列为目标客户的信用卡发卡对象一般都在免息期内就偿还贷款。因此，银行的信用卡业务在中期内很难实现盈利。但作为一项基本的零售业务产品，城市商业银行还是应该考虑发行信用卡，同时要注重信用卡支付渠道和特约商户关系的建立和开拓，扩大信用卡的使用渠道，这对城市商业银行形象具有很大的提升作用。城市商业银行发行信用卡的主要出发点是完善客户服务，提升银行的整体形象，短期内很难成为银行的利润中心。

4.基金产品。最近几年，基金已经逐渐成为投资者的新宠。而目前部分城市商业银行尚不具备基金代销资格。这些银行首先应该练好内功，积极争取基金代销资格。对那些已经具备了基金代销资格的城市商业银行而言，应扩大代销基金的数量与品种，提升基金交易功能和产品精细化管理程度，为客户提供多层次、全方位的基金理财服务。那些在基金代销方面具有一定经验的城市商业银行还应联合基金公司研发"一对多"基金专户理财产品，契合高端客户理财需求。

5.银保产品。针对目前银行与保险公司合作现状以及监管部门对产品销售要求的提高，城市商业银行应加快银保通系统建设，实现实时出单。要完善与保险公司的合作管理，建立合理评价标准，引入保险公司退出机制。探索与保险公司开展战略联盟合作，了解保险业务的基本情况，积累保险产品的有关经验。还应积极推出保险产品评价标准，为客户以及销售人员提供购买和销售参考。城市商业银行还要组织保险公司人员编制适合银行销售的翔实、简明的保险产品手册，为客户提供参考。

（三）城市商业银行零售业务渠道创新

城市商业银行零售业务的渠道主要有物理网点、自助银行、自助设备、电子银行以及第三方机构，渠道是城市商业银行零售业务发展的"基础设施"，只有通过畅通无阻的渠道，客户才能与银行发生业务联系。以往，物理网点是零售业务的主渠道，很多零售客户是由于附近有银行网点才到银行办理业务的。这就是我们通常说的"自然增长客户"，零售客户中很大比例的客户是自然增长客户。现在，随着各家银行对零售业务的重视，银行间零售业务的竞争非常激烈，渠道已成为商业银行零售业务竞争的重要手段。一家银行即使有很好的产品，如果没有必要的销售渠道，在营销推广方面将会遇到很大的困难。对渠道的高度依赖是零售业务区别其他业务条线的重要方面，城市商业银行未来应更加注重零售业务的渠道建设。

首先，城市商业银行应注重物理网点的建设。要对现有网点业务量、服务功能、周边的客户群做详细的分析，对网点效能过低的支行作出必要的调整，提高网点的效率。在新设网点的选址方面，要充分考虑周边客户群的分布，选择零售目标客户集中的区域设立网点。城市商业银行除了要注重物理网点的选址工作外，还要对网点内部的布局作出合理的设计，提高物理网点的业务办理效率。如某城市商业银行近几年开展的支行布局转型值得其他银行借鉴。在同业充分调研的基础上，在"以客户为中心"理念指导下，该银行提出以"低柜布局和网点营销宣传功能布局"为主要核心的布局思路，一楼门店从原来大厅简单、空旷的布局改成突出零售业务宣传、零售业务服务、强化零售营销功能的布局，通过大堂迎宾、通道、低柜等，合理分流客户，让不同客户到合适的区域得到合适的服务。通过对营业大厅适当的空间分割达到业务功能区分和增加宣传区域的目的，充分发挥一楼门店对零售业务带来的"吸引客户、便于宣传银行形象、便于宣传金融产品"的有利之处。通过网点转型，将支行网点从交易核算型转变为销售服务型（综合理财型），把传统的"出纳网点"改造为产品销售中心和服务中心，有效地发挥了网点的效能。

其次，城市商业银行还要注重电话银行、网上银行等电子渠道建设。随着手机和互联网络的发展，未来电子支付、移动支付将成为新的蓝海领域。2010年9月，央行下发了《非金融机构支付服务管理办法》，正式将第三方支付纳入其管理范畴。目前，第三方支付市场已达1万亿，预计到2012年，中国电子支付行业交易规模将超2万亿元。随着3G网络的推出、"三网融合"的实现和发展，电子银行尤其是手机银行发展的大环境将会大大改善。城市商业银行零售业务的渠道建设应与未来技术发展方向相适应，推进电子银行发展，加强与第三方支付企业的合作与互补。

再次，城市商业银行要积极拓展第三方平台，完善零售业务第三方渠道建设。随着经济发展和社会分工的细化，第三方渠道将成为银行拓展业务不可忽视的渠道。对银行而言，第三方渠道的范围是非常广泛的，任何一家单位或社会组织，只要其掌握着零售客户信息，可以向银行推荐客户，都有可能成为银行的第三方渠道。现有的第三方渠道主要有房产中介、汽车经销商、保险公司、第三方支付公司。今后，随着经济的发展和新的业态的出现，将会有越来越多的单位团体成为银行的第三方渠道。某城市商业银行开展的"社区营销"就是第三方渠道开拓的典型例子。该银行通过与支行网点周边的社区发展良好的共建关系，在社区开展联谊和宣讲活动，通过密切联系以及现场体验等方式最终激发客户对产品和服务的需求。实践证明，"社区营销"在拓展客户、扩大销售等方面取得了较好的效果。

总而言之，城市商业银行在渠道建设方面应注重物理营业网点布局设计，加快建设自助银行、自助设备、电子银行，在"三网融合"背景下提前研究手机银行、电视银行等服务渠道建设，充分利用第三方渠道，构建多元化营销服务渠道，满足不同客户的个性化服务需求，实施差异服务，打造全新的客户服务体验。

（四）城市商业银行零售客户管理创新

客户管理是零售业务工作的核心。城市商业银行零售业务客户数量很大，一些规模较大的城市商业银行个人客户可以达到几百万，这么大的客户群，如何进行管理从而能挖掘客户的最大价值是城市商业银行要思考的重要问题。对存量零售客户进行科学的分类和分层管理是挖掘客户价值的有效途径。

1.城市商业银行零售客户信息现状。客户分类需要有较为齐全的客户信息分析，特别是那些能反映客户特征的关键信息如年龄、职业、收入水平、资产积累、POS月消费额等。由于以前城市商业银行不注重客户信息收集工作，加上城市商业银行在成立初期综合业务处理系统比较落后，导致前客户信息基础比较薄弱。在2000年前国家没有开展存款实名制，在城市商业银行的业务处理系统里同一个零售客户可能存在有多个不同的客户号，对原有客户号进行清理需要耗费大量的人力和时间，客户号的不唯一性对零售客户分类带来了很大的困难。此外，由于在客户到柜面办理业务时，有些柜面工作人员图省事，经常性地遗漏一些信息数据，而业务处理系统又没有强制控制，诸多原因造成城市商业银行个人客户的信息不完备。因此，要实现科学地客户分类，城市商业银行今后应注重客户信息的补充录入工作，这需要一个漫长的时间积累过程，需要银行业务处理系统提供平台支持，需要银行内部业务处理系统升级改造。

2.城市商业银行零售客户分类。鉴于目前客户信息的现状，城市商业银行只能从现有信息（如客户在银行的业务信息）入手开展客户分类。一般而言，从"量本利"的角度出发，城市商业银行可根据客户的交易情况将客户分为四种类型：第一类是"睡眠"客户。只有一个空账户，一般不进行任何交易，长期处于"睡眠"状态。第二类是低价值的客户。这些客户平时只进行一些小额、传统的存取款等交易，现金流量不大，一般来说，此类客户数量占比较大，但对银行的贡献度并不大。第三类是有价值的客户。这类客户自身的存款或信贷、销售金额较大，且一般都有较频繁的消费或其他交易记录，经常使用银行的各类结算工具，现金流量比较大，因此，对银行的贡献度较大。第四类是具有高附加值的客户。这类客户除了具有第三类客户的特征外，同时对银行各类金融产品的参与度较高，对银行的服务会提出许多个性化要求，有时这种需求甚至是很苛刻的，但一旦满足其需求，这些客户会给银行带来超值的业务回报。在细分客户结构的情况下，城市商业银行应更多地关注第三类、第四类客户，要针对这些客户需求为其量身定制金融产品，提供差异化的金融服务，获得更高的利润回报，这是客户分类管理的目的。

3.城市商业银行零售客户管理系统建设。零售客户数量巨大，每个客户经理都要管理上百个甚至几百个客户，如果没有强大的管理信息系统提供支持，很难实现零售客户的有效管理。目前，城市商业银行的管理信息系统不是非常完善，今后需要对管理信息系统投入大量的财力和人力。完善的零售客户管理信息系统应不仅包括客户经理的零售业务工作平台、经营机构负责人工作平台、总行层面各级管理人员工作平台，还要包括理财产品销售和登记管理系统、理财规划系统等辅助的业务系统。在客户经理工作平台上要能实现对零售客户进行分层，要能根据银行管理的金融资产金额而不是存款账户余额来进行客户分类，科学的客户分类应该是基于银行管理的金融资产来识别不同客户，如根据金融资产的余额大小，可以将客户分为财富客户（通常设定金融资产50万元以上）和潜在财富客户（金融资产20万元—50万元）。对财富客户要配备专属客户经理进行服务。

4.交叉销售。有效的客户管理的最终目的是提高客户对银行的贡献度。对客户开展交叉销售是城市商业银行在客户管理工作中应该树立的意识。从目前客户管理情况看，大部分城市商业银行主要以产品营销为主，还没有开展很好的交叉销售，即使是零售业务条线内的产品也很难实现交叉销售。原因是多方面的，有经营理念方面的问题，也有客观方面的原因。由于管理信息系统薄弱，无法给客户经理提供一个完整的客户视图，客户经理对客户情况掌握得不充分等。在进行内部管理信息系统更新完善的同时，城市商业银行各级零售业务管理人员还要树立交叉销售的理念，在银行内部营造交叉销售的文化，从客户、家庭的角度对客户开展多样化产品的营销活动，提高客户对银行的黏度，实现客户价值的最大化。

（五）城市商业银行零售客户风险管理创新

近年来，随着巴塞尔新资本协议的实施越来越提上议事日程，城市商业银行在零售业务实施新资本协议方面开展了积极的探索和尝试。其中，部分城市商业银行开发的零售业务打分卡系统是实施巴塞尔新资本协议的基础性准备工作，也是具有典型意义的零售业务风险管理创新。在打分卡项目实施前，城市商业银行对零售客户的风险评价是依据客户经理和各级审查审批人员的主观判断，零售客户的风险大小无法具体量化。有了打分卡系统，只要客户经理录入客户相关信息资料，系统便可自动计量零售客户的风险大小，实现系统自动审批，有效提高零售业务审批效率。有了打分卡系统，有利于城市商业银行总行业务管理部门、支行负责人督促零售客户经理收集客户基础信息，积累零售客户数据，为巴塞尔新资本协议的实施做好数据准备。此外，城市商业银行通过在运行过程中对打分卡模型进行监控和后评估，核对系统评定结果与人工评定结果、贷款实际情况，不断优化打分卡模型，提高零售业务风险管理水平。目前，部分城市商业银行已经开发出房屋按揭贷款模型、汽车按揭贷款模型以及个人经营贷款模型等三类打分卡模型。

三、城市商业银行零售业务的发展方向

（一）在本地精耕细作，提高客户贡献度

城市商业银行在总行所在地具备网点优势和地缘优势，是今后较长时间内零售业务发展的主战场。对那些已经迈出跨区域步伐的城市商业银行而言，仍旧需要重视本地零售业务的发展，这是城市商业银行业务发展的根据地。城市商业银行总行所在地零售业务的发展，是分行零售业务发展的基础，分行零售业务发展需要总行所在地形成的成熟零售业务发展模式的复制和借鉴。无论是跨区域还是未跨区域的城市商业银行，今后零售业务的发展都应在客户分层服务、渠道建设、产品创新、改进服务质量和服务效率等方面下工夫，加大对银行管理信息系统的投入，完善管理信息系统数据挖掘、分析和支持的功能，为客户管理提供强大的科技支持。

（二）个人财富管理的发展

财富管理是指基于客户及家庭的收入、支出、资产、负债、保险等财务现状数据和一定的财务假设，综合考虑客户的各种财务目标，进行客户风险偏好测试和投资组合调整，基于现金流、资产价值、各项财务指标的分析，帮助客户制定个性化的理财规划，建立包括存款、股票、债券、基金、保险、动产、不动产等各种金融产品的投资组合，满足客户长期的生活目标和

财务目标。财富管理在西方发达国家已经具备相当规模。国内财富管理的需求也逐渐增强，已经具备一定的客户基础。到2010年年底，中国个人总体持有的可投资资产规模已达到60万亿元，同时，千万以上的高净值人群也已经达到了50万人左右。

财富管理是最近几年在中国逐渐兴起的。2007年4月，花旗、汇丰、渣打、东亚这四家外资法人银行，先后在国内推出了私人银行，开展财富管理业务。其后效仿者众，国内商业银行纷纷成立财富管理中心。然而，由于与海外成熟市场在制度环境、信用文化等背景上有诸多差异，中国银行业完全意义上的财富管理还有很长一段路要走。虽然目前还面临着包括法律、监管、体制等多方面的问题和困难，但随着居民投资意识的增强，财富管理需求将逐渐旺盛，财富管理无疑是城市商业银行零售业务发展的方向。目前，城市商业银行应该在自身能力范围内为财富管理业务发展做好准备，包括产品开发、人员、系统和客户储备等，在现有条件下要做好理财产品的开发、销售，了解客户需求，做好客户储备，以在未来的竞争中赢得更多发展优势。

（三）私人银行业务发展

私人银行是高端的财富管理，是专门面向富有阶层提供的个人财产投资与管理。较大型的国际金融公司或银行一般都要求至少拥有100万美元以上的流动资产才能申请私人银行业务。私人银行服务最主要的是资产管理、投资规划以及根据客户需要提供特殊服务。国外私人银行服务手段、服务方式非常丰富，如通过设立离岸公司、家族信托基金等方式为私人银行客户节省税务和金融交易成本。私人银行业务具有很强的专业性，对人员要求也很高，国外私人银行普遍采用"N+1"的服务模式，即由一位私人银行家和背后的投资顾问团队共同为客户提供服务。私人银行家主要负责关系的维护，通常要求具有10年以上的银行工作经验的资深从业人员，具备扎实深厚的理论知识和丰富的金融投资实战经验。私人银行家背后的投资顾问团队则主要是在宏观经济、证券、基金、信托、黄金、外汇、税务、法律等领域提供专业支持，甚至还需要包括健康管理、艺术品投资等方面的行外兼职顾问。

完善的私人银行服务对城市商业银行而言还比较遥远，目前很多国有商业银行和股份制商业银行都推出了私人银行业务，但其服务内容主要还仅限于提供更高收益率的理财产品、更优惠的服务等，服务内容远没有国外私人银行那么全面。但从长远发展的角度看，私人银行也是城市商业银行应该探索的方向。对私人银行业务，城市商业银行中也不乏探索者。2011年3月28日，青岛银行正式成立财富管理中心暨私人银行。该财富管理中心暨私人银行主要定位于个人金融资产超过200万元人民币的高端客户，根据客户资产情况，又分为财富卡客户（资产200万元—1000万元）和私人银行卡客户（资产1000万元以上）。该中心是以顾问式财务规划为核心，通过有针对性地设计整体投资组合配置，帮助需要财富管理的个人高端客户人群实现保值、增值和避险的目标。向普通客户提供专属产品、理财产品定制、财富系列等产品，并为高端客户提供"1+1+N"的尊贵服务，即"支行理财经理＋财富管理中心暨私人银行金融理财师+专家团"，三方共同为客户提供高内涵的财富管理服务。

本章参考文献

1.周正：《财富管理的基础是产品》，《金融时报》2011年6月13日。

2.王楠：《开展碳金融业务的机遇与挑战》，《甘肃金融》2010年第9期。

3.刘春志：《城市商业银行产品创新定位与路径选择》，《经济研究参考》2010年第23期。

4.李东卫：《三网融合发展视角下创新商业银行零售业务的思考》，《贵州农村金融》2010年第10期。

5.曹彤：《财富管理:商业银行零售业务发展的战略选择》，《财经问题研究》2009年第5期。

第六章
城市商业银行新兴业务的开拓[*]

第一节 城市商业银行金融市场业务的开拓

一、我国商业银行金融市场业务的发展状况

我国商业银行的金融市场业务最早可以追溯到20世纪90年代初中国外汇交易中心（全国银行间拆借市场）的成立。从此，金融机构同业拆借业务可以通过全国银行间拆借市场进行。1997年央行准许同业拆借市场开办债券回购和现券交易业务，标志着以外汇交易中心为平台的银行间市场正式形成。

2000年以来，央行先后就银行间债券市场的债券交易、债券结算（代理）以及双边报价等问题提出指导意见，并批准了银行间债券远期、外汇远期、短期融资券、资产支持证券以及人民币利率互换等交易的开展。至此，以外汇交易中心为平台，以资金、债券、外汇和衍生品交易为主要内容的国内银行金融市场业务逐步形成。

＊ 本章由赵映珍、章斌撰稿，洪慧、沈文英为本章第五节提供了资料。

近年，我国金融市场业务的市场结构进一步得到优化。在融资结构方面，公司信用类债券发行量大幅增加；在市场参与者构成方面，汽车金融公司和金融租赁公司成为银行间债券市场发债主体之一；基金公司的特定资产管理组合等非法人机构投资者也获准进入银行间债券市场进行交易。

二、城市商业银行开展金融市场业务的现实意义

（一）提高资产负债管理水平

资产负债管理的目的是使银行资金在兼顾安全性、流动性、盈利性的情况下，按照规模对称、结构对称和目标互补的原则进行资产与负债的配置。城市商业银行可以通过市场融入或者融出资金实现资产负债结构的优化，对现有资产负债总量和结构进行及时调整，实现资产负债的动态平衡。金融市场中形成的市场化利率为城市商业银行内部资金转移定价提供了有效参考。目前已有不少城市商业银行开始采用以SHIBOR为基准的内部资金转移价格（FTP），对分支机构和内设部门进行资金成本核算。

（二）提供流动性管理工具

金融市场业务对于城市商业银行流动性管理有着非常重要的作用。城市商业银行可以通过金融市场业务调整其资产负债状况，将自身流动性保持在一个合理水平，既能保证富裕资金得到充分运用，亦能在资金短缺时融入资金，保证流动性。银行间债券市场的发展为城市商业银行的流动性管理提供了极大的便利，大大促进了城市商业银行流动性管理水平的提升。城市商业银行可以通过银行间债券市场的债券回购、拆借交易进行临时性的头寸调剂，在资产中配置高流动性的债券资产，以随时根据自身资金状况进行调节，增强流动性风险防范能力。

（三）加速业务结构转型

随着巴塞尔新资本协议的实施和银监会对银行业资本监管的日趋严格，从高资本占用的传统信贷业务向资本节约型业务转型是城市商业银行的必然选择。而金融市场业务可以降低资本占用，尤其是国债等利率类金融资产甚至不占用风险资本。因此，发展金融市场业务对城市商业银行实现业务结构

转型具有非常重要的意义。另一方面，资本市场业务的快速发展，使得大中型企业客户可以通过发行股票、债券等方式进行直接融资，银行业面临着"金融脱媒"的挑战。发展以承销、分销为代表的投资银行业务，将是城市商业银行的重要利润来源。目前，部分城市商业银行金融市场业务的资产规模已经占到银行资产的30%以上，同时贡献30%以上的净利润。

（四）提升风险管理水平

金融市场业务的开展可以提高银行对流动性风险、利率风险和汇率风险的管理水平。通过在银行间市场的主动负债，城市商业银行可以大大提升自身的流动性风险管理能力，保证其营运所需资金，并可通过衍生工具对冲利率风险和汇率风险。当利率变动导致银行的利息收付发生变化时，通过利率敏感性资产、利率敏感性负债以及利率结构的表外重组进行互换交易，可以对银行净利差的波动进行保值，降低利率风险。城市商业银行也通过远期、掉期交易对冲汇率波动风险，主动规避资产损失的可能性。

（五）促进价值发现

经过十多年的发展，银行间债券市场已经成为城市商业银行债券交易最主要的市场，其多元化的交易主体和活跃的交易行为为债券资产的定价提供了便利。各个期限的债券品种构建了债券市场的利率期限结构，为新债券的发行和交易定价提供了参考。目前，银行间债券市场的利率期限结构包括了1–21天、1–9个月、1–30年等18个期限，收益率曲线日趋丰富完整，如国债收益率曲线、金融债收益率曲线、即期收益率曲线、远期收益率曲线等，对各类债券资产的流动性溢价、信用风险溢价提供了定价基础，促进了各类债券的价值发现。

三、城市商业银行开展金融市场业务的现状

城市商业银行参与金融市场业务的初衷，源于流动性管理的需要。随着金融改革的逐步推进，金融市场业务的功能也逐步延伸。城市商业银行的资产负债结构多元化趋势日益明显，金融市场业务收入成为重要的利润来源之一。有数据显示，在全国18家资产达800亿的城市商业银行中，有13家城市

商业银行的投资收益占营业收入的比重在20%以上。金融市场业务可分为资金交易、债券承销与交易、外汇交易、衍生品交易和贵金属交易。目前各城市商业银行的资金交易和债券业务发展较快，各家银行也比较重视，而外汇交易则多局限于简单的结售汇，衍生品和贵金属由于受资质限制，在城市商业银行中开展得较少。

（一）资金交易

商业银行的资金交易主要包括同业拆借、债券回购、资金存放、协议存款及国库现金存款。随着经济的持续快速发展以及银行间市场的逐渐开放，我国商业银行资金交易市场的广度和深度都得到了长足的发展，众多城市商业银行更是将资金交易作为调节资金余缺、进行主动负债和流动性管理的重要途径。目前来看，各城市商业银行在此类交易中表现非常活跃。由于受自身规模、交易量等客观条件的制约，城市商业银行对资金交易拆借利率的影响比较有限，目前我国16家SHIBOR报价行中仅有北京银行和上海银行两家城市商业银行。

（二）债券承销与交易

债券业务主要包括一级市场发行与承销以及二级市场交易两大类。

一级市场的承销主要包括国债、金融债、央票、中期票据和短期融资券的承销。目前多数城市商业银行加入了国债、金融债和央票的承销团，成为承销商，而具有中期票据和短期融资券主承销资格的目前仅有北京银行、上海银行和南京银行等少数城市商业银行。出于对资金和附属资本的需求，相当部分城市商业银行在银行间市场发行了次级债，并有部分银行发行了金融债。

二级市场交易主要是指债券买卖。各家城市商业银行出于自身资产配置和交易需求，在二级市场的交易相当活跃。具有全国代理结算资格的43家银行中，城市商业银行占了27席，但仅有北京银行、上海银行、南京银行、杭州银行和汉口银行5家城市商业银行具有债券业务做市商资格。由于城市商业银行之间资产规模相差甚大，因此各城市商业银行债券业务发展并不均衡，受重视程度亦有区别，部分城市商业银行至今未开设交易账户，其债券业务仅限于配置型需求。

（三）衍生品交易

国内银行衍生品业务主要有利率衍生品、汇率衍生品及结构性产品。

目前城市商业银行开展衍生品业务主要受到三个方面的制约：一是业务资质的制约。银监会对衍生品业务资质管理较为严格，目前仅有北京银行、上海银行、宁波银行、杭州银行和南京银行等少数城市商业银行获得了该项资质。二是风险管理能力的制约。衍生业务的复杂性对各行风险管理提出了较高的要求。在风险管理水平没有有效跟进的情况下，城市商业银行对开展衍生业务必然采取较为谨慎的态度。三是信息系统的制约。由于城市商业银行无法像国有大银行那样投入大量资金用于开发和完善衍生品的前台交易、中台控制和后台操作等一系列科技系统，在短期内，信息系统亦会制约城市商业银行衍生交易的大规模开展。

（四）外汇交易

商业银行外汇交易主要包括即期结售汇、外汇即期、外汇远期和外汇掉期。目前已有相当多数城市商业银行获得即期结售汇业务资质并开展相关业务，其中宁波银行还获得做市商资格。但由于外汇远期和掉期交易需衍生品资质，目前仅有少数城市商业银行开展此类交易。

（五）贵金属交易

贵金属主要包括黄金、白银、铂金等。以黄金为主的贵金属除具有商品属性外，还具有一定的金融属性。由于贵金属价值相对稳定，因此长期以来一直被视为理想的避险工具。特别是在金融危机中，黄金抵御风险的保值功能得到充分体现，国内外对黄金资产的关注度有了前所未有的提高。黄金也继股票、债券、基金之后，正成为又一个重要的金融投资渠道。我国是世界第一大产金国、第二大黄金消费国，向来有藏金于民的习俗，我国黄金业务市场规模也在扩大。

商业银行贵金属交易包括贵金属自营业务；代理贵金属实物仓储、交割、调运和清算，贵金属租赁业务；贵金属代客投资/避险市场业务中的品牌贵金属业务、理财业务；贵金属融资市场业务中的贵金属融资、租赁、贵金属同业借贷等。目前，城市商业银行中汉口银行、大连银行、富滇银行、上海银行等已取得上海黄金交易所的会员资格，可开展黄金等贵金属的自营业务和代理业务，南京银行、杭州银行等城市商业银行已经在上海黄金交易所开立专户，可开展黄金等贵金属的自营业务。

四、城市商业银行开展金融市场业务的SWOT分析

（一）优势分析

1.法人地位优势。在商业银行传统业务领域，城市商业银行在规模、网点等方面具有劣势。但是由于金融市场业务的特殊性，仅有商业银行总行及极少数授权分行可以参与真正的银行间市场交易，且在银行间市场中，每一个交易主体都是平等的交易对手，城市商业银行作为一级法人可以和其他大型银行在银行间市场"平起平坐"。因此在金融市场业务中，城市商业银行的法人地位优势就显现出来了。

2.效率优势。和国有商业银行和全国性股份制商业银行相比，城市商业银行由于机制灵活、汇报路径短，在进行金融市场业务的投资运作中往往更具效率。金融市场业务的投资操作和股市类似，机会往往转瞬即逝。因此，高效的组织构架和审批流程往往是制胜关键。在不断变化的市场中，各家银行的交易员往往都能够发现机会，但是谁抢先一步将发现的机会变成盈利的契机，则要看谁更具有效率、谁更灵活。和大型银行相比，城市商业银行能够更快地作出买入或者卖出的决策。

3.主动性优势。在债券市场上，大型银行资金量巨大，较难操作。由于大银行的存贷比低，债券配置的压力大，每年都有刚性的配置要求，在二级市场上操作难度也大，尤其是波段操作。相对而言，城市商业银行在债券市场上更为主动，在投资时机选择上更加灵活。因为城市商业银行的债券配置压力不大，利率低点的时候，城市商业银行可以选择不投或少投债券，等利率高的时候再投。而且城市商业银行的规模小，可以配置信用产品，提高收益率。

（二）劣势分析

1.风险控制能力有限。相对于金融市场业务的快速扩张，多数城市商业

银行对金融市场业务的风险管理仍比较薄弱。特别是在美国次贷危机、法国兴业银行交易员违规投资、瑞信交易员错账等系列丑闻事件相继发生后，更是凸显了资金交易业务风险管理的重要性。许多城市商业银行在金融市场业务的流动性风险管理、市场风险管理上，无论是专业风险管理人员的引进，还是风险管理系统的开发，风险管理模型设计等方面的投入都比较有限，管理能力薄弱。

2.交易资质不全。目前，我国城市商业银行中拥有做市商、衍生产品交易等资质的尚在少数，多数城市商业银行仅能参与简单的资金交易，而对于本外币做市商、本外币衍生品方面的交易资质可谓"望尘莫及"。交易资质的缺失不仅导致城市商业银行无法全方位地开展金融市场业务，更会进一步影响城市商业银行今后对其他金融市场业务的开展，导致一步落后、步步落后的被动局面。

3.资金量小，不利于投资组合的完整配置。由于城市商业银行自身盘子小，资金规模小，因此可用于金融市场业务的投资头寸亦小。但是金融市场业务尤其是债券投资往往需要搭建一个完整的投资组合以规避风险、获取最佳收益，资金规模小会影响投资组合的配置。在遇到系统性风险时，会面临严峻的流动性挑战、利率风险以及经营业绩的波动。

（三）机遇与挑战

1.金融市场的不断发展。近几年来，我国金融市场的发展已经取得了长足的进步，表现在金融市场规模快速增长，市场结构的不断优化，市场创新取得重要进展和制度建设稳步推进。尤其是"十一五"以来，我国债券市场进入了一个快速发展阶段，债券发行品种日益多样化，债券发行规模大幅增长。从品种看，我国非金融企业发行的债券主要分为公募债券和私募债券两大类，其中公开发行的债券包括国家发改委主管的企业债，人民银行主管的短期融资券和中期票据，证监会主管的上市公司债。私募债券主要是保监会主管的债权投资计划。2009年，各类非金融类企业共公开发行债券16,586.62亿元，相当于2005年的8倍。债权投资计划自2007年推出以来，共定向募集了约577亿元资金。金融市场尤其是债券市场的不断发展，为城市商业银行开展金融市场业务创造了极佳的外部环境。

2.城市商业银行的快速发展。随着越来越多的城市商业银行开始注重投资传统信贷业务之外的金融产品，金融市场业务已经越来越得到城市商业银行的重视，许多城市商业银行甚至将发展金融市场业务上升到全行战略高度。这一现象的产生得益于城市商业银行自身的发展。正是由于自身业务拓展的广度和深度不断推进，城市商业银行越来越意识到发展金融市场业务对于经营方式的转变，对于精细化经营、对于流程银行的打造具有积极的意义。不少城市商业银行已经将金融市场业务设置为和公司业务、零售业务并列的前台业务条线，作为一个利润中心进行经营和考核。

3.金融脱媒的客观趋势。由于历史原因，我国形成了以银行为主导的金融体系，间接融资在社会融资中占控制地位。但随着我国经济规模的扩大和经济结构的日益复杂化，各种经济主体的金融需求也更加多样化，内生出发展金融市场的需求。我国金融市场获得了极好的发展机遇，规模不断扩大，直接融资获得快速发展，而直接融资的发展必然对银行业原有经营模式形成威胁。[①] 目前，以银行为主导的金融体系已经蕴含着金融脱媒的长期趋势，而金融脱媒也在客观上为城市商业银行金融市场业务的开展创造了外部环境和内生动力。

4.竞争日趋激烈。目前，我国金融市场业务人均创利较高，也激发了越来越多的国内外银行涉足。尤其是随着人民币国际化的加快，人民币资金交易将有越来越多的交易对手进入。交易对手的增多，一方面增加了盈利的可能性，提升了交易机会；另一方面也必然会加剧市场的竞争。

5.全球经济波动。金融市场业务和外部经济环境息息相关，全球的资金交易员每天上班第一件事便是关注国内外经济大势和领先指标的波动。外部环境的变动会给金融市场业务带来机遇，但也会增加其风险。一旦市场指标走势和预计相悖，资金交易账户将会面临较大的浮亏，给银行带来当期损失。

---

① 参见胡红业：《我国金融脱媒现状与动因分析》，《西南金融》2010年第3期。

五、城市商业银行发展金融市场业务的探索

(一) 推进金融市场业务发展是转变发展方式的重要内容

城市商业银行的发展要实现从"外延粗放式"发展向"外延与内涵相结合"的发展转变。而金融市场业务具有低资本消耗、人力资源节约等特征，符合城市商业银行转变发展方式的要求。因此，城市商业银行应在战略上重视金融市场业务的发展，将推进金融市场业务的发展作为今后发展方式转变的重要内容。一是明确金融市场业务的功能定位。城市商业银行开展金融市场业务，并不是单纯的资金头寸管理，而是一项综合金融业务。金融市场业务和公司业务、零售业务一样是银行的利润中心，是体现城市商业银行投资水平和风险管控能力的窗口，更是城市商业银行在利率市场化和金融脱媒背景下谋求战略转型的重要工具。二是将发展金融市场业务上升为城市商业银行战略，确保必要的资源投入。在编制业务战略时，将金融市场业务作为一个重要的业务单元，编制中长期金融市场业务规划，明确金融市场业务发展的目标和发展举措。三是在实践中重视金融市场业务发展战略的贯彻落实，切实将发展金融市场业务与全行发展方式转变相结合，实现城市商业银行金融市场业务有计划、有目标的科学发展。

(二) 金融市场业务的制度建设

金融市场业务对城市商业银行而言是新兴的业务，相关的管理制度还不健全，需要进一步加以完善。金融市场业务的管理制度主要包括考核激励制度、风险管理制度、后评估制度等。

城市商业银行要完善金融市场业务的考核激励制度。首先应对金融市场业务条线的部门考核、人员绩效考核等进一步完善，提高考核制度的合理性和科学性。在制定金融市场业务考核激励政策时，要充分了解同业竞争的情况，提高市场竞争力。在考核口径、范围方面也要细化。如对员工和部门的考核上，要区分银行账户和交易账户，将真正体现交易水平的交易类资产作为考核的基础，将金融市场业务部门为全行流动性管理或代理全行操作的投资种类从部门的考核业务中分离出来，体现对金融市场业务考核的科学性和精细化。

城市商业银行要完善金融市场业务的风险管理制度。金融市场业务单笔金额大，稍有疏忽就可能造成重大风险。完善风险管理制度对城市商业银行发展金融市场业务具有很强的紧迫性。城市商业银行要建立资金业务的风险管理基本政策，确定风险偏好。对金融市场业务的不同投资品种设定不同的限额和准入政策，防范风险。在制定金融市场业务管理制度时，要充分考虑相关的风险，提出风险管控措施，在业务管理制度中要明确列出风险控制条款。此外，还要对金融市场业务建立分级授权制度。城市商业银行还要加强金融市场业务的流程设计，在金融市场业务流程中嵌入风险管理岗。为解决风险管理和业务效率的问题，城市商业银行可考虑将风险审查人员派驻到金融市场业务部门，在控制风险的同时提高业务效率。

城市商业银行发展金融市场业务还应该建立完善的后评估制度。对金融市场业务开展后评估的意义，不仅仅是为了考核，更重要的是总结经验教训，为今后的业务发展提供借鉴和启发。金融市场业务的评估要设定一个合理的评价周期，才能得出科学的结论。目前，城市商业银行在资金业务后评估的制度方面尚比较欠缺。

（三）金融市场业务的机制建设

城市商业银行金融市场业务的发展，要有高效、科学的运作机制。首先要将投资交易职能与流动性管理职能进行必要的分离，将银行账户和交易账户进行分账户核算和考核。二要在全行范围内建立产品创新机制。城市商业银行应在现有金融市场业务产品的基础上，增加产品的广度，通过增加人员配置、培养产品专家等方式，提升新产品开发能力，加强新产品开发工作。三要建立专业营销与交叉销售相结合的工作机制。目前，大部分城市商业银行还没有专门的金融市场业务营销团队，交易员一身兼数职，一些规模较大的城市商业银行已经开始在上海、北京等金融中心城市设立营销团队，负责拓展和维护金融市场客户关系。城市商业银行发展金融市场业务应注重与中小企业金融机构的长期合作伙伴关系的建立和巩固，增强客户营销力度，拓展金融同业的企业和个人客户，推进业务发展。在注重拓展潜在客户的同时，城市商业银行还应通过建立交叉销售工作机制，开发现有客户的潜力，以中型企业为目标客户，提供专业化、专注的服务。

（四）金融市场业务的研究

金融市场业务与国内外宏观经济形势和市场情况息息相关，而目前城市商业银行对宏观经济政策、外部市场的研究还远远不够，大部分城市商业银行没有建立研究团队，金融市场业仅仅是凭借交易员的经验判断和直觉来开展，缺乏必要的决策依据。城市商业银行要建立金融市场的研究团队，加强对宏观经济政策和市场的研究，为业务发展提供研究支持。研究团队除了加强对市场的研究，还要注重对城市商业银行金融市场业务和产品的分析研究，加强对信用风险缓释合约（CRM）、超短期融资券、债务融资工具、黄金交易、外汇和人民币衍生产品等新产品和新业务的学习，选择自身金融市场业务的发展重点。此外，研究团队还应关注同业创新动态，为产品创新提供决策参考信息，为城市商业银行金融市场业务竞争策略选择提供依据。

（五）IT与后台系统建设

城市商业银行金融市场业务的发展离不开管理信息系统的支持。强大的管理信息系统不仅能提供最新的市场动态信息和产品销售信息，还能提高资金的业务运作效率，使城市商业银行能在瞬息万变的市场中抓住商机，促进金融市场业务的发展。通过加强IT和后台系统建设，完善管理信息系统功能，可以帮助城市商业银行加强对金融市场业务的分析，发现自身的业务优势和薄弱环节，找到业务增长点，推动金融市场业务的发展。

第二节 城市商业银行投资银行业务
的开拓

一、我国投资银行业务发展状况

投资银行业的起源可以追溯到19世纪。第一次世界大战结束后，鉴于大量公司开始扩充资本，证券市场业务与银行传统业务开始结合，加上美国经济繁荣的宏观背景，美国投资银行业在这一时期开始繁荣。尔后的一百多年里，国外银行的投资银行业务经历了分业、混业、整顿又混业的过程。

2001年中国人民银行在《商业银行中间业务暂行规定》中明确了商业银行在经人民银行审批后可以办理金融衍生、代理证券、投资基金托管、信息咨询、财务顾问、投融资顾问以及代理发行、承销债券等投资银行业务。这赋予了商业银行在现有政策和法律框架内探索投资银行业务的实践空间。

2005年，人民银行、银监会就商业银行开展信贷资产证券化业务两度发文，明确了银行作为发起机构可将信贷资产信托给受托机构，由受托机构以资产支持证券的形式向投资机构发行，并以其所产生的现金来支付资产，支持证券收益。同年，人民银行颁布《短期融资券管理办法》，明确了商业银行作为短期融资券承销商的主体地位，开辟了银行直接参与国内证券发行市场的先河。

2007—2009年，银监会先后就商业银行开展银团贷款、并购贷款和项目融资业务发布指示，以规范商业银行开展此类投行业务，要求商业银行"由简单到复杂，循序渐进地发展投行业务"，在投行业务需求和业务风险之间保持适当的平衡，为国内银行开展投行业务进一步铺平了道路。近几年来，国内多家银行纷纷设立投行业务部，以加快投行业务的发展。需要特别指出的是，鉴于我国金融业实行较为严格的分业体制，目前商业银行仅能涉足有限的投资银行业务，被禁止参与股票承销和交易。

二、城市商业银行开展投资银行业务的意义和现状

(一) 城市商业银行发展投资银行业务的意义

近年来，随着我国经济金融体制改革的不断深化，社会融资结构、客户的金融服务需求以及银行业的竞争格局都发生了很大变化。一方面，资本市场迅速发展，直接融资比例不断扩大，股票、债券和资产管理计划等直接融资产品发行额不断提高，已经对银行的信贷业务产生一定冲击。另一方面，新形势下，企业重组进程提速，行业整合与并购方兴未艾，零售客户需求更加多样化，对银行金融服务提出了更高的要求。另外，银行业传统业务同质化现象越来越严重，不少城市商业银行已经陷入规模扩张和低水平同质竞争的泥潭。在这样的背景下，城市商业银行必须转变经营模式，加快发展知识密集、高附加值的投资银行业务，才能应对社会融资结构和竞争格局的变化，更好地满足客户金融服务需求，才能有机会分享我国资本市场迅速成长带来的丰厚利润，拓宽收入来源渠道，增加中间业务收入，实现收入结构和盈利结构的转型。

(二) 城市商业银行发展投行业务的现状

目前，城市商业银行的投资银行业务刚处于起步阶段，业务规模普遍还比较小。有些城市商业银行由于受到业务资质限制尚未介入投行业务，一些规模较大的城市商业银行已认识到发展投行业务的重要意义，纷纷加大投行业务的发展力度。从目前城市商业银行开展的投行业务看，大致分为七类。

一是债券发行，如短期融资券、中期票据、企业债发行等。城市商业银行作为企业直接融资业务的发行承销商，提供发行方案的设计、制作发行材料、报送审批、簿记发行和分销包销等服务。

二是通过银信合作模式为企业提供金融服务。该模式是目前城市商业银行投行业务的主要手段。城市商业银行通过与信托公司的合作，在法律和监管政策允许的条件下，为客户提供融资、理财等服务。

三是牵头银团贷款、离岸融资业务咨询。这类业务侧重于为通过银团贷款的牵头组团收取管理费和承诺费。对企业有离岸业务需求的代为联系离岸金融机构并定制融资方案。

四是兼并、重组的投资顾问业务及并购贷款。这类业务侧重提供企业重组兼并和产业结构调整下的投资顾问方案，对产业链出具整合方案，理顺产权关系，进而按并购贷款的规则给予一定的并购贷款资金支持。

五是企业集团的资金管理业务。这类业务侧重对大型企业集团的资金管理和对其资金通过理财的方式实现增值，银行收取手续费和管理费。

六是托管类业务、风险管理业务及为企业投资提供信息和方案。该类业务侧重于通过资金类托管和对风险的专业化管理收取托管费和管理费、手续费。通过银行掌握的资讯公众平台为企业提供资信、项目等信息。

七是企业的融资咨询顾问。该类业务侧重于为企业提供资金融通方案的建议和咨询，提供可行性方案等。

从城市商业银行投资银行业务发展的实践看，主要形式是一、二、三类，其他的只是少量涉及。

三、城市商业银行发展投资银行业务SWOT分析

（一）优势分析

1.地域优势。城市商业银行在获得本地信息方面有地域和时效优势。城市商业银行在其总行所在地域（发源地）通常有举足轻重的社会地位和影响力，在当地各类企业中具有一定的口碑和良好的银企关系。其不仅具有与客户牢固的关系及对客户情况和需求的深刻了解，而且有着丰富的本地企业融资经验和技能，并与当地各类机构尤其是政府部门有着紧密和良好的关系。这使得城市商业银行可以很容易地取得本土客户的信任，也能更容易地获得当地政策上的支持，从而及时掌握信息，抓住商机，继而及时了解客户、提供跟踪服务从而拥有更多的客户资源。

2.机制优势。城市商业银行相对其他国有商业银行、全国性股份制商业银行而言规模小、人员少，管理半径小，有利于总行层面的直接管理和全辖控制。进入21世纪以来，部分城市商业银行提出并实施了引进境外战略投资者、跨区域经营和上市三大战略，从而进一步优化了内部运行机制。内部汇报路线短、决策高效、信息沟通顺畅的机制优势使城市商业银行能快速发掘

并开发中小企业客户的投行业务需求，有利于投资银行业务的发展。

（二）劣势分析

1.自身规模小，无法完全进入资本市场。当前"分业经营、分业监管"的体制下，城市商业银行可以经营的投资银行业务范围较为狭窄，无法直接开展与资本市场、资本运作相关的投行业务。我国《商业银行法》明确规定：商业银行不得从事股票业务，不得向企业投资。这不仅使得城市商业银行无法获得IPO经营资格，也使其无法在股票包销和证券交易方面服务客户。而我国大型银行由于自身规模大，可以通过控股设立证券公司或通过其大股东设立证券公司从而间接进入资本市场进行资本运作。

2.产品和创新服务能力不强。创新是投行业务的灵魂，也是城市商业银行提高投资银行业务竞争能力的有效方式。（我国传统的金融管理体制和间接融资供求状况使商业银行可以通过开展存贷款业务获得高额利差，也导致了城市商业银行金融创新能力的缺乏。目前，相对于国有商业银行、股份制商业银行而言，城市商业银行的投资银行业务服务功能有明显的差距，投资银行产品不多、创新能力欠缺。而现有的银行业监管环境也在一定程度上抑制了城市商业银行在投资银行业务领域的创新发展。）

3.专业人才匮乏，管理经验不足。投资银行业务对城市商业银行而言是新兴业务，内部专业人员储备和管理经验都十分有限。一方面城市商业银行尚没有建立完善的投行业务模式和薪酬激励机制，难以对高端投行人士形成吸引力；另一方面因为城市商业银行的投行业务尚在起步阶段，内部自我培养的投行业务人才还不够成熟。总体而言，目前城市商业银行拓展投行业务的人才结构不尽合理，富有创新意识和创新能力的高素质人才短缺，专业管理人员数量不足，管理经验和业务水平与国外投资银行甚至和国内全国性银行都存在较大差距。

（三）机遇与挑战

1.混业经营的发展趋势。我国金融业发展目前已经触碰到综合经营的门槛，党的十六届五中全会明确提出"稳步推进金融业综合经营试点"，十七届五中全会更是明确了要"深化金融体制改革"。从这些表述中可以看出，对于城市商业银行拓展多元化的金融业务，我国的金融监管环境正逐步趋向认同，这无疑为城市商业银行拓展投资银行业务开辟了新的空间。

2. 中小企业股权投资基金的兴起。国家层面的经济转型有赖于新兴产业的发展，新兴产业的发展又为股权投资基金带来了机遇。有业内人士表示，在"十二五"时期，股权投资基金或将成为继银行信贷、IPO以外的第三大融资方式。中小企业尤其是成长性科技企业对股权投资基金有很大需求，尤其是2010年国务院颁布"新36条"，扩大了民间投资领域和范围后，中小企业股权投资基金将得到更快的发展。而城市商业银行与中小企业股权投资基金有很强的互补性。从中小企业股权投资基金的设立、募集、托管到投资项目的推荐、结算、融资、退出以及退出后的IPO，都是城市商业银行可以介入的业务机会。因此，中小企业股权投资基金的发展，为城市商业银行投资银行业务的发展提供了很好的机遇。

3. 市场经济的内在需求。随着中国经济迅猛发展和改革步伐的不断迈进，我国企业对金融服务的需求呈现多元化的趋势，派生出大量的投资银行业务需求。特别是伴随各地经济结构的调整，地方企业间兼并重组事件将逐渐增多，而城市商业银行在总行所在地的企业金融服务市场上具有地缘优势和信息优势，有利于城市商业银行投资银行业务的发展。

4. 宏观经济环境发生重大变化的可能性。金融危机以来，我国经济发展面临严峻的形势，尤其是当前CPI高企背景下，加息导致的企业财务成本提高、人员和原材料成本上升、人民币升值等多种因素的叠加作用下，实体企业未来的盈利前景不容乐观，银行业的规模扩张和盈利能力面临着较大的挑战，业务结构调整趋于保守。这也可能会使城市商业银行发展投资银行业务步伐放缓。

5. 强大的竞争对手。在投资银行业务领域，城市商业银行不仅要面对实力强大的大型全国性银行的巨大竞争压力，而且会遭遇具有专业优势的证券公司强有力的竞争。此外，国内发展较为成熟的基金公司、资产管理公司和信托投资公司等也是某些投行业务领域的市场占有者。而国有商业银行转型步伐加快，市场竞争力不断加强，股份制商业银行机制灵活、管理规范，且与通常有共同股东背景的券商形成全方位投行业务优势。

四、城市商业银行发展投行业务的探索[①]

（一）制定科学合理的投行业务发展战略

投资银行业务是连接货币市场和资本市场的纽带，在我国资本市场快速发展、优质企业客户可通过资本市场进行融资的情况下，城市商业银行要加快发展投资银行业务。这对城市商业银行提高非利息收入占比、实现业务发展模式的转型，具有重要意义。

城市商业银行开展投资银行业务，首先要制订出符合自身实际情况的发展规划。在充分考虑外部机遇和挑战及内部优势和劣势的基础上，制订合理的发展目标和工作计划。要围绕国家和地区产业发展规划以及战略转型目标，发挥自身资金和客户资源优势，完善投资银行的产品体系和服务功能，提高服务能力。

（二）推动投行业务和传统业务协调发展

投资银行业务是客户金融需求转向资本市场背景下信贷业务的延伸。因此，企业融资业务是投资银行业务的出发点和落脚点。国外商业银行的经验也表明，商业银行发展投资银行业务应走投资银行业务和信贷等传统业务互动发展的道路。城市商业银行发展投资银行业务应该加强与各个业务条线尤其是公司业务条线的合作与联动，在银行内部形成相互合作、互相推荐的交叉销售氛围。如在叙做优质企业的财务顾问项目时，在合规经营和风险可控的前提下，城市商业银行可以划拨专项授信额度支持财务顾问业务的开展。同时，在开展债券承销业务时，在风险可控的情况下，综合使用过桥贷款等传统金融工具，提高市场竞争力。

（三）创新业务模式，扩大投资银行业务范围

城市商业银行投资银行业务的发展必须运用创新的思维，探索新的业务模式。要整合各种金融资源，加强与证券公司、金融租赁公司、信托投资公

---

① 参见姜海军、惠晓峰：《我国商业银行发展投资银行业务的模式及创新》，《新金融》2008年第8期。

司等非银行金融机构的战略合作，与非银行金融机构建立互利共赢的合作关系，为客户提供跨资金市场和资本市场的综合解决方案。

城市商业银行还应针对不同规模的企业客户提供差异化、特色化的投资银行业务。对规模较大的客户，由于其融资方式逐渐转向公司债、企业债、短期融资券等金融工具，相应的，这些客户的重组、并购、发债、上市、理财等财务顾问业务需求增加。在这一背景下，城市商业银行要积极创新服务方式，前移营销关口，根据客户需求，联合其他中介机构为客户提供发展规划制定、项目论证、间接融资、融资结构设计、并购战略咨询等一揽子综合金融服务解决方案。对中小型企业，应根据其发展各个阶段的不同需求，提供多元化的融资服务模式，解决这些客户从创业到展业各个阶段的金融服务问题。值得一提的是，城市商业银行作为小银行，其服务能力和经营实力更加契合中小企业的投资银行服务需求，中小企业一定是城市商业银行核心的目标客户群。因此，不断提供为小企业提供金融服务能力，是城市商业银行投资银行业务需要不断努力的方向。

另外，城市商业银行还应积极尝试多种方式的投行业务，在政策允许的条件下扩大投行业务范围。目前，由于监管政策以及业务资质等因素的限制，城市商业银行投行业务品种单一，今后若要在投行业务方面取得突破，就应在监管政策允许的情况下，积极探索多元化的投行业务种类，如综合性资产管理业务、并购业务、专业化行业金融服务、股权直接投资和资产证券化业务等。商业银行对一般企业的直接股权投资目前监管政策还不允许，但城市商业银行可尝试通过信托公司或证券公司资产管理的通道进行间接的股权投资，也可在现行政策允许的范围内对信托公司、金融租赁、保险公司等非银行金融机构进行股权投资，在推动业务合作的同时，为直接股权投资积累经验。

第三节 城市商业银行同业业务的开拓

开展同业合作业务对城市商业银行具有重要意义。城市商业银行通过加强与银行、证券、保险等机构在业务、技术、产权等方面的合作，可实现资源共享、优势互补，为客户提供"一站式"的全方位金融服务。加强同业合作，能推动城市商业银行产品的多元化，增加客户来源，促进零售业务的发展，优化客户和业务结构，推动城市商业银行经营转型。

一、城市商业银行开展同业合作的主要内容[①]

（一）商业银行之间的合作

1.货币市场业务合作。在同业授信的基础上，办理资金拆放、票据贴现、债券回购和债券交易业务等。

2.信贷业务合作。主要包括银团贷款和信贷资产转让。银团贷款即由主发起银行作为银团贷款的牵头行，其他银行作为成员行，组成银团贷款。这对中小银行争取大型优质客户、分散信贷风险具有重要意义。信贷资产转让即城市商业银行将单笔贷款或贷款资产包，按照一定的市场利率向其他商业银行出售。根据合同约定，可分为回购担保方式下的信贷资产转让和无回购担保方式下的信贷资产转让两种方式。城市商业银行开展信贷资产转让业务主要是基于调整信贷结构、控制信贷规模的要求。

3.结算业务合作。即各自利用自己的结算网络系统为对方提供代理结算服务，以弥补各自物理网点的不足。如不少股份制银行和城市商业银行联合推出的"柜面通"业务，各家银行彼此接纳其他银行的客户，既方便了客户，又节省了建设物理网点的成本。

4.信息技术合作。目前城市商业银行在科技系统建设上差距较大，城

---

① 参见钱虹、郝萌：《农业银行金融同业合作问题研究》，《中国农业银行武汉培训学院学报》2009年第2期。

市商业银行相似的组织架构、业务结构、发展历程使相互间系统合作更加可行。科技实力强的城市商业银行可以向系统建设较为落后的城市商业银行输出科技系统，一方面可以获取服务收入，另一方面可以为今后更深层次的业务合作打下基础。

5.投行业务合作。城市商业银行可与其他商业银行联合承销企业债券，即联合承销企业发行的短期融资券、中期融资券乃至中长期债券，也可以在企业债券分销中达成分销合作协议。

（二）与政策性银行的合作

为了进一步提高政策性信贷业务效率，国家有关部门正着手改革政策性银行及其信贷管理体制，引入竞争机制，允许商业银行通过政府组织的竞标方式参与或承办政策性信贷业务。政策性银行正面临着新的转型，城市商业银行与政策性银行的业务合作方式也将会呈现出新的变化和特征。

（三）与保险公司的合作

银行保险是银保合作的典型方式，即将银行和保险的多种服务联系在一起，并通过客户资源的整合与销售渠道的共享，以一体化的方式为客户提供银行产品或者保险产品，从而达到满足客户多元化金融需求的目的。20世纪90年代以来，国内外银行保险业务得到了快速发展。

城市商业银行与保险公司的业务合作内容主要有资金业务、授信业务、代理业务、银保联名卡、网上银行保险业务、股权合作、客户和渠道共享等。

（四）与证券公司的合作

目前，证券业的核心业务还没有向商业银行开放，城市商业银行与证券业的合作主要包括以下几个层面：

1.短期融资合作。银行给予证券公司一定的授信额度，包括拆借、担保、专项贷款、股票质押贷款和特殊交易额度等，用于证券公司解决经营头寸等短期融资需求，属于一般的常规业务关系。

2.证券业务合作。即城市商业银行和证券公司在现行法律关系下分别为证券市场的参与者提供交易、结算、清算、现金管理、资产管理、账户管理等金融服务，双方分工明确、职能清晰，但又互相协作、互相配合，从而共同保证证券市场的顺利运营，提高交易效率。具体业务包括：存管银行、主办存管银行、结算银行、新股验资银行、基金托管银行等。

3．金融产品创新。城市商业银行可为证券公司受托理财业务提供担保，以增强理财产品的信用等级，必要时，可为证券公司提供临时流动性支持，以缓解证券公司理财产品到期的支付压力。双方还可以根据客户对资金风险水平的偏好，共同为其制定现金和资产管理方案。

（五）与信托公司的合作

信托业最大的特征就是业务跨度大、范围广。信托业无论是在银行业务方面还是在证券业务方面，都有不同程度的涉及。在现行的法律约束下，城市商业银行不能对非金融企业直接投资，而信托投资公司可以提供直接投资服务，可以募集负债性资金，也可以募集资本性资金。

（六）与金融资产管理公司的合作

金融资产管理公司成立初期的主要业务是对接管的国有企业实施债转股、债务重组、债权与股权转让、债权置换和跨部门、跨行业重组。随着改革的逐渐深入，金融资产管理公司正逐步朝着以处置银行不良资产为主业、具备投资银行和国有资产经营管理功能的全能型资产管理公司。城市商业银行与金融资产管理公司合作，可以开展不良资产清收、抵债资产处置、信贷资产转让等业务。

（七）与基金公司的合作

近年来，随着资本市场的快速发展，各类基金迅速成长，特别是《证券投资基金法》等新的法律、法规的正式出台，更是为基金业的健康发展提供了良好的法制环境。国内涌现出一批基金管理公司，也为城市商业银行的同业合作开辟了新的领域。城市商业银行与基金管理公司可开展基金代销、基金托管、账户管理等业务。目前，由于资质影响，只有少数几家城市商业银行可以开展基金托管业务。从长远来看，我国的基金行业还将得到长远的发展，城市商业银行开展资产托管业务具有十分广阔的前景。

二、城市商业银行发展同业合作的策略[①]

城市商业银行发展同业合作，需要辩证地看待银行的同业关系，处理好竞争中的合作与合作中的竞争关系，并要正确地选择战略伙伴。

（一）制定规划，加大投入

同业业务具有资本占用低、风险较小的特点，城市商业银行发展同业业务可增加中间业务收入，实现发展方式的转变。城市商业银行要充分认识发展同业合作业务的重要性，对同业业务的发展作出长远规划。在制定同业业务发展规划时，要注意与金融市场业务、投资银行业务等业务发展规划的衔接与协调，明确分阶段的发展目标和实施计划。在具体开展同业业务时，要实施"大同业"发展策略，树立交叉销售、综合营销的经营理念，宽领域、专业化发展同业业务。在制定同业业务发展规划的同时，城市商业银行还应推出规划贯彻落实所需要的配套措施，如要制定同业业务的预算管理和考核办法，加大人力、物力、财力的投入，确保同业业务发展有必要的资源支持。

（二）加强同业业务相关的基础性工作

目前，我国城市商业银行同业业务的发展存在一些"硬伤"，主要包括业务资质不全、后台运营系统薄弱、产品品种单一等。我们认为，在重视同业业务发展的前提下，城市商业银行还应针对自身同业业务发展的不足之处进行"攻关"和重点突破，为同业业务发展扫除障碍。

一是要积极争取各类相关的业务资格，这是城市商业银行发展同业业务的基础和前提。当前，城市商业银行开展同业合作最重要的是要具备业务资格，如基金等资产托管资格、贵金属代理交易资格、第三方同业存管资格等等。是否具备这些业务资质是城市商业银行能否从事相关业务的决定性因素，从而进一步影响城市商业银行资产托管收入和代理业务收入等中间业务收入的增长幅度，关系到城市商业银行是否能实现收入结构的转型。

二是要重视后台业务处理系统的建设，为同业合作提供技术支持。科技能力

[①] 参见张庆光、邹颖：《金融同业合作正当其时》，《西部金融》2008年第5期。

已经成为当前银行竞争的重要方面，银行每项业务的开展都离不开科技的支持，同业业务也不例外，尤其是对一些需要合作双方系统对接的同业业务，对银行的科技系统提出更高的要求。同样，先进的科技系统也可促进银行同业业务的发展。招商银行便是一个典型的例子。招商银行"托管业务核心系统"的成功上线运行，加快了托管资金清算速度，可将托管业务数据通过网络实时传送至客户自助服务终端，使得客户可在任何时间、任何地点查询所需数据、业务进展及各类托管人报告，实现在线互动服务。正是由于具有先进的后台业务系统，招商银行在同业中脱颖而出，成为具有独特服务与技术竞争优势的资产托管银行。

三是扩大同业业务产品品种和范围。在满足业务资质条件下，城市商业银行可尝试办理尽量多的同业业务品种，扩大同业业务规模，提高同业业务收入。如在当前一般客户存款发展较为困难的情况下，城市商业银行应强化主动负债，打造同业服务平台，吸收同业存款，拓宽资金来源。城市商业银行也可运用货币市场工具，灵活调配资金，解决短期头寸不足。城市商业银行还发展同业资产业务，拓展资金运用。如通过对非银行金融机构开展授信业务及新型融资业务，扩大资金使用渠道。城市商业银行通过与同业机构开展资产转让、资产证券化业务，优化资产负债结构，腾出信贷规模发展更优质的客户群体，实现客户结构的调整。

（三）加强股权合作，推进综合化经营

我国融资格局的变化、利率市场化、监管政策趋紧等因素对商业银行传统盈利模式的冲击，转变发展方式是城市商业银行不二的选择，而推进综合化经营是商业银行转变发展方式的方向之一。在当前的监管体制下，对城市商业银行而言，加强与保险公司、金融租赁、基金公司等非银行金融机构的股权合作是探索综合化经营的可行途径。现行的监管政策已经允许城市商业银行与部分非银行金融机构之间开展股权合作。通过股权合作，有利于加强城市商业银行与非银行金融机构之间的业务合作，并发挥各自优势，实现资源共享和功能互补。城市商业银行与信托、保险等金融机构之间的股权合作也有一些案例。如2009年初，南京银行斥资约2.7亿参股江苏金融租赁有限公司，持股比例达到35%。通过投资参股江苏金融租赁有限公司，南京银行拓宽了非利息收入来源，向业务多领域、收入多元化的盈利方向又迈进了一步。2010年5月，北京银行参股首创安泰人寿正式获得保监会批准，北京首都创业集团有限公司将其所持有首创安泰50%股权转让给北京银行。通过投资参股保险公司，北京银行在探索综合化经营方面作出了积极尝试，成为国内第一家投资入股保险公司的城市商业银行。

第四节 城市商业银行中间业务的开拓

一、中间业务情况分析

严格来讲，本节介绍的中间业务和下节将介绍的电子银行业务并不构成银行的单独业务线，中间业务和电子银行业务都是由公司业务、零售业务、小企业业务及资金业务中相关的业务构成的。为体现城市商业银行发展中间业务和电子银行业务的重要性，本书对这两种业务进行分节阐述。

银行的中间业务是指商业银行在不动用自身资金的情况下，凭其拥有的资金、技术设备、机构网点、信息和信誉等方面的优势，替客户办理收、付、担保、咨询等委托事项，并收取一定费用的金融服务项目。中间业务不构成商业银行表内资产、表内负债，是银行的非利息收入业务。如今，尽管存贷利差仍是国内各家银行的主要收入来源，但所占收入的比例已有所缩小，取而代之的是中间业务收入的快速增长。中间业务以其成本低、风险小、收益高的特点，将成为商业银行的一大业务支柱。

我国商业银行特别是城市商业银行中间业务发展起步比较晚，中间业务收入在营业收入中的占比较低，国有商业银行和股份制商业银行目前一般在20%左右，而国外商业银行中间业务收入占比要达30%-40%左右。城市商业银行中间业务品种少，一般仅限于结算、代理收费等劳动密集型产品，一些技术含量高的产品，如资信调查、资产评估、个人理财、期货期权以及衍生工具等才刚刚起步，中间业务收入占比较国有商业银行和股份制商业银行要低，一般不到10%。

随着外资银行在中国大陆业务范围的扩大和业务品种的增多，中国银行业在中间业务领域的竞争将更加激烈。中资银行尤其是城市商业银行应在借鉴国外同行在中间业务开拓方面的先进经验，加快中间业务的创新步伐，应对竞争。同时随着我国银行业对外开放的深化，外资银行在中间业务领域的运作方法和经验也将通过各种渠道传导到中资银行，促进我国银行业中间业务的发展。

二、城市商业银行发展中间业务的对策

中间业务是城市商业银行今后应大力发展的业务方向，但具体该采取什么策略来实现中间业务的可持续发展？根据我国银行业中间业务发展现状及对未来的发展预测，我们总结了以下几项对策。

（一）将中间业务作为培育战略新兴业务的重点

随着金融体制改革的深入，利率市场化、"金融脱媒"以及严格的资本监管是商业银行在中长期内都将面临的挑战，商业银行必须实施业务发展模式和收入结构的转型，而中间业务是低资本消耗的业务，发展中间业务是银行转变发展方式的有效途径。尽管目前中间业务在城市商业银行收入中的占比还比较低，但国外银行经验表明，我国银行中间业务的发展空间巨大，是银行未来业务发展的方向。城市商业银行必须转变观念，将发展中间业务提升到战略高度，在全行形成发展中间业务的共识，使每位员工尤其是客户经理在思想上认识到发展中间业务对银行未来生存和发展的重要意义。

城市商业银行将中间业务作为战略性新兴业务重点发展的同时，必须要有完善的配套政策，才能将战略在实践中予以贯彻落实。如城市商业银行应制订中间业务发展的中长期规划，明确中间业务的发展方向、分阶段的发展目标和发展举措。在考核上，要将中间业务的权重指标调高，赋予中间业务指标更高的奖励系数。在各个业务条线的业务创新工作中，也要将中间业务的创新作为

重要工作。当然，在重视中间业务发展的同时，也要谨防基层经营单位将存贷利差变相转化为中间业务收入的情况。中间业务的发展也不能急于求成，需要信息系统、人员、产品创新、客户培育等软件和硬件的配套支持。

（二）完善中间业务的组织管理体系

城市商业银行的中间业务是跨业务条线的，既有公司业务的中间业务，也有零售业务、小企业业务和资金业务的中间业务。在专业化经营的条件下，如何协调和统一银行整体中间业务的发展是城市商业银行要解决的问题。为推动中间业务的发展，城市商业银行需要建立统一的中间业务统筹协调机构，统一制定中间业务的发展目标和新产品开发战略，开展中间业务统筹协调工作。在中间业务的绩效考核和利益分配方面，中间业务收入要在中间业务统筹协调机构和所属业务条线管理部门之间进行双边计价，提高相关部门发展中间业务的积极性。此外，城市商业银行还要健全中间业务风险内控和监管制度，加强对中间业务的内部稽核和监督，坚持业务拓展与风险防范并重的原则，建立中间业务规章制度和操作规程，防范中间业务操作风险，加强中间业务的培训，提高中间业务的服务质量。

（三）进行市场细分，加大中间业务的营销力度[①]

城市商业银行应根据自身的特点和优势，充分利用银行已有的营业网点，进行中间业务的市场细分和定位。在时间上，先立足发展结算、代理、基金托管等风险较低的中间业务，待系统、人员等更加成熟和完善后，再发展风险较大、收益丰厚的业务品种，并逐步向衍生金融工具交易方向拓展。在此过程中，城市商业银行应发挥传统资产业务的优势，以资产业务带动中间业务。

城市商业银行中间业务的发展还要针对细分的客户群，加大营销力度。国内外银行经验表明，行之有效的营销手段可以扩大中间业务的影响，争取到潜在的客户。南京银行和宁波银行中间业务收入占比较其他城市商业银行要高，除了业务策略方面的原因外，一定程度上还与其在资本市场公开发行股票的身

---

① 参见周元轩：《当前我国商业银行中间业务发展的策略分析》，《商业文化》2010年第2期。

份有关，通过上市扩大了知名度，无形中起到了营销的作用，对其业务发展具有较强的推动作用。好的营销手段，对抢占中间业务的市场份额有重要作用。因此，城市商业银行要加大对中间业务的营销力度，在营销过程中，可以建立广泛的客户群体，加强对新业务的推广和宣传，促进业务的发展。

（四）加强中间业务产品创新

目前，城市商业银行中间业务仍以传统的结算、汇兑、代理收付等业务品种为主，咨询类、代客理财等新兴、高附加值的中间业务品种较少，金融衍生类工具基本空白。要加快中间业务的发展，城市商业银行应该积极进行中间业务的产品创新，丰富中间业务产品种类、提高产品附加值。[①]当前我国金融业分业经营、分业监管的格局没有改变，但商业银行的触角已伸向证券、保险、基金、信托、租赁等各种金融业务领域。为吸引客户追随，城市商业银行应在加快丰富中间业务产品种类步伐的同时，重点关注产品服务能力的广度与深度，立足于挖掘市场需求，积极增强业务创新能力。既要学习模仿其他银行已经开展的业务，更要主动尝试市场上还未出现的业务。同时，增强市场的调研和产品研发能力，整合内部资源，增加服务功能，着重开发技术含量高、附加值高、资源占用少的中间业务产品，提高单项业务收益率，满足客户的金融需求。

（五）加大科技投入，为中间业务发展提供系统支持

随着现代科学技术的发展，未来银行间的竞争将是科技力量的竞争。科技的进步、技术的领先将使银行在未来的竞争中取得优势。目前，城市商业银行中间业务的科技含量不高，没有竞争力。另外，城市商业银行与大行相比，网点资源上也不占优势，城市商业银行发展中间业务应更加重视电子化建设，包括大力发展电子支付系统，加大与网上银行用户的互动，大规模拓展创新型高成长中小企业的金融服务等。以上两方面的原因，城市商业银行发展中间业务必须不断进行科技投入，走"科技兴行"之路，提高中间业务的科技含量。

---

① 参见刘兆文等：《关于我国商业银行中间业务发展策略的研究》，《科技资讯》2011年第5期。

第五节 城市商业银行电子银行业务
的开拓

一、电子银行发展的现状和重要性

(一) 电子银行的定义

电子银行业务是指商业银行通过电子化渠道向客户提供银行相关产品和服务,其提供产品和服务的方式包括POS机终端、ATM自动柜员机、电话银行、网上银行、手机银行等。电子银行业务作为一种全新的银行服务渠道,为客户提供更方便、更快捷的金融服务。电子银行很大程度上依赖于信息技术的发展,其广泛采用了计算机技术、通信技术、自动化技术等。

电子银行是网络经济与现代商业银行结合的产物,已成为商业银行新的战略性业务和利润增长点。它不只是传统银行业在电子渠道的一个简单转移,更多是银行业务与信息技术的紧密结合,是具有全新流程的创新性业务。

(二) 电子银行的发展现状

从电子银行发展历史看,1997—2000年是国内电子银行发展的起步阶段,银行逐步建立起自己的网站,但主要是作为信息发布的渠道。2000年到2005年银行逐步把一些柜台业务搬到网上进行,并发展网上银行用户。从2005年开始银行不仅仅满足通过网银办理传统业务,还创新了网上炒汇、交费平台、银企直连、理财服务、网上期货等金融交易,深入探索为个人和企业客户提供非现金业务和营销服务的综合金融服务平台。与此同时,基于互联网的网上银行、基于手机的手机银行和基于有线电视网的家居银行等应运而生,这些构成了我国电子银行业务服务框架。

当前,国内电子银行业务功能日趋完善,针对市场需求的产品创新更加活跃,总体表现出三方面特征:一是基础功能进一步巩固完善。随着商业银行经营模式的日益多元化和经营成本核算的精细化,加之营业网点业务处理压力的显著增大,商业银行更加重视电子银行渠道分流客户功能和成本节约功能，着力推进基础性的业务品种向电子渠道的转移。目前各家商业银行电子银行业务基本上都提供了账户管理、转账汇款、网上缴费三类基本产品。二是投资交易功能发展迅速。受居民投资意识显著增强因素影响，电子银行投资交易类产品投放力度加大。代理股票交易、基金交易、外汇交易和黄金交易四种类型正在成为电子银行服务的重要领域。三是电子银行安全防护手段应用多样化。随着电子银行用户规模的迅速增加，银行客户在互联网开放领域的风险暴露程度也有所加深，各商业银行进一步增强了电子银行安全防护手段的开发和应用，综合化、多样化的保护手段得到进一步推广。除密码和预留身份信息等传统方式外，移动电子证书、手机动态密码、动态密码器、动态口令卡、IC卡、指纹识别、账户余额变动提醒等技术和服务正在得到普及。

中国电子银行业务在近年来呈现高速增长态势，中国金融认证中心发布的《2010中国电子银行调查报告》数据显示，2010年全国城镇人口中，个人网银用户比例达26.9%，比2009年增长了6个百分点，全国个人网银用户中，活跃用户比例达到80.7%，比2009年增长了4个百分点；交易用户平均每月使用次数高达5.6次。企业网银方面，企业网银用户比例为40.9%，其中60.5%的企业网银活动用户使用证书版/高级版/专业版企业网银。转账汇款、账户查询是使用频率最高的两项网银功能。2009年中国银行业全行业电子交易达243.28亿笔，交易额达402.69万亿元，业务收入137.07万亿元，平均业务替代率为28.14%。

对于商业银行而言，电子银行已经成为重要的业务服务渠道和形象宣传平台，并且是业务创新的重要领域；对于广大客户来说，电子银行方便、快捷、全天候的服务为客户创造了更多的价值。

（三）电子银行业务发展的重要性

从国内外发展情况看，电子银行的产生和发展推动了银行业务流程再造，优化了经营方式，降低了金融活动交易成本，使银行机构的传统角色发生转型，改变了现有银行业的竞争格局。电子银行已经成为现代商业银行新的战略性业务和利润增长点。网络经济的飞速发展、电子支付环境的改善、新兴渠道的建立，为电子银行发展带来大量的业务需求和价值增长机会。木来的电子银行，是国内外银行竞争的一个主要战场，也是争夺客户的一个重要武器。电子银行业务的发展将赋予现代商业银行新的生命力，电子银行业务是电子商务时代商业银行核心竞争力的重要标志，也是提高银行的整体竞争力、加快国际化进程不可或缺的关键业务。

二、城市商业银行电子银行业务面临的挑战

（一）电子银行业务对商业银行的影响

1.电子银行业务发展改变了商业银行的竞争格局。电子银行业务的出现使银行在支付结算领域的竞争者不断增多。在国外，许多在传统上不被视为银行竞争者的非银行机构纷纷借助互联网的出现进入银行支付结算领域。在国内，许多网站和支付平台也早已介入网上支付结算，如银联、环讯、阿里巴巴等。随着第三方支付牌照的发放，非金融机构与银行在支付结算业务上的竞争将进一步加剧。

2.电子银行的发展进一步改变了商业银行与客户的关系。电子银行业务的发展使得商业银行与客户的关系发生转变，银行以前的主导和主动地位发生了动摇，主动权逐步转移到客户的手中。2010年末人民银行"超级网银"的上线，进一步降低个人客户选择银行的成本，使银行间客户资源的竞争加剧。

3.电子银行业务发展改变了商业银行的传统发展模式。商业银行传统的发展模式是增设物理网点，增加工作人员，成本投入为租金、装修、人力资本等费用，属于外延式的发展模式。而电子银行业务的发展可以分流柜面业务，使网点从交易型向销售型转变。银行的发展模式也相应地转向依靠技术进步、劳动者素质提高进而提高生产效率的内涵式发展模式和外延式发展相结合的平衡式发展模式。

4.电子银行发展对商业银行的产品创新提出新要求。电子银行业务的发展要求商业银行改变以银行为中心的产品创新思路，逐步转型为以客户为中心。电子银行所提供的产品功能受银行内部或其他部门业务发展情况和银行计算机系统等其他系统功能实现情况的影响较大。同时随着电子银行业务的不断发展，银行内部越来越多的部门要求通过电子银行开展业务，产品设计

的专业面也越来越广泛，产品体系越来越庞大，这就要求商业银行改革产品设计、测试、投产的组织机制，加强内部沟通和协调，更多采用外包方式以借助和发挥外部资源，提高产品创新的速度和节奏。

（二）城市商业银行电子银行业务面临的主要问题

1.城市商业银行电子银行产品同质化，价格战激烈。城市商业银行近年来电子银行的业务品种虽然增长较快，但主要还是基于传统银行的业务，真正基于互联网、手机、电话、银行卡等载体开展的银行新业务产品十分有限，对中间业务和理财业务的开发还处于尝试阶段。城市商业银行提供的产品和服务同质化现象很严重，基本功能大同小异，缺乏具有电子渠道交易特色的服务内涵。近两年，国内电子银行业务发展具有领先优势的银行对在线融资、电子商务、远程银行等新型服务方式方面做了积极的尝试，然而受制于国内信用体制不健全、客户整体素质等客观原因的制约，发展较为缓慢。

从网上交易额来看，目前国内网上银行市场主要被四大国有商业银行和招商银行占有，市场集中度很高，占比在92.53%，城市商业银行占比较低。在功能和产品定价上城市商业银行均处于追随的被动地位。为了能够扩大客户群，弥补城市商业银行网点不足的情况，相对国有商业银行和股份制商业银行，城市商业银行的电子银行服务价格应该更优惠，态度应该更良好。

2. 城市商业银行的信息化建设比较薄弱。电子银行体系必须以客户服务为中心，以网上银行、电话银行、POS、ATM为主，是以信息化的基本建设为平台而构建的发展体系。柜面业务的电子化和网络化的处理、信息数据的交换，虚拟化服务体系的完善，计算机安全应用体系的运营等等都离不开银行的信息化建设，目前信息化建设的薄弱制约了电子银行业务的快速发展。

3. 电子银行业务品种开拓受限，产品功能不完善。电子银行业务应该实现各业务品种的有机结合，并进行灵活创新，形成一种新的运作模式。而目前电子银行业务，大都表现为将一部分传统的柜台业务电子化，所推出的电子银行产品也大多仅限于对银行现有业务的电子化改造，没有体现出其业务的创新特色，并且在产品宣传方面投入不够，产品功能不完善，电子银行的深层次推广因此受阻。

三、城市商业银行电子银行业务发展思路

（一）以网上银行业务为发展重点，降低服务成本

尽管城市商业银行与国有及股份制银行竞争的格局中不占有优势，但时代的发展带来新的业务模式和经营格局，也赋予起步较晚的城市商业银行后来居上的机会，最突出的就是以网上银行业务作为电子银行业务的发展重点，能有效弥补城市商业银行物理网点不足的劣势。

从整体来看，城市商业银行电子银行的发展应该以网上银行为中心，创新发展网上银行特有的业务产品，实现各电子渠道业务均衡发展。

（二）统一规划，完善电子银行业务的体系架构

不同的服务渠道与服务手段，如ATM、POS、自助银行、网上银行等，前期可能均由城市商业银行总行的不同业务部门负责或参与管理，难以形成统一的整体规划，缺乏强有力的监控措施和合理的资源配备。因此，城市商业银行应基于电子银行数据和体系一体化的需求，对多样化的电子银行服务手段进行统一的规划与管理。首先，城市商业银行要把握电子银行的发展方向，制定符合全行系统信息化建设的总体规划。其次，要理顺电子银行体系建设规划与全行科技建设规划的关系，整体科技发展规划要与电子银行体系的技术架构具有一致性、兼容性，不仅要避免重复建设与投入，而且要避免技术设计上的重大差异及矛盾。

（三）加大投入，确保电子银行业务的技术支持

电子银行产品与服务的重要特点是服务系统和设备对所有客户开放，风险防范手段和体系设计严密性的要求均高于普通系统。不仅前期的开发过程需要技术人员的直接介入，在产品上线后，系统运行环境的维护、信息化产品的服务跟踪、系统的不断完善、功能的不断强化等都需要高素质技术人员的参与。城市商业银行由于技术资源的有限性，基本上都采用电子银行业务开发外包的方式，核心代码及程序的检验工作聘请第三方机构完成，银行人员参与需求提出及测试工作，项目上线后缺乏相关的维护人员，在人员投入上与国有银行相比存在很大差距。因此，城市商业银行应根据本行电子银行

业务发展速度，投入相对应的人力物力，专门负责从技术层面提出电子银行产品的开发需求和完善方案，并进行日常的系统监控与维护。要制定专职科技人员负责电子银行产品的开发与技术支持，从而建立起顺畅的服务机制和快速的应急处理机制，实现运作的最低故障率和最快排错率，并使电子银行的产品与功能能够对市场需求做出敏锐反应。

（四）理顺关系，加强各业务条线对电子银行业务的支持

电子银行业务发展在一定程度上打破了银行传统服务模式，是对全行金融产品与服务流程的再造。而城市商业银行的电子银行业务，尤其是网上银行、手机银行等，起步较晚，处于渠道替代的初步发展阶段。在目前的定位下，电子银行新产品的开发和发展，往往取决于相关业务部门，如零售业务条线、公司业务条线先提出需求，再由电子银行的产品研发部和科技部门予以配合来完成。此种模式受制于业务条线对信息化建设的认知情况及其领导的创新意识。而来源于技术创新和金融创新，由电子银行业务特色引发的需求往往缺乏传统业务部门的支持，导致项目搁置而落于人后。城市商业银行应该逐步转变仅将电子银行作为渠道实现的作用，发挥电子银行特色发展优势，以电子银行部作为业务创新的主发起机构，赋予其充分的主动权，业务部门加以配合，共同研究解决方案。

（五）提高认识，健全电子银行业务风险防范体系

电子银行的运作方式决定了银行要实现24小时不间断的风险监控，尤其是要完善事中监控和风险预警机制。

第一，加强基础设施建设。城市商业银行应加大电子银行安全技术投入，提高通信网络带宽，建立灾难备份与恢复系统，增强电子银行抵御灾难和意外事故的能力。引进一些高效的安全产品和安全技术，采取有效措施防范病毒和黑客的攻击，及时更新、升级防病毒软件和防火墙，提高计算机系统抵御外部网络攻击和抗病毒侵扰的能力。增强电子银行系统的保密性和完整性。加强信息系统、应用程序的风险控制管理。加强电子设备的维护、检修及软件和硬件的管理，保证电子银行系统的正常运行。

第二，建立与电子银行风险相适应的审计制度。定期开展审计（包含内

部审计和外部审计）可以为发现系统不足和防范风险提供重要的、独立的控制机制。审计的目的是保证银行制定恰当的标准、策略和程序并始终执行。配备的审计人员必须具备足够的专业知识，对电子银行业务进行全面、准确的检查。内部审计人员必须独立于电子银行业务人员和风险管理决策人员。同时，为弥补内部审计的不足，城市商业银行相关部门还应该定期聘请具备资格的外部审计人员，从系统风险、流程风险、应急和连续性战略的执行效果等方面给予评价，并给出相应的指导意见。

本章参考文献

1.张晓青：《关于我国商业银行开展投资银行业务的策略选择》，《海南金融》2008年第9期。

2.符瑞武等：《我国商业银行拓展投资银行业务的SWOT分析和战略构想》，《产业与科技论坛》2009年第7期。

3.周革：《从紧政策下的银行资金业务：风险控制的"短板"？》，《金融时报》2008年6月19日。

4.徐林：《我国非金融企业债券市场发展——情况、问题及发展构想》，《金融市场研究》2010年第5期。

5.尚阳：《中小银行电子银行发展策略》，CFCA中小商业银行电子银行业务发展策略培训讲义。

6.张峻：《商业银行新兴业务》，中国金融出版社2009年版。

7.华经国研：《2010年中国电子银行业竞争力及发展策略分析报告》。

8.中国银联：《电子银行业务的现状、趋势及发展规划》，2008年电子银行业务发展培训讲义。

9.张衢：《商业银行电子银行业务》，中国金融出版社2007年版。

10.王颖：《关于发展我国商业银行中间业务的思考》，《内蒙古科技与经济》2011年第6期。

11.张浩：《我国商业银行中间业务发展策略研究》，《黑龙江对外经贸》2010年第3期。

第七章
城市商业银行财务管理的
实践和探索*

第一节 城市商业银行财务管理综述

城市商业银行的财务管理从广义上理解，是指银行根据内外部经营环境和自身业务发展要求，对经营管理中资金来源和资金运用进行有效的组织、计划、核算、监测、分析、考核等全部相关工作；从狭义上理解，城市商业银行财务管理包括成本管理、预算管理、财务分析等内容。财务管理水平的高低是衡量城市商业银行经营管理水平的重要标志之一。

一、城市商业银行财务管理发展沿革

城市商业银行是中国银行业中数量较多、平均规模较小的银行群体，财务管理在其不同发展阶段发生着相应的变革，大体可分为以下三个阶段：

第一阶段：以规范支出流程为核心。城市商业银行成立初期，财务管理的主要特征，是通过建章立制及规范财务支出流程等措施来整合信用社转变

---

* 本章由邵丽萍撰稿，周力军、戴黎搜集资料。

为城市商业银行基层分支机构的财务管理，以期达到财务管理有章可循、支出流程逐步规范。

第二阶段：以促进业务规模发展为目标。随着城市商业银行改制及整合的初步完成，业务增长逐步成为银行的主要发展目标，其财务管理也逐步转移到注重费用支出与业务规模的配比，实行费用支出的统一归口、分级管理和预算控制，以达到降低成本、促进银行发展的目的。

第三阶段：以提高效益为目标。随着效益成为银行股东、监管当局、社会评价的重要因素，城市商业银行财务管理进一步转变以提高效益为目标，成本收入比管理为中心。具体措施包括，注重当期费用性支出与长期资本性支出的匹配、收入与费用的匹配、规模与效益的匹配，风险成本控制也逐步纳入到财务管理的范畴。

二、城市商业银行财务管理的目标

财务管理的目标是商业银行财务活动所要实现的宗旨，是评价银行财务活动是否合理的基本标准，也是财务管理实践中进行财务决策的出发点和归宿。作为城市商业银行，其财务管理目标的定位对其科学进行财务决策，提高财务管理的效率有着重要影响。

（一）城市商业银行财务管理的目标

1.财务管理总体目标——银行价值最大化。银行价值最大化是指通过财务上的合理经营，采用最优的财务政策，充分考虑资金时间价值和风险与报酬的关系，在保证银行长期稳定发展的基础上使银行价值达到最大化。其基本思想是把银行长期稳定发展、持续的获利能力放在首位。

由于银行价值最大化强调风险与报酬的均衡，关心股东、员工、客户、债权人和监管部门之间的利益协调关系，最能体现银行财务管理的目标，能揭示市场认可的银行价值，所以，通常被认为是城市商业银行较为合理的财务管理目标。

2.财务管理具体目标——"四性统一"。在城市商业银行财务管理的总体目标确定之后，财务管理的具体目标作为具体实施的准绳，是评价和衡量银行各项财务工作的标准，具体目标一般包含合规性、安全性、流动性、盈利性。

合规性是指银行财务活动要在符合国家法律法规前提下合理安排资金收付，真实反映银行业务经营状况，确保提供真实准确信息。

安全性主要指在财务管理中，银行要努力通过防御和降低风险，减少资金损失，确保资产安全。

流动性主要是指银行资产在不损失价值的情况下迅速变现，以便随时应付客户提现以及银行支付的需要。流动性对银行财务活动具有重要意义，是商业银行货币资金运动的内在要求。

盈利性是指银行在保证流动性、安全性前提下，把一切可用资金投放到预期收益最优化的业务当中，盈利水平是商业银行充实资本、增强实力、扩大规模、提高风险承受和竞争能力的基础，也是各方投资者的利益所在。

（二）财务管理目标在日常经营管理中的具体实施

城市商业银行在制定和实施具体目标时，必须根据自身实际情况，进行分层管理并随外界变化及时调整。

1.财务管理目标要及时调整。城市商业银行必须根据变化的情况不断调整近期、中期和长期的财务管理目标，使财务目标既能与银行总体经营战略、经营目标保持一致，又能符合当期财务管理具体要求。

2.财务管理目标要分出层次。财务管理是城市商业银行经营管理的核心，也是银行各项工作的综合反映。围绕总体目标，具体到银行各层面，又有不同的具体目标。例如，在中后台成本中心，其财务管理目标为成本最小化；在分支机构利润中心，其财务管理目标为考核利润最大化。

3.财务管理目标要量化并能分解。银行财务总体目标确定后，要制定明确规则，按照业务条线、分支机构等不同纬度分解，并由各机构按照团队具体落实到每位员工，确保总体目标落地。

三、城市商业银行财务管理的职能

城市商业银行财务管理具体包括成本效益管理、预算管理、绩效评价、资本管理、资产负债管理、内部控制等一系列具体财务活动，这些活动构成了城市商业银行主要的经营管理活动。概括起来，财务管理的职能包括事前规划、事中执行控制、事后评价三个方面。

（一）事前规划

1.财务管理中的预算管理作为当年业务管理活动的龙头，凸显事前规划的重要性。首先，预算管理促进商业银行长期战略目标与年度经营目标相衔接，使银行在年初明确当年经营能力与方向，提早作出计划安排，实现资源优化配置。其次，预算也是战略规划实现的手段和工具，战略规划着眼于未来几年的发展方向和目标，而每一个经营年度都有着不尽相同的经营环境和经营重心，这之间需要通过推进与组织流程相适应的预算管理来衔接，使年度经营任务在彰显年度特点的同时，不失战略规划的方向和目标。

2.财务管理中的资产负债管理作为现代商业银行经营管理的核心之一，是一种全方位的协调管理。通过资产负债合理配比及预先安排，协调银行各项经营活动，以实现银行合规性、盈利性、安全性和流动性的"四性"动态平衡，最终实现银行价值最大化。

（二）事中执行与控制

1.全成本计量，支持城市商业银行实现多维度盈利分析和产品定价。近几年来，随着银行业存贷款利差逐步下降，同业竞争加剧，城市商业银行加强成本管理，提高盈利水平已迫在眉睫。而运用现代管理会计的原理与技术，对涉及银行经营活动的各机构、各条线、各产品和客户进行准确的成本计量，据此可提供多维度盈利分析、产品定价、机构设置等信息，为管理层提供决策依据。

2.财务集中核算，支持银行实现前中后台业务流程优化和集约化管理。集约化管理是现代企业集团提高效率和效益的基本方向，通过财务集中核算统一操作流程，减少财务运营中的政策、法规以及分散带来的人为风险，提高银行服务效率，节约人力成本。

（三）事后评价

1.财务管理中的财务分析以及管理报告，为银行各层经营管理者提供统一的数据分析及报告功能，支持城市商业银行建立快速的内部运行机制和市场反应机制。完善的管理报告平台可及时提供有用的决策信息，为城市商业银行管理决策提供依据，促进管理层由经验判断型的粗放管理向数据精细化管理转变，及时应对市场环境变化。

2．财务管理中的绩效评价管理，通过对银行战略目标分解、绩效评价，将绩效评价结果用于银行日常管理活动中，能有效地激励员工持续改进业绩和优化流程，并最终实现战略目标。

四、城市商业银行财务管理发展现状

经过十几年的快速发展，城市商业银行的财务管理正在从传统的粗放式管理模式逐步向现代的精细化管理方向转变，主要表现在以下两个方面：

（一）一部分城市商业银行正在积极借鉴国内外银行管理经验，夯实制度基础，搭建管理平台，引进管理工具，通过建立数学模型等科学方法，提高财务管理水平

1．财务制度体系日趋完善。十多年来，管理比较先进的城市商业银行陆续出台各类财务制度、文件等，形成了以财务和会计两大基本制度为统领，以管理办法和操作指南为主题，涵盖资产负债管理、预算管理、绩效考核、费用管理、会计核算、应税事务、财务报告等相关领域的财务管理制度体系。

2．会计核算平台建设取得重大突破。财政部2006年2月颁布了《企业会计准则》后，部分城市商业银行进行了系统改造，实施了新会计准则，大大提高了城市商业银行内部会计核算和对外信息披露的质量，同时也得到监管部门的充分肯定。

3．管理会计体系架构初步形成。管理会计体系建设关系到商业银行战略转型。经过几年努力，个别城市商业银行初步制定了全行统一的产品体系，建立了涵盖产品、部门、网点、条线等多维管理会计体系。例如，某城市商业银行通过开发和建立管理信息系统平台（MIS系统）生成各业务部门、分支机构、业务条线业绩考核与报告。南京银行、宁波银行、哈尔滨银行以及徽商银行等，通过建立包含FTP、成本分摊、资产负债管理等财务系

统,有效地分析评价各产品、机构、业务部门的业绩和贡献,提高了经营管理决策的针对性和有效性。

4.财务队伍素质逐步提高。城市商业银行普遍重视财务队伍的建设。通过引进人才,制定财务高管人员的准入标准,确保财务管理队伍的管理水平。通过财务条线多层次的专业培训,加强财务人员对新理念、新政策、新业务和新方法的学习,提高财务人员的业务水平。

5.主要财务指标逐年优化。近年来,城市商业银行群体无论从资产规模、资产质量乃至盈利水平等方面都有较大提高,部分城市商业银行的财务指标已达到股份制商业银行的中等水平。其中13家大型城市商业银行财务指标数据如下:

单位:(亿元)

指标	2006年	2007年	2008年	2009年	2010年
总资产	12,825	16,534	19,857	26,944	36,047
存款	10,528	12,801	15,249	22,870	26,497
贷款	6,680	7,888	9,786	14,874	16,913
营业收入	317	421	600	622	855
净利润	84	157	222	298	336
净资产	637	1,001	1,337	1,598	2,066
存贷比	63.4%	61.6%	64.2%	65.0%	63.8%
不良贷款额	228	151	153	160	139
不良贷款率	3.4%	1.9%	1.6%	1.1%	0.8%
成本收入比	36.1%	32.1%	32.3%	36.8%	35.3%

备注:本表选取的样本:北京银行、上海银行、江苏银行、南京银行、宁波银行、平安银行、杭州银行、大连银行、重庆银行、包商银行、徽商银行、天津银行和东莞银行。

(二)多数城市商业银行以财务决策为中心的现代财务管理机制尚未形成,财务管理仍属于传统的粗放式管理。这种管理机制存在诸多问题,难以适应现代银行转型发展的需要

1.财务管理目标未能与时俱进。多数城市商业银行仍以促进规模发展为目标,规模与费用匹配为中心。与先进的股份制商业银行以"效益为目标,成本收入比管理为中心"还有一定差距。

2.财务管理理念未能及时更新。目前,城市商业银行财务管理更多集中

在成本控制、事后审核阶段，管理层次多，管理效率不高；对预算管理、财务风险以及资本管理重要性认识不足；在具体业务经营和管理中还不能实现按照产品或业务核算风险、成本和收益。这和现代银行要求的"成本管理、风险管理贯穿于每项产品及业务全过程"的精细化管理理念仍有很大差距。

3.财务决策体制不够健全。目前，城市商业银行总行及分支机构尚未建立有效的财务决策体系，特别是财务风险、财务预算、资本管理等方面没有建立清晰的决策流程和有效的决策机制。分支机构在财务决策上仍存在"财务审批一支笔"、预算执行流于形式等现象。

4.财务管理体系不够科学。目前我国城市商业银行从组织机构上推行"分级核算"的方式，使财务管理权力分散，形成了多层面的财务体制，不利于财务管理职能的发挥；传统的财务主管对本机构负责的做法也导致上级行统一调配能力减弱，容易造成高风险经营行为发生。

5.财务风险管理意识不强。城市商业银行对新制度、新准则颁布后带来的财务风险研究不够深入，防范风险的措施不到位，方法和手段较少。

6.财务管理系统难以支持精细化管理。传统的财务管理工作长期以来注重核算质量和事后分析，忽视更为科学的技术模型的开发与应用，这显然已不适应新形势下银行经营管理的要求。

五、城市商业银行财务管理改进方向

随着我国金融环境的变化，银行业竞争的加剧，为提高银行的核心竞争力，城市商业银行应尽快调整其财务管理的目标和战略，由以往以资产规模增长为中心转变为以提高资本收益率为中心，将注重外延式发展的战略转变为注重内涵式发展。

（一）树立可持续发展的财务管理目标

"银行价值最大化"应成为现阶段城市商业银行财务管理的总目标。银行价值最大化体现了以资本为核心，兼顾风险和收益平衡，将可持续发展能力作为核心竞争力。城市商业银行的各项经营管理行为也应该逐步从重规模、高消耗逐步转变到重结构、低资本和低成本消耗的发展道路上来，逐步使各项资产负债比例指标达到监管当局风险评级中上水平，为今后持续健康发展打下坚实基础。这方面个别城市商业银行正在积极探索，并取得良好的效果。如：南京银行，其2010年度的资本充足率为14.63%、不良贷款率0.97%、拨备覆盖率234.71%、成本收入比30.46%、总资产收益率1.38%、净利差2.42%、存贷比为59.35%，各项财务指标都已达到上市银行较先进水平。

（二）转变传统的财务管理理念

树立效益第一的财务管理理念是实现"银行价值最大化"的基本要求。

1.城市商业银行要逐步将资产利润率、人均创利等指标作为基层行的任务指标，建立以效益为中心的考核体系和分配机制，要从追求规模转变到注重收益和成本的最佳配置。

2.城市商业银行要引入财务管理的"资本配置观"，只有树立资本约束的理念，才能在实际运作中采取积极有效的措施改善资本管理。

3.城市商业银行要不断努力寻求利润和风险的最佳平衡点，否则就容易鼓励过分追求高收益、高风险行为，不利于银行长期、稳定和健康发展。因此，在绩效考核、费用分配等激励机制中要引用风险调整后的经济资本回报率等指标。

4.城市商业银行要树立"大财务观"的财务管理理念。城市商业银行财务管理要跳出传统的财务核算、成本控制框架，逐步延伸渗透到战略管理、预算管理、资产负债管理、风险管理、定价管理、资本管理、业绩评价、信息披露等银行经营管理的各个层面，以使财务管理成为银行各项业务发展的伙伴，而不仅仅是数据计算器。这种"业务伙伴"的财务管理理念是近年来西方发达国家财务管理力推的模式。实践证明这种"支持决策型"的财务管理模式使银行财务管理从事后的财务评价转化为事前、事中的财务支持与财务控制，体现财务管理的价值理念对业务发展的促进作用。

（三）构建完善的财务决策体系

1.城市商业银行财务管理要借助科技系统平台逐步推行财务集中核算与管理的运营机制，减少分散运营带来的风险与人力消耗。

2.提高财务决策能力。城市商业银行应根据实际情况在总行成立资产负债管理委员会、经营预算管理委员会、风险管理委员会等财务决策机制，在分支机构层面成立相应委员会或小组，使银行经营和财务决策能及时有效进行向下传导，提高银行经营决策的效率与质量。

3.重视财务授权管理。城市商业银行应明确财权划分，实现个人审批向集体审议与个人审批有机结合的转变，增加财务决策透明度，提高财务决策水平。

（四）建立适当的财务管理体系

随着部分城市商业银行跨省设立分支机构，银行的组织体系由原来的总—支行（二级支行）向总—分—支行转变，专业化垂直管理与分支行块状管理相结合。顺应这种趋势，完善财务管理体系就要抓住四个要点，即："垂直指导、双线负责、统一管理、信息共享。""垂直指导"即分支机构的财务管理人员在专业上接受总行垂直指导和管理，参与当地机构的经营决策并提出意见，考核上由总行专业部门与分支机构各占一定比例，这种"专业指导"和"双线负责"机制既能够维护财务人员相对独立，又在一定程度上避免与机构对立，确保财务人员"业务伙伴"和"独立决策"职能的充分发挥。"统一管理"指总行统一制定财务管理制度，统一编制财务预算，统一资金调度，统一资金定价，统一确定设备配置标准，统一制定对各机构的考核规则等等；分支机构负责执行总行财务制度，负责落实总行下达的财务预算，并根据机构本身具体情况制定二次分解原则，负责按照总行考核规则细化本机构操作细则，以及在总行授权下进行日常财务管理。而"信息共享"能够确保财务信息及时、准确，增加财务管理工作的透明度。

如此，在整个银行的财务管理体系中，城市商业银行将大大强化总行的财务管理职能，同时推广以集中核算为重点的集中运营机制，节省人力，减少财务风险；完善分行的财务职能，将分行财务管理重心从执行向管理、执行并重转移；逐步弱化支行的财务职能，统一上收到分行。

（五）加强财务系统建设，为科学管理奠定基础

事实上，建立适当的财务管理体系，保持财务人员相对独立性，是从

"人"的方面控制财务风险，确保财务数据的真实性；而财务系统建设则是从"技术"层面确保财务信息的质量。财务管理是一项涉及面广、灵敏度要求高、综合性强的工作，财务规划、决策、预算、分析等每个工作环节都需要大量数据信息，包括银行内部和外部信息。因此城市商业银行必须加强系统建设，促进财务管理工作稳妥、全面地开展。

1.尽快完善包括客户信息系统、产品信息系统和员工信息系统的管理信息系统，在整个信息平台上实现对财务管理的分产品、分部门、分客户管理。

2.完善成本核算体系。建立新的会计集中核算体系，提高核算层次，降低财务造假的可能性。同时，要优化人力资源，减少人力成本。

3.在上述基础上构建完整的管理会计平台，包括FTP（Funds Transfer Pricing，内部资金转移定价）系统、资产负债管理系统、全成本分摊系统、产品定价系统等完整的财务管理平台。通过技术系统和科学模型的运用，提高财务管理数据的时效性和准确性，从而提升商业银行的财务管理水平。例如，徽商银行自2010年来运用客户关系定价系统，在充分考虑资金成本、运营成本、风险成本、客户存款综合贡献等因素的基础上确定贷款的价格，提高了资产业务定价水平，从而提高全行整体盈利能力。

（六）关注不断变化的财务风险

我国2006年颁布的"新会计准则"是一次质的飞跃，基本与国际会计准则趋同和等效。对银行业来说，最重大的变革是对风险计量方式的变革，主要包括：对信用风险采用未来现金流折现法计量并计提减值准备；对市场风险采用公允价值计量并计入资产负债表或损益表；对表外业务风险、操作风险、案件风险等也采用未来现金流折现并计提预计负债。由此可见，风险管理不仅是原来风险部门的事，已日益成为财务核算和管理的难点和重点。

第二节 城市商业银行成本效益管理的实践与探索

一、 城市商业银行成本效益管理现状和问题

商业银行的成本效益管理是提高银行竞争力的核心内容。科学的管理体系不仅有利于银行资源的优化配置，还有利于银行效益的提高和风险控制。在十几年的发展中，"城市商业银行要努力进行成本控制、费用控制"已逐步深入财务人员管理理念中，但在实践中与先进银行相比仍存在较大差距，主要反映在以下几个方面：

第一，成本效益管理理念仍停留在以"核算和控制"为中心的狭义财务管理。强调事后控制与监督，缺乏事前预测，缺乏效益的主动管理。

第二，成本控制与精细化管理还有很大距离。大多数城市商业银行对成本控制没有严格按照规范制度执行，对产品成本和客户成本的管理涉入不深。总行制定财务预算时更多参照前期数据并以此为基础，一定程度承认以前年度的开支是合理的，因此分支机构对费用使用没有节约的动力，甚至存在"为争取明年更多费用指标今年不能少花钱"的心理，一定程度加大了银行费用成本负担；同时预算也会由于对当年实际需求考虑不足，造成费用预算缺口。

第三，财务管理方法缺乏系统性，管理手段单一。目前大多数城市商业银行财务管理内容主要集中在事后的财务审批、财务分析和财务检查监督以及粗放式的预算、资产负债管理阶段。各家城市商业银行尽管都意识到管理会计的重要性，但由于受观念、人员能力和科技系统的制约，部分银行能实现分条线、分机构、分部门的核算，但分产品和分客户核算还难以实现，无法细分成本收益，更无法以成本效益比来确定每一项业务、每一个产品。每一个机构的取舍，也无法对产品进行科学的定价。因此不能在越来越激烈的市场竞争中形成自己的核心竞争力。

二、 城市商业银行成本效益管理探索

(一) 成本管理理念向"效益最大化"转变

随着城市商业银行财务管理目标向银行价值最大化转变，成本效益管理理念应逐步由原来以"核算和控制"为中心的狭义财务管理向以"价值最大化"为核心的广义成本效益管理转变。不仅重视成本控制，更要研究效益管理。城市商业银行应该抓住战略投资者引进、国际化专业人才加入的时机，大力推进相关的"技能转移"项目，努力提高成本效益管理能力。

(二) 成本控制手段向"精细化管理"转变

现代银行的竞争，赋予了成本管理全新的含义，成本管理的目标不再由利润最大化这一短期性的直接动因决定，而是定位在更具广度和深度的战略层面上。一个银行所具有的优势或劣势最终取决于银行在多大程度上能够对成本的降低有所作为，低成本成为衡量银行是否具有竞争优势的重要标准之一，而精细化成本管理正是融合费用支出前的预算、资本性支出前的规划与集中采购、税务筹划、事后评估等诸环节，把精细化管理思想与成本管理思想相结合，形成了全新的成本管理理念——精细化成本管理。同时，随着金融产品不断推陈出新，市场竞争日益激烈，追求多方位的客户关系管理和产品个性差异化管理已成为商业银行提升自身竞争力的主要手段。城市商业银行需要对每一项经营管理活动和业务环节按照集约化经营的要求进行投入产出分析。根据成本收益比来确定每一个机构、每一个员工、每一笔业务的取舍、进退。因此，产品创新和客户关系管理的市场化要求使城市商业银行成本管理逐渐转向全方位、多方面的成本核算，进而实现对产品、部门、客户乃至员工的成本收益分析，为全行产品定价、计划预算管理、业绩考核等提供决策依据。

目前，部分城市商业银行在努力对核心业务系统升级改造的同时，也在积极进行信息化管理的探索。完成核心系统升级改造的城市商业银行，部分实现了数据管理的集中存储和分析，为系统地将基础数据转化为有用的决策信息、实现成本精细化管理提供了技术条件。近年来，南京银行、宁波银

行、徽商银行、重庆银行、哈尔滨银行等银行在对外营销服务水平不断提高的同时，相继引进开发了内部资金定价、产品定价或成本分摊等系统软件，实现了成本核算、控制和分析等方面的信息化管理，在成本精细化管理、全面提升内部管理水平方面进行了积极的探索。

下面以某城市商业银行为例，具体介绍现阶段城市商业银行成本精细化管理的主要措施：

1.通过强化预算加强费用管理。费用成本是城市商业银行的第二大成本支出，在费用成本管理中，要通过强化费用预算，制定费用标准化管理，建立健全费用配置的评价机制，提高费用对收入的激励约束效应。

强化预算、评价在费用管理中的核心地位。费用管理作为目前调动商业银行各分支机构和业务部门拓展业务最大的激励因素，需要在预算、评价过程中标准一致，相互关联，成为一个有机整体。首先，应根据费用标准与管理标准，制定分科目的费用预算、分产品的费用预算及分部门的费用预算，严格控制管理机构费用规模与支出，实现费用精细化管理。其次，加强费用评价管理，尤其要借助于作业成本管理和投入产出管理，实施对收入、利润的费用贡献度评价，消除无效费用支出，提高低效费用效率，提升高效费用占比。

2.通过规划与集中管理提高资本性支出控制水平。资本性支出管理作为成本控制的一部分，涉及财务核算、资源配置、资产保全等多方面的内容。随着财务精细化管理的加强，资本性支出管理应越来越受到重视。

（1）重点对增量资本性投入做好规划。要站在全行高度，通过有限资源的合理分配尽可能提高投入产出的边际贡献度，以增量资源的合理流动来推动资本性占用的结构调整进程。

（2）加强资本性支出集中统一管理。建立资本性投入的性价比评价指标，由总行统筹，在全行内部推行集中采购、集中调配、集中管理制度，这是约束、规范采购行为的重要手段，同时也能更有效地按照公开、公平、公正和经济适用的原则，有效节约采购成本，提高资金使用效益。

（3）改革管理模式，引进固定资产占用率，逐步建立固定资产配置标准，推行固定资产总量控制和标准化管理。[①] 首先对现有的固定资产管理模式进行调整和改革：一是引入固定资本占用率，即从固定资产占资本金的比例或占资产的比例来控制固定资产的总量；二是在增量管理上，要充分考虑固定资产投入与机构所处当地经济、机构本身业务发展情况、盈利能力等综合因素，建立科学、合理的固定资产配置标准，推行标准化管理，从制度上控制各分支机构追求固定资产增量投入的冲动性，推动资产结构的优化，提高整体资产的利用效率。

（4）充分考虑资产减值因素对财务效益的影响，及时化解财务风险。资产减值情况在每个季度的资产损失清理中已经有了较为明确的反映，对这些减值的资产处理，城市商业银行应该采用积极的财务政策，加强对减值资产的管理和财务消化，降低财务风险。

3.通过税务筹划，提高税务成本管理水平。税务成本是表面上受固定税率约束、实际上存在一定优化空间的支出，目前已经成为各行的一项重要成本事项。对此，税务成本管理要进一步树立成本意识，挖掘政策潜力，进行税务筹划，尤其应在"依法纳税"的前提下，做好以下几方面的工作：

（1）深入研究不同地区、不同税种之间的差异以及不同经营年度的盈亏状况，建立税务优化模型。

（2）在客观、准确评价业绩的基础上，合理地用好内部转移支付的手段，进行跨区域的收入调配，建立合理的内部税务协调机制。

（3）用好国家关于不良资产处置方面的税收优惠政策，建立政策性税收专项治理机制。

4.推行全面成本管理，提高成本控制能力。全面成本管理就是要求银行成本管理逐渐向产品、业务条线、经营机构、客户全方位、多方面的成本效益核算转变，进而为全行产品定价、预算管理、业绩考核等提供决策依据。具体实施中，通过作业成本法将成本全面分摊，重点对资金成本、采购成

---

① 参见杨凡：《论商业银行资本性支出管理存在的问题及其解决对策》，《中小企业管理与科技》2009年第3期。

本、人力成本、网点成本等进行有效控制。

（1）实现全成本分摊是精细化管理的基础。而在全成本分摊中，"作业成本法"是目前国际银行业普遍采用的方法之一。作业成本法是将间接成本和辅助资源更准确地分配到作业、生产过程、产品、服务及顾客的一种成本计算方法，通过将费用成本支出按照业务条线、产品分别归集、分摊，实现成本费用的分业务条线、分产品管理，准确计算出成本对象的真实成本，使成本管理规范化、透明化。成本管理不仅是财务管理部门的职责，也是各部门应该共同参与、负责的工作。通过作业成本法，可以督促各机构、各部门关心实际使用的费用支出情况，实行量入为出的原则，真正成为成本的责任主体。目前，国内银行的经营管理已逐步与国际接轨，按业务线、产品线、经营机构乃至客户关系进行管理逐步成为主流趋势。因此，在分析业务、产品及客户成本收益的基础上，对所有相关费用按不同纬度进行合理分摊，按照分摊后的成本测算投入产出，进而对产品实施主动定价策略，对机构确定考核标准，以提高银行整体盈利能力。例如：选取按业务线分摊费用，可划分零售业务、公司业务、小企业业务、资金业务等业务大类，将所有费用按关联程度的高低，确定分摊比例，并分摊到各业务线，进而准确核算出各业务线的盈利水平。

（2）在全成本分摊基础上，对不同成本采取不同控制措施，提高成本精细化管理水平。

第一，控制资金成本，推行内部资金转移定价。通过设定内部资金利率作为计算银行内部各业务机构和资金营运部门之间的转移价格，核算资金在不同业务单元之间的调拨成本，根据资金的金额、币种、期限、利率，合理分配资产业务所需的资金 。用资金价格内在手段引导分支机构自觉吸纳低成本的资金，进而降低资金成本；不断研究客户的综合回报率，积极提高资产定价能力和水平。

第二，整合总行中后台职能部门，进行人力资源优化，控制人力成本。城市商业银行总行从原来管理同一城市分支机构的扁平化管理到目前部分逐步转变为总—分—支架构的管理模式，总行内部的职能部门需要重新进行岗位价值分析，重新进行岗位职能定位,把重复、交叉的职能部门整合,以提高效率，减少人力资源无效占用,达到优化人力资源的目的,实现人力成本集约化管理。

第三，实现大额采购集约化，降低采购成本。

第四，整合营业网点,通过优化网点布局,撤并低产网点,实现机构整合,降低网点固定成本。在计算、考核人均创利、网均创利等单产指标基础上,逐步提高人力、网点单产和效益,使有限的成本投入到业务发展中,实现收益最大化。

（3）推动信息系统建设,为全面成本管理提供信息支持。城市商业银行应加快建设、完善成本管理系统,以数据库为基础,利用数据挖掘、多维分析等技术,对成本进行核算、控制和管理,对机构、部门、产品的成本和收益情况做到事前进行预测,事中加以控制,事后及时反映,提高数据处理的效率,减少工作量,增强决策的时效性。运用成本数据和信息,为银行管理提供战略性成本支持,以利于商业银行创造核心竞争力。成本管理系统还可以进行成本开支的授权管理,规范成本开支行为,有效控制大额不合理支出,防范财务管理中的风险。

（4）加强员工的全面成本意识,提高参与成本管理的积极性。成本控制要达到预期目标,取决于全行员工的共同努力。城市商业银行一方面可以在系统内积极开展宣传和培训,建立行之有效的工作机制,最大限度地激发每一个员工的主观能动性和工作积极性, 树立全面成本管理的观念,使银行的各级机构、各个部门、每个员工都能从自身做起,把控制成本、增加效益变为一种自觉的行为。另一方面要实施有效的考核激励机制,使成本管理、成本控制与员工自身经济利益、职业生涯发展相结合,通过对节约费用的员工予以物质奖励,对铺张浪费的员工进行处罚,降低无效作业和质量成本,提高全员参与成本管理的积极性。

（三）加大力度推广管理会计应用，以提高效益管理水平

管理会计作为会计学的一个分支, 是将会计核算职能向成本效益管理进行有效延伸, 是根据会计核算中掌握的各类数据, 进行深度整理和分析, 为

企业的战略决策、业务发展、科学管理提供数据支持。假如说费用管理是节流（节支），管理会计的作用是更大范围的开源（增收），是提高效益。城市商业银行在成本核算系统逐步完善后，具备了推广管理会计的条件，要实现业务发展模式和盈利模式的战略转型，管理会计工作亟待加强。

1.资产收益管理。我国城市商业银行目前的主要收益来源于资产收益，资产收益率的高低直接决定赢利水平，通过深入分析各类资产的收益水平，从高到低排队，可以解决应优先发展哪些资产业务的问题，进而决定业务发展模式。

（1）扣除风险损失后的资产收益率（即期收入－预期风险损失／日均资产），衡量风险补偿后资产收入，优先发展收益率高的资产业务，可以获得较高的风险补偿后经营收入，缺点是未考虑资本约束。提高资产收益率的措施是加强资产的风险定价管理，特别是近几年国内银行业在贷款利率上限逐步放开，通货膨胀率居高不下，民间借贷资本利率大幅高于银行利率的环境下，推行贷款风险定价是最好的时机。

（2）经济资本收益率（即期收入－预期风险损失／经济资本），衡量资本约束条件下的资产收入，优先发展收益率高的资产业务，可以获得较高的资本利润率。目前，在城市商业银行资本短缺情况下，加强经济资本收益率管理具有很强的现实意义。

2.中间业务收益管理。城市商业银行盈利模式转型的重点是增加非利息的中间业务收入，中间业务收益管理的核心是费率管理，费率的制定和管理应体现以下原则：

（1）费率制定上的覆盖成本原则。在目前监管法规允许服务收费的政策环境下，服务收费应在成本的基础上合理确定，一方面屏蔽一些无价值的小客户；另一方面通过不同服务渠道的费率差异，将低价值的客户服务从柜台分流到自助电子服务渠道，对客户实行差异化管理。

（2）费率管理上的适应竞争需要原则。对价值高的客户，给予不同程度的优惠费率和减免收费。

3.负债成本管理。目前货币市场利率已实现市场化，同业利率已全部放开，存款利率也实行上限管理下限放开，并且利率市场化推进步伐加快，城市商业银行的负债成本管理也应加强，而不能仅仅转发央行利率文件。如要制定同业利率政策、大额协议存款利率政策、货币市场融入资金利率政策等，应加强对全行利率执行情况的指导。

第三节 城市商业银行全面预算管理的实践与探索

财务预算管理是财务管理的核心内容。通过预算，对财务要素进行有效归集、分配和控制，可以更好地评估机构、产品及客户的盈利能力，有效降低成本。通过财务预算管理，可将城市商业银行战略规划落到实处。

一、 城市商业银行的预算管理现状及问题

（一）预算管理目标需要转变

城市商业银行大多遵循以利润为核心的预算目标导向，预算编制的基础是以账面利润为主；在分层级的预算指标设置上，主要考虑利润总量（兼顾存、贷款规模）指标，忽视利润的结构、资本约束等问题。

这种预算管理目标问题在于：一是，账面利润未能扣除资本成本，同时部分历史成本的会计计量也会造成信息失真，因此账面利润不能全面、真实反映银行的最终效益水平或价值。在这种目标导向下，城市商业银行从上到下追求短期业绩，而忽视股东利益的价值和银行未来可持续增长的能力；而以利润为核心的预算指标虽然做到简单易懂，但导致各基层机构忽视资本成本以及未来潜在风险、潜在客户价值等，在资本作为城市商业银行发展的瓶颈时期，这样的预算及考核目标导向无法保证银行实现股东投资价值最大化的最终目标。

（二）预算编制主体需要调整

城市商业银行一直以来主要实行以分支机构预算为代表的分级预算，在这种模式下，预算目标分解、资源配置和绩效考核等主要以分支机构为责任对象。但近年来随着城市商业银行组织架构的改变，为提高业务条线专业化管理水平，促进业务结构的战略转型，城市商业银行更应关注以业务条线为主体的预算编制模式，这种条线预算以及与预算挂钩的绩效考核对城市商业银行加快业务结构调整，特别是打造本行经营特色，强化业务条线精细化管理，将金融产品开发、营销、服务等做深、做细有很强的促进保障作用。

（三）预算编制流程需要改进

预算申报的过程分支机构尽量压低经营预算、提高费用预算；总行财务部门在信息不对称情况下很难进行预算平衡，往往对经营预算层层加码、费用预算层层截留，总行与分支机构在进行"博弈"。

（四）预算执行中调整不及时

预算以年度静态预算为主，部分辅助滚动监测与调整。预算目标一经确定后，一般情况下并不进行调整。在预算执行过程中，部分城市商业银行对预算执行进度监督不足，分析内外部环境变化对预算的影响不及时，当经营环境发生变化时，预算目标调整不能及时跟上。

（五）预算方法不科学

城市商业银行在预算编制时一般采用基数增量法，一方面造成经营预算存在鞭打快牛和保护落后现象并存；另一方面原来不合理的费用支出得不到纠正和调整，在资源有限的情况下，业务经营重心得不到资源倾斜。

（六）预算执行结果得不到有效运用

绩效考核体系未将预算执行结果作为重要内容与资源配置挂钩。预算执行力度不足。

二、 城市商业银行预算管理探索

商业银行的预算管理是服务于经营战略，是实现战略的重要管理工具，要充分发挥其作用，需要以战略为导向建立相应的全预算管理架构与体系，具体包括：

（一）建立"以经济增加值为核心"的预算指标体系

城市商业银行应逐步采用充分反映价值创造能力，准确衡量资本约束和风险控制要求，全面涵盖了资金成本、运营成本、风险成本、税务成本和资本成本的经济增加值及其相关的RAROC（Risk Adjusted Return on Capital 风险调整后资本收益率）指标作为核心预算指标，通过引入经济增加值，引导全行围绕价值创造来开展业务。例如某城市商业银行，在下达业务规模预算与费用预算的同时下达经济增加值指标，并且将考核奖励比率与经济增加值指标挂钩，通过预算管理将全行业务经营向涵盖各项成本的效益方向引导，有效控制分支机构盲目做大资产规模冲动。

（二）探索多维度预算编制主体

1.近年来部分城市商业银行已经开始探索并实现了多维度的预算管理，如分产品预算、分部门预算、分条线预算等。但是，由于产品、条线或部门维度的预算需要有科学合理的内部转移价格体系、成本分摊和经济资本配置体系作为基础，这就需要大量财务数据之外的基础信息作为支持，有赖于相关系统的开发和完善。

2.在系统没有健全的情况下，可采取业务条线预算和分支机构预算协调统一。预算编制可采取以业务条线为主、分支机构为辅的原则，能解决在完成总体经营目标的情况下，确保业务结构调整落到实处；预算执行以分支机构为主、业务条线为辅，经营一线，特别是异地分行可以根据当地市场状况进行一定幅度的内部结构预算调控。

（三）完善预算编制责任与流程控制

预算控制作为一种程序控制手段，是通过预算管理决策权限的划分和授权控制、预算组织不相容职务分离控制、预算审核、预算监控、内部审计等手段来全面落实控制事宜。预算控制主要包括预算编制控制、预算执行控制和预算考核控制，以实现事前、事中、事后的全面预算控制职能。

1.预算编制的制度控制。制订预算编制制度、管理办法，明确不同责任主体在预算编制过程中的责任。同时以表格或模板的形式将预算主体及对应的编制内容固化，随着预算编制的时间及环境变化再作必要的调整。

2.预算执行过程中的控制。相对预算编制而言，预算在执行中的控制更为重要，因为编制再完整、再科学的预算，如果没有较强的措施保证实施，预算就是一纸空文，没有任何意义。如何确保各层机构、各个部门认真研究经营发展中的问题，千方百计组织各项资源去达成预算目标就显得格外重要。例如，某城市商业银行对预算过程管理采取如下措施：

（1）建立预算管理组织机构。预算管理组织机构是预算控制的基础和保证，该城市商业银行根据自身实际情况，成立相应的预算管理决策机构（经营预算管理委员会和经营预算领导小组），由总行负责人担任领导，各下级行主管领导及相关职能部门负责人为成员，建立"全员参与"的预算管理制度。预算管理决策机构主要负责：预算管理制度的制订、执行（分支机构为总行预算管理制度执行责任人，同时也是制定本层级机构预算规则的责任主体）；预算编制的审核、预算执行情况的分析、预算完成率的考核、大额预算审批等等。通过建立预算管理组织机构，明确各级行责任，在责任范围内，各下级行既有权利、又有义务完成总行和本级行的整体利益目标。

（2）建立定期预算执行报告制度。总行财务部门根据会计报表、统计信息报告、各业务条线的经营情况简报、财务核算、预算限额支出以及全成本分摊数据等资料，按月（季度）编制总行和下级行预算执行报告，提供预算执行进度、执行差异及对预算目标的影响等信息，报送总行预算决策机构，同时反馈给各下级行。对预算的执行结果进行分析，找出各项业务实际情况与预算之间差异的原因，确定下一阶段业务经营和成本控制的重点，以确保预算目标得以落实。同时在预算管理制度中明确规定各下级行每季度对本机构预算执行情况、执行偏差率、执行中的问题及原因进行全面分析，并根据自身预算目标及同业市场情况提出下一季度经营措施。

（3）预算管理是对决策权进行划分以及下放的过程，同时也是总（分）行管理部门对下级机构相关行为进行管理的过程。例如，总行层面在预算中按照一定比例给予各分支机构核定营销费用，与此同时也授予分支机构在额度内使用该笔费用进行业务拓展的权力，即分支机构在合规经营的前提下可以在机构内部制定不同业务、不同产品营销中使用费用的规则和水平，但这项预算指标只能用于营销拓展业务，不可挪作他用。总行可以对营销费用使用的合理性进行检查，并对预算进行考核，对超预算的分支机构进行扣减考核绩效薪酬，如对严重超标准或违规使用还可行使一票否决的管理职能。

（四）研究切合实际的预算编制方法

1.在预算编制方式上逐步探索新方法。一是采用零基预算，克服增量预算以历史形成的指标为预算基础而不论其是否真正合理的弊端。二是采用弹性预算，克服固定预算未考虑业务未来发展需求的弊端，每年在重新评估上年各项指标使用效益的基础上，对未来业务经营设定关键指标假设。例如：某城市商业银行采取运用一些关键性的假设对预算进行编制。如对分行预算，预期实现税前利润1.5亿元。要实现利润目标，既定成本的新增存款要达到30亿元，而且按60%存贷比计算，贷款将达到18亿元。没有预期值和关键性假设预算编制就无法进行下去，因为预算过程不包括那些可能发生的但超过管理人员控制能力的因素。三是实行滚动预算编制，保持预算连续性。

2.推行全面预算管理。全面预算管理是涉及经济主体全方位、全过程和全部职员的一种整合性财务管理。根据平衡配比原则，按照经营预算优先、财务预算、专项预算配套的顺序编制预算；采取责任预算将业务预算、财务预算落实给特定的责任主体，也是对业务预算和财务预算的分解的过程。

根据战略目标并结合对宏观经济、市场环境等判断，研究各项业务发展措施，进而确定经营预算。经营预算是整个预算管理体系的基础，是银行管理层对自身在预算期间内各项业务开展情况的预计。不同银行预算包括的内容不完全相同，城市商业银行的业务预算管理内容一般可分为存款业务预算、贷款业务预算、中间业务预算、国际业务预算、资金业务预算以及不良贷款控制等内容；存、贷款业务预算管理中还可分为公司业务预算管理、小企业业务和零售业务预算管理。这些预算管理根据业务特点进一步细化为相关重点业务指标体系，每个指标体系包含预算全部内容。各银行可根据当年业务发展重点，选取其中部分指标作为预算及考核依据。例如：某城市商业银行的预算指标体系包括规模指标、效益指标、风险指标、管理指标，每类指标体系中再根据业务重点细分为存贷款、经济增加值、不良率、团队建设、服务投诉等二级指标。具体比如，对各分支机构下达刚性的存款增量预算指标，通过资产负债比例管理对贷款增量进行动态调整；在效益指标中经济增加值或税前利润是主要预算指标，由于中间业务在城市商业银行的效益结构中越来越重要，中间业务指标被单列并细化到业务条线；风险指标主要与不良贷款挂钩；而管理指标是强调分支机构合规经营、团队建设等。在具体预算编制中，主要分为业务预算、财务预算、专项预算管理指标预算等。

（1）编制业务预算。业务预算对于全行当年经营起到方向性作用。主要包括业务经营规模预算、业务驱动指标预算以及完成预算对应的措施等。具体比如：存款余额、日均预算，贷款余额、日均预算，国际业务结算量，公司业务新开客户，小企业业务新开客户数、零售业务新开客户数，信用卡发卡量，理财产品等，同时要配套编制完成预算对应的措施及主要的项目等。总行计划财务部门以及各条线管理部门要结合全行的战略规划，并根据各分支机构上一年度的实际完成情况，在分支机构申报、上下沟通、业务条线调整平衡等一系列流程后，编制确定各机构总体预算及分条线预算；而分支机构一般结合本层面的经营目标经适当加压后再分解下达到各个基层支行。

（2）编制财务预算。财务预算又称为收支预算。目前，城市商业银行的财务预算主要包括收入预算、费用预算、资本性支出预算、权益性投资预算（包括债权投资和股权投资预算）、税务预算等内容。其中收入预算主要包括营业净收入、中间业务、经济增加值等；而费用预算包括固定费用及变动费用预算。具体编制中涉及工资总额预算、网点固定费用预算、广告及宣传费预算、管理及营销费用预算、特殊项目预算等。城市商业银行编制费用预算方法不尽相同。以某城市商业银行为例：总行层面一般采用零基预算编制收入预算，主要根据预算年度业务规模、预计利率水平以及预算年度内部资金价格编制收入预算；采用基数调整法编制费用预算，主要根据人员数量、办公配置标准、网点固定成本、上年度实际发生情况等编制固定费用预算；根据业务规模、营业净收入或经济增加值等效益指标挂钩的方式编制变动费用预算。根据本年度资本性投资计划以及固定资产占比等编制资本性投资预算。财务预算整个预算管理体系的核心，是全行年度经营成果的最终体现，也是成本控制能力以及盈利能力水平的最终反映。

（3）编制专项预算。专项预算是落实城市商业银行战略转型以及业务结构调整的有力保障，对企业战略目标的实施具有重要作用。为了促进信用卡业务的大力发展，总行需要拨出一定的开卡奖励或维护费用额度；为了完成全行中间业务占比指标，又拿出一部分费用额度与增量中间业务挂钩；为了提高小企业业务占比，也要核定一定比例的费用和奖励额度用于小企业业务营销。专项预算的编制应建立在各条业务线对当年度经营业务的充分分析，明确提出具体推动业务发展的措施及规划之上，同时积极听取分支机构对市场分析判断的反馈意见，特别是异地分行的不同市场营销策略对专项业务资源的需求也不尽相同。专项预算的执行过程也是财务资源的分配过程，其核心就是激励各机构完成总体预算任务的基础上，保证结构指标更趋优化，进而促进全行战略规划落地。

（4）科学进行预算分解。[①] 预算分解是将业务预算、财务预算落实给特定的责任主体的过程，是对业务预算、财务预算和专项预算的分解。在预算指标分解的过程中要特别关注科学合理性。以某城市商业银行为例，总行在对分行层面分解预算时考虑五方面因素。一是员工的工资水平通常是由企业集体决定的，对于支行行长来说是不可控成本。二是营业用房的租赁费通常是由行政部门通过与租赁方协商决定的，对于支行行长来说也是不可控成本。因此，员工工资、租赁费都不宜分解下达给支行。三是水电费、邮电费、公杂费、低值易

---

① 参见鲍芳芳：《浅谈商业银行预算管理》，《合作经济与科技》2009年第3期。

耗品、办公用品等支行行长可以通过加强管理达到节约费用、增加利润的目的。因此，应将水电费、邮电费等分解下达给各支行，并规定超支限额，节约可以增加利润，超支自动抵减利润，这样支行行长可以集中精力增加收入并降低可控制成本，而不必在分析那些分配来的但不可控制的费用上花费脑筋。四是固定资产折旧，为达到抑制固定资产的过度需求，提高已经配置的固定资产的使用效率，将部分固定资产折旧分解给各支行。例如，对于一个已经能够正常开门营业的网点，业务必须用的固定资产（如点钞机等），分行可以承担折旧的90%，支行承担10%，其他如电脑、复印机、空调等分行承担60%，支行承担40%，这样可以促进支行爱惜已经配置的固定资产，并进一步加强管理。非经营部门购置固定资产必须给出充分理由并由决策层面讨论通过后按预算结果严格执行，原则上不支持预算外的购置行为。

（五）通过科学的考核制度，保证预算执行到位

全面预算编制完成并批准下达，只是完成预算管理的第一步，而实现全面预算目标的一个关键环节，就是强化预算执行的分析监控和结果的考核兑现。

预算与绩效考核紧密挂钩是确保预算执行到位的关键措施。城市商业银行的绩效考核制度应从完善商业银行治理机制方面考虑引进先进的绩效考核技术与方法支持，如逐步引进360度考核法、关键事件法、经济资本调整法等；同时建立以RAROC(风险调整后资本收益率)为代表的风险收益平衡考核指标体系等构建科学合理的商业银行绩效考核体系。例如：某城市商业银行过去绩效考核指标设计与预算关联度不高，预算执行中不断调整，造成实际经营结果与预算目标偏离较大；而且绩效考核结果运用范围狭窄，特别是分支机构的考核结果主要与绩效薪酬挂钩，与等级行管理、授权管理、内部资源分配挂钩力度不大。在近两年推行全面预算管理之后，该行加强了预算执行结果的考核力度，制定相应的预算考核制度，建立财务与非财务、定量与定性指标等有机结合的预算考评指标体系；按季度分解预算，并按季分析预算执行结果及预算执行的偏差率，根据预算执行结果滚动修订下季度预算目标；不断根据预算指标完善考评奖惩激励机制，要求分支机构根据考评结果找出本季度业务完成差距，提出下季度改进措施；逐步开始把考核结果与领导职务任免、资源分配、信贷审

批授权等事项挂钩，真正起到激励作用，确保预算目标达成。

第四节 城市商业银行的资本管理

银行资本是银行股东为赚取利润而投入银行的资金和保留在银行的收益。商业银行作为经营风险的特殊企业，资本是其抵御各类经营风险的最后防线，资本充足是商业银行稳健经营的保证，是用于对商业银行业务经营中信用风险、市场风险、操作风险的防范。因此，巴塞尔协议将资本监管作为银行监管的核心内容。

一、城市商业银行资本现状

巴塞尔新资本协议提出全面风险管理的银行监管理念，监管范围覆盖银行信用、市场、操作三大风险，并对这三种风险的计量，提出八种可供选择的方法。新协议突出资本充足率、银监部门监管、市场信息披露三大监管内容，这三部分也被称为新协议的三大支柱。

我国银监会已明确在2012—2018年分类实施新巴塞尔协议Ⅲ。目前，国有商业银行和主要股份制商业银行经过多年发展已基本具备实施巴塞尔协议Ⅲ的基础，但城市商业银行的发展情况参差不齐，基础比较好的城市商业银行近几年资本补充较快，风险防范水平有所提高，但多数城市商业银行还存在风险管理薄弱、核心竞争力不强等问题，还没建立起完备的风险防范体系，即使有一定的过渡期安排，强化资本管理的工作仍然迫切。

从全国银行业的资本充足率来看，商业银行的整体资本实力和充足水平有显著提升，商业银行的整体加权平均资本充足率从2003年的−2.98%，到2004年转为正值，2010年年底已提高到12.16%，其中部分城市商业银行经过政府资产置换、自身清收等努力，近年来资本充足水平提升较快。

部分城市商业银行资本充足情况

序号	银行名称	2009年		2010年	
		资本充足率(%)		资本充足率(%)	核心资本充足率(%)
1	北京银行	14.35	12.38	12.62	10.51
2	南京银行	13.9	12.77	14.63	13.75
3	宁波银行	10.75	9.58	16.2	12.5
4	江苏银行	10.74	7.27	11.82	8.66
5	上海银行	10.29	8.47	10.7	8.92
6	平安银行	13.05	10.87	10.96	9.3
7	重庆银行	13.75	9.76	12.41	9.17
8	九江银行	13.21	11.88	15.35	14.77
9	大连银行	13.38	9.22	12.02	8.41
10	富滇银行	13.33	11.01	12.24	9.8
11	天津银行	12.48	10.48	11.3	9.92
12	包商银行	12.27	9.34	11.21	9.71
13	徽商银行	12.14	11.15	12.06	11.19
14	成都银行	14.44	13.44	13.14	12.32
15	河北银行	13.93	12.81	13.15	9.83
16	东莞银行	13.08	9.72	11.7	8.67
17	杭州银行	12.63	10.19	11.73	8.76
	平均值	12.81	10.61	12.54	10.36

二、 城市商业银行资本及资本充足率管理

(一)资本的功能

商业银行资本具有多种功能:为银行的注册、组织营业以及存款进入前的经营提供启动资金;树立公众对银行的信心;为银行的扩张、新业务、新计划的开拓提供资金。总之,银行资本的关键作用是吸收意外损失和消除银行经营中的不稳定因素。

(二)建立有效的资本补充机制

1.核心资本补充渠道。建立以内部积累为主的多层次资本补充机制。第一,

利润留存是增加核心资本的首要方式。在银行低利差时代下，提高银行经营管理水平，提高资本收益率，是增加利润的重要方式。假设银行的资本收益率为20%，那么在其他条件不变情况下，核心资本增长就能支持20%的资产增长；如按50%核心资本补充附属资本，其他条件不变就可以支持30%的资产增长。第二，股权融资是补充资本的最后选择。未上市银行引进外部投资者定向募集资本金；上市银行可以通过公开增发和定向增发等形式募集资本金，股权融资在一定程度上具有摊薄现有股东权益、在实际操作中需要看政策和市场的情况。

2.附属资本补充渠道。一是发行长期次级债券是资本充足率不足的缓解之策。但发行长期次级债券不能作为资本规模扩大的长期途径，只能在一定程度上改善银行资本结构。二是上市银行可考虑发行可转换债券。可转换债券可以弥补银行在日常经营中的损失，并且利息允许推迟支付。同时，由于可转换债券拥有转化成股份的权利，其利率低于次级债券，因此，发行可转换债券对于城市商业银行提高附属资本有很强的正效应。三是增加计提普通准备金。但是提高普通准备金是银行经营的双刃剑。 方面，增提普通准备金是一种内源融资的方式，没有债务负担，是较理想的增加资本的途径；另一方面，提高准备金必然会侵蚀银行利润，在盈利性与安全性之间银行必须作出必要的权衡。

（三）努力提高资本充足率

资本充足率为资本与风险加权资产的比率。因此，提高资本充足率的途径，包括"分子政策"与"分母政策"两部分。所谓的"分子政策"是指增加核心资本与附属资本，而"分母政策"则是指降低加权风险总资产以减小分母。

1.降低风险资产权重。资本充足率计算公式中分母是指经风险加权后的资产。因此，减小分母并不意味着要减少资产规模，通过优化资产结构，降低风险资产权重就能达到理想的效果。但同时低风险意味着低收益，降低风险资产权重也会相应减少银行收益，进而影响到资本的积累效果。

2.减少不良资产规模。由于历史原因，城市商业银行不良资产的规模都很大。近几年通过政府剥离及银行自身努力，不良资产大幅下降，减轻了其经营负担，有效提高了资本充足率，但不良资产的预防与治理依然不可掉以轻心。一方面，城市商业银行应该本着审慎的原则开展资产业务，减少不良资产的进一步产生；另一方面，应在处理不良资产的方式上积极创新，如资产证券化等。

（四）将资本约束理念纳入业务经营中

将强化资本管理和优化盈利结构纳入到银行财务管理的范畴。巴塞尔协议以资本为核心的监管方式，促进银行业必须强化资本管理，改善盈利结构，城市商业银行高层管理要切实关注资产增长和资本补充之间的平衡。一方面建立资本约束的机制，保持业务合理增长。在业务开展过程中，城市商业银行应支持和鼓励发展低资本消耗的业务以及不消耗资本的各项中间业务收入，保持信贷增长合理增速，对表外业务实行总量管理，限制其过快增长。另一方面，进一步加大经济资本的考核力度。加大经济资本在机构考核中的比重，弱化规模的概念，引导分支机构在日常业务开展过程中，主动发展低消耗的各项业务。另外，建立多层次资本补充渠道，特别要重视资本的内部补充。因此，财务管理目标也由单纯重视利润向提高资本收益率转变，由重视单纯利差收入向提高非利息收入占比转变。

（五）将资本管理纳入制度化、流程化

目前我国城市商业银行的资本管理还处于相对简单和粗放的阶段，从中长期看，城市商业银行必须改变粗放式的资本管理策略，要以新资本协议资本充足率为出发点，在组织架构、资本规划与补充、风险计量、业务模式调整、资本分配等方面构建"全流程资本管理模式"，实现资本规划、业务规划、财务规划、人员规划的统一，其中，应重点提高风险计量技术，减少资本浪费；调整业务模式，建立风险和收益匹配的"轻资本"经营模式。

当前城市商业银行以存贷款为主的业务模式决定了其具有资本消耗的特征，特别是对于那些资产规模扩张较快的机构，自身内源性资本补充无法完全满足业务发展需要，因此存在急需资本补充的问题。今后，城市商业银行只能通过对风险的控制而不是规模的快速扩张来实现盈利增长，面对贷款竞争的加剧和贷款增长的放缓，从事传统零售和公司业务时要专注于对业务的精耕细作以获得比较优势。如扩大资产业务和零售业务的市场份额时，要以差异化的服务取得更大的定价主导权；在存款业务上吸纳更多资金以增强流动性，低于防范风险。

在建立"轻资本"经营的基础上，强化资本规划、明确资本管理机构与职责，制定资本管理内容和程序，把资本管理纳入制度化、流程化，对城市商业银行在现阶段及今后相当长的发展时期有着极其重要的意义。随着监管机构对资本管理的要求越来越高，各家城市商业银行都在积极探索资本管理的有效途径。例如，某城市商业银行经过近几年不断探索，初步建立一套较适合自身实际情况的资本管理模式。具体包括以下几方面：

其一，制定了科学规划、合理配置、提高收益的资本管理原则。科学规划，即满足预测期内的资本合理需求，与目标资本充足率不能有重大偏差。合理配置，即资本配置要体现战略导向，资本资源要发挥最大化效果。提高收益，即风险调整后的股东收益最大化。

其二，明确资本管理的目标是建立健全资本管理机制，使资本在满足规模发展和风险管理需要以及符合监管部门的资本充足率要求的前提下，实现经风险调整后的资本收益最大化。

其三，完善了资本管理机构，包括股东大会、董事会、经营管理层（资产负债管理委员会）、董事会办公室、计划财务部、风险管理部和资金部等，以制度形式明确各机构的职能与责任。

其四，明确了资本管理的内容和程序。

（1）资本规划管理，资本规划应对可能的资本缺口和融资渠道进行情景分析和敏感性测试，在可能的情况下应进行必要的压力测试。针对巴塞尔新资本协议的原则和框架，提前做好各项准备工作，评估新资本协议实施的时间和范围等。

（2）资本计量管理，包括规定了账面资本和监管资本的计量和统计范围，同时规定了对监管资本的计量要充分考虑缓释工具的影响。

（3）资本规模和结构管理。坚持资本规模管理过程中最终需要确保资本充足率和股东回报率的有效统一。要求资本管理部门定期评估和监控资本市场现状及可能的变化趋势，分析可行的融资渠道和各种方式的筹资成本，同时建立和逐步完善对不同分支机构、不同业务条线及各种产品的资本需求和资本收益计量分析，提高资本配置效率。

（4）资本信息披露。明确规定相关部门应按照有关要求，准确完成资本充足率的计算，按时向监管部门、董事会和经营管理层报送，同时规定对外披露资本充足状况主要指标及范围。

（5）建立一套可执行的资本管理程序。包括：董事会确定资本充足率管理目标，批准经营管理层提出的资本筹集、使用规划；相关部门负责组织落实各项资本规划，并定期向经营管理层报告资本规划执行情况、问题及相关建议；董事会办公室按规定程序将增资扩股方案报监管当局批准后，资金部门按规定程序负责具体的融资操作。

第五节 城市商业银行的资产负债管理

资产负债管理，就是商业银行对资产负债的总量、数量、比例及组合同时作出决策的一种综合性资金管理的科学方法。其实质是在保证资金使用安全性、流动性的前提下，获取最佳收益。资产负债管理已被证明是目前银行业较为科学规范和普遍适用的管理办法。从近几年国内商业银行的试点情况看，资产负债管理的成功与否是城市商业银行打造核心竞争力的关键。

一、城市商业银行资产负债管理现状

经过十多年的努力，城市商业银行不仅明晰了产权关系，而且强化了约束机制，增强了服务功能，同时经营机制开始转换，历史包袱基本化解，金融风险得到控制。但由于受限于城市商业银行自身人才以及系统资源限制，城市商业银行的资产负债管理还存在诸多不足。主要表现在以下几个方面：

其一，内容单调，没有建立完整体系。资产负债管理是一个完整的有机体，它从实现资产负债整体的流动性、安全性和盈利性的最佳组合的角度进行管理，具有综合性、全面性的特点。但是在部分城市商业银行，资产负债管理仅仅是几个比例指标的管理，甚至就是控制存贷款比例指标，加上特殊时期的保支付性质的流动性管理。城市商业银行的资产负债管理体制和机制尚处于粗放阶段，没有将资金管理、风险管理、定价管理、资本管理等内容纳入到资产负债管理体系中。

其二，手段单一，缺乏有效的管理工具。目前多数城市商业银行的资产负债管理手段主要是存贷比、超额备付率、不良贷款率等比例管理。长期以来，由于缺乏利率风险管理的金融工具，决定了对于利率市场化的不适应。不仅缺乏利率风险管理机制，更缺乏有关利率风险管理的系统软件，利率风险管理的基础数据很难采集，信息加工处理很难正常运作。利率风险管理方法和手段的滞后，导致利率风险管理的欠缺。从业务发展来看，城市商业银行资产结构相对比较单一，投资渠道少，承受利率变化能力弱，应对措施缺乏。在利率变动情况下，缺乏应对措施，容易出现经营风险。

其二，前瞻性不足，资产负债调控的后果可能会造成业务发展的剧烈波动。由于城市商业银行对宏观经济、政策及市场环境的分析判断能力较弱，加上国内的经济金融和监管政策的频繁调整，资产负债管理决策明显滞后，许多调控措施的刚性色彩比较浓厚，造成部分业务发展出现急刹车现象。

二、城市商业银行资产负债管理的改善方向

现代银行的资产负债管理是以"三性"即"安全性、流动性、盈利性"协调为目标，对资产负债表进行的全面的、动态的、前瞻的综合平衡管理，其核心内涵是风险限额下的协调管理和前瞻性的策略选择。

由于各城市商业银行的人员素质和科技水平参差不齐，所以资产负债管理改进作为商业银行的一项重要管理策略，应在"整体规划，循序渐进，分步实施"的原则下进行。

（一）以内部资金转移定价机制为核心构建资金管理体系

城市商业银行传统的资金管理就是指资金头寸的管理，主要包括对内的资金头寸上存下借和对外的存放及拆借，目标就是调剂余缺，确保支付清

算。该种管理方式一方面难以对利率风险进行有效识别和管理，另一方面也难以适应业务条线管理需要，业务条线之间的资金成本和收益无法计量。因此，城市商业银行应借鉴国内外先进经验，以内部资金转移定价机制为核心构建资金管理体系，以期达到分离市场风险，集中管理流动性风险和利率风险，指导对外产品定价，实现部门、产品、客户、分支机构、客户经理资金成本与收益的多维计量，为业绩评估和考核打下基础。

1.内部资金转移定价模式选择。内部资金转移定价模式主要有单资金池法、多资金池法和期限匹配法。

单资金池法、多资金池法存在一定的弊端，期限匹配法比较适合城市商业银行运作模式。例如，某城市商业银行采取期限匹配法，以资金的发生日和期限为标准，以市场边际利率为基础确定利率水平。优点是流动性风险和利率风险集中在总行资金部门管理，并在市场上进行对冲，国外银行和国内部分股份制银行采取此方法，是转移定价的主流模式。缺点是定价模型和计算过程复杂，同时在人民币利率没有完全市场化和存贷比管理仍然存在的外部制约条件下，收益率曲线构建的难度大，特别是在存贷款定价上存在严重缺陷。

长期看利率市场化是大势所趋，期限匹配法是必然选择，但从城市商业银行目前的业务看，期限匹配法需要过渡期，原因是人民币贷款期限错配在短期内无法完全解决，因此建议：人民币同业资金、债券投资、贴现采用期限匹配法；外币采用完全的期限匹配法；人民币存贷款采用多资金池法，并根据利率市场化进程逐步过渡到期限匹配法。

2.定价步骤及方法。一是根据市场收益率曲线和存贷款基准利率，构建银行的内部收益率曲线。二是根据产品属性确定差别定价方法。主要方法有完全匹配法、资金池法、现金流法、分配利率法、锁定利差法等。三是根据收益率曲线和选定的定价方法，确定各产品的基础转移利率。四是考虑资本调整、流动性溢价以及资产负债管理的导向等因素，对基础转移利率进行调整。五是按分期转移法定期计算各项业务的成本收益，再按产品、业务、机构、人员、客户进行分类汇总（例外处理：内部转贴现和出售资产按即期转移法一次性计算收益给经营单位）。

3.资金管理模式。总行与分支机构的资金管理从上存下借转变为统收统支，按借贷差额和统一利率计算上下级的内部资金利息收支，同时满足分支机构对外报送会计报表的需要。

总行资金部门集中管理利率缺口和流动性缺口，并在市场上进行对冲操作。分支机构的资金管理职责简化为限额内的备付金管理。

（二）完善风险管理体系

1.银行风险管理体系的三大核心内容是风险识别与计量、风险转移和处置、风险拨备和资本覆盖。同时巴塞尔协议对风险覆盖的资本监管原则从信用风险扩展到市场风险和操作风险，风险管理进入量化管理的新阶段。风险管理作为资产负债的核心内容，城市商业银行要在逐步完善风险量化技术和方法，完善风险管理体系，强化风险防范和处置，建立风险管理文化等方面下工夫。因本书对"风险管理"有专门章节论述，在此不予赘述。

2.特别强调，在资产负债管理中，还要使用资产组合管理手段分散风险。包括使用衍生产品等市场工具对冲风险、通过资产证券化等方法转嫁风险、通过风险环节的排查预防操作风险等。

3.多管齐下提高风险覆盖程度。通过风险定价技术提高产品定价覆盖风险；通过计提拨备覆盖预期损失；通过增加资本覆盖非预期损失；通过经济增加值考核来建立资本对风险的约束机制。

（三）构建产品定价体系

随着人民币利率市场化的发展趋势，国内主要银行均建立了资产负债的定价管理机制。城市商业银行则处于起步阶段，在完善定价管理基础的情况下，建立以全成本覆盖的理念构建产品定价体系将成为其经营管理重点。

1.建立统一的产品定价基本模型。产品价格＝内部资金转移价格＋（－）风险成本（预期损失＝违约概率×违约损失率×风险暴露敞口）＋（－）全成本分摊后的费用及税收＋（－）经济资本成本（信用风险、市场风险、操作风险的风险值VaR×预期资本回报率）＋（－）目标经济增加值。此模型适用于资产、负债业务、表外业务、中间业务等。

2.建立基于客户边际综合效益为核心的关系定价（简称：客户关系定

价）作为贷款定价的补充。随市场竞争加剧，银行信贷市场由卖方市场转为买方市场，客户价值在资产定价中的作用也显得非常重要。客户边际综合效益包括几个方面：一是客户存量存、贷款和非利息收入产生的效益。二是预期新增贷款产生的效益。三是预期新增贷款后带来的存款、非利息收入的增量效益。四是减去不增加贷款的存量效益。贷款价格可按客户关系定价的高低确定在基本定价基础上的上下浮动幅度。

3.其他影响客户贷款定价的因素调整。实际操作中可根据客户合作时间及历史累计贡献、信贷市场供求关系等影响因素进行定价微调。例如，徽商银行已经建立相关贷款产品的定价系统，为分支机构贷款定价提供参考，同时已经运用到贷款审批过程中。

4.加强资产负债管理与战略规划的协调配合，提高资产负债管理的前瞻性、全局性和可操作性。如果说战略规划和预算管理属于银行宏观管理的话，那么资产负债管理就是银行中观层面的政策与策略选择，在结合经济金融环境情况下既需要将战略规划转化为具体的银行经营管理政策，同时将管理政策传导到各级分支机构，在具体的经营管理活动中加以贯彻执行。

（四）建立完整的资产负债管理体系

现代商业银行的资产负债管理体系是一个复杂的系统。

1.建立由银行高级管理人员和主要业务部门负责人组成的资产负债管理委员会，负责制定资产负债管理政策，确定内部资金定价原则，审查市场风险状况，并对风险偏好、风险敞口调节、业务策略选择等有关事项作出决策。

2.建立专门的资产负债管理团队来承担具体的政策实施、风险计量和管理运作。

3.建立包括识别风险种类、确定风险限额、评估风险收益、调节风险敞口、选择业务策略、配置经济资本、考核风险绩效等一系列环节在内的顺畅的管理流程。

4.必须建立以科学的分析方法、先进的管理工具和有效的管理手段为支柱的管理平台。尽快建设资产负债管理系统是城市商业银行提升全面风险管理水平，提高资金使用效率，使金融资产结构更为合理的必要途径。从实践中看，要做好资产负债管理业务分析，就需要流动性风险管理系统提供数据，支持确定比例管理指标并进行缺口管理；要配置、管理好经济资本，就需要资本管理系统。如果没有风险计量系统提供的基础数据，资产负债管理就如同空中楼阁。例如：某城市商业银行引进的资产负债管理系统，在一定层面代表该项管理工作达到国内银行比较先进水平，为该行资产、负债业务发展以及战略规划执行提供坚实基础。该行实施资产负债管理系统，既适应银行目前业务发展，兼顾渐进方式改革的需要，又按照先进银行管理的模式，把全面风险管理架构和业务流程纳入系统中。

一是资产负债管理系统。该系统具有资金调度、管理的功能。可根据风险计量、风险敞口、资金转移定价等数据，编制、分配、下达风险缓释、经济资本配置的资金计划；通过采用组合管理技术资金转移计价和风险调整资本收益率来编制资金分配使用计划；管理银行交易账户、银行账户限额。

二是资本管理系统。该系统以银行资本为对象进行计量、配置、监测、评价等一系列控制活动，对机构、业务品种、行业、信用等级等多维度的信用风险、市场风险、操作风险进行分析汇总；通过对经济资本的计量和预测，直接反映银行的风险状况，并根据管理需要灵活进行分解和合并，推进全面风险管理体系建设，实现资本的合理配置。

三是流动性风险管理系统。该系统以银行金融资产、负债、利率、汇率、现金流量为对象和工具所进行的计划、配置、监测、评价等一系列的控制活动，包括比例管理、缺口管理等。

四是风险计量系统。该系统以巴塞尔新资本协议为基础，对涉及的相关风险进行的识别、计量、监控、评估及缓释政策执行情况等一系列的控制活动，确保银行风险资本管理所要求计算及相关参数的准确性和审慎性。

本章参考文献

1.周好文、程婵娟：《商业银行财务管理》，清华大学出版社2007年版。

2.姚亚文：《对我国商业银行全面成本管理的探讨》，论文网。

第八章
城市商业银行的业务运行
与IT管理*

第一节 城市商业银行集约化运营的演进

柜面服务、会计核算、支付清算是商业银行传统的基础性服务功能，是实现银行产品销售的最终环节，也是商业银行区别于其他金融机构的典型特征。由于城市商业银行成立之初服务于单一城市的定位决定了其跨地区支付清算功能存在缺陷，同时，以网点为单位的分散的核算处理方式，决定了城市商业银行存在着成本高、风险环节多、服务标准难以形成等弊端。

经过长期的努力，城市商业银行逐步统一了网点会计核算标准、建设了核算处理系统、加强了操作风险内部控制、极大地改善了网点服务。2002年成立"城市商业银行资金清算中心"，随后中国人民银行大小额支付系统的上线运行，改变了城市商业银行跨地区支付清算能力落后的局面。因此，过去的十多年年，城市商业银行在柜面服务、支付清算、会计核算等方面取得的进步是显著的，大幅提高了城市商业银行在中国金融市场中的整体竞争力。

※ 本章由朱海、胡丽健撰稿。

随着我国改革开放的不断深入，金融市场的不断发展，客户需求的不断变化，探索流程简洁、内控有效、成本可控的业务处理方式成为摆在中国商业银行特别是城市商业银行面前的重要课题。业务运营管理是从我国商业银行传统的会计结算管理中引申出来的概念，集约化作业和业务运营是目前城市商业银行正在普遍开展的变革与实践，而流程银行的探索则体现了城市商业银行正视现实、不断进行自我完善的进取精神。

一、城市商业银行业务运营的现状分析

随着城市商业银行产品与服务种类的快速增加，业务流程日益繁杂，由于缺少统一规划，出现部门分割、职能重叠、效率低下、内控失灵、客户不满等诸多问题，主要表现在：

（一）环节过多

目前城市商业银行核算业务流程复杂，涉及的部门和环节过多，需要投入大量的人力、物力、财力和时间，成本与效率失衡。有的银行同一分行两个网点间的客户资金转账，即便是进行通存通兑处理，日终还需要进行内部的资金清算，网点间的资金需要通过内部报单划转。各网点都是一个独立的核算主体，内部资金清算环节繁复，人为增加了工作量、风险点和经营成本。

（二）流程僵化

原有的核算流程是为适应既存的组织结构和管理需要，笼统地按活动的相似性进行组合。从客户需求来看，完整的业务流程常常被割裂开来。组织架构设计和职责划分并没有打破传统的思维定势，常常是在机构确定之后再去设计连接各部门的业务流程，或只是对原业务流程进行一些修补性的工作。没有根据不同客户、不同产品的风险特征进行设计，往往是根据金额大小划分管理权限，造成越是优质客户、越是大客户，审批环节越多。

（三）部门分割

多数城市商业银行碎片业务散布在不同的专业领域，管理办法、核算手续直至操作流程往往由各业务部门自行制定，彼此间缺少衔接和协调，存在

重复和冲突。各流程之间的信息不能共享，重复录入，数据口径不一，带来管理上的混乱。相当部分信息依赖手工填报和汇总，给基层行的正常经营带来很大的工作压力。

（四）层次复杂

多数城市商业银行会计核算体制以网点为基本核算单位，实行"网点-一级支行-分行-总行"的核算层次。过多的核算层次使数据形成需经层层汇总，影响会计信息产生的及时性；另一方面，形成了大量的内部往来和资金清算账户。由于账务层次过多，一些新设分行内部账户的数量甚至超过了客户账户，增加了风险点，不利于清算体制、资金体制、财务体制及其他业务体制的集约化。

（五）亟待转型

传统的银行网点主要功能是核算，服务与营销功能难以得到发挥，因此，亟待转型。在转型过程中，按照目前的核算模式，既要做好优质服务又要承担大量的会计核算职能，既要完成上级行下达的业务指标，又要保证内控有效，陷入顾此失彼的窘境。相当一部分营业网点只有一半的人员在从事业务营销和前台服务工作，其余的人员都在从事核算处理。

二、城市商业银行业务运营的变革

（一）管理机制的变革

从总体上看，大部分城市商业银行的规章制度都比较健全，但执行力较弱，效果不好，缺乏自我纠错、良性运转机制。权力控制型的层级管理模式，中间层次过多，管理效率低下；机关化的用人机制，"入口"容易"出口"难，甚至于人浮于事；僵化的激励约束机制，奖金工资化，工作浮于表面、流于形式。

管理机制的变革使得城市商业银行摆脱了机制僵化的状况，减少了管理层级，缩短了管理链条，增加一线人员力量，优化了人力资源结构；打破了官本位制，形成能者上、庸者让、劣者下的生动局面；建立了绩效考核制度，调动了员工积极性和创造性。

（二）风险管理的变革

业务流程的再造在消除旧有问题的同时也会带来新的风险。业务处理的高度集中，也意味着风险的高度集中。随着总分行后台中心业务范围扩大，业务处理权限增大，部分后台人员操作风险的级别已远远高于前端柜面人员。在转型的过程中，城市商业银行要通过制度、监督、系统、行为管理等多方面控制，形成"事前防范、事中控制、事后监督"的全面风险管理体系。

（三）内控模式的变革

城市商业银行是由原城市信用社转制而来，各城市信用社为独立法人，各自为政。成立城市合作银行后虽然名称变更，但经营理念没有根本变化，因此存在"大支行、小总行"、"强支行、弱总行"的情形。基层分支机构的行长拥有较大的人、财、物权，在支行内部具有绝对权威，造成"内部人控制"。在总行对分支机构控制能力较低的情况下，分支机构极易发生道德风险。

针对这一弊端，组织架构改革摆上了议事日程，其目的是建立起扁平化、专业化的经营管理架构，核心内容是在提高市场营销能力的同时强化总行管控职能。扁平化、专业化的组织架构提高了总行对市场环境、客户需求的敏感性，能及时把握市场动态，实现上下联动、资源共享，提升了竞争力，也加强了总行对分支机构的控制能力，改变了原有架构下风险管理体系缺失的状况。

（四）业务流程的变革

业务流程的设计目标逐步转向以客户为中心，提供差别化和多样化的服务流程。逐步建立了大会计的概念，重视流程之间的相互衔接和相互制约。简化了账务层次，实行集约化经营和扁平化管理。随着以效益为导向、以客户为中心经营理念的普及，"一站式"服务的推广，营业网点主要定位在为客户提供方便、快捷的金融服务，逐步转变为银行产品销售和输出服务的终端。

三、城市商业银行集约化运营的实践

通过较长时间的探索，更多城市商业银行认识到只有对业务运行流程进行全面梳理和整合，把分散的各个业务流程有机地衔接，才能通过集约化运营，实现服务水平的提升。集约化运营体现了城市商业银行从管理理念到运行实践的转变：从以账户为中心转变为以客户为中心；从依托部门职能管理到依托业务流程管理。以下以某典型城市商业银行的实践为案例进行具体剖析。

（一）建设集中处理系统

核算业务集中处理是对银行传统会计处理流程的重大变革，为适应集中处理所带来的地理区域变化，操作员工变化，处理环节变化以及风险控制的变化，必须对原有的操作流程重新梳理和重组。原网点独立操作的流程，转变成跨网点、跨区域的操作流程。集中到后台处理的业务拆分成多个易控制的简单流段，并最终组合完成系统的记账。整个流程的流转更多地采取系统控制的手段，柜员跟着流程操作，从而取代原流程中人为的干预。

1.建立事后监督和预警系统。该系统引入OCR光学识别技术，为集凭证录入、图像处理、智能识别、数据核对、精确查询、重点监督、风险预警于一体的计算机辅助管理系统。通过OCR进行凭证要素识别加人工补录的方式完成前后台账务核对，对大额交易、重点业务、特殊业务及易发案件环节进行设置，实施事后重点监督，将交易金额、频率、来源、流向和用途等有异常特征的资金交易、柜员行为、内部特殊账户、异常大额支付等信息，通过风险模型监控预警。该系统提高了临柜操作风险监管的有效性与前瞻性，保证了核算监督和风险控制的工作质量，同时大大减轻了网点的日常工作量，对前台提升服务也起到了积极作用：一是从原来的手工单一监督模式转变为全方位多角度监督模式，加强事前防范、事中监控、事后监督和重点监控，实现了柜员管理、账户管理、重要交易、大额支付等重点业务、高风险业务的实时监督与预警，由被动反映向主动监督转变。二是实现了事后监督电子化、档案管理电子化、业务查询网络化，网点可以在线查询传票电子影像。三是系统扫描、补录、重点监督、风险预警均由不同的监督人员担任，采用流水作业，由差错系统发出查询，减少人为干预，在防范案件、规范操作等方面表现良好。通过针对性较强的预警模型，便于及时发现作案痕迹甚至作案动机，及时查出问题，也可对柜员违规进行预警，并及时纠正柜员的违规行为，结合奖惩制度，以逐步减少甚至杜绝柜员违规操作。

2.建立票据交换集中提入系统。该系统引用了票据影像的处理技术，将前台约20%的对公业务纳入后台集中处理，减轻了前台临柜业务工作压力，对加强风险控制、提高效率和实现前、中、后台有效分离产生了重要作用：一是提高效率，降低成本，整合资源。对岗位进行细分和归类，把相似或相关的业务交给一组操作员处理，把原先复杂的环节演变成"审票车间"、"人工验印车间"、"清分扫描车间"，提高了业务处理技能和速度。在票据集中提入前，该行每天用于处理的总工时为400小时。集中后，每天用于处理的总工时为104小时，比集中前减少了296小时，效率提高约74%，有效地缓解了柜面人手紧张的局面，网点的服务、营销、信息收集功能更突出、更明确。二是运用科技手段，提高处理质量，提升了风控能力。集中前，每张实物票据均须通过手工验印，花费时间约15秒/张。集中后，采用了先进的清分机和扫描仪，采集高质量的票据图像（正反两面），实现了自动验印。对于部分自动验印不通过的票据，才通过手工验印。通过影像手工验印花费时间约7秒/张。集中前，资金清算通过人工处理；集中后，资金清算实现自动化，提高了资金清算的速度和准确性。三是缩短管理半径，简化业务模式，统一操作标准。集中前，提入票据业务管理链条长，操作标准难以统一。集中后，总行对该业务实现扁平化管理，相关规章制度可直接传达到业务处理中心，减少了中间环节，经办人员对各项管理信息、规章制度的掌握更加全面和细致。在业务处理标准上，逐步统一操作规范。四是实现了前、中、后台有效分离，降低了操作风险。集中前，提入业务处理分散在各个网点，网点业务人员在处理提入业务的同时，还兼职其他工作，在一定程度上存在前中后台业务不分离的问题。集中后，业务处理中心人员不直接面对客户，因此有效地实现了前台业务与中台业务的分开，在很大程度上杜绝了业务人员"一手清"的现象，加大了票据业务的风险控制力度。

3.建立银企集中对账系统。该系统将日常对账操作和管理监控全部纳入流程管理，提高了银企对账率，促进客户提高对账意识，保护资金安全：一是集中对账有利于强化对账制约机制，提高对账风险控制能力。集中对账模式下对账单生成、打印、审核、统计由专人处理，对账过程实现前后台分离，网点柜员和客户经理不接触对账单，避免了对账单的篡改，彻底实现了记账与对账人员相分离，杜绝了由此可能引发的风险。二是集中对账有利于减轻前台对账压力，提高对账效率。设置专人进行对账管理，将传统手工分散对账变为集中批量处理，有效降低了前台柜员压力，提高了对账速度和对账质量。

4.建立凭证管理系统。该系统将凭证(包括重要空白凭证、卡、业务印刷品)全部纳入管理信息系统进行集中管理，取消纸质申领、缴销凭证的传统模式，实现系统中的申领、缴销处理流程。该系统的上线，加强了总行对分行、支行业务凭证的管理，理顺并规范了总、分、支行三级凭证管理流程，切实提高了操作风险防范能力，纸质向电子化流程的转换，同时也提高了凭证管理的工作效率。

（二）建立后台处理中心

以数据大集中的延伸方式，将分支机构各业务系统的后台运作处理，集中到一个成本较低的地域中心或直接进行业务外包。通过集中化管理，对大量占用人力和时间的各种单证处理实行后台流水线作业，极大地提高了业务运行效率，降低了风险与成本。通过集中化管理，将会计工作区分为会计业务前台和会计业务后台，会计业务前台实现银行与客户的接触，把分散的流程集中在一起，站在客户的角度进行流程的再设计；会计业务后台满足集中管理和核算的需要，有利于加强风险控制和监督，有利于加快决策速度，提高管理效率。

为加强集约化运营和专业化管理，提高临柜服务质量与工作效率，逐步实现临柜业务的账务处理向后台转移。该银行在原总行会计结算部下成立业务处理中心，基本工作职能包括临柜业务后台集中处理、现金业务与金库管理、资金清算与账务核对、凭证与业务档案集中管理等。中心成立至今，承担了上门收款现金集中记账业务，加快了上门收款客户资金的入账时间；集中非税记账业务，承担90%以上的非税收入记账业务，较好地缓解了支行人员紧张的困难；加强外挂ATM集中管理，承担了外挂ATM的加钞、日常维护及账务处理等工作；POS集中入账业务移入中心处理，加快了全行POS商户资金的入账速度；实施凭证集中归档工作，减轻了支行工作量；集中全行调账处理，规范调账业务操作；承担全行小额定期借记业务合同数据维护工作；承担全行支票影像交换提入业务处理等，加快业务集中处理化进度。

尔后，该行在原总行会计结算部下又成立放款与授权中心，基本工作职能有：公司信贷资金放款业务集中处理，部分临柜业务集中审批与管理等。放款与授权中心通过放款系统与临柜业务审批系统，将前台放款业务、账户与大额取现业务、验资业务等复杂、高风险的业务剥离至中心，使柜台操作风险的可控性大大加强。该中心成立至今运行正常，通过系统操作环节及业务数据的硬控制，将内部控制的一些规定编入业务系统中，较好地实现了业务实时反映和风险控制。

为规范财务管理、提高工作效率、增强监督能力，该银行专门在总行设立了财务核算中心，基本工作职能包括财务收支事项的集中核算和管理，费用凭证的事后监督和集中保管，将同城辖内分支机构的财务收支核算全部上收，收支统一到财务核算中心办理。

尔后该行又推行了账户集中申报业务，包括核准类银行结算账户的集中开立、变更、撤销申报以及专用存款账户取现核准申报，减轻支行账户申报压力。为进一步完善全行信贷档案管理，提高信贷管理水平，该中心实施了信贷档案的规范保管。规范了各类文本类信贷资料的保管，对每一笔信贷放款业务资料进行整理，采用标准格式的封面、目录，确保每份信贷档案规范、齐全、标准。

（三）实行扁平化、专业化管理

系统开发人员与系统操作人员相互分离，确保系统安全。系统开发人员与系统操作人员分设在信息科技部门和业务运营管理部门，系统操作人员根据授权设置系统参数，做到参数设置有依据、有审批、有制约。

工作岗位实行合理分工，专业管理。按照新业务流程，对整体业务处理过程中支行营业机构、分行业务处理中心、总行业务处理中心各岗位明确职责，按正常业务、特殊业务、金额大小等分级进行授权控制，管理职能更加集中、管理效率进一步提高。营业机构实现扁平化，及时充实前台服务人员。分行业务处理中心按照受理业务的种类不同，下设库房管理、资金清算、集中对账、集中监督等。按照不同业务流程性质分设不同的业务岗位。坚持证押分管原则，经办与授权相分离、经办与复核相分离的原则，达到内控目的。总行处理中心岗位设置坚持"管理和操作相分离"的原则，根据系统流程流转需要，设置业务操作、监督控制两大类岗位。

经过改革，城市商业银行逐步在管理上实行以垂直条线纵向为主、横向为辅的纵横结合的矩阵管理模式，强调集中控制和一体化经营。银行的核算和考核是集中的，但这种集中不再完全以传统的块块为中心或节点，而是以业务线为基础，实行业务线的垂直条线集中考核核算与分支行块块考核核算相结合。这种模式的优势在于：一是便于强化集中控制，依靠制度化手段提升执行力；二是通过建立相互制约的管理体制，有利于防范和控制风险；三是将原本散布于分支行等块块内的资源以业务线为核心，集中整合为相对独立的单元，有利于实现集约化、规模化经营，从而提高资源利用效率、降低经营成本，提升对于市场需求变化反应的灵敏度。

（四）促进营业网点转型

前台直接面向客户，主要承担业务营销与服务职能，核算职责相对弱化，同时前台又是中后台的客户，中后台承担集中核算和集中管理、监督的职能，中后台支持前台。营业网点和营销人员成为功能和职责明确的销售前端，类似于分布在总分行等决策中枢外围的"客户终端"，终端和中枢之间通过优化设计的业务处理流程相连接，实行专业化分工、模块化运作，模拟工厂流水线式的大规模生产方式，将整个银行改造成为制造金融产品、提供金融服务的生产流水线。有利于银行各项业务处理的专业化和标准化，从而最大限度地提高运作效率和资源的利用率、降低运营成本，同时也有利于风险的监督和控制。

在业务流程的前端即营业网点，由于流程改造，引入了交易录入方式，将账务处理镶嵌在业务流程中，柜台人员可能不知道每笔业务所对应的账务处理方法。在这种情况下，柜台人员只是一个操作员，他们只需按照既有规定进行操作。营业网点的主要职能是营销客户，以客户为中心进行业务处理。这样前台营业人员需要重新定位，一部分人员可以从会计人员中转为营销服务人员。在业务流程后台即在业务流程的末端，集中处理账务核算，同时数据相对集中，信息共享，会计工作逐渐从核算型转向核算管理型，银行会计职能出现转换和扩展，会计工作重点将会发生转移，其工作重点将更多地转化为推动经营和参与决策，参与业务流程设计、会计计量、约束、业绩考核、激励机制的建立等。

通过业务集中处理推动了运营流程再造，实现业务处理环节的流程控制、处理规则的系统控制、处理风险的过程控制，有助于达到有效控制运营风险、提高运营效率、挖掘运营潜能、提升客户服务水平，促进网点向销售转型的目标。

（五）重建风险控制机制

流程再造逐步推广后，核算工作并不是万事大吉，需要根据新模式的要求，重新制定相关制度和管理办法，在内控管理、系统管理、操作流程等方面同步改进。

在制度梳理方面，一是要建立体系，对过去散落在各个业务部门的会计相关规章制度予以清理整合，形成内容完整、功能分类的会计制度体系；二是修改完善，适应新业务流程和业务发展的需要，对原有制度中不适应的内容进行修订和完善；三是填补空白，对核算业务流程及业务发展所需而又无相应制度的，及时查缺补漏；四是规范标准，核算流程标准化后，要将与之对应的制度规范标准化、人员管理标准化、业务处理标准化、核算监督标准化、检查标准化；五是持续改进。关注流程的运行情况，对运行中的问题，及时改进优化，调整制度。要不断对制度和流程进行梳理，制订科学化、标准化、系统化的规章制度，设计具有前瞻性、综合性、可操作的作业流程，实现制度与流程的有机衔接。

通过IT技术的应用，在流程中建立风险控制机制。建立统一的管理模式，实现数据中心信息资源共享，更快地响应和解决问题，提高管理效率和管理质量；采用先进的科技手段，促使所有管理流程规范化；提高操作的效率和准确性，降低人工失误和遗漏造成的风险；通过对业务流程现状的统计和分析，智能地预测业务流程资源使用状况，主动防范业务流程运行中可能出现的故障和风险；通过统一集中管理，加强运行管理的可控性，降低安全风险；通过分析监控记录的历史数据，产生处理系统性能的量化分析报告，为决策分析提供可靠的依据；建立科学的运行管理考核体系，实现对运行人员维护工作的量化考核，提高服务水平。

第二节 流程银行的探索

2005年10月，中国银监会主席刘明康在上海银行业首届合规年会上提出"流程银行"概念。目前我国银行业的管理存在的一系列弊端，譬如银行内部各部门画地为牢，合规失效，内部制衡机制难以有效发挥作用，这些弊端之所以存在，是因为目前的合规管理仍建立在"部门银行"基础上，而不是"流程银行"基础之上。此种状况导致针对客户需求的服务、创新和风险防范受到人为的限制。因此根本出路在于对目前的部门银行模式进行再造，建构流程银行。

一、流程银行概念与特点

（一）流程银行的概念

流程再造是由管理学家迈克尔·哈默提出的，是一种改进的哲理和思想。它的目标是通过重新设计组织的业务流程，使这些流程的增值内容最大化，从而获得绩效改善的跃进。这种做法既适用于单独一个流程，也适用于整个组织。当流程再造理论刚刚提出来的时候，管理者和学者们普遍认为，流程的持续改进不同于流程再造，流程再造是一种深层次的变革。

彻底从零开始重新构造的"再造"观点是业务流程再造理论的核心之一，主要包括：

重新的思考：流程再造需要从根本上重新思考，对传统的分工思想、等级制度和官僚体制等进行重新审视，打破原有的思维定式，开拓创新思维。

彻底的变革：流程再造不是对组织进行肤浅的调整修补，而是要进行脱胎换骨式的彻底改造，抛弃现有的业务流程和组织结构以及陈规陋习，从零开始。

显著的进步：流程再造是根治顽疾的一剂"猛药"，可望取得"非常规"式的进步，流程再造之所以从重新设计流程入手，就是因为原有的业务流程是效率低下的根源。

但随着研究的深入和实践活动的开展，理论界对流程再造有全新的认识。认为流程再造是一个动态的、持续的过程。激进式再造的特点是范围广、幅度大、速度快。这种再造旨在通过对传统经营方式的反思和彻底变革，来寻求一种新的融合了精细生产、适时制造和柔性服务等管理方式的经营机制，获取更大盈利。渐进式再造则是以一种相对温和的方式来寻求服务的提高和盈利水平的上升，从某种程度上讲，其再造的范围更多地限于成本管理再造。从思路上看，它更多地通过现有状况下寻求一种合理化的途径来实施再造。

事实上，流程再造或流程银行并没有一个标准概念，它只是一个相对的、发展的概念。笔者认为，流程银行可以这样理解，即通过重新构造银行的业务流程、组织流程、管理流程以及文化理念，改造传统的银行模式，银行的经营组织结构和各种资源围绕价值链而展开，业务流程是价值实现的过程，而流程应围绕客户和市场需求设计，形成以流程为核心的全新银行模式。也就是说流程银行强调其资源配置、组织管理、经营目标必须围绕服务于客户需求这一中心。

（二）流程银行的主要特点

相对于传统的银行模式，流程银行的主要特征表现在：

1. 以客户为中心是流程银行架构的基础。前述银行流程重塑理论认为，银行进行以流程为核心的根本性再造，首要的原因是来自客户（customer）的挑战，必须重新从根本上考量并改变过去产品导向的经营理念。"3C"的另外两个是竞争（competition）和变化（change）。金融机构的多元化、金融工具的证券化、金融机构业务的综合化以及信息披露的日益透明化，使得在银行和客户的关系中，客户的弱势地位已经发生根本转变。流程银行的架构应首先从根本上摆脱传统银行模式中过于精细的劳动分工羁绊，从生产或产品导向彻底走向消费者导向和服务导向，时刻围绕顾客价值考虑"客户想买什么"，而不是"银行要卖什么"。以客户为中心再造业务流程，进而以业务流程为中心再造组织流程、管理流程和决策流程，从而最终在市场末端和决策高端架设起良好客户服务的桥梁。

2．业务流程的再造是一项浩大的工程。波士顿咨询公司董事兼副总裁托马斯 里彻（Thomas Reichert）就零售银行业务流程的重组，提出了七个步骤。第一步是将每个产品"端到端"流程中相似的流程步骤进行组合，着重根据业务范围和性质进行流程组合。第二步是对于组合好的流程步骤，对其共同性程度进行评定。这些流程在产品线范围内的相似度如何？在渠道内怎样？在"端到端"流程内又如何？第三步是对于共同性业务进行标准化处理。对于这些业务存在的不同之处要仔细推敲。很多情况下是主观决定或缺乏商业判断才造成了这些不同。第四步是将流程步骤组结合，形成流程模块。对于每个流程模块的输入、输出和处理过程都进行清晰地界定。第五步是评价模块之间的战略相关性和运作相关性。该模块应该独立运作还是应该和外部商业伙伴进行整合？该模块是否只属于设施性服务而与竞争优势无关？第六步是深入了解银行在信息系统、法律和监管方面所受的限制。第七步是为每个流程模块设计特定的信息系统工具。完成上述七个步骤工作量大，涉及面广，投入精力大，工程浩大。

3．业务流程的构建突出核心业务流程和突出业务流程的多样化。根据诸多业务流程对客户价值贡献度的大小，区分核心业务流程和普通业务流程并予以不同的解决办法，有助于银行致力于核心业务，既节省人力、物力和财力，又大大提升具有比较优势的业务回报率。在流程银行的建构中，外包成为一种公认的智慧型路径选择，可帮助银行有效克服资源瓶颈或摆脱竞争劣势，尽快达成战略目标。突出业务流程的多样化，传统银行模式出于过分注重业务流程的标准化，越来越难以应付多样化、个性化的客户需求。流程银行的业务流程则具有多样化的特点，根据不同客户群的需要，推出具有差异化的业务流程。

4．结构模块化。模块化(modularization)是时下诸多解释流程银行的人士的"流行语"。此概念是从高新技术尤其是计算机软硬件、网络技术领域借用过来的。按照日本经济学家青木的解释，模块化是指半自律的子系统，按照一定的规则与其他同样的子系统相互联系而构成的更加复杂的系统或过程。我们可以将流程银行视为一种模块化结构，这个结构如同一个生态系统，其中各个模块都是个性和统一性的有机统一。每个模块遵守决策者设定的共同界面，以保证整体发展的方向和战略，同时各模块可以不依赖主系统而自动独立运行、内部竞争、研发和创新，并形成"1＋1＞2"的整体效用，保证系统适应不断变化的挑战，成为持久不衰的"百年老店"。

二、流程银行与部门银行的区别

"部门银行"模式的形成与我国计划经济体制有关，在向市场经济体制转轨过程中，其在组织架构、业务流程、风险控制、员工激励等方面的劣势就显现出来。

（1）金字塔式的"部门银行"组织结构导致信息的严重缺失。传统银行的组织管理结构为典型的"金字塔"式结构，即总行、一级分行、二级分行、支行、网点之间的科层关系，机构网点完全按行政区划设置，形成了"四级管理，一级经营"的畸形经营管理体系。管理层次过多、信息传递周期过长、部门间职能交叉重叠、业务审批环节过多等原因，导致官僚主义、交易成本高、运行效率低和服务功能差等弊端。

（2）部门间的职能分工没有面向客户，客户体验度不佳。现有的业务流程是为适应既有的组织结构和满足管理的需要设置的，每一个职能性群体所从事的工作，对于一个完整的流程来说，只是其中的一个部分，在这样的组织中，从客户的需要来看，完整的业务流程常常被割裂开来。职能型的流程设计使不同部门拥有不同的资源和权力，部门之间不关心业务流程的运行，而是热衷于权力和资源的再分配,从而导致银行内部机构的不断膨胀,内部交易成本上升,业务流程更加不流畅。

(3)对客户未能细化,产品缺乏针对性。城市商业银行的业务流程僵化单一,没有根据不同客户、不同业务的风险高低设计不同的业务流程。额度较大的贷款还要层层上报,层层审核,一定程度上存在着低效客户驱逐高效客户的现象,优质客户在银行并未享受到优质服务。

(4)网点经营成本高,营销能力弱。机构网点普遍呈现综合化,开办的业务品种齐全,部分网点每天的业务量不一定很多,但基于内控要求必须多人经手处理,需要配置相应的人员。对于复杂业务,对经办人员要求更高,专人办理,这对机构网点人员的数量、质量、培训提出更高的要求。又由于过多的账务处理压力,很难再抽出人员进行营销工作,无法开展优质客户定位分析和配套服务,容易流失优质客户。

(5)风险管理粗放。风险控制中没有一个科学的量化指标体系来检测,风险大小由部门工作人员经验判断,对风险的识别、衡量、控制缺乏统一的制度指导;风险管理部门与经营部门之间缺少沟通协调,经常出现风险管理真空,没有达到横向到边、纵向到底的全覆盖。对于机构网点来说,经办人员涉及复杂业务时出现人为错误的概率增加,内部案件风险隐患难以消除。另外机构网点的管理水平参差不齐,安全意识不强,操作风险分散于各个处理环节。

基于部门银行的种种弊端,同时随着市场竞争日益激烈,客户需求的日趋多样化和个性化,以市场需求为中心,整合组织资源,开展流程再造,提出流程银行已势在必行,其主要优势在于:

其一,遵循系统观点,实现银行组织和文化再造。建立流程银行是一项系统工程,它不仅包括银行业务流程的再造,也包括银行组织和文化再造。其中组织和文化再造是实现业务流程再造的保证,业务流程再造又推动着组织和文化再造。构建流程银行必须改革原有的组织结构,建立一种全新的扁平化、网络化组织结构,在设计中要遵循组织结构因流程而定,职能、人员配置也要因流程需要而定的基本原则。在流程银行中,虽然一笔业务仍需涉及不同的部门和不同层次的机构，但客户只需面对一个部门，即对内分工严密，对外是一个整体，在以业务流为导向建立的组织结构中，要求组织分权和组织成员的协同，这势必带来银行文化的再造。因此，流程银行必须转变经营理念和价值观，以客户满意为经营宗旨，同时利用开放的网络平台，倡导一种协作共赢的文化。

其二，流程设计坚持以客户为中心。赢得了客户就是赢得了利润，银行必须树立以客户为中心的经营理念。以客户为中心主要表现在两个方面：一是准确把握客户需求，包括客户对金融产品和服务需求的具体内容，优先程度，以提高客户满意度为目的，使业务流程适应客户需求多样化、个性化特点，推出差异化产品与服务。二是提高服务效率。建立能快速响应和满足不断需求变化的业务流程和运营机制，并将决策点定位于流程能有效执行的环节，在业务流程中建立控制程序，将原有各部门之间的摩擦降到最低，从而减少交易成本，提高银行市场竞争力。

其三，流程银行强调按照横向设置流程，按照流程设置部门。部门按照前、中、后台严格分离设置。批发和零售银行部作为银行前台部门，风险管理、法律合规和运营部构成银行中、后台。人力资源、资讯科技是保障前、中、后台有效运作的支持部门。从导向上看，所有部门的职责定位，都是围绕产品和客户来运转。客户办理业务并没有直接面对某个部门的概念，而是通过特定的渠道进入流程，每一笔业务的完成都要经过独立的前、中、后台处理，每一个部门都是通过流程为客户服务的。流程银行的总行既是政策中心，又是营销中心、信贷决策中心、风险管理中心，包括分行在内的各分支机构都是总行的销售与服务渠道，各条线的管理链条都集中在总行。分支机构作为销售与服务渠道，只是总行前台销售部门的延伸。

其四，推进柜台营销转型。通过柜面整合，许多业务特别是重要业务从前台转移到后台处理，有效降低柜台业务处理的时间，柜员职能侧重于服务营销，易于了解客户信息和需求，有更多的时间推广新业务品种，增加交叉销售，提升网点价值。

其五，实行风险管理垂直化。建立风险垂直管理结构，提高全行风险管理体系的独立性、专业性和有效性。风险信息传递更加迅捷，减少原先风险管理中的信息盲点和风险报告中的隐瞒现象，为管理层作出决策提供更加扎实可靠的依据。银行业务流程再造后，取消了"一手清"传统业务处理方式，风险控制由分散到集中，同步对可疑交易及重点业务进行实时分析及监控，并对大额的可疑交易进行授权处理及事中监督，从物理上隔离操作风险。

三、流程银行的研究与发展

（一）国内外流程银行的研究

银行业的流程再造实践起源于美国。以花旗银行为例，业务流程再造后花旗银行组织架构精简为10个部门，分别为批发银行部、零售银行部、新兴市场部3个业务部门和7个辅助部分。在管理上花旗银行实行矩阵结构管理模式，管理部门一条线，业务部门为另一条线。在零售业务流程再造中，花旗银行花了3年的时间重新设计程序，利用人工智能标准化传统的信用交易。只要输入客户信息，电脑自动给出该客户的信用评分，显示出客户的贷款标准和报酬率。以前需要业务员、审核员、复核员等至少3人的一项个人贷款业务，现在只需要一个业务员借助于标准化的电脑程序就能完成，银行为此节约了人力资源，客户办理一项业务的时间也大为缩短。

我国国有银行主要采取渐进式再造。以工商银行为例，该行深入调研和全程体验各项银行服务，从破除体制机制障碍、整合优化经营要素配置入手，启动了"个人金融业务流程改造"方案，着手改进服务流程，对前台营销类、业务操作类、离柜业务类和操作风险类的个人业务服务流程进行梳理、整合或精简。在对公业务流程改造方面，充分利用信息化系统，推行点对点、一站式等更有效率的授信类业务运行模式。特别是对小企业，工商银行为其量身定制了独立的信用评级和授信体系，简化评级授信流程，大大缩短了对小企业贷款审批的流程。从该行的流程改造看，没有进行大面积的内设机构调整，对有问题的流程，也是制定近期、中期和远期的实施计划，而不是一次性的激进式的整合。

以上流程再造产生的结果均对客户服务质量有了明显改进，激发了银行销售文化，管理层也更加贴近客户。

（二）流程银行的发展路径

流程银行建设是一项系统性革命，其发展是由浅到深、由表到里、由简单到复杂的渐进式的过程。

1．以客户需求、服务流程为中心，再造业务流程。流程银行将网点功能由传统的核算单位重新定位为提供产品和服务的交易平台，会计业务前台处理以单笔实时交易信息录入为主，以增值业务为重点，创建多样化的服务，并对客户流程进行资源整合，对客户实现有差别的服务，"一站式"服务。银行产品在很大成分上"源于顾客，用于顾客"。这就使得银行这个特定组织对顾客的依存程度更加强烈。因此，关注顾客，了解顾客，服务顾客，让顾客满意，已成为我国银行业参与竞争必练的基本功。

2．以业务流程为基础，再造管理流程、决策流程、组织流程。根据优化金融产品的特性以及客户、市场的需要，加强对业务流程进行诊断、梳理、评估、整合，再造业务流程、管理流程、决策流程和组织流程，确保前、中、后台各部门职责明确、业务环节流畅、风险控制严密。流程银行的组织和管理流程是配合业务流程，重塑扁平化的组织结构和矩阵式的业务管理结构，实现资源集成和组织扁平化，形成高效率的模块化结构。

3．以业务流程与风险流程相融合，形成风险控制动态管理机制。在流程银行体系下，必然更加强调全面风险管理。要把风险控制作为一种文化、一种灵魂注入工作中。每个人、每个岗位、每个部门面对的都是风险与处理风险，在把风险意识从上到下贯穿于每位员工的思想中，形成理念、自觉行动和准则，使之成为工作的支撑点。城市商业银行应根据自身风险特征，建立与业务发展相协调的风险管理体制，建立有效覆盖损失的风险管理体制。充分评估和研判流程银行可能产生的风险，制定防范各类金融风险的应对措施和市场退出机制，建立业务持续计划，最大程度分享流程银行带来的效益。

4．以业务流程价值链来实现管理价值、员工价值。流程银行成功的核心在于拥有富有活力的员工组成的团队。当员工具有企业主人翁思想并具备专业知识、技能时，才能发挥流程银行的作用。流程银行非常注重员工工作积极性、主动性和创造性的发挥，建立激励和监督机制，重视一线员工的合理化建议，制定具体奖励办法，对这些工作中所表现出来的优秀品质必须有制度化的激励，对制约甚至破坏流程正常运转的行为要给予制度上的严厉惩处。对整个业务流程，还要有类似于工业企业的"质量检验员"、"督导员"、"审核员"进行全方位的合规性监控，将员工的创造性、主动性限制在合规诚信的范围内，并以严格遵循业务规范为前提。

四、城市商业银行流程银行的探索与实践

（一）实施流程银行是城市商业银行发展的机遇

区域经济一体化带来历史性机遇。我国改革开放三十多年来，形成了一批区域经济体，如长江三角洲、珠江三角洲、环渤海经济圈等。这些区域内部经济的关联性日益密切，经济一体化的发展趋势非常明显。区域经济的一体化将为我国城市商业银行带来巨大的发展机遇。通过跨区域经营，能够提升城市商业银行的客户服务、品牌价值，有利于优化资产结构，降低系统性风险。

适合的发展路径是把握机遇的关键。面对市场，城市商业银行需要分析自身的相对竞争优势，制定发展战略和文化，实现组织管理的扁平化，建立流程银行，突出效率优势是城市商业银行形成竞争优势的重要策略。

（二）实施流程银行应以业务流程再造为切入点

业务流程是内核，组织架构是载体。构建流程银行，说到底是要改造现有不适应市场竞争要求的组织架构和组织形态，促使银行从生产或产品导向彻底走向客户导向和服务导向，围绕客户价值考虑"客户需要什么"，而不是"银行要卖什么"。流程银行的构建必须以业务流程的再造为"核心"，而业务流程再造同时也是构建流程银行最适合的切入点，以此来引发组织流程和管理流程的再造。

1. 网点业务流程再造及转型。就是对传统银行进行改革，将全部银行内设机构按照业务性质划分为业务营销和市场拓展部门(前台)、业务监督与咨询等直接支持部门(中台)、数据处理及后勤支持部门(后台)，实行前、中、后台业务分离，对中、后台业务实施集中化处理。在这种银行模式中，前台

直接面向客户，同时前台部门又是中、后台部门的客户，中台和后台支持前台。营业网点和营销人员成为功能和职责明确的销售前端，类似于分布在总、分行(地区总部)等决策中枢外围的"客户终端"，终端和中枢之间通过优化设计的业务处理流程相连接，实行专业化分工、模块化运作，模拟工厂流水线式的大规模生产方式，将整个银行改造成为制造金融产品、提供金融服务的生产流水线。这种运作模式有利于银行各项业务处理的专业化和标准化，从而可以最大限度地提高运作效率和资源的利用率，降低运营成本。同时，也有利于风险的监督和控制。

2. 操作风险与业务流程相融合。操作风险是指由不完善或有问题的内部流程、员工和信息系统以及外部事件所导致的直接或间接损失的风险。从操作风险的定义就可以清晰地看出，影响操作风险发生的主要因素至少包括：流程、组织和系统。而上述这些因素，恰恰是构成银行正常运营的主要管理要素。

操作风险的管理就是对银行的流程、组织、系统进行有效管理的过程。但是，现代银行越来越庞大，像巴林银行、法国兴业银行等因操作风险管理失败而倒下或蒙受巨大损失的银行都是拥有数十年、甚至百年历史的跨国银行，多年来我国银行业也频频发生大案要案，导致银监会采用"一票否决制"等行政手段控制大案、要案的发生。对操作风险进行管理首先要面临的挑战就是如何理清银行这张巨大的、无形的组织、流程、系统网络。值得庆幸的是，信息技术的发展已经可以帮助人们去描绘、勾勒这张无形的网，构建新型的操作风险与业务操作相融合的流程已成为可能。

3. IT技术的发展提供有力的技术支持。以计算机技术和网络通信技术为代表的信息技术，正以一种异乎寻常的速度改变着社会生产和社会生活的各个方面。银行是信息技术应用最为广泛的领域之一，随着商业化改革的不断深入，城市商业银行已经意识到"科技立行"的重要意义，依托信息技术的发展，酝酿和构建新的计算机应用系统。通过系统的更新换代，重新整合业务和产品，进一步优化前台分工和劳动组合，不断提升管理水平和服务质量，提高综合竞争力。

（三）流程银行建设的近期目标

流程银行是一个着眼现在、面向未来的企业设计，在理论界没有现成的模板。为适应来自客户需求和同业竞争的挑战，城市商业银行必须对业务流程进行再造，坚持创新，以实现提高运营效率、降低经营成本、提高客户满意度和控制风险的目的。

1.建立差别化的业务流程体系。根据不同的客户群、价值贡献、资源利用、处理程序、风险程度等因素来设计出具有差别化和个性化服务的业务流程。全体员工要以顾客而不是以上级为服务中心。顾客可以是外部的，也可以是内部的。对城市商业银行来讲，前台人员面对的是直接的顾客，而中后台人员的顾客就是前台人员。每个人的工作质量由他的"顾客"作出评价，而不仅是他的领导。

新的"客户群"不仅要按照行业、规模、年龄、职业等来划分，更重要的是要按照客户与银行往来关系、客户本身的经营和收入状况来划分。根据不同类型客户的金融需求制订多样化的业务流程，尽量满足不同类型客户的需要。

"一站式"金融服务就是要求银行在一个节点为客户提供全面服务，客户不需要为了一笔业务在不同部门之间奔波。各个部门之间的员工能够充分合作，这里的团队合作不仅仅指团队精神，还包括一种大局观——每个人不只是为自己部门的领导负责，还必须具有为整个流程负责的全局观。

2.建立技术与管理创新机制。金融服务创新要以客户为中心，以市场为导向，以提升客户满意度和提高金融效益为主要目标。城市商业银行应不断促进金融科技创新，突破传统银行柜面服务模式，通过金融服务技术电子化和信息化，实现服务形式多样化和业务流程再造。在创新的过程中，要处理好上下级机构之间关系，适当扩大分支机构金融服务创新自主权，提高创新积极性，上级机构研发部门要同基层建立顺畅的沟通渠道，防止产品与市场脱节。

前台应用二维码防伪技术，后台实行切片技术，结合远程集中授权，实现前、中、后台分离，对大量占用人力和时间的各种单证、会计业务处理实行后台流水线作业，使前台集中精力开展客户服务；关键点风险控制统一集中到处理中心，可以大幅度提高业务处理效率，降低风险并减少运营成本。

3.建立统一的客户信息视图。信息技术在银行经营管理中的广泛运用，使银行出现了机器操作代替手工操作，无纸化逐步代替有纸化操作、网络银行和传统银行并存的局面，大大提高了自动化程度和业务处理速度。目前，利用信息技术对银行经营管理理念、工作方式、业务流程的创新还不够，银行应该创造性地利用信息技术，建立统一的客户信息数据库，实现资源共享和同步流程管理。

4.建立业务外包机制。业务外包就是把一般性的、低附加值业务交给外部服务公司去做。银行把最能体现银行竞争优势的、高附加值的业务留下来。这样可以使银行摆脱事务性业务的影响，集中人、财、物在核心业务上，可以节约成本，突出竞争优势。在目前高度社会化分工的情况下，银行应充分利用社会各方面的资源，以达到降低成本、提高经济效益的目的。

第三节 城市商业银行IT技术的应用与发展

在城市商业银行的前身城市信用社（或联社）时期，IT运用的范围主要是柜面业务，包括储蓄业务和会计业务，系统是单机版，各机构互不联网，此时期常称呼IT的运用为"会计电算化"，此时IT应用给银行带来的最大好处是会计人员逐步摆脱算盘和纸质簿记的使用，核算效率极大提高。

城市商业银行成立后基本完成数据大集中，建成"综合业务系统"，实现全行数据集中、全行经营统一、中间业务种类逐渐丰富，IT技术给城市商业银行带来了与大银行几乎同等水平的技术支持，此时期常称呼IT的运用为"银行电子化"。IT的应用给银行带来的最大好处是使城市商业银行完全消除了信用社时期各自为政的局面，真正成为了法人银行，为城市商业银行的快速发展奠定了技术基础。

近几年来城市商业银行的IT运用进一步在广度与深度上发展。从广度上看，IT的运用不仅限于柜面业务、传统的ATM和POS业务，新型的电子渠道包括网上银行、电话银行、呼叫中心也在迅猛发展，更为重要的是，IT运用开始扩展到办公自动化、客户信息管理、信贷审批、风险管理、绩效考核管理、人力资源信息管理、管理决策支持等诸多银行业务和职能管理领域；从深度上看，在积累了多年的业务数据后，数据挖掘和数据仓库进入了规划阶段，IT正在向与业务深度融合的方向发展，此时期，我们认为以"银行信息化"来命名更为合适。

在经历了"会计电算化"、"银行电子化"后，现在已进入"银行信息化"时期，IT的价值已得到了所有银行人的共识。现在的问题不是城市商业银行要不要运用IT的问题，而是城市商业银行的各项业务与管理工作已经高度依赖IT技术的支持，离开IT技术的支持，银行的运营无法支撑。因此城市商业银行目前面临的主要问题是如何用好IT，在确保IT风险可控的情况下，实现银行价值的最大化。

一、IT价值链分析

银行产品的主要特征是资金的流动，在现代金融体系下，资金的流动从技术角度看就是信息的处理。信息技术（IT）的发展给银行的业务带来了前所未有的便利，也提供了更多创新的可能，它推动与支持着现代银行业务的发展。IT在银行中的价值就是推动和支撑银行业务的发展，具体来说，IT要支持银行业务战略的实现，即要从银行的产品、业务流程、管理决策和运营等多方面对银行业务进行全面的技术支持。IT通过银行业务本身的价值实现来实现自身的价值。

那么银行IT是如何实现价值从技术到业务的传递的呢？一般而言，我们认为银行的IT价值链包括如下几个主要环节：（1）业务需求提炼：业务部门根据自身的业务战略、市场机遇、效率改进、风险控制等要求，向IT部门提炼出业务需求。业务需求的满足和实现，将给银行带来价值，这也是银行IT的终极价值。（2）业务分析：IT部门对业务需求进行理解与分析，向业务部门提供与IT技术相适应的建议反馈，并提出解决方案，编制计算机软件系统需求规格说明。业务分析环节的价值就在于将业务目标和要求转换为技术人员需要的需求规格说明书,它起到了业务和技术两种话语体系之间翻译的作用。(3)IT架构设计与管理:IT部门在需求分析的基础上,对系统的数据架构、应用架构和技术架构进行规划和设计,并制定架构标准来规范和统一所有信息系统的建设的技术标准。银行的信息化建设不可能一日建成,它是一个逐步深入的过程。各种业务的信息化系统建设有先有后,因此为了各系统的数据共享和资源共享,必须要制定和执行统一的IT架构规范。架构设计与管理环节的价值在于它使银行的各孤立业务系统或模块有了统一性,成为一个有机整体,为各银行业务领域的协同运作提供了技术基础。(4)IT解决方案开发:IT部门通过自建、合作开发与外包开发等多种模式,将业务部门的业务需求最终转化成为一个可用的IT系统。这个环节,简称IT开发,它是在架构规划和设计的基础上,进行系统的详细设计、编码和装配。IT开发的价值在于使业务需求变成了一个IT系统,它在技术上实现了业务需求所提出的功能,在IT的价值链中起着至关重要的作用,是IT价值链的中心环节。(5)IT系统的质量保证:对开发好的IT系统进行测试,包括系统集成测试、用户验收测试等,以确保IT系统的安全性、可靠性和可用性。只有经过严密科学的测试,IT系统才能在质量上得到保证,达到上生产线的水准。质量保证环节的价值在于尽量确保IT系统在投入生产线后不会由于致命的差错而给银行带来财务与声誉上的巨大损失。(6)系统部署与上线:将IT系统正确地部署到生产环境,使其可以被业务部门正常使用。系统部署与上线环节是一个新系统与生产环境的整合过程,它的价值在于业务需求从概念变成了现实,业务价值开始得到体现。(7)系统运营:采取各种措施,确保已上线的系统得到连续运营,系统的性能不断地得到优化,系统的功能得到持续的完善和改进。一个可用的系统是在持续运营中产生的,业务价值的实现也是在系统持续的运营中逐步实现的,IT的价值也最终在IT系统的持续运营中得到实现。

IT价值链可以从项目级和企业级两个角度来理解。从项目水平来看,单个信息系统从业务需求到上线运行要经历这个价值实现的过程;从整个企业的层面来看，IT从业务战略目标和要求的提出到系统全面运营也必然经历这个价值实现的过程。以下的讨论除非特别指出，我们都是从企业级水平来考察IT价值链。

城市商业银行IT的所有活动，都要围绕着IT价值链来展开，在价值链的每一个环节都要根据城市商业银行的自身特点与发展阶段来配置资源，确保每个环节目标的实现，并尽量地降低成本、控制操作风险、提高工作效率。下面我们围绕IT的价值链来探讨城市商业银行IT的运用如何对业务进行支持。

（一）业务需求管理

业务需求是IT价值的源头。IT首先要做"正确的事"，然后才是"正确地做事"。对于IT来说，什么是"正确的事"？"正确的事"就是业务需求。业务需求的分类管理是需求管理的基础。

业务需求按其与业务战略的关系可以分为两类：（1）战略性业务需求。战略性业务需求是指那些在城市商业银行的中长期战略规划中明确要实施的业务需求，或者是与业务战略目标直接相关的业务需求。比如，城市商业银行在其三年战略规划中明确提出要"为小企业提供基本全面的金融产品和服务"，那么，像"小企业供应链融资贷款业务"这样的产品开发需求、"小企业网上银行"这样的电子银行服务渠道的需求，就属于战略性的业务需求。战略性的业务需求应当优先满足。（2）应用性业务需求。比如为响应政府关于便民服务的号召，提供银行卡自助缴费业务、批量代扣业务、"柜面通"业务。

业务需求按项目效用可以分为四类：（1）产品/收益类需求。产品或收益类业务需求主要是指那些能够直接带来财务收益的业务需求。比如"支付宝卡通"业务需求，可以增加客户存款；"基金代销"业务需求，可以增加手续费收入。城市商业银行的业务创新要求具有"短、平、快"的特点，以利占领市场先机，因此这类需求应优先满足，以取得与大行竞争的优势。（2）提高效率类需求。这类业务需求一旦实现，将能提高银行运行效率。比如信用卡进件审批系统的业务需求，可以将信用卡的审批时间缩短3天，大幅提升工作效率，同时也给了客户更好的服务。（3）控制风险类需求。能更好地帮助城市商业银行进行各类风险的控制。比如客户黑名单，在各类资产业务的办理过程中能及时地警示风险；如事后监督和风险预警需求，都是利用IT系统来识别、控制信用风险和操作风险。（4）监管合规类需求。这类业务需求主要是为了满足银行监管当局对银行业务的要求，比如贷款管理新规中对受托支付的要求等。某些业务需求的预期效益可能是多方面的，既能提高某类业务的工作效率，也能有效控制相关的风险。

当然，业务需求也可以按紧急与重要程度进行分类，以便根据轻重缓急进行项目安排。通过对业务需求的分类，使我们对城市商业银行的业务需求有了较深入的理解。与大型商业银行相比，城市商业银行的IT人员数量少，技术能力较弱，而面临的业务需求并不少。在这种IT资源和能力有限的情况下，如何辨别与选择最有价值的业务需求呢？我们认为城市商业银行可以采取下列三个措施：

1. 制定业务愿景与规划。城市商业银行从20世纪90年代中期发展到现在，已历时十年多，在经历了生死存亡的考验后，今天能生存下来的大多找到了自己的市场。大部分城市商业银行开始有规律地制定自己的中长期战略发展规划。有了中长期业务战略规划，IT的价值才有了明晰的依据和归宿。要使IT的运用产生最大的价值，必须使IT明确自己的唯一使命是支持业务部门完成全行的业务战略目标。如果有些城市商业银行还没有成文的业务战略规划，那么IT应当主动与经营管理层沟通，归纳总结他们的业务战略目标，以此作为IT工作的指南。如果没有清晰的业务战略规划，IT工作必然无的放矢。

2. 制定IT战略规划。制定IT战略目标与规划的重要意义是确保IT活动与业务战略目标一致。在业务战略目标和战略举措明晰的前提下，根据IT建设本身的规律来进行规划，从而确定城市商业银行未来的IT战略目标、信息化发展的基本原则、信息化建设的策略、信息化建设的路径，围绕着IT的价值链，在IT治理、IT运营管理、软件开发管理、IT风险与信息安全、IT架构管理等多个IT功能领域进行全方位规划，从而在IT技术和IT管理两个方面形成IT日常活动的指南，确保IT资源花费在与业务战略目标一致的任务上。

IT战略规划的制定与监督应当由战略规划部门牵头推动，业务部门与IT部门积极参与。只有这样，才能防止IT目标偏离，才能防止IT为了技术而技术，盲目追求技术先进，从技术本位出发而不是从业务需要出发。

3.建立业务需求管理机制。以上两个措施是从战略规划的角度来保证业务目标与IT目标的一致性。从微观或执行的角度来看，仍然需要建立一个业务需求的选择与排序机制。城市商业银行可以在高级经营管理层建立一个IT管理委员会。IT管理委员会的主要职能是审议和批准业务需求，并按一定的规则对业务需求进行排序；决定重大IT投资；拟定IT发展战略等。这样的委员会组成，从机制上保证了IT能做"正确的事"。

（二）业务分析管理

业务分析活动是将业务部门的业务目标、流程变革、业务需求、要求、想法等转化为可为IT开发人员理解的需求规格书（或称软件需求书）。业务分析人员既要熟悉技术，也要了解业务，是业务与技术的媒介和桥梁，同时也是业务和技术的协调人。

业务分析能力是城市商业银行IT能力结构中的核心能力，是IT价值链中应当受到关注和重视的核心竞争力。依照目前城市商业银行的IT现状，业务分析活动一般没有独立出来，更没有独立的业务分析岗位和职责，往往由一些资深的IT开发人员兼职。在城市商业银行经常听到这样的评价："IT部门甚至比业务部门的人更熟悉业务。"IT部门的人也经常这样抱怨业务部门的人："来做测试的人什么也不懂，都要我教一遍。"比业务部门更熟悉业务的人是IT部门的软件开发人员，因为他们做业务分析，并把业务流程和规则在IT系统里实现，还能有比亲自做这件事的人更熟悉的吗？

出现IT开发人员比业务人员更熟悉业务这样本末倒置的问题，将不能保证IT开发出来的软件系统就是业务部门所需要的。出现这种状态，一方面是由于城市商业银行的业务人员对IT软件开发的规律不熟悉，给予了IT开发人员过多的业务逻辑决策权；另一方面也说明，在城市商业银行里，由于人手紧张，一个人往往要兼职多个业务任务，分工较粗，比如做市场营销的人，还在兼职做产品开发，偶尔还要参加IT项目开发，业务不精是必然的。

随着城市商业银行资产规模快速扩大，业务品种越来越丰富，这就要求城市商业银行建立业务分析岗位，将业务分析的职责在业务需求获取与IT开发岗位中独立出来。由IT业务分析员做业务需求的分析，管理业务需求规格书和需求变更。管住了需求，业务目标才能在IT系统里完整地实现；进一步地，有了清晰的需求规格书，可以很容易地将部分IT开发任务外包出去，化解了IT开发人员紧张的矛盾，极大地提高了城市商业银行IT开发能力。

为了应对日益增多的业务需求，应该在IT项目办公室设立业务分析员岗位，配合项目经理共同管理需求，这将给业务部门的需求人员很大程度的支持，使业务需求能得到比以往更好的实现，更好地体现了IT在银行中的价值。

除了设立专职的IT业务分析员，城市商业银行还应当为每一个业务需求的实现建立项目管理机制。为每一个项目设立项目业主，项目业主代表项目的最终受益人，他最关心项目的需求是否被成功地实现；为每一个项目设项目经理，由项目经理负责协调业务需求的实现的全过程，避免在某些时段出现项目无人管的情况，特别是能很好地监督业务需求是否被无序地变更。

（三）IT架构设计与管理

城市商业银行的信息化建设水平普遍落后于股份制商业银行和国有大型银行。由于历史原因，在城市商业银行成立初期，为了尽快开展业务，在没有进行很好的IT战略规划和架构规划的情况下，迅速上线了不少独立的系统。这种没有整体IT架构规划的信息系统建设的情况，积累一段时间后，必然会出现下列一些不良后果，如孤立系统繁多，信息共享困难；某些功能在多个系统间反复投资；系统集成工作量大；系统维护费用高、风险大；软硬件更新换代频率高，投资回报率低；系统不适应新的业务而废弃不用，造成浪费。城市商业银行的信息化建设在经历了快速扩展的阶段后，系统越来越复杂，现在已经到了迫切需要重视IT架构的时期。

IT架构设计与管理是在IT技术上实现业务需求的一个重要环节。城市商业银行的信息系统只有拥有了良好的IT架构，才能更快、更好地满足业务需求。

IT架构主要包括数据架构、应用架构和技术架构三个方面。[①] 数据架构是指银行的业务需要何种数据，每一项数据的标准是什么，数据项之间的关系如何，在数据库中如何进行存储与分布，如何用于多业务的共享。应用架构是指银行业务在总体上应当如何合理划分成各个功能模块，各功能模块之间的关系如何；技术架构是指应用软件应当采用何种软件平台，何种软件接口技术以及采用何种硬件网络系统平台等。在业务需求经过分析后，首先要进行业务架构的设计，即把业务需求转化为业务流程和业务功能的设计；再在此业务架构的基础上，设计支撑业务架构的数据架构、应用架构和技术架构。

这里着重考察城市商业银行应用架构的规划，并以典型城市商业银行为例进行具体分析。城市商业银行在激烈的市场竞争条件下，必须关注客户，"以客户为中心"，在业务架构的设计上要体现"流程银行"的理念，在应用架构的设计上支撑"流程银行"的要求。因此，城市商业银行的应用架构从前台到后台，可分为交付渠道、客户管理、产品管理、财务会计、风险管理、利润管理与支持服务等七个部分。（1）交付渠道。城市商业银行与客户的接触渠道，可分为支行渠道、电子渠道、跨行渠道与业务伙伴等四类渠道。支行渠道是指通过支行营业网点的服务来与客户进行接触，具体来说，支行网点接触客户的方式有两种，一是柜面服务，二是客户经理的营销活动与服务。电子渠道是指客户通过ATM、POS、电话银行、手机银行和网络银行等电子设施接受银行的服务。跨行渠道是指客户通过他行的服务设施来间接地接受本行的服务，如客户可以通过他行的"柜面通"服务来归还本行的信用卡欠款。业务伙伴渠道是指银行的服务可以通过合作伙伴来受理，比如客户通过"支付宝"等第三方支付体系来接受本行的支付服务。与大银行相比，城市商业银行由于分支机构较少，必须借助其他三个业务交付渠道来提高客户服务的便捷性、反应速度及效率，所以在系统的应用架构上必须考虑多渠道的整合，使客户能拥有统一的体验。（2）客户管理。城市商业银行越来越重视主动营销，客户也越

---

① 赵刚、罗文编著：《IT管理体系——战略、管理和服务》，电子工业出版社2000年版，第121—136页。

来越细分。在传统的个人客户、机构客户之外，城市商业银行又细分出中小企业客户和小微企业客户类型。客户信息早期都是由各个子系统独立管理，这样不便于客户信息共享与交叉营销，因此将客户信息管理合并为一个独立的功能模块是"以客户为中心"理念的实现。在应用架构中，必须建立企业级客户信息文件系统（ECIF）和客户关系管理系统（CRM），实现向客户信息在部门间共享。（3）产品管理。在早期的银行业务系统中，都是以账户为中心来设计的，看不到"产品"的概念。但是现在城市商业银行面临着激烈的市场竞争，新的银行业务品种推出周期越来越短，为配合营销策略，银行的服务都被包装成金融产品，如储蓄、定存、企业贷款、个人贷款、投资型产品、贸易融资产品等基本产品，还有财富管理与企业现金管理等组合型产品。应用架构规划中应将产品管理定义成独立模块，以便快速定义产品，灵活进行个性化产品定义，迅速地推向市场，满足客户细分市场的需要。（4）财务会计。包含了会计核算、财务绩效管理、资产管理与银行资金管理等，支持高效、精确的会计核算处理。（5）风险管理。主要包含了操作风险、市场风险、信用风险和其他风险的管理。（6）利润管理。包含了绩效管理、管理决策支持、客户和市场分析及其他相关分析，支持全行资金转移定价，进行成本管理等。（7）支持服务。主要是指自动化办公与沟通、流程控制、人力资源管理等支持银行内部管理的应用系统。

在IT资源和能力有限的情况下，城市商业银行应按照循序渐进的原则进行信息系统建设，IT资源和能力的配置先满足交付渠道、客户信息、产品管理、会计核算等业务交易系统；然后再建设财务管理、风险管理及流程控制等业务管理系统；再次关注以数据分析为特征的系统建设上来，如绩效考核、数据挖掘、全成本管理等。从我们分析的典型银行来看。在1996年9月合作银行成立时，各营业机构使用的都是单机版的储蓄和会计系统，1997年7月第一代综合业务系统建设项目启动，同年年底实现储蓄业务全行通存通兑；1998年会计业务上线；1999年推出借记卡及会计事后监督系统；2000年上线多个中间业务；2001年在第一代综合业务系统的基础上进行"面向客户"的系统改造，增加了客户信息管理功能，增加了综合柜员功能，使之更适应市场营销，是为第二代综合业务系统；2002年推出了营业网点多媒体自助查询系统；2003年上线管理信息系统，使信贷审批等主要业务流程从手工进入了信息化，同时将业务交易系统产生的交易数据进行抽取、转换和集中存储，建立了绩效考核及管理报表处理系统；2004年全行实现办公自动化；2005年财务管理系统上线；2006年业务管理全面地信息化，客服中心等建设；2007年网上银行上线；2008年贷记卡系统、风险管理系统、基金代销系统、集中对账系统及决策型管理信息系统上线；2009年票据集中提入系统、风险预警系统上线，办公自动化系统升级；2010年升级了国际结算系统、财务管理系统，同时第三代核心系统建设开始分阶段实施，完成了大前置与统一图形工作终端的改造，完成了应用架构的新规划，这将使全行的应用系统有更好的内部整合，以支持全行业务战略的实现。

（四）IT解决方案开发

在业务架构、IT架构完成规划和设计后，IT解决方案的开发和实现就成为重中之重。我们在这里用"解决方案"一词，替代"信息系统"一词，主要目的是要强调"信息系统"的真正目标是要解决业务问题，它是业务问题的一个"解决方案"。业务问题，可以通过制定"管理流程和制度"，采用手工操作的办法解决，也可以把流程和制度固化在软件系统里，通过操作信息系统来实现。所谓"信息系统"，只是解决业务问题的一个"解决方案"，是一个利用IT来解决问题的"解决方案"。

在业务需求定义清晰、IT架构设计完成的情况下，IT解决方案的开发是一个纯IT技术的活动，需要大量技术精湛、充满激情且工作勤奋的开发人员。

在大型银行中，大量的开发人员聚集在一起，形成软件开发中心。但是在城市商业银行，由于规模的问题，开发人员分工并不细，往往开发人员兼职业务分析和架构设计，这一方面大大提高了工作效率，但另一方面也造成了一个最大的问题，就是"IT解决方案"是否真的能令人满意地解决了业务问题。通常情况下，IT人员倾向于只解决最急迫的业务需求。许多业务部门的抱怨由此产生，认为IT是城市商业银行的一个瓶颈，束缚了业务的发展。

近年来，第一梯队的城市商业银行开始大幅度地增加IT投入，监管当局也认识到IT支持不力对城市商业银行业务发展的束缚，出台指导性文件，要求城市商业银行IT从业人员要达到全行总人数的3%。实际上这已经是一个保守的数字。有资料显示，澳联邦银行、汇丰银行等大行，IT人员已达到总人数的5%-6%，并分布在各业务部门，而不仅仅存在于独立的IT部门。

（五）IT系统质量控制

质量控制是IT价值链中的重要环节，但在城市商业银行却易被忽视。IT系统在上生产线前，必须要像制造业的产品出厂一样，有严格的质量控制，否则一旦系统出现停止运行或严重差错，将给银行的资金安全和信誉带来严重的损失。质量控制，包括两个方面：一是要在IT价值链的每个环节进行质量保证，即进行"全面质量管理"；二是在IT解决方案正式批准上线前，有一个全面的测试和验证过程。

诚如一位城市商业银行的行长所说：信息化产品，特别是软件系统，"看不见，摸不着"，它不像硬件那样有形，易于评价。对于这样的一个很难感知的软件系统，当它的重要程度和复杂程度都到了一定程度时，建立一个独立于开发者的质量控制机制是必须的。

城市商业银行是一个规模快速发展的群体，当资产规模到1000亿以上时，其社会影响力也就不能被忽视，软件系统的质量控制就显得相当重要。城市商业银行的IT质量控制至少要关注两个环节和落实两个措施：

第一个环节是业务需求分析的质量。业务需求规格文档要完整、准确，详细程度要适当，这是将来衡量系统是否达到业务目标的工作标准。没有高质量的需求规格文档，就不可能有高质量的测试。

第二个环节是用户验收测试（UAT）。UAT测试是信息系统的最终用户或业主单位对IT系统进行验收性测试。各项功能与非功能指标都要达到预先在需求规格书中指定的标准。

第一个措施是测试环境的独立。城市商业银行应当准备一个独立于生产与开发的测试环境，并且测试环境应当保持与生产系统一致，或尽可能地一致，只有这样，测试的结果才具有可信性。

第二个措施是测试团队的独立。测试团队不能是开发团队，如果测试人员不独立，必将影响测试质量。质检人员拥有与开发人员不同的职责，这是显而易见的。

对于规模偏小的城市商业银行，要建立独立的测试团队，是困难的，原因不仅在于其IT人员数量少，更在于管理层对IT的规律认识不足。软件开发，就像文学创作一样，有着很多个体的风格和体验，有着太多的不可见的过程，因此，要进行质量控制，必须要把软件开发过程进行工程化、标准化、规范化，尽量降低个人特征对最终软件交付品的负面影响。在信息系统开发过程中，在软件产品最终交付之前，进行一系列的单元测试、系统集成测试，直至用户验收测试是软件质量的最好保证。

（六）系统部署与上线

系统部署与上线也是IT价值实现的一个独立环节。系统部署与上线的过程是一个系统集成的过程，它将应用软件、第三方软件、服务器和网络等集成为一个能提供特定业务功能的IT系统，也即把不同厂商的系统组件组合为一个完成特定功能的统一体，这需要具备专业的IT技能。这个环节是直接提供IT价值的。

业务软件系统经过业主的验收测试，证明可以用于生产。但是银行的生产系统是一个有着众多应用的复杂的信息系统，特别是，城市商业银行的现有系统经过十多年的不断扩容发展，应用系统众多，要将新的系统顺利上线、部署，已经不是一件简单的事情。这里主要要权衡三方面：一是新系统上线不能影响现有系统的稳定运行；二是新旧版本的兼容和管理问题；三是是否制定了系统回退方案和应急措施。只有在这三方面的问题得到妥善解决，IT系统才能实现它的最终目标。

城市商业银行由于在信息化过程中前瞻性考虑不足，规划性不够，经常面临如下问题：新系统不能适应现有生产系统的整体架构。比如，新系统的业务领域横跨核心交易系统、内部管理信息系统和行政办公系统，与原先简单的基础设施的架构、网络安全策略发生冲突；配置管理与变更管理不规范。原先整体结构比较简单，但是随着新系统上线数量越来越多，生产系统上的版本记录不全，系统变更没有统一授权，在新系统上线前，对系统的当前配置掌握不全，由此造成新系统上线后出现系统的兼容性问题。

要解决这些问题，关键是把系统部署和上线这个环节与开发、测试环节隔离出来，彰显出这个环节的独特价值，实现专人管理。这个环节也是监管当局对IT风险监管的一个重点环节之一，当然也是银行自身实现IT价值的一个关键环节之一。

（七）系统运营

IT的价值链从大的方面讲，可以分为三个大环节：一是业务需求分析；二是解决方案实现（包括解决方案开发、质量控制和上线部署）；三是解决方案运营，即IT系统运营。

系统运营的目标是实现IT系统的顺畅、持续的运作。这里主要包括以下一些任务：IT系统日常运作任务。IT系统的基础设施，包括计算机设备、网络设备是否处于正常运行中，有没有硬件故障；数据库系统是否有足够的容量来容纳新增的交易数据；系统的整体性能是否能满足高峰期的交易量；系统是否处于最优性能状态，是否需要根据实际情况进行某些运行参数的优化等等。IT系统持续性保障任务。由于城市商业银行基本都实现了数据集中，建立了数据中心，所以全行业务的连续性风险就集中在数据中心能否持续运行。这就要求城市商业银行建立信息系统应急预案，进一步地，要建立同城备份中心，实现数据级或应用级的灾备；对于跨区域经营的城市商业银行，更是要重视异地灾备中心的建设。

还有两项任务，也可以作为系统运营的附加价值：（1）数据分析。各类信息系统在运营过程中产生了大量的数据，除了常规的数据报表已固化在现有软件系统外，业务部门还经常有临时性的数据统计分析需求，由于业务部门不拥有IT技能的业务人员，因此仍然需要IT人员为他们进行数据分析支持。城市商业银行的IT部门应当高度重视数据分析支持的价值，可以通过组成专门的IT团队来管理业务部门的数据需求，具体的措施可以从两个方面来进行：一方面是进行数据仓库系统的建设，一方面向业务部门直接提供数据分析的技术支持。（2）日终处理。业务系统的日终处理，操作性比较强，不需要很多业务决策与判断，有些城市商业银行就把此职责赋予IT部门。

之所以说数据分析与日终处理是城市商业银行的两项IT价值的附加值，

是因为这两项任务，更多的是业务部门的责任，在规模较小的城市商业银行，业务部门的力量如果不是很强，IT部门也可以主动承担。

二、IT运用的策略

以上我们分析了组成城市商业银行IT价值链的各个环节的作用和价值以及城市商业银行应当如何根据自身的实际情况来配置IT资源，下面我们来探讨城市商业银行IT运用与支持中的策略。

（一）城市商业银行的IT治理策略

IT治理是公司治理的一部分，其本质就是要明确有关IT决策权的归属机制和有关IT责任的承担机制，以连接战略目标、业务目标和IT目标，从而使银行从IT的运用中获得最大的价值。鉴于银行对IT的高度依赖，IT治理必须是有效、透明和责任分明的。根据玛丽安娜等人的研究，企业的IT决策一般可分为五个方面：一是IT准则的决策，即一个企业的IT目标是什么，基本原则是什么。这需要根据业务战略来选择确定；二是IT架构的决策，即主要指企业信息化的总体的技术方针和标准的选择；三是IT基础设施战略的决策，即共享于所有业务部门的软件、硬件、应用平台系统的决策，如数据中心、横跨业务部门的客户信息管理系统等基础系统平台等的选择；四是业务应用需求的决策，即明确业务部门某个具体业务需求应该由谁来决策；五是IT投资和优先级的决策，即IT项目的选择及优先级排序。[1]

由IT决策者的性质来看，IT治理的风格主要有如下几种：一是业务主导制，即IT的决策权由业务部门主导；二是IT主导制，即IT的决策由IT领导层掌握；三是集体制，即IT的决策权由管理高层共同拥有，包括CIO；四是双向制，即IT的决策权由IT高管和另一名业务部门高管共同决定。[2]

---

① 参见玛丽安娜·布罗德本特、埃伦·S·基齐斯：《新型CIO领导》，商务印书馆2008年版，第127页。
② 参见玛丽安娜·布罗德本特、埃伦·S·基齐斯：《新型CIO领导》，商务印书馆2008年版，第128页。

城市商业银行在规模较小的发展初期，或现在的小型城市商业银行，往往采用IT主导制，由于此时期的城市商业银行的高层最关注银行的市场问题，IT对业务发展的掣肘还不严重，几乎所有的IT决策主要由IT负责人主导。但随着城市商业银行的规模膨胀，IT逐渐成为业务发展的瓶颈，城市商业银行的管理层认识到，IT的问题单靠IT部门一家是解决不了的，"IT是全行的IT，而不是IT部门的IT"的理念得到认可；同时，2006年以来监管当局对IT风险的控制日益重视，IT治理机制的正规化提到了议事日程。要保证"IT是全行的IT，是业务的IT"的理念得到落实，就必须建立合理的IT治理机制，让信息系统的需求方和供给方共同来决策。根据实践和监管当局的要求，我们认为，在城市商业银行比较理想的IT治理模式应该包括以下一些关键点：

IT目标或整体的IT规划的决策实行集体制，具体由董事会来决策，规模较大的城市商业银行可以在董事会成立IT治理委员会，也可以由战略委员会来批准。IT架构的决策，实施IT主导制，宜由IT领导层来决策。因为IT架构的决策更多地取决于IT技术的因素。IT基础设施战略的决策，实施双向制，在银行的高级管理层成立IT管理委员会，联合IT和业务高管层共同作出决策。业务应用需求的决策，实施业务主导制，主要由业务部门高级管理层决定。IT投资和优先级决策，实施双向制，由业务和IT部门高级管理层共同决定，具体可以由IT管理委员会来决策。

通过有效的IT决策权的分配，确保城市商业银行信息化的方向始终与业务发展战略一致，确保信息化的责任落实到城市商业银行的决策层与管理层，并与公司治理的结构相适应。

我们分析的典型城市商业银行于2007年在总行经营管理层成立了IT管理委员会，总行行长任主任，科技分管副行长任副主任。IT管理委员会下设办公室作为日常办公机构，挂靠IT项目办公室。IT管理委员会制订了工作条例，每隔2—3个月召开一次委员会会议，听取IT对业务的支持情况和存在的问题的报告，审议重大IT投资项目，并对重大IT项目进行立项审批和排序。IT委员会的工作机制增进了总行管理层对IT工作的组织领导力度，使业务与

IT的互动更加有序，责任更加明确，特别是在IT资源有限的情况下，提高了IT资源的利用效率。

（二）城市商业银行的IT组织策略

要使IT的决策执行到位，实现IT的价值，合理规划城市商业银行的IT组织机制是关键。依据城市商业银行的IT价值链，城市商业银行的IT组织职能可以分为四个模块：一是需求管理与分析职能；二是软件开发职能；三是系统运营职能；四是IT管理职能。

需求管理与分析职能。业务部门提出业务应用需求，IT部门首先要有一个受理的机构，这个机构对需求进行可行性的分析、整合，管理与业务部门的关系，管理项目组合，与IT管理委员会保持密切的联系。这个机构的主要作用是跟踪业务需求的实现。

软件开发职能。一般来说，城市商业银行中IT人数最多的是软件开发人员，较小规模的城市商业银行成立软件开发科，较大规模的城市商业银行成立软件开发中心，对软件开发的岗位进行专业化分工。纵向的可以分为项目管理、系统分析、程序开发、系统测试等岗位；横向可以按业务领域分置岗位，如零售业务开发、公司业务开发、电子银行业务开发等；还可以按系统的组件来分，如前台渠道开发、通信接口开发、后台开发等。在开发人员资源紧张的城市商业银行，开发人员的岗位分工一般较粗，这样的好处是开发效率高，最大的缺点是开发的规范化程度低，存在的IT风险较大。

系统运营职能。如前所述，系统运营的职能主要任务是日常运维和持续性保障，一般其工作关系远离业务部门，为银行的业务部门和高管层所不见。特别是，在城市商业银行，业务应用系统的维护由软件开发部门兼管，系统运营离业务就更远，因此系统运营职能在城市商业银行普遍受到忽视，这容易导致以下问题：一是系统运营专业人员不足；二是技术培训不足。然而，系统运营产生的风险将是全行性的，它管理着全行的数据中心，是IT资产和技术密集型的部门，一旦产生事故，将会是重大事故。

IT运营除了数据中心的运营外，还有网点的运行维护，包括员工工作终端（桌面系统）和网点网络的维护。在有分行的城市商业银行，这部分工作是分行级IT部门的主要职责。

在城市商业银行，对业务连续性的重视还不够。从系统运营的角度来看，首先要在技术上保障信息系统连续运营；其次再考虑在信息系统停运的情况下，如何来保持业务的持续。随着城市商业银行业务运营对IT的高度依赖，事实上，如果信息系统完全被摧毁，城市商业银行已经无法营业了。所以，业务连续性的保障重点还在于信息系统的连续运营。小规模的城市商业银行要达到数据级的保障，就是说，当数据中心被摧毁时，在异地仍然保存有关键的银行数据；对于较大规模的跨区域发展的城市商业银行，建立异地灾备中心，达到应用级的灾备，已是势在必行。至于异地灾备中心的建设是独立自建，还是合建或外包，城市商业银行可以根据自己的实际情况来决策。

IT管理职能。包括IT规划与预算管理、IT架构管理、IT资产管理、IT风险与安全管理、合规性管理、规范化管理等职能，负责信息科技的管理政策、技术标准、风险防范策略的制定以及监督、检查以及绩效评估等工作。小规模的城市商业银行不需要成立专门的机构来管理，往往由IT部门负责人或助理附带就能完成；但是对于较大规模的城市商业银行，IT管理职能必须设立专人来管理。这些IT管理职能的落实是IT价值实现的保证。

城市商业银行的组织策略应当根据本身的资产规模与人才结构来制定，总的来说，可以约略分为三种策略：一是自主导向型，二是外包导向型，三是自主主导型。

自主导向型的组织策略是指城市商业银行的信息系统建设、运行和管理均立足自力更生，最大程度地自主，较少借助外部IT资源。这就要求城市商业银行要能拥有并能保持一支具备高水平的IT技术人才队伍，而且必须拥有足够数量的IT技术人员才能满足城市商业银行资产规模跨越式的发展速度。在这种模式下，IT的四种组织职能中，最重要和关键的是软件开发职能。相应地，软件开发部门会同时承担业务需求管理的全部职能及应用系统的运行维护职能，这样它囊括了除IT基础设施运行之外的所有IT价值链，在IT部门中显得非常重要，而系统运营职能和IT管理职能相应地会被忽视。在这种模式下，城市商业银行的IT部门可以简单地设置硬件科和软件科两个子机构。

外包导向型的组织策略是指城市商业银行立足将IT价值链上的大部分职能都外包给外部IT供应商。在这种模式下，城市商业银行重视关注IT管理职能，而将业务需求的分析与管理职能、软件开发职能和运维职能尽最大限度地外包。在这种模式下，城市商业银行可以很快地获得新的IT系统，满足业务需求，但是城市商业银行在信息安全和IT技能的学习上会存在极大的困难，给银行业务的长期发展带来不利影响。

自主主导型的组织策略是指城市商业银行以自主拥有核心IT能力为原则，灵活地运用IT外包资源，以求快速响应业务需求。在这种模式下，城市商业银行必须拥有健全的IT组织职能，即业务需求管理、软件开发技术、系统运维能力和IT管理能力等四种能力必须取得均衡的关注。相应地，在组织机构的设置上，也应设立相应的职能机构来履行其专业的职责，比如，可以设置产品部、IT项目办公室、软件开发中心、IT运行中心和IT管理中心等专职机构来各司其职。

小型城市商业银行，由于资产规模小，所在城市IT人才缺乏，采用外包导向型的IT组织管理策略是一个较好的选择。自主导向型的IT组织策略，中型城市商业银行应该还是可行的，如果银行的业务多为传统业务，并且业务种类较稳定，采用自主建设、运行还是比较可行的；但是对于大型城市商业银行，特别是对于那些处于高速成长中的城市商业银行来说，业务创新加速，运行安全要求提高，自主主导型策略则成为唯一恰当的IT组织策略。

我们分析的典型城市商业银行1997年正式成立信息科技部，以第一代综合业务系统开发为契机，培养了一支17人的IT技术骨干队伍，此后立足自主建设与运维，打造了现行信息系统架构基础。自2005年以后，由银行业务高速发展引发的业务需求暴发性增长，超过了本身拥有的IT能力，IT能力成为业务发展的瓶颈。自2006年起，部分IT项目的建设采用外包和购买，近年来外包采购量逐年增大。与此相适应，在IT组织管理架构上也进行了变革。先是从IT治理着手，建立高级管理层的IT管理委员会，然后设立管理项目与业务需求的IT项目办公室，成立系统运行科和信息安全与综合管理科，软件开发科则按专业分为5个小组。在这样的组织架构下，可以对IT风险、信息安全、IT合规、IT项目立项和实施、外包管理进行有效地管理，在确保本行IT人员掌握核心IT能力的情况下，大量地使用外包资源，从而在IT风险可控的情况下，极大地提高了整体的IT支撑业务的能力。

三、构建城市商业银行的IT竞争力

IT能力是否能成为城市商业银行市场竞争力的一部分？这个问题的答案一直比较模糊，因为IT的绩效在影响银行的经营成效时有滞后性，没有证据表明IT绩效与城市商业银行的经营成果之间有直接的关联。特别是规模较小的城市商业银行，IT的支撑作用的好坏与银行的整体经营好坏更没有直接的关系。城市商业银行的赢利主要来源于存贷利差，与IT的支持能力没有直接的联系。随着城市商业银行发展方式的转变，差异化经营的推进，IT支持能力的强弱与城市商业银行的经营绩效之间的关系将越来越明显。在陆跃祥等人的一个关于城市商业银行竞争力的研究中，IT能力被看做是城市商业银行市场竞争力的一个潜在因素，[①] 它所造成的市场竞争力将在一个更长远的时期里发挥出来，而不完全是在当期就能体现。

IT技术是公开的，只要投入一定的资金，都可以从市场上买到。从市场上如果能轻易地买到的技术，就不能形成企业的核心竞争力。那么构成城市商业银行IT竞争力的要素是什么呢？参考Grant对IT能力的分类研究，[②] 我们认为IT竞争力可以从下面三个方面来构建：

其一，IT基础平台。城市商业银行要有足够容量和性能的基础设施，包括机房、服务器、存储设备、网络设备等；更主要的是有一个规划良好的IT应用架构以及能进行参数化配置的具有良好扩充性的核心系统、客户关系管理系统和管理信息系统等基础应用平台。

---

① 参见陆跃辉、唐泽军：《中国城市商业银行研究》，经济科学出版社2010年版，第六章。
② 参见陈建斌：《IT能力与企业信息化》，电子工业出版社2010年版，第32页。

其二，IT技能。城市商业银行要有一支具有良好的IT技能的IT队伍。IT技能包括技术性的IT技能和管理性的IT技能。技术性的IT能力是指编写程序、系统分析与设计、数据库维护、系统管理、网络技能等计算机及相关产品的应用的能力；而管理性的IT技能是指管理信息产品、信息部门、信息项目的能力，与业务部门交互及综合其需求的能力以及为了达到以上目标所必备的管理与领导技巧。特别是后一种能力，需要在特定的企业组织文化中通过长期实践形成，很难完全被复制与模仿，因而容易成为一个企业的核心IT竞争力。

其三，IT协同能力。利用IT技术使银行内部资源与功能能够跨越部门阻隔而共享，比如跨部门的数据共享、流程共享等。这种IT协同能力能促进业务和管理在多部门之间的整合，从而使一个银行更具备市场竞争力。

城市商业银行应根据自己的发展阶段，在形成IT竞争力的三个方面进行投入，以形成自己的IT竞争力。规模在800亿以下的第二梯队的城市商业银行，其IT竞争力的建设重点是IT基础平台，并在IT人员的技术性IT技能上形成优势，但这个IT竞争力优势容易被复制。

对于第一梯队的城市商业银行，IT的核心竞争力的建设应着重在与本行企业文化相结合的IT管理控制方面，主要包括以下三方面：一是建设一个良好的IT治理和组织管理机制。确保IT决策的责任分明，IT目标不会偏离业务战略目标；IT目标和任务能被高效地执行完成。二是培养一批高水平的具备管理IT技能的IT人员和管理人员，使他们能很好地理解本行的业务战略目标和需求，也能很好地理解IT技术，并有能力促进业务与IT技术的结合。三是加强利用IT技术提升全行业务协同的能力。城市商业银行的运作模式大都沿袭国有大银行的模式，"部门银行"的痕迹还很浓，而打破部门间信息与流程上的壁垒正是IT技术发挥其专长的地方，这也正是IT给城市商业银行带来核心竞争力的切入点。

这些与组织管理文化结合在一起的IT竞争力因素很难被复制，有了这些IT能力，城市商业银行就能根据自身的业务发展，快速地构建满足业务需求的IT系统。因此由这些IT能力构成的IT竞争力能成为城市商业银行核心竞争力的一部分，从而保证城市商业银行在充满竞争的市场上占得优势。

我们关注的城市商业银行的IT竞争力近年来也在逐步增强，IT基础设施性能优越，可以有力地支持系统日常运行；IT治理和组织管理体制基本能适应目前的业务规模；锻炼了一支技能较为熟练的IT队伍。但是我们也应清醒地认识到，从总体上来看，与先进银行还有较大差距，表现在：一是全局性的基础平台建设亟待提升，如客户关系管理、数据仓库管理等基础性的平台还没有建成或应用还很初级；二是整体的IT管理运筹能力有待提高；三是IT开发力量还比较薄弱；四是业务协同能力不足。在"十二五"IT规划中，需要把IT定位成业务部门的合作伙伴，采取有力措施提升IT能力，支持业务战略的实现。

本章参考文献

1.陆跃祥、唐洋军：《中国城市商业银行研究》，经济科学出版社2010年版。

2.陈建斌：《IT能力与企业信息化》，电子工业出版社2010年版。

3.[澳]玛丽安娜·布罗德本特、[美]埃伦·S·基齐斯：《新型CIO领导》，商务印书馆2008年版。

4.张吉光：《商业银行操作风险识别与管理》，中国人民大学出版社2005年版。

5.王璞：《流程再造》，中信出版社2005年版。

6.李新阔：《论建设银行会计业务流程再造》，山东大学出版社2006年版。

7.张民：《现代商业银行管理再造》，中国金融出版社2004年版。

8.白钦先、马东海、刘刚等：《中国中小商业银行发展模式研究》，中国金融出版社2010年版。

10.赵刚、罗文编：《IT管理体系——战略、管理和服务》，电子工业出版社2009年版。

第九章
城市商业银行的风险管理*

　　城市商业银行成立之初承接了大量城市信用社时期不规范经营形成的不良资产,在相当一段时间内其平均不良贷款率徘徊在30%左右,最高时达到34.32%,多家银行处在高风险状态。在地方政府、监管部门的帮助指导下,经过城市商业银行十几万员工十多年的艰苦努力,风险状况明显改善。2004年年末,全国城市商业银行不良贷款余额1058.7亿元,不良贷款率降至11.69%,加权平均资本充足率升至1.31%;2005年年末,全国城市商业银行不良贷款余额841.7亿元,不良贷款率继续降至7.33%,资本充足率升至5.13%。近年来,城市商业银行不良贷款更是连年大幅"双降",截至2010年年末,不良贷款率仅为0.91%,优于全国银行业平均水平。

商业银行不良贷款变化情况表（单位：亿元）

银行类别	2005年年末		2006年年末		2008年年末		2010年年末	
	不良额	不良率	不良额	不良率	不良额	不良率	不良额	不良率
国有商业银行	10,725	10.49%	10,535	9.22%	4,208	2.81%	3,081	1.31%

---

* 本章由潘华富撰稿。

续表

股份制商业银行	1,472	4.22%	1,168	2.81%	657	1.35%	565	0.70%
城市商业银行	842	7.33%	655	4.78%	485	2.33%	326	0.91%
农村商业银行	57	6.03%	154	5.90%	192	3.94%	273	1.95%
外资银行	38	1.05%	38	0.78%	61	0.83%	49	0.53%
不良贷款合计	13,134	8.61%	12,549	7.09%	5,603	2.42%	4,293	1.14%

数据来源：中国银监会网站

城市商业银行在实践中探索了诸多处置和化解历史遗留不良资产的方式，在本书的第一章"城市商业银行发展历程概述"中已作了介绍，本章主要阐述城市商业银行在经营发展中的风险管理和内部控制。

第一节 城市商业银行经营发展中的主要风险

一、经济周期陷阱下的信贷扩张风险

在经济复苏阶段，固定资产投资盲目扩大，带动货币信贷的快速增长，直至经济繁荣阶段，信贷扩张为企业和银行带来丰厚的利润，但以投机和过度投资为特征的"繁荣背后"充满了银行经营的"经济周期陷阱"；当经济运行开始转向下降趋势或国家实行紧缩政策时，银行的信贷投放速度开始放缓，企业和社会效益下降，向银行再融资出现困难，偿债能力减弱，不良贷款开始逐步暴露。由于"经济周期陷阱"存在"J"曲线效应，其危害性不会马上显现。从历史数据来看，我国商业银行不良贷款率的变化相对于经济周期性波动明显滞后，经济周期性波动对不良贷款的影响不断增强。

银行信贷的增长与GDP增长高度相关，以信贷增量/GDP增量来衡量，2000年以来，我国的信贷政策分为三个周期：2001-2003年的扩张周期；2004-2007年的收缩期；2008-2010的扩张周期；GDP同比增速低于10%时，是信贷扩张的开始，GDP同比增速高于10%，信贷开始收缩。

图9-1：我国信贷政策与经济增长关系

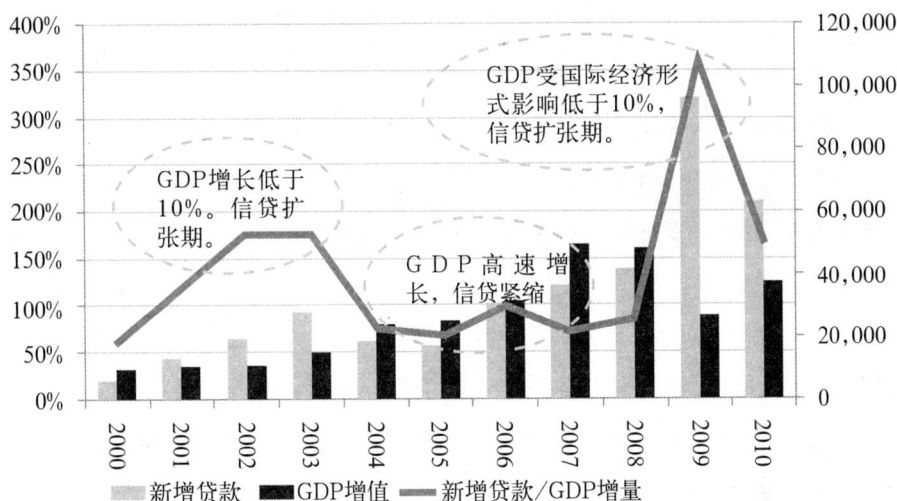

数据来源：WIND

改革开放三十多年来，我国共经历了4次显著的贷款激增期（即信贷总量与GDP的比值超过正常水平），分别是1990-1993年、1997-1998年、2002-2003年和2008四季度-2010年的信贷扩张，其中前三次之后均伴随着不良贷款形成的高峰期。2008年四季度开始的信贷投放"大跃进"以及2011年开始的信贷收缩会否再次带来大量不良贷款？也许正如投资家巴菲特所言："当潮水退下去时，你很快就会看到谁没有穿游泳衣在游泳。"

二、利率市场化和金融脱媒带来的息差收窄风险

在高利差的保护下，银行可以依靠传统的存贷业务生存，信贷规模扩张，是银行增加利润最重要的手段。利率市场化必然缩小存贷利差，过度依

赖利差的传统模式会越来越难以为继。从利率市场化后日本银行业走过的20年来看，平均存贷利差约为1.7%，优质大型客户的利差在1%以下，台湾银行业的大型客户利差也接近1%，而中小型企业利差能维持在3%左右。从国内商业银行尤其是城市商业银行目前状况来看，追求规模的理念仍然十分强烈，尽管贷款利率上限已取消，很多经营者仍然愿意与大型银行争抢没有定价主动权的大客户、大项目。而对如何迎接利率市场化，在目标客户和业务的市场定位、差异化经营、提高风险定价能力以及通过创新提高为客户创造价值的能力等方面却准备不足。

银行业的加速脱媒，包括证券市场、债券市场不断扩容的资本性脱媒，和"支付宝"等第三方支付兴起引发的技术性脱媒，以及我国社会金融需求的多元化正在进一步加剧，经济结构的加速调整等也会进一步压缩银行优质大中型客户的利率。

同时利率市场化还会延伸到信用风险，可能会出现高风险客户排挤低风险客户的逆向选择问题以及企业不能承受利率变化而产生的违约风险的问题，在银行方面也可能因长期约束激励机制不到位而出现一味地追求高风险组合的代理人道德风险问题。

20世纪70年代中期至80年代末，日本实体经济对资金需求减少，大企业更多地转向直接融资。日本银行业贷款结构转向中小企业、个人以及与地产和股市相关的行业。利率市场化使得日本银行业的息差缩窄，银行大幅扩大贷款规模，信贷膨胀推动资产价格上涨和资产价格上涨推动信贷膨胀之间循环往复，使得该阶段的银行业信贷成本长期维持在低位，但长时间形成的资产泡沫，为后期银行资产质量长期逐步恶化埋下了隐患。日本金融业的深刻教训很值得我们深思。

三、快速增长带来的五大信贷风险

截至2010年12月31日，全国147家城市商业银行资产总额达7.85万亿元，占全国银行业资产总额的8.33%；2005年至2010年间，城市商业银行的资产年复合增长率30.98%，远高于中国银行业20.26%的平均增速，与国有银行、股份制银行相比，城市商业银行的增速也遥遥领先。

城市商业银行资产增长情况（2005－2010年）　　　单位：亿元

项目	2005年	2006年	2007年	2008年	2009年	2010年	5年累计增长	CAGR
城市银行资产总额	20,367	25,938	33,405	41,320	56,800	78,526	285.55%	30.98%
银行业金融机构资产总额	374,697	439,500	525,983	623,913	787,691	942,585	151.56%	20.26%
城市银行资产占比	5.44%	5.90%	6.35%	6.62%	7.21%	8.33%		

数据来源：中国银监会网站

　　但高速增长的资产背后，却隐藏着高比例的房地产贷款风险、低偿债能力的政府融资平台贷款风险、集中度风险、集团与关联以及经济结构转型和调整中引发的风险等五大信贷风险。

　　在2008年四季度至2010年的这一轮信贷高速增长过程中，增长最快的是政府融资平台贷款、房地产贷款和大型企业（集团）贷款。货币大量投放以及人

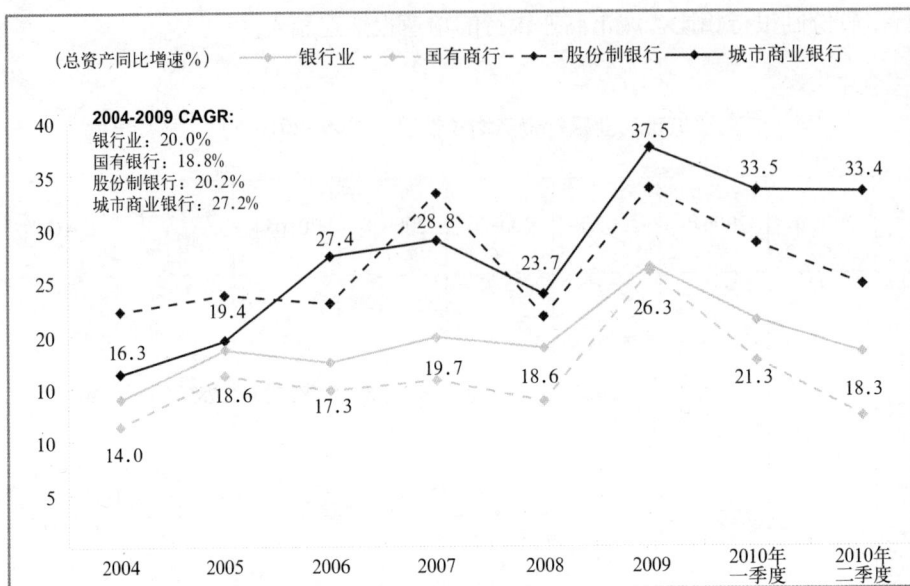

（总资产同比增速%）　◆银行业　◆国有商行　◆股份制银行　◆城市商业银行

2004-2009 CAGR:
银行业：20.0%
国有银行：18.8%
股份制银行：20.2%
城市商业银行：27.2%

民币升值预期引致的成本推动型通胀和输入型通胀，引发货币政策和监管政策的从紧调整，将对政府平台贷款和房地产贷款带来潜在的较大风险。同时，在发达经济体内需疲软、失业率高企、贸易保护主义不断升级以及人民币不断升值的背景下，我国的出口贸易信贷风险加大；在促进消费快速扩大、固定资产投资持续高速增长之后，再扩大内需难度加大，而且扩大内需政策效应趋于减弱，经济增长的内生动力依然严重不足；企业发展方式转变依然滞后，结构调整压力进一步加大，部分行业产能过剩、盲目重复建设问题十分突出。特别是城市商业银行信贷资产在区域集中、行业集中以及关联担保集中的叠加影响下，三五年内城市商业银行的信贷资产质量将面临巨大挑战。

四、高杠杆率经营可能引发流动性风险

城市商业银行的高杠杆率主要表现在三个方面：以短期负债撬动严重错配的中长期资产；账面资产下潜藏着大量隐形表外资产（或称表外之表外资产）；以频繁的资本补充手段来维持资产的低效快速扩张。

从期限错配情况看，2008年6月我国银行业中长期贷款占比为51.6%，而到了2010年9月末，该比例上升至60%，城市商业银行的比例与全国银行

业的比例大致类似。2008年四季度开始的这一轮信贷扩张大幅加剧了银行的流动性错配情况，银行贷款的剩余期限大幅拉长，而高通胀预期下的存款平均期限正逐步缩短，城市商业银行资产负债期限结构错配的问题会进一步显现。

同时，由于信贷的快速扩张受到监管部门增长率指标和存贷比指标的约束，银行信贷资产通过信贷资产转让、银信合作、发行理财产品或发行信托产品等形式大量转移为"影子银行业务"。据估计，多数城市商业银行的"影子银行业务"占贷款比例高达10%以上，随着该类资产的逐步到期回表，在稳定负债来源未有大幅增长的情况下，银行流动性更将弱化。

另外，城市商业银行原以频繁的资本补充手段来维持资产的低效快速扩张也难持续，股东回报的下降增加了增资扩股的压力，监管部门对杠杆率和资本管理要求的提高，以及附属资本补充渠道的约束，均将导致城市商业银行增长速度的放缓，而在低增长情况下存量资产负债的流动性问题会加剧暴露。

五、跨区域发展过快考验银行风险管控能力

在城市商业银行不断推进的跨区域发展过程中，对城市商业银行的风险管理体系和机制，政策流程，风险技术和手段，以及风险管理人员的力量和素质，更是提出严峻挑战。

跨区域发展后，城市商业银行传统的两级管理体制，就变成了总分支的三级发展管理模式，但多数城市商业银行的管理精力仍主要在总行所在地区的支行，对分行的风险管理以及分行对下辖支行的风险管理仍然较为薄弱甚至存在盲点。由于异地市场与本地市场差异较大、管理半径延长，以目前城市商业银行的风险管理人员的力量和素质很难管理到位，加上分行开设初期的"保吃饭"需要，往往专注于以低效大项目、大客户为主的业务结构。在"羊群效应"影响下，跟随同业纷纷向大集团、大客户多头授信、过度授信，不仅加大了城市商业银行的信用风险、集中度风险，更是降低了内控的有效性，发生操作风险和各种案件的可能性增大。

第二节 城市商业银行风险策略、
政策和程序

一、城市商业银行风险管理战略

商业银行风险管理战略包括业务目标、风险偏好和业务政策三方面。城市商业银行在制定风险管理战略时首先要考虑战略业务目标，即目标市场、目标客户和目标业务，战略目标集中体现为股东利益的最大化，即风险调整后资本收益(RAROC)的最大化。风险管理战略的核心内容是确定风险偏好及相应的风险容忍度，由此配置经济资本，并确立风险限额管理体系。

风险偏好是银行在战略和业务行动中愿意为股东接受的风险种类与程度，是统一全行经营管理和风险管理的认知标准，是风险管理的基本前提。就整体而言，风险偏好一般可分为风险偏好型（风险追求者）、风险中立型和风险厌恶型（风险回避者），是银行股东对风险的基本态度，包括银行愿意承担何种风险，最多承担多少风险，以何种方式承担这些风险，是否准备承担新的风险，以及为了增加每一分盈利愿意多承担多少风险等等。对商业银行而言，具体可细分为激进型、积极型、稳健型、保守型、消极型五类。很多国际先进银行通过确定相应的置信区间及经济资本在不同风险之间的配比来反映自身的风险偏好，如信孚银行使用99%的置信水平，大通—曼哈顿银行确定97.5%的置信度，美国银行和汇丰银行确定95%的置信度。[①] 而且在世界一流的风险管理机构中，风险偏好是动态的，会随着机构所处的当前环境以及未来环境的变化而变，并随着机构目前的业务活动以及将来有可能开展的业务活动的变化而变化。如果风险偏好与战略目标不符合，则应对风险偏好进行必要的调整和修正。

风险容忍度是对风险偏好的进一步量化和细化，表现为银行在不同业

---

① 白涛：《商业银行风险管理新实践》，中国金融出版社2009年版。

务板块和不同控制维度上的总体边界。风险容忍度应涵盖不同业务模块的信用风险、市场风险、操作风险、流动性风险等所有风险类别，通常包括一整套关键的控制指标，如VaR、经济资本配置等。通常我们理解的风险容忍度只是对风险最高水平的边界限制，但银行是经营风险的金融企业，必须主动承担一定的风险，设置最低风险的容忍度，以防止银行为保证安全而过于保守。在设定风险容忍度时，还要考虑各业务单元的风险叠加效应，以避免出现风险总量汇聚后突破容忍度的情况。下图描述了商业银行的战略目标、风险偏好和风险容忍度之间的关系。

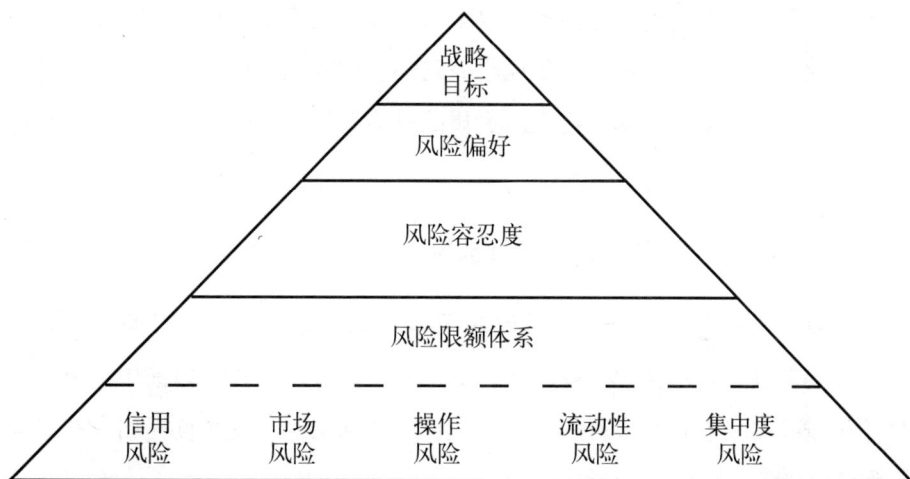

定位于战略层面的风险偏好，应具备较强的稳定性和一贯性。许多先进银行多年坚持一致的风险偏好，从而形成了特有的经营风格和管理文化，能有效提升银行的市场声誉和品牌价值。而风险容忍度只需保持相对稳定，可根据市场环境和经营状况的变化作出相应调整。而基于风险容忍度确定的风险限额应具备较强的灵活性。风险偏好一般2—3年重检一次，风险容忍度每年重检，而风险限额在年初确定后可根据实际情况在年内做必要的调整。

为有效贯彻风险偏好和风险容忍度，城市商业银行还要确立一套有效的风险管理体制、机制和政策。尤其是在风险容忍度框架下，城市商业银行应根据不同业务单元的风险特征，设定更为具体的风险限额政策。风险限额管理的流程主要包括限额设定、分配与监测、超限额情况处理、分析与回顾等环节。其中限额设定是风险管理工作中最重要的一环，根据城市商业银行现状，限额设定有的可基于风险敞口，有的基于经济资本，但最终都必须与风险容忍度保持一致（不同风险类型的限额管理详见第四节）。

风险战略实施需要良好的保障和支持。一是确立相应的、良好的风险管理理念和文化，增强风险管理的主动性；二是建立有效的风险管理治理结构；三是明确相应的风险管理工作目标和计划，对风险战略进行详尽分解和落实；四是建立合适的、完善的政策制度和流程；五是采用良好的风险管理技术，特别是基于新资本协议实施要求的风险量化模型和技术；六是建立完善的风险管理信息支持系统，为风险战略的有效管理提供决策支持；七是加强人力资源的利用和开发，建立高素质的风险管理专业队伍；八是关注并适应外部监管。

二、城市商业银行风险策略选择

一般理论介绍的风险管理策略主要包括风险分散、风险对冲、风险转移、风险规避、风险补偿、风险缓释、风险承担等。但根据目前中国银行业的经营环境和城市商业银行的现状，我们主要从宏观管理角度提出一些管理策略探讨。

（一）逆周期风险管理策略

银行业属于周期性行业，但同时又是反周期政策的承受者。经济高涨时，银行业将受紧缩货币政策限制，以价求利使其业绩大幅提升；经济萧条期，银行业受益于宽松货币政策，以量补价使其经营状态基本保持平稳。

中国经济周期、货币周期与银行盈利周期表现表

经济周期	时间	物价水平	货币政策	调控手段	银行盈利
衰退	1998年1季度-1999年4季度	通缩	宽松	降息周期，降准备金率	
复苏	2001年1季度-2003年2季度	通缩	宽松	降息	

续表

扩张	2003年3季度－2004年4季度	温和通胀	稳健	2次上调准备金率、1次加息	稳定增长
	2005年1季度－2006年1季度	低通胀	稳健	—	稳定增长
高涨	2006年2季度－2007年3季度	低通胀－高通胀	稳健－从紧	加息周期、调高准备金率、规模控制	逐步上升
放缓	2007年4季度－2008年2季度	高通胀	从紧	调高准备金率、规模控制	升至周期性高点后回落
衰退	2008年3季度－2009年1季度	高通胀快速回落	宽松	降息周期、降低准备金率	降至周期性低点
复苏	2009年2季度－2010年2季度	通缩	宽松	维持宽松流动性	逐步走出低谷
扩张	2010年2季度－2010年4季度	低通胀－高通胀	适度宽松－稳健	升息周期、提高准备金率	逐步上升
放缓	2010年4季度－至今	高通胀	稳健－从紧	加息周期、调高准备金率、规模控制	升至周期性高点后将回落

资料来源：银联信

城市商业银行可在风险管理策略上采取适度的逆货币政策管理策略，有利于为业务发展带来相对竞争力。简言之，即在货币政策宽松时期城市商业银行适当收紧信贷投放（尤其是流动性差的信贷），避免在同业竞争激烈状况下，用有限的资源换取高风险低收益资产；并抓住有利时间进行信贷结构调整，压缩、退后存量高风险、低收益资产。但为了抢占信贷规模，可配置流动性较好的票据资产、短期流动资金贷款等；而在货币政策从紧一段时间后，适当扩张对信贷的投放，此时同业竞争压力较小，有利于按本行既定的目标客户标准进行选择并培育优质基本客户；而且经历过从紧信贷政策的"压力测试"，部分高风险客户会以资金链断裂等形式暴露，更容易判断客户的风险情况，同时也更能获得超额回报。

（二）反节奏调控管理策略

由于长期形成的"早投放、早收益"惯性思维，商业银行每年的信贷投放主要集中于上半年，尤其是第一季度（如下图）。

2009-2010年人民币贷款投放情况表　　　单位：亿元

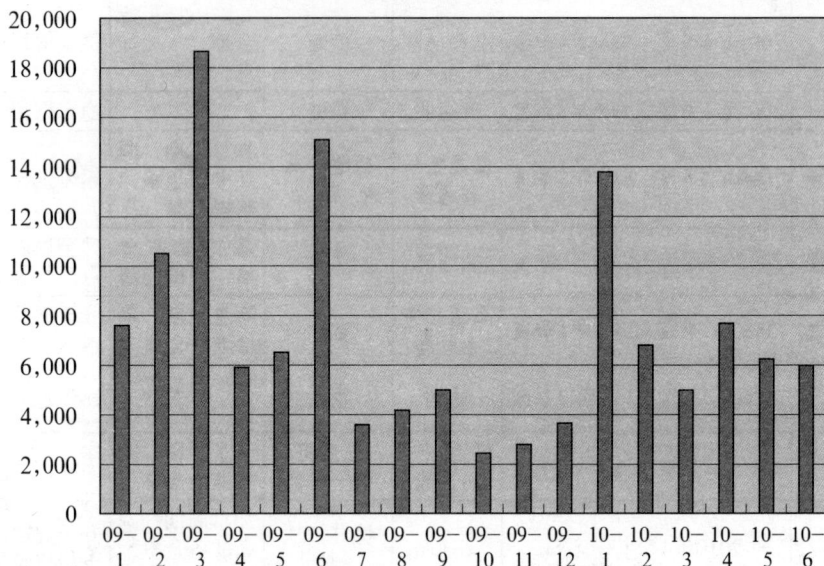

城市商业银行的竞争力相对于大中型银行尤其是大型银行，在年初同业信贷投放高峰时期肯定不具竞争力，因此宜采取错位竞争、在投放节奏上适当避开与大中型银行的正面竞争，每年年初在大型银行大量投放信贷时城市商业银行应以信贷结构调整工作为主，将部分高风险、低收益信贷资产或非本行目标客户果断退出，同时做好目标市场调研、挖掘和发现，根据市场和竞争情况重点研发、创新（或模仿式创新）具有相对竞争力的产品，而将信贷投放重点集中到二、三、四季度，在大型银行信贷资源相对趋紧时，城市商业银行相对容易发现低风险的优质客户，同时更具议价能力。以2011年1月利率为例，如果1月初以基准利率投放一笔一年期贷款，而4月初以基准利率上浮10%或20%投放同等期限和金额贷款，其全年收益只相差1.02%或0.58%，加上一季度该部分资金通过票据贴现等运营收益，合计收益相当甚至更高，但客户及业务质量相对更优。

　　（三）风险分散管理策略

对于城市商业银行而言，由于长期的经营区域限制，资产的区域集中以及因区域经济特征形成的行业集中更加明显，加上在快速发展过程中"垒大户"形成的客户集中、客户关联度高等，因此一旦经济衰退或结构大幅调整时，城市商业银行的资产质量更容易形成"多米诺骨牌"效应。

因此，"把鸡蛋分散在多个篮子中"对城市商业银行而言更为重要，但同时要保持"多个篮子"较低的关联度。要从区域、行业、客户、产品、期限等多个纬度确定不同"篮子"（即资产组合）的比例。特别是对周期性行业与非周期性行业的组合、对高风险高收益产品与低风险收益稳定产品的组合以及短、中、长期期限的资产比例等要合理设置，避免受外部环境影响造成盈利的大幅波动甚至出现重大风险。如英国北岩银行由于主要信贷资产集中于长期按揭贷款，在次贷危机中由信贷危机瞬间引发为流动性危机而倒下；又如国内某城市商业银行，由于信贷客户中出口贸易为主的制造业占比很高，受全球金融危机影响相比同业更大，其2008年收益下降幅度远甚同业、不良贷款率快速上升。

（四）有效差异化管理策略

实行差异化的区域准入、行业准入、客户准入和产品准入政策，给予不同的授权和限额额度。有效差异化管理的前提是要有既定、明确的目标市场和目标客户，差异化是对客户分层管理基础上进行的流程化、精细化和个性化管理。通过突出业务流程差异化、定价差异化、产品差异化、服务差异化和品牌差异化等，进一步巩固和发展自身的目标客户。

（五）主动风险管理策略

要实现由风险资产管理向资产的风险管理，由被动风险管理向主动风险管理过渡，基于风险收益平衡原则，按照客户贡献度以及"风险—收益"客户矩阵，对低风险高收益客户建立"绿色通道"；对长期忠诚客户（加本行唯一账户或结算主要通过本行且开立基本户的优质客户）建立"信得过单位"、"免检企业"机制；对高风险客户要落实"盯人"（企业负责人）、"盯户"（企业经营情况）策略，并择机适时压缩和退出。主动风险管理策略的关键是要有事先确定的"交通规则"以及相适应的技术监测手段（犹如交通信号灯），并能根据客户和市场变化迅速调整管理策略，对出现风险预警信号客户（如"交通违规"）及时改变风险管理策略。

三、城市商业银行风险管理政策和流程框架

（一）风险管理政策分层管理框架

1.董事会（或其授权专业委员会，下同）：负责制订或审议批准并监督执行风险管理战略和策略、风险偏好政策、风险管理基本政策制度和原则以及全行重大风险政策。

2.总行风险管理委员会：负责制订或审议批准并监督执行全行信用风险、市场风险、流动性风险、操作风险、合规风险、声誉风险、信息科技风险等各类风险管理具体办法，但其中监管部门明确规定需要董事会审议的需提交董事会审议批准。

3.高级管理层成员及总行风险管理职能部门：各类业务和产品管理制度及其内含的风险政策，经合规、风险管理等风险管理职能部门会签后由总行高级管理层成员审批；但其中的新业务和新产品若隐含重大风险，需按规定提交总行风险管理委员会或董事会审议批准。

4.总行各业务部门和分行：基于上述政策制度制订的实施细则、操作规程或操作手册等由总行各部门或分行按规定制定并监督执行。实施细则不能颠覆总行基于全行资产组合和业务结构调整优化而建立的整体政策体系，要避免由各业务部门或分行基于自身利益最大化制定政策。

（二）风险管理流程框架

风险管理流程应保证风险管理的垂直化、专业化，保证风险管理的相对独立性和权威性。同时要避免政策传导不畅通、总部对分支机构的控制力薄弱、层层上报审批决策机制效率低下等情况。城市商业银行可从以下五个方面建立风险管理流程框架：一是风险管理政策、标准和工具的制订和批准流程；二是政策执行和监督流程；三是例外原则的处理流程；四是风险状况变动的连续跟踪流程；五是向高级管理层和董事会的报告流程。

第三节 城市商业银行的风险管理体制和机制

城市商业银行应以"经风险调整的资本收益最大化"为核心目标，以"风险治理架构清晰化，风险制度体系健全化，风险管理流程科学化，风险管理团队专业化，风险管理技术先进化"为管理目标，以先进中小银行为标杆并结合自身实际构建全面风险管理体系。

银监会《商业银行金融创新指引》，首次在监管文件中提出"流程银行"建设的要求，要求商业银行优化内部组织结构和业务流程，形成前台营销服务职能完善、中台风险控制严密、后台保障支持有力的业务运行架构，并可结合本行实际情况，减少管理层级，逐步改造现有的"部门银行"，建立适应金融创新的"流程银行"，实现前、中、后台的相互分离与有效的协调配合。流程银行是建立与银行战略相适应的、能够适应市场竞争的全新经营管理模式；流程银行建设实质是建立以客户为中心的经营理念、管道式的组织架构、工序化的作业模式、科学的激励约束机制。城市商业银行风险管理体制和机制要努力按照流程银行的要求设计和实施。

一、建立清晰的风险管理治理结构

第一，要建立有效的公司治理结构：股东大会、董事会、监事会、高级管理层等主体职责明确，协调制衡；建立有效的内部控制体系，业务经营和风险管理活动规范开展。

第二，要建立风险管理的矩阵结构，建立良好的风险管理分工及相互制衡关系，保证风险战略管理机制畅通、高效。一方面风险管理实现决策、实施、支持和监察监督四个部分纵向的分工和制衡；另一方面还应实现各类风险管理的横向分工和制衡。

第三，要建立垂直、独立的风险管理组织体系。垂直、独立的风险管理组织体系包括三个层次的风险管理和三级经营单位的风险管理。

三个层次的风险管理包括：董事会是银行风险管理的最高决策机构，负责风险战略的制定和监督实施；监事会负责商业银行整体风险监测和风险管理效果评价；高级管理层下设风险管理委员会，通过总行风险管理部门集中管理各类风险。

三级经营单位的风险管理包括总行、分行和支行的风险管理，以各级职能风险管理部门为主线，上下联动独立实施风险管理。总行的风险管理职能部门具有较高层次的管理职能，侧重于制定风险政策制订和执行情况监督检查、动态提出组合管理、授权与限额管理建议等；具体的审查、审批人员分布于各业务单元、分支机构，但其保持风险判断的独立性，业务管理上接受总行风险管理部门的垂直领导（下图为某城市商业银行风险管理架构图）。

二、建立完善的风险管理制度和流程体系

城市商业银行应逐步建立和完善内控制度和合规管理体系框架。一是按照内控管理大纲、基本制度和政策、管理办法、流程操作手册等层级建立分层次的内控制度体系；二是建设风险控制自我评估（RCSA）机制、关键风险指标监测、合规报告机制、合规检查评价机制，具备持续改进机制的合规管理体系；三是以满足客户需求为出发点，通过流程梳理和控制，明确部门和岗位职责，实现流程控制与岗位控制的矩阵控制体系；四是结合流程的制度化对组织架构和部门职责进行优化，既实现管理职能合理分工、相互制衡，又能有效沟通、相互协作；五是要有支持业务发展与合规管理并重的信息化管理系统建设。

三、建立有效的风险管理报告和评价体系

风险报告是推进风险管理体系建设的重要手段。风险报告作为风险信息的传导载体，覆盖了风险管理工作的全过程，贯穿了风险管理体系，并覆盖了各个专业的风险管理领域。完善风险报告体系和机制，应在分类报告（如不同管理层级的风险报告、不同风险类型的报告）基础上，分别明确报告路径、报告内容、报告频率和时效等。城市商业银行一般应包含以下报告：全面风险报告、专业风险报告、专题风险报告、压力测试报告、重大（突发）

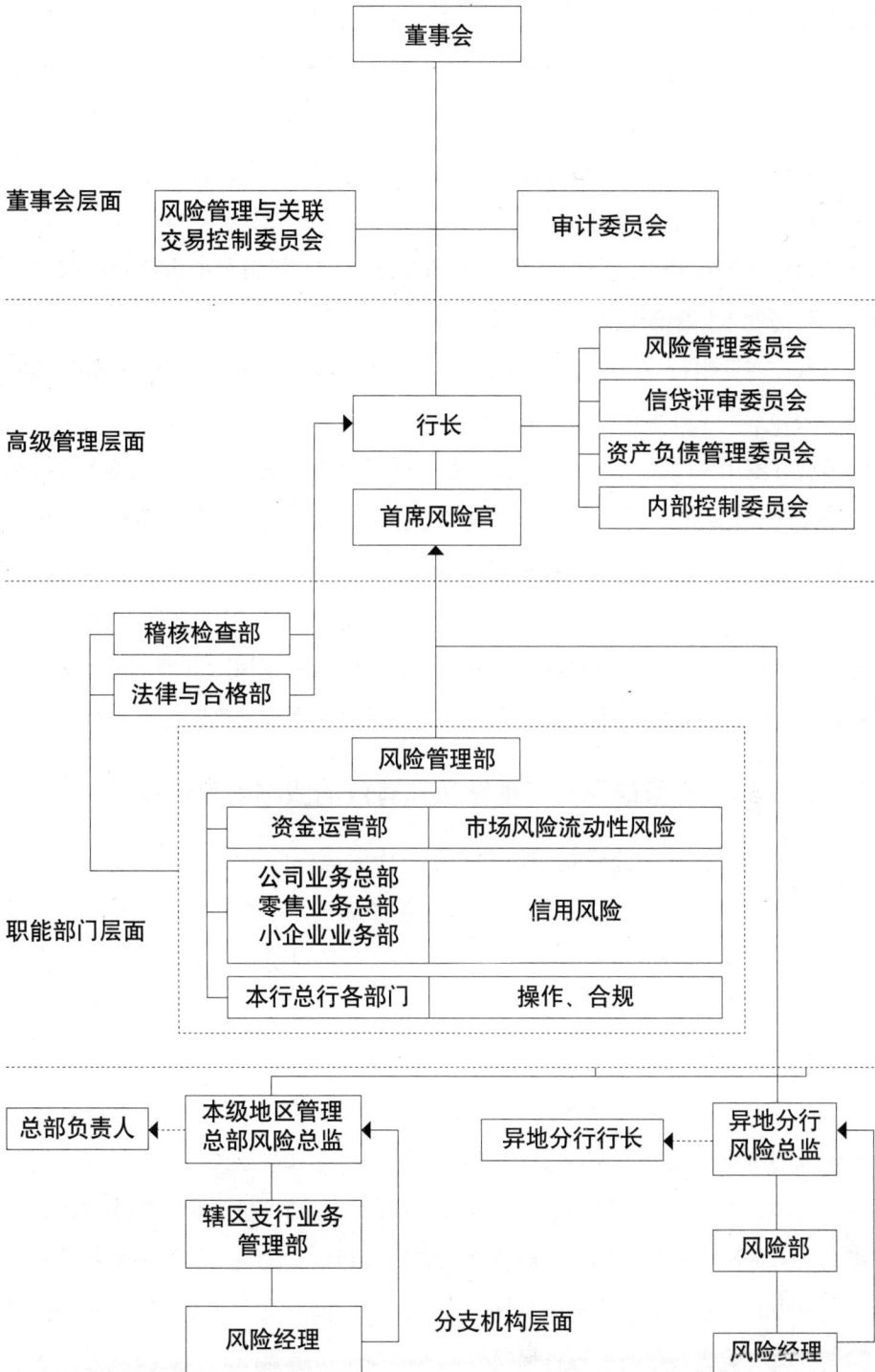

董事会

董事会层面

风险管理与关联交易控制委员会 —— 审计委员会

高级管理层面

行长

风险管理委员会

信贷评审委员会

资产负债管理委员会

内部控制委员会

首席风险官

职能部门层面

稽核检查部

法律与合格部

风险管理部

资金运营部	市场风险流动性风险
公司业务总部 零售业务总部 小企业业务部	信用风险
本行总行各部门	操作、合规

总部负责人

本级地区管理总部风险总监

异地分行行长

异地分行风险总监

辖区支行业务管理部

风险部

风险经理

分支机构层面

风险经理

风险报告等。

COSO委员会全面风险管理框架包含8个要素，其中"监控"要素明确提出，应当对风险管理进行持续评价，以保证风险管理的有效性。银行外部风险管理评价如第三方评级机构、银监会对银行的风险评价体系已经较为完善，如银监会基于《商业银行风险监管核心指标》的监管评级以及以"银行早期风险预警综合系统"进行的动态预警评价等。但银行的内部风险管理评价体系仍处于探索阶段。

城市商业银行应首先建立内部风险管理评价体系，风险管理过程和风险管理结果并举，从业务线、分支机构、人员（尤其是负责人和关键人员）、风险类型（信用风险等七大风险）四个维度进行评价要素设计，并根据评价结果给予差评异化授权、差别化风险管理政策措施。建设有效的风险管理评价体系还应强化三项辅助手段：一是实施有效的内部稽核与检查（可建立独立稽核制度，对异地分行设立下延一级的稽核办公室），保证各项风险管理工作的有效性；二是建立完善的考核和约束激励机制，以持续增强风险管理的驱动力；三是建立严格的风险管理责任追究机制，避免风险管理中的失职和不当行为。

四、建设垂直的风险管理队伍和有效的激励约束机制

城市商业银行的经营层应建立四个层次的风险管理队伍：一是建立总行首席风险官（首席信贷官）制度；二是建立分行（业务条线总部）的风险总监制度；三是二级分行和直属支行建立风险主管制度；四是在非直属支行建立风险经理制度。在风险审查、审批和风险报告层面形成"风险经理—风险主管—风险总监—首席风险官"的垂直汇报路线。

总行、分行的风险管理部应直接隶属于首席风险官、风险总监管理，风险管理部门应协助领导建立有效的风险人员管理体系和激励约束机制。建立完善全行风险管理专业人员资质认证、选拔、使用、业绩评价和考核约束制度；积极与人力资源管理部门沟通，建立风险管理人员专门的员工等级序列和具有市场竞争力的薪酬体系；实施分层次专业培训，造就一支专业水平高、业务技能精湛、适应现代城市商业银行风险管理不同岗位层级要求的专家型队伍。

第四节 城市商业银行风险管理的主要方法和手段

一、信用风险管理的主要方法与手段

（一）信用风险管理的策略和一般原则

1.坚持审慎合规经营的原则，严格遵守法律、法规和监管规章，严格遵循业务规程，提高风险意识，切实提高发展质量。

2.遵循目标市场（客户和业务）原则，鼓励发展目标市场、目标客户和业务，限制介入非目标市场、非目标客户和业务。

3.坚持分类管理原则，对企业信贷业务按照大、中、小（微小）型客户进行分类管理，对个人业务按照产品进行分类管理。

4.坚持准入管理原则，对信贷客户和业务必须进行评级或打分，是否准入基于评级或打分结果确定。

5.坚持客户统一授信原则，一个授信客户对应一个经营机构、一个授信额度；一个集团（关联）客户对应一个主办机构；客户项下多个品种授信对应一个总额度。

6.坚持以双还款来源为基本要求，以第一还款来源为授信主要决策依据。

7.实行独立尽职调查、专业化审查审批和审贷分离原则，建立相互制衡机制。

8.实行基于业务风险的动态授权、基于风险管控能力对审批人分级授权原则。

9.坚持风险分散原则，实施信贷资产组合管理，根据战略目标实现信贷资源在地区、行业、客户、产品、期限间的优化配置。

10.坚持风险与收益组合最优化原则，即"风险调整后的资本收益"最大化为原则，实行经济资本管理，建立资本约束下质量与增长的平衡机制。

11.坚持激励和约束平衡原则，实行严格的授信业务尽职和问责制度，建立有效的尽职免职制度。

（二）信用风险管理的政策体系

城市商业银行的信贷政策应该具备以下基本标准：信贷政策应反映董事会确定的战略和政策；信贷政策在整个银行内必须保持一致并且便于操作执行和检查；信贷政策会随时根据不断变化的环境进行更新；确保所有的信贷政策有清晰的、标准的、易于查询的文档以便于信贷工作人员遵循信贷政策。通常可采用《信贷政策手册》或进一步细化为可贯彻执行的《信贷业务（操作）手册》来阐述银行的信贷政策，手册中各项具体的政策和制度要求，是信贷业务规范化操作的指南和依据，是授信工作尽职调查的标准和尺度，并可提高信贷工作的质量和效率。一般而言，信贷政策包括信贷业务基本指引、信贷业务标准、信贷流程、信贷管理工具等内容。如某银行的《信贷政策手册》主要包括以下内容：

1.信贷责权分配：明确信贷流程所涉及的各级人员/单位的职责，信贷业务审批授权等。

2.信贷业务基本指引：包括授信基本条件和要素、准入和退出管理、风险评级（内部评级）等。

3.信贷业务标准：包括授信业务受理、尽职调查、审查审批、贷后管理和检查、问题贷款管理等标准。

4.信贷流程：包括尽职调查、授信申报/审查/审批流程、授信额度使用流程、贷后监控流程等。

5.信贷工具：包括尽职调查报告模板和填报说明、审查审批要点和工作规范、风险评级及五级分类工具等。

6.组合管理：包括信贷客户、区域、行业、产品、期限、担保等组合管理；及风险调整后的资本收益率管理等。

其中信贷业务基本指引包括基本要求、信贷岗位职责、授信基本条件和要素、授信额度、风险评级和行业投向指引等，其中行业投向指引应每年制订，明确每年准入和退出政策、各行业限额等，条件成熟的还应对大型客户实行"名单制"管理，年初明确提出各行业鼓励、限制、禁止及退出客户名单。

信贷业务标准主要规定信贷业务操作的基本要求，包括授信业务受理条件、授信调查/申报、授信分析、授信审查、授信额度使用和归还、贷后监控、问题贷款管理、担保管理、减值贷款损失拨备、授信文档、授信尽职调查和信贷问责等。

信贷流程是保证每笔信贷业务都正确执行银行信贷业务政策的制度保障，以流程图和流程说明组成。内容主要包括尽职调查流程、授信申报/审查/审批流程、授信额度使用流程、贷后监控流程、问题类授信客户管理流程、减值贷款损失拨备流程等。其中尽职调查流程中应非常明确双人调查、双人核保（或集中核保）、面见面签面核等具体政策流程。

信贷工具是规范操作信贷业务的载体和支持信贷分析的技术工具，包括授信申报/审查/审批工具、授信额度使用审查审批工具、风险评级工具、财务分析工具、贷后监控预警工具、问题类授信客户管理工具、担保管理工具、减值贷款损失拨备工具、授信文档管理工具、尽职调查工具等。信贷工具或便于上系统操作、或可直接下载（如尽职调查报告模板及填写说明）。

同时应明确手册的使用范围、例外原则、手册维护（维护部门职责、维护要求和程序等）；另外手册宜采用活页文件夹装订的形式，并同时在内部网上发布，以便于及时调整更新内容。

（三）授信业务重点流程风险管理

1.双人调查、平行作业：在经营机构业务人员开展授信前调查的同时，由风险经理同时开展独立的授信前风险评价，风险管理端口前移，提高调查质量。提高从源头控制风险的能力。

2.专家评审、专业放款审核：公司业务可实行按行业分工进行授信审查，专家审贷；零售业务基于不同产品（如住房按揭、信用卡），实行"系统自动审批+专家审查"相结合模式；所有放款均由放款中心的专职人员进行专业的放款审核。

3.系统贷后监控：通过建立监测、预警系统定期或不定期监控进行非现场贷后监控，并在此基础上建立信贷风险预警管理和主动退出机制（包括预警、压缩和主动退出等程序）、风险监察名单制。

4.双线授信后检查模式：经营机构授信后按规定进行贷后管理和检查

外，分行风险管理部门开展独立的授信后检查；除分行（直属支行）自行组织授信后检查外，总行进行非现场检查和现场抽查。

5.不良贷款集中指导、分层管理、专业清收：总行成立特殊资产专管部门，总分行建立报告、沟通、协调和处置机制，在经营机构和责任人员承担不良资产清收"永久责任"和"贷款不上划"的原则下，由总行专管部门提供集中指导、组织跨部门专家提供专业支持，分行和经营机构负责及时反馈客户信息、维护相关资源（法院、仲裁等）并持续跟进清收处置，形成清收合力。

（四）信贷业务组合管理

信贷组合管理不仅仅是金融技术的创新，也是商业模式的创新。组合管理包含了利润最大化和风险设定两大目标。从经营目标而言，通过有效管理信贷组合，达到最优的风险回报平衡，使价值最大化；从风险控制方面而言，通过有效测试及检查信贷组合，评估潜在风险，并设定风险参数，达到风险控制的目的。

国外银行关于贷款组合管理的实践做法主要可概括为三类：一是在贷款发放环节，通过银团贷款等形式改善贷款集中度和调整客户结构；二是选择贷款出售、资产证券化等方式将信贷资产移出资产负债表；三是运用信用衍生工具管理银行资产负债表的风险、收益状况，通过持有信用衍生合约改变贷款组合的风险特征。

目前领先银行对于组合管理的核心侧重于风险调整后的收益最大化，即实施经济资本管理。通过实施新资本协议，实现经济资本在不同信贷业务和产品中的合理配置。目前城市商业银行在开发信贷组合管理和相应的经济资本模型方面难度较大，因此可利用现有的系统工具和技术进行初级的组合管理，即对信贷资产的区域、行业、客户、产品、担保方式、期限、利率等不同维度进行监测分析，并建立限额（指标）管理体系和机制进行有效管理。

（五）小企业"信贷工厂"模式及其作业流程①

小企业业务是目前城市商业银行的战略支柱业务，其今后业务发展成

---

① 参见潘华富等：《"信贷工厂"模式的探讨》，《银行家》2009年第5期。

败，也在很大程度上影响城市商业银行转型的成功与否。因此本文就小企业信贷进行重点阐述。

1.基于目标客户群体的"产品标准化"开发。产品设计必须在进行充分市场调研的基础上首先确定目标客户群体，产品系列可按照标准化与非标准化两大体系进行设计与开发，但设计标准化产品时必须遵循小企业信贷"产品标准化、作业流程化、生产批量化、队伍专业化、管理集约化、风险分散化"的"六化"原则，针对不同客户群体、客户的不同成长阶段的不同客户需求进行设计，既要考虑"集群性"，以便进行标准化、流程化和批量化生产和销售，又要考虑风险分散功能，对不同行业、区域以及抗经济周期能力进行组合设计。重点抓住两类目标客户群体：一类是产业集群、大型商品集散地市场以及小企业相对集中的开发区、工业区、科技园、商务区；另一类是处于大中型企业上下游产业链中的小企业。

在标准化金融产品的开发和设计时就要内嵌风险控制条款，如专业市场集群业务模式等需要发挥平台（市场管理方）对聚集企业的制约能力，并防止平台脱钩产生的风险；处于产业链中的小企业则应通过内嵌风控措施的供应链、金融方案进行风险防范。同时，要根据小企业创业、成长、发展、成熟等不同发展阶段中的不同需求，要融入小企业全面金融服务理念，设计多样化需求的产品组合，包括企业登记注册、专业咨询服务、电子商务等一系列的服务。

2.基于不同生产车间的"作业流程化"操作。"作业流程化"指针对小企业客户数量多和资金需求"短、频、急"的特点，信贷业务的作业流程必须引进工厂流水线作业方式，将小企业信贷操作的前、中、后台业务分离后集中处理，变"部门银行"为"流程银行"，按统一的流程标准分岗操作，以提高小企业融资服务和风险控制效率。即在产品设计开发完成后，将小企业业务流程划分为多道工序，强调专人专岗和业务流程端对端操作。主要工序包括市场营销（包括客户筛选和客户营销）、业务受理和尽职调查（包括准入测试）、审查审批、贷款发放（包括核保、集中登记、档案管理）、贷后管理（包括预警监控）、集中清收等六个主要环节。

（1）市场营销。产品营销与产品开发紧密相连，研发能力强的银行可先研发产品，营销人员先进行"产品菜单式"营销，而后根据市场反馈完善产品。对于大多数城市商业银行而言，可根据营销人员在挖掘市场中发现的目标客户群，总行帮助设计产品，采用"（客户）名单式"营销，并"以点代面"，实现从"个案创新"到"全局创新"，建立完善主要业务和产品的营销模式。

为提高营销的主动性和有效性，做到产品营销的"广种广收"，在产品设计时应编制《"菜单式"产品目录》和《产品说明书》，指明产品主要适用客户群体、产品主要特征、相关案例等，便于客户经理对照《产品说明书》进行客户筛选，并对初步入选客户进行重点营销。

（2）业务受理和尽职调查。客户经理受理业务后需要着手进行尽职调查，要提高业务受理和尽职调查环节、甚至今后审查审批的效率，必须做好三项基本功：《标准作业手册》、内部评级系统（对于个人经营性贷款也可采用"申请打分卡"系统）和标准化、简化的调查报告模板。

刘与客户接触的关键点和内部管理主要环节编制信贷业务《标准作业手册》（含业务流程图），客户经理在接受业务申请时便可根据《标准作业手册》，通过评级系统（或申请打分卡）进行初步评级和打分，不符合政策准入条件的可当即拒绝。对于符合准入条件的，则根据标准化的调查报告模板进行调查并填制调查报告。小企业的评级（打分）系统设计应尽可能简化，操作人员一般可在10－30分钟内完成。调查报告模板要实现电子化（非WORD格式）和标准化，并实现与客户号的直接关联，便于客户经理维护、审查审批和检查人员查阅，单个企业尽职调查和填制报告应可在1天内完成。

（3）审查审批。为缩短操作链，小企业审查、审批可合而为一，但审查审批人员必须实施专业化的专职审批。可分两种模式：一是对"专业市场集群业务模式"业务等可在相应网点派驻"风险经理"；二是对"供应链金融模式"业务等可实行行业或（区域）审批中心集中审查审批。审查审批人员主要依据客户经理提交的信贷调查报告（当然，必须首先落实客户经理对调查资料准确性和真实性负责的机制），结合产品的风险特征，发挥专业审批经验，通过系统进行在线审批。一般情况下审查审批人员不直接与借贷企业接触，但对供应链金融的核心企业、专业市场集群业务的市场管理方等需直接沟通。

（4）贷款发放。放款审核、放款前的核保和抵押物（集中）登记、放款后的档案管理等均应由后台（放款中心）集中负责。该模式需要两项基础技术支撑，即需要上线信贷影像系统、实现合同终端电脑打印，以便于放款审核人员提高审核效率，并由业务受理网点打印合同和贷款出账，方便客户和客户经理，并减少操作风险。

（5）贷后管理。小企业贷后管理主要以集中的非现场预警监测为主，现场检查为辅；强调动态监测、及时预警和持续跟踪，要实现该项目标必须首先按照不同产品的风险特征和行为模式，开发基于现金流、物流、商流和信息流监测的计算机网络化监控系统。如某城市商业银行开发的贷后现金流预警监测系统，通过系统监测，能提前掌握部分风险隐患企业，实现总行对小企业客户贷后风险管理的指标化、数量化、集约化管理。

（6）集中清收。小企业信贷形成不良贷款后，按照其担保方式主要涉及到与担保公司及保险公司的赔偿协调、抵质押财产处置、个人连带责任的追索等，或对部分企业进行重组转化，因此必须设置专业的法律诉讼、清收人员进行集中管理。

3.基于不同客户群的"生产批量化"和"风险分散化"。由于小企业个体风险相对较大，但具有组合风险分散功能，因此需要以做"批发"的理念做小企业业务，以流程和品牌优势拓展市场，以产品带动、客户群挖掘来形成规模效益，通过风险定价和拨备来覆盖预期损失。因此在开发了产品以及设计了标准化的作业流程后，在进行信贷产品的批量化生产前，必须解决风险定价、核算、考核及队伍建设等问题，即实现银监会提出的"六项机制"建设："科学的利率风险定价机制、自成体系的内部核算机制、高效的贷款审批机制、完善的激励约束机制、专业化的人员培训机制、准确的违约信息通报机制。"对于大多数城市商业银行而言，要完全实现"六项机制"建设，短期内难度较大，但至少可以先建设小企业信贷"六单"机制，即单列计划、单独核算、单独考核、单独流程、单设队伍、单建系统（包括风险定价系统）等。

(1) 合理风险容忍基础上的规模化经营。小企业业务要做到生产批量化，必须具有一定规模，因此首先需要明确基于发展战略给予的资源倾斜、合理高效的审批授权、适当的风险容忍度、尽职者免责等关键问题。特别是在风险控制手段上，要探索中国式的"尤努斯模式"，颠覆过去的"抵押担保崇拜"，以企业订单、纳税、用电、用水、用工等实际运行情况弥补财务数据的不足，以客户正常生产经营所产生可支配现金流收入（包括家庭成员收入）作为小企业贷款的风险控制核心，以风险定价作为风险补偿的主要手段，除开展传统的抵质押贷款，专业担保公司贷款等以外，开展物流金融、小企业联合担保贷款、引入"第四方承诺"的"桥隧模式"贷款以及小额信用贷款等非抵质押贷款。

(2) 小企业信贷资产证券化。资产证券化是"批量化生产"和"风险分散化"的重要途径，中小银行的小企业信贷达到一定规模时，可能受到存贷比、资本充足率以及不良贷款率等监管约束，开展小企业信贷资产证券化扩大小企业客户群体、提高其忠诚度的同时，释放出更多的资源投入到新客户业务，并打造资产证券化业务的特色品牌，推进综合经营。同时通过证券化将资产进行表外处理可分散风险，也可改善资本充足率，提高信贷资产流动性，增加中间业务收入。

(3) 多元化全方位的小企业金融服务。首先是加强与非银行金融机构、小额贷款公司及政府部门的合作，扩大客户培育面。如某城市商业银行通过与政府、信托和担保公司合作发起的"小企业集合信托债权基金"，对20家小企业提供了5000万两年期信贷贷款。其次要克服产品开发上的简单"做产品"和营销上的简单"卖产品"，导致部分客户经理面对没有融资需求或融资需求不强烈的客户时"束手无策"。要充分挖掘客户融资、结算、理财等全方位需求，要把小企业的员工工资账户、小企业主（家庭成员）个人账户、信用卡账户、电子银行等金融需求作为整体提供金融服务，提高银行综合效益。

4.基于不同流程的"管理集约化"和"队伍专业化"。实现"管理集约化"和"队伍专业化"，首先必须建设集营销、管理和风控于一体的专业化体制，各级分支机构单独核算、单独考核、单独标准的小企业业务独立部门。总行小企业业务部主要负责制订小企业业务发展规划、业务发展策略（包括目标客户群体、产品策略、服务策略、营销策略、渠道策略）、产品研发（包括品牌建设）、渠道建设、营销策划和推动、流程建设、绩效考核、后台集中处理（包括系统建设等）。分支机构小企业业务团队主要负责产品销售和客户服务，并按照标准化流程操作。

（1）营销管理。小企业业务部要引进小企业金融的"4S"理念，解答"卖什么——产品和服务、卖给谁——客户、谁来卖——客户经理、怎么卖——营销策略"，并建立标准化、规范化、高效率的业务处理流程，打造具有自身特色的小企业融资服务品牌。

总行在营销推动上要采取多层次主动营销，高度重视营销规划和目标客户筛选工作，完成"两个转变"，即变"守株待兔"为"主动出击"，主动与政府部门、行业协会、担保公司等建立合作关系，通过各种渠道收集小企业客户资料，认真做好小企业市场细分；变"漫天撒网"为"有的放矢"，对多渠道收集的客户名单进行初步筛选后，建立目标客户库，及时将客户名单下发给销售团队进行针对性销售，同时对目标客户名单进行动态管理和维护。

（2）渠道建设。一是通过设立小企业区域经营中心、专营机构或在各支行成立小企业专门团队。二是充分利用网上银行，通过各银行的网上银行开展信贷业务申请；或开展网络银行电子商务信贷业务。三是利用电话银行开展业务，如某城市商业银行在国内首创"96523小企业金融服务在线"，该城市的小企业客户只要拨打客服电话，就能直接提交贷款申请，3个工作日内银行客户经理会主动联系并展开贷前调查，符合贷款条件的客户一般在3个工作日内完成审批工作。

（3）队伍建设。专业人才、核心技术是小企业"信贷工厂"规模扩大的最大障碍，目前优秀的银行客户经理一般不愿从事小企业业务，因此在小企业专业人才的选拔上，要摒弃"有银行从业经验者优先录取"的方式，除通过调配银行现有客户经理外，主要以招聘非银行从业人员为主，如通过招聘企业财务人员、优秀应届毕业生等，他们普遍具有较高的亲和力、沟通能力、抗压能力、动手能力和分析判断能力，通过"模拟环境集中培训"和"一对一传帮带培训"，建立一支标准化作业的专业化队伍。同时要建立规范的入职、考核、培训、晋升、组合、淘汰制度，实行"岗位制约、团队组合、分工合作"的三人小组客户经理管理模式，三人分别侧重销售、风险识别、后勤维护等职能，最大限度地提升每位员工的专业化和规模化管理能力。

二、市场风险管理的主要方法和手段

市场风险是指因市场价格（利率、汇率、股票价格和商品价格）的不利变动而使银行表内和表外业务发生损失的风险。市场风险存在于银行的交易和非交易业务中。市场风险可以分为利率风险、汇率风险（包括黄金）、股票价格风险和商品价格风险，分别是指由于利率、汇率、股票价格和商品价格的不利变动所带来的风险。其中利率风险按照来源的不同，可以分为重新定价风险、收益率曲线风险、基准风险和期权性风险。

（一）市场风险的管理体系和组织架构

市场风险管理体系至少包括以下六大基本要素：[①]董事会和高级管理层的有效监控；完善的市场风险管理政策和程序；完善的市场风险识别、计量、监测和控制程序；市场风险的报告和信息披露；完善的内部控制和独立的外部审计；适当的市场风险资本分配机制。

市场风险管理组织结构由董事会、高级管理层、总行职能部门和业务经营部门四个层面组成。其中董事会承担对市场风险管理实施监控的最终责任，负责审批市场风险管理战略、重大政策和程序，确定本行可承受的市场风险水平，督促高级管理层采取必要的措施识别、计量、监测和控制市场风险，并听取全行市场风险管理情况的报告。高级管理层负责制定、定期审查和监督执行年度市场风险管理的政策、程序以及具体的操作规程，及时了解市场风险水平及其管理状况，并确保本行具备足够的人力、物力以及恰当的

---

① 参见中国银行业监督管理委员会：《商业银行市场风险管理指引》，2005年。

组织结构、管理信息系统和技术水平来有效地识别、计量、监测和控制各项业务所承担的各类市场风险。

集中、独立、专业化的市场风险管理组织框架是市场风险管理体系建设的重要特征，城市商业银行应设立独立于业务部门的市场风险管理部门（如在风险管理部下设二级部门或团队管理市场风险），并区分政策制定和监控两个职能，进行全行集中化和专业化的管理；交易部门根据银行既定政策及批准的市场风险限额，进行前台交易。

（二）市场风险管理的主要政策和程序

城市商业银行首先要建立健全市场风险的内控制度体系，建立健全市场风险的识别、计量、监测和报告体系及工作机制；建设市场风险管理信息系统及专家队伍等。在内控制度和政策方面要强化以下三项工作。

1.科学的账户分类政策。城市商业银行应首先明确债券资产、衍生金融工具等账户分类的政策流程。根据会计准则和会计政策将债券资产在初始确认时划分为交易性金融资产、可供出售类金融资产、持有至到期投资以及贷款和应收款项等四类。同时按照银监会关于划分银行账户和交易账户的有关要求进行合理分类。交易账户记录的是银行为交易目的或规避交易账户其他项目的风险而持有的可以自由交易的金融工具和商品头寸。[①] 记入交易账户的头寸必须在交易方面不受任何条款限制，或者能够完全规避自身风险，而且银行应当对交易账户头寸经常进行准确估值。为交易目的而持有的头寸是指，在短期内有目的地持有以便转手出售、从实际或预期的短期价格波动中获利或者锁定套利的头寸。记入交易账户的头寸应当满足以下基本要求：一是具有经高级管理层批准的书面的头寸/金融工具和投资组合的交易策略（包括持有期限）；二是具有明确的头寸管理政策和程序；三是具有明确的监控头寸与银行交易策略是否一致的政策和程序与交易账户相对应，银行的其他业务归入银行账户。

---

① 参见巴塞尔委员会：《新资本协议》，2004年；《资本协议市场风险补充规定》，1996年。

科学的账户分类是实现有效管理的基础，一般基于不同账户确定不同的管理部门和管理流程，如对于交易账户的市场风险一般纳入风险管理条线（风险管理委员会、风险管理部门）管理，而对于银行账户的市场风险一般纳入司库（资产负债管理委员会、资产负债管理部门）管理。

2.合理的限额及盯市政策。城市商业银行应实施严格的市场风险（尤其是交易账户）限额管理，包括限额结构的设置（交易限额、风险限额和止损限额等）、限额设定、限额分配和监测、超限额处理、分析回顾及调整等，落实专门部门（风险管理部）负责对限额执行情况进行监控。

市场风险总体限额一般由董事会层面设定，一般根据本行资本实力、股东的风险偏好、未来的市场形势、监管要求、投资收益预期以及本行的风险管理能力等因素确定风险资本。确定风险资本的方法一般可使用VaR方法、压力测试法以及将两者综合的方法。在总体限额基础上，可基于RAROC的方法进行限额分配和调整，并设计系列风险限额指标对限额执行情况监测。风险限额指标不同，则限额的设定和事前控制以及风险对冲策略、突破限额时的控制手段也不同。如交易敞口等一些指标可在突破后一个交易日内实施对冲或调整，但另一些指标突破后往往缺乏有效措施，甚至可能导致损失增加（如下表）。

指标	事前控制程度	是否可对冲	控制措施及效果
止损限额	较高	通常可对冲	可立即减持或对冲，但可能导致损失较大
交易敞口限额	较高	可对冲	通过掉期、互换和平仓等措施
VaR限额	中	通常可对冲	与期限、置信度、组合规模和交易类型有关
压力测试限额	较低	不确定	视压力测试和对冲策略的完备性而定

续表

交易员或地区限额	较高	可调整	调整的速度与交易或业务类型有关
单一客户限额	较高	可调整	突破调整有一定的时间滞后
组合层面限额	较高	可调整	调整频率相对较低

交易账户中的项目通常按市场价格计价（mark-to-market），即"盯市"，对交易账户应至少每天评估并盯市一次。当缺乏可参考的市场价格时，可以按模型定价（mark-to-model）。按模型定价是指将从市场获得的其他相关数据输入模型，计算或推算出交易头寸的价值。银行账户中的项目则通常按历史成本计价。

同时，根据不同市场风险的特性对风险限额分别采用实时监控或时点监控，在系统得以支持下一般对交易账户市场风险采用实时监控，对银行账户市场风险采取时点监控。对不同的超限额违规情况必须设立严格授权处理程序和反映机制。

3.有效的岗位制约机制和激励约束机制。市场风险管理职能与业务经营职能应保持相对独立，建立中台监控机制，中台监控人员由风险管理部派驻。业务经营部门应分设前台、后台并严格分离，同时应避免薪酬制度和激励机制与市场风险管理目标产生利益冲突。董事会和高级管理层应避免薪酬制度具有鼓励过度冒险投资的负面效应，防止绩效考核过于注重短期投资收益表现，而不考虑长期投资风险。

（三）市场风险的计量和监测

1.市场风险的计量方法。市场风险的计量方法包括缺口分析、久期分析、情景模拟、市值重估、风险价值计算、敏感性分析、情景分析和压力测试等。其中缺口分析、久期分析、情景模拟主要用于非交易性市场风险计量，市值重估、风险价值计算主要用于交易性市场风险计量。城市商业银行应对不同账户中的市场风险分别规定不同的计量、监测和控制方法。城市商业银行目前采用中央国债登记结算有限责任公司编制公布的银行间国债收益率曲线和评估价格，对交易性和可供出售类债券进行价值评估。有条件的城市商业银行应建立本行的收益率曲线进行评估，并逐步使用风险值、压力测试和事后测试等方法对市场风险进行分析和衡量。结合本行业务的复杂程度、成本、管理现状等方面因素，选择最合适的、而并非是最先进或最精确的方法和工具。通过市场风险的精确量化，城市商业银行也能够引入风险绩效考核、限额设置、经济资本分配等风险管理手段。

无论银行账户或交易账户，城市商业银行最终应采用风险值限额体系作为市场风险监控的主要方法。对于交易账户的市场风险，应开始从方法、系统和人员上建设风险值限额体系，但在数据准备、人员素质和系统建设还未完善的情况下，城市商业银行可以仍采用敞口限额和止损限额。至于银行账户，可以先试用利率风险再定价缺口限额和汇率敞口限额为主的限额体系。

2.主要技术方法。

（1）缺口分析（gap analysis）。重新定价风险的基础管理方法主要有两种：缺口分析和久期分析。缺口分析是衡量利率变动对银行当期收益的影响的一种方法。即将银行的所有生息资产和付息负债按照重新定价的期限划分到不同的时间段（如1个月以下，1-3个月，3个月至一年等）。在每个时间段内，将利率敏感性资产减去利率敏感性负债，再加上表外业务头寸，就得到该时间段内的重新定价"缺口"。以该缺口乘以假定的利率变动，即得出这一利率变动对净利息收入变动的大致影响。当某一时段内的负债大于资产（包括表外头寸）时，就产生了负缺口，即负债敏感型缺口，此时如果市场处于利率上升通道，对银行有负面影响。相反，当某一时段的资产（包括表外业务头寸）大于负债时，就产生了正缺口，即资产敏感型缺口，此时如果市场处于利率下降通道，对银行有负面影响。

缺口分析虽是一种初级的、粗略的利率风险计量方法。但作为传统的基础风险度量工具，缺口管理目前仍被广泛应用。

（2）久期分析（duration analysis）。久期是以现金流量的折现值为权重计算的一项金融工具或全部资产负债组合的加权平均偿付期。即久期与现金流有关，在资产/负债整个生命周期内，现金流量越大、次数越频繁，久期越短；在没有任何现金流发生的情况下久期最长，且等于资产/负债的实际生命周期。久期越长，资产和负债对利率的变动越敏感，即利率风险越大。如，一笔债券的久期若为3，则表示市场利率每上升1个百分点，债券价格就下降3%。

久期分析是衡量利率变动对银行经济价值影响的一种方法，即对各时段的缺口赋予相应的敏感性权重，得到加权缺口，然后对所有时段的加权缺口进行汇总，以此估算某一给定的小幅利率变动（通常小于1%）可能会对银行经济价值产生影响（用经济价值变动百分比表示）。各个时段的敏感性权重通常由假定的利率变动乘以该时段头寸的假定平均久期来确定。久期缺口如果为正，则在利率处于上升通道时对银行不利；久期缺口为负，则在利率处于下降通道时对银行不利。

久期分析也是对利率变动进行敏感性分析的方法之一。与缺口分析相比，久期分析更为先进，是一种动态的缺口分析方法。缺口分析侧重于计量利率变动对银行短期收益的影响，而久期分析则能计量利率风险对银行经济价值的影响，即估算利率变动对所有头寸的未来现金流现值的潜在影响，从而能够对利率变动的长期影响进行评估，更准确地估算利率风险对银行的影响。

（3）风险价值（Value at Risk，VaR）。风险价值（VaR）也翻译为"风险值"或"在险价值"，是指在一定的持有期和给定的置信水平下，利率、汇率等市场风险要素发生变化时可能对某项资金头寸、资产组合或机构造成的潜在最大损失。例如，在置信水平为99%的情况下，银行每日的风险价值为1万美元，则表明在正常情况下，在1年中（250个交易日），损失超过1万美元的天数平均不超过2.5天。如果持有期为1天，则表明该银行的资产组合在1天中(在未来24小时内)的损失有99%的可能性不会超过1万美元。风险价值通常是由银行的市场风险内部定量管理模型来估算。目前常用的风险价值模型技术主要有三种：方差－协方差法、历史模拟法和蒙特－卡洛法。现在，风险价值已成为计量市场风险的主要指标，也是银行采用内部模型计算市场风险资本要求的主要依据。

风险价值的主要局限性源于其假设,在正常市场状态下,历史情景出现的几率相同,忽视了比正常状况更糟糕的情景,在市场出现异常变化时会出现"肥尾现象",因此需要进行事后检验和压力测试作为补充手段。

3.情景分析和压力测试。银行不仅应采用各种市场风险计量方法对在一般市场情况下所承受的市场风险进行分析,还应当通过压力测试来估算突发的小概率事件等极端不利情况可能对其造成的潜在损失,压力测试的目的是评估银行在极端不利情况下的亏损承受能力,主要采用敏感性分析和情景分析方法进行模拟和估计。情景分析是一种多因素分析方法(与敏感性分析对单一因素进行分析不同),结合设定的各种可能情景的发生概率,研究多种因素同时作用时可能产生的影响。在情景分析过程中要注意考虑各种头寸的相关关系和相互作用。情景分析中所用的情景通常包括基准情景、最好的情景和最坏的情景。

压力测试应当选择对市场风险有重大影响的情景,包括历史上发生过重大损失的情景和假设情景。城市商业银行应当使用银监会规定的压力情景和根据本行业务性质、市场环境设计的压力情景进行压力测试。市场风险压力测试的主要步骤包括:确定承压指标、确定压力指标、设定压力情景、建立传导模型、进行压力测试、报告测试结果、采取应对措施等步骤。

城市商业银行应当根据压力测试的结果,对市场风险有重大影响的情形制定应急处理方案,并决定是否及如何对限额管理、资本配置及市场风险管理的其他政策和程序进行改进。董事会和高级管理层应当定期对压力测试的设计和结果进行审查,不断完善压力测试程序。

4.市场风险的资本计量。新资本协议主体框架中的第一支柱对市场风险资本按照两种方法进行计量,即标准法和内部模型法。标准法对市场风险从5个方面来考虑:利率风险、股权风险、外汇风险 、商品风险 、期权风险;对利率风险及股权风险又分为一般风险和特定风险 ;对不同种类风险给出了数个方法供选用,如利率风险有到期日(Maturity Method)和久期法(Duration Method)。市场风险资本基本构成如下:

新资本协议中市场风险资本计量简要框架

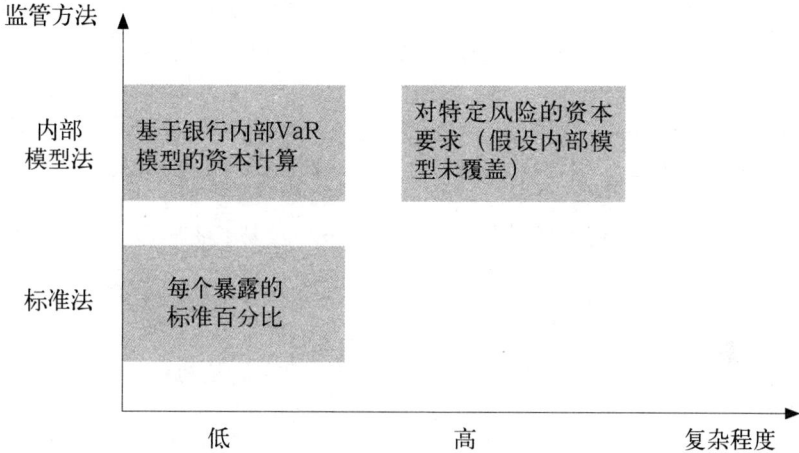

1.基本市场风险资本要求	2.特定市场风险资本要求	3.交易账户新增风险资本金要求
●1.利率风险	●1.集中度风险	●1.违约风险（包括违约直接损失及违约带来的间接损失）
●2.外汇风险	●2.与名称相关的基差风险	●2.信用等级迁徙
●3.股票风险		●3.信用利差变动
●4.商品风险		●4.股票价格变动

　　内部模型（或模型）指商业银行用于计量市场风险资本的风险价值（VaR）模型。无论选择什么计算方法（方差-协方差法、历史模拟法和蒙特—卡罗模拟法），内部模型必须满足一些定量要求，如必须至少每个交易日计算一次风险价值，使用单尾、99%的置信区间；使用的持有期应为10个交易日（更短的持有期应转换为10天的持有期）；观察期长度必须最少为1年（或250个交易口）等等。

三、操作风险管理的主要方法和手段

操作风险[1]是指由不完善或有问题的内部程序、员工和信息科技系统，以及外部事件所造成损失的风险。本定义所指操作风险包括法律风险，但不包括策略风险和声誉风险。具体事件包括七种类型[2]（损失事件分类详表如下）。

事件类型(1级目录)	2级目录	(3级目录)业务举例
内部欺诈	未经授权的活动	交易不报告（故意）
	盗窃和欺诈	配合信贷欺诈/挪用公款/盗窃尾箱
外部欺诈	盗窃和欺诈	伪造/抢劫
	系统安全性	黑客攻击/盗窃密码
就业政策和工作场所安全性	劳资关系	罢工/薪酬福利纠纷
	安全性环境	违反员工健康/客户滑倒营业厅
	性别及种族歧视事件	所有涉及歧视的事件
客户，产品及业务操作	适当性，披露和信托责任	违规披露客户信息/违背合同条款
	不良的业务或市场行为	内幕交易/反洗钱
	产品瑕疵	产品缺陷（未经授权等）
	客户选择，业务提起和风险暴露	未按规定审查客户资料/超过限额
	咨询业务	咨询业务产生的纠纷
实体资产损坏	灾害和其他事件	自然灾害/恐怖袭击

---

① 参见中国银行业监督管理委员会：《商业银行操作风险管理指引》，2007年。
② 参见巴塞尔委员会：《统一资本计量和资本标准的国际协议：修订框架》，2004年。

续表

业务中断和系统失败	系统	硬件/软件/电力、电信传输问题
执行，交割及流程管理	交易认定，执行和维持	交割失败/担保品失败
	监控和报告	未履行强制报告职责
	招揽客户和文件记录	法律文件缺失/客户资料缺失
	个人/企业客户账户管理	未经批准登录账户/客户记录错误
	交易对手方	非客户对手方的失误/纠纷
	外部销售商和供应商	与外部供应商的纠纷

相比信用风险和市场风险，操作风险涉及面更广、管理难度更大、管理成本也更高，而且操作风险更容易引发声誉风险。

（一）操作风险的管理体系和组织架构

操作风险管理体系至少应包括以下基本要素：董事会的监督控制；高级管理层的职责；适当的组织架构；操作风险管理政策、方法和程序；计提操作风险所需资本的规定。

董事会承担监控操作风险管理有效性的最终责任，主要职责包括制定全行的操作风险管理战略和总体政策；审批及检查高级管理层有关操作风险的职责、权限及报告制度。高级管理层负责执行董事会批准的操作风险管理战略、总体政策及体系，包括：根据董事会制定的操作风险管理战略及总体政策，负责制定、定期审查和监督执行操作风险管理的政策、程序和具体的操作规程，并定期向董事会提交操作风险总体情况的报告；明确界定各部门的操作风险管理职责以及操作风险报告的路径、频率、内容，督促各部门切实履行操作风险管理职责，以确保操作风险管理体系的正常运行。操作风险出现在银行的所有活动中，存在于业务流程的各个环节，城市商业银行应指定部门专门负责全行操作风险管理体系的建立和实施。

```
                    ┌─────────────────────┐
                    │   操作风险管理体系    │
                    └─────────────────────┘
```

治理结构	政策程序	管理工具	资本计量	管理信息系统
■高层职责 ■组织结构 ■操作风险管理部门建设	■详细定义 ■职责规定 ■管理程序 ■报告程序 ■计量程序	■RCSA ■KPI ■BCP ■数据收集	■标准法 ■替代标准法 ■高级法	■支持管理 ■工具实施 ■数据更新 ■形成报告 ■支持计量

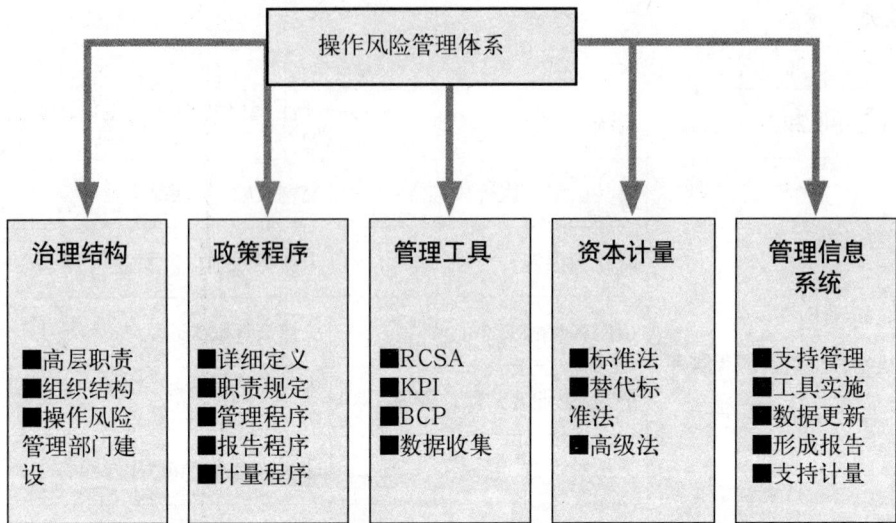

（二）操作风险管理的主要方法

1.基于先进实践的方法论。

（1）稳健原则。[①]巴塞尔委员会对操作风险管理提出建立良好的风险管理环境；风险管理——识别，评估，监测，缓释/控制；监管和披露等三个方面的十条稳健原则。

（2）操作风险框架。原因、事件和影响组成了操作风险框架。包括7种类型的风险事件以及对该详细分类事件的原因和影响分析，进而采取风险管理的行动计划，并采用识别（风险自评RSA/评审程序ORAP/风险地图Risk map）、计量（损失数据库LDC）、监测报告（关键风险指标KRI）和控制（关键风险控制KORC/CSA）等管理工具。

整个操作风险管理框架由基础框架（包括治理结构、政策和程序；风险偏好等）、管理工具、IT系统（管理信息）、模型（资本计量）等四个模块组成一个金字塔形。

以下以"操作风险控制自我评估程序"环节为例说明管理工具实施的工作要点（风险地图的形成思路）：

---

① 参见巴塞尔委员会：《操作风险管理与监管的稳健原则》，2003年。

一是流程描述（包括流程环节、操作要点、外部合规索引、内部合规索引、操作风险点控制等）。

二是风险识别（根据本行及他行历史事件、风险点、损失事件分类表等对事件进行分类，并注意风险点与流程的对应关系）。

三是固有风险评估（对风险事件的可能性及损失事件发生频率进行评估；并分析固有风险后果：包括财务损失和监管部门及媒体反应等其他相关方带来的影响；在此基础上确定固有风险等级，确定是否为可接受风险；最后根据可能性和影响衡量固有风险水平）。

四是现有控制分析（包括流程内控制和流程外控制、控制类型：授权控制、岗位分离控制等等）。

五是剩余风险评估（分析方法同固有风险评估）。

六是设计层面的现有控制评估（分类为控制有效、基本有效、控制不足、控制过度等）。

2.内控体系建设。

基于城市商业银行的现状及管理的可操作性，可在内控体系建设方面强化以下三个方面：

（1）建立严格的内部控制制度，梳理风险点并实施分类管理。要按照操作风险管理的相关要求对现有业务操作流程进行集中梳理，识别出业务处理关键环节中的主要操作风险，按照风险重要程度、发生概率等进行分类，突出高风险环节和重要风险点，并加以有效的内部控制措施，最后进行风险评测使之在可接受范围之内；加强对内控文件的管理，推出新业务、新产品和系统之前，对其中的操作风险应经过足够的评估，制定出行之有效的规章制度和操作规程，提高文件的可执行性、实用性；形成定期更新和报告的常态机制，对于发生变化的内控文件应及时进行更新，并定期报告，以适应市场不断变化的需要。

（2）严格内部控制制度执行。为使制度严格得到执行，在制定时必须考虑其可执行性，否则执行难度过大或成本过高就可能使之成为一纸空文；必须建立严格的奖惩制度，并通过明确的奖惩措施，形成良好的内部氛围。

（3）加大技术创新力度，实现"人控"和"机控"相结合。对现有操作流程进行IT优化，将流程中的高风险环节纳入计算机的控制范围，实现重要环节"机控"；借鉴科学的操作风险计量技术，建立适合于我国商业银行的操作风险计量模型，将信息技术、定量模型和复杂的金融业务操作流程有机结合在一起；加强对现有系统数据的使用，利用科技手段开发计算机管理平台、编制风控软件，提取业务系统的交易数据，对可疑信息数据纳入日常监控。

3.操作风险管理流程和机制。

我国商业银行在操作风险管理的长期实践中建立了操作风险治理、风险管理流程、操作风险管理内部环境以及外部监管环境等组成的框架。

（1）第一层次：操作风险治理。操作风险治理模块位于商业银行整个操作风险管理体系框架的最高层。在具体实践中，城市商业银行可依据现代公司治理的三权制衡原则建立商业银行操作风险管理三道防线：

第一道防线：业务单元及业务支持部门中所设置的操作风险管理岗位。业务单元及业务支持部门是操作风险的所有者，也是操作风险管理的第一责任人。其主要职责是负责业务运营中的操作风险具体管控工作，落实行里制定的相关操作风险管理政策，并接受操作风险管理第二、三道防线的定期检查和评估。

第二道防线：经营层风险管理委员会、风险管理部（也可由法律与合规部或其他部门履行二道防线职责）。其主要职责是在行长的领导下，制定操作风险管理政策和目标；独立、客观的识别、评估、监测、检查、缓释、报告全行的操作风险状况；组织、协调全行实施操作风险工作；检查评估第一道防线操作风险管理工作；定期向行长报告操作风险管理中的重要事件和趋势。

第三道防线：董事会领导下的审计委员会和审计部门。其主要职责是：独立、客观、定期对全行操作风险管理框架、政策、执行力进行全面、有效的检查、评估；定期向董事会汇报重要的操作风险事件。

（2）第二层次：操作风险管理流程体系。操作风险管理流程体系是指实现操作风险管理的一系列程序和方法，是商业银行实施操作风险管理流程的全过程，具体包括风险定义、风险识别、风险评估、风险应对、风险监测和检查、风险报告等六个过程。

操作风险定义。风险定义是实施操作风险管理工作的第一步，是整个操作风险管理流程体系的基础。其主要工作是对操作风险进行合理分类。目前，银行业界对操作风险的分类比较权威的参考是银监会的四分类法和巴塞尔委员会的七分类法，但是这两种方法存在的共同弊病是其分类标准不适应我国商业银行操作风险管理的现实情况，因此，城市商业银行应根据自身情况，合理划分并定义操作风险。

操作风险识别。操作风险识别是商业银行在统一风险分类、定义的基础上，对每项业务、流程的操作风险状况和风险程度的详细说明。该环节主要工作是辨认不同类型的操作风险、鉴别分析业务中的风险因素和关键点、识别潜在的风险和暴露风险等。目前，国际上最先进的风险识别技术是基于流程的风险识别。通过流程分析，一方面可以对各项流程进行基于操作风险管理的再造；另一方面可以对流程中的风险暴露进行识别、评估，并据以采取适当的管理措施。

操作风险评估。在对操作风险进行识别后，城市商业银行就需要评估所面临的操作风险，以确定哪些风险是银行可以承担的，哪些风险是银行不能够接受的，从而确定操作风险管理和转移的策略。目前，商业银行进行操作风险评估所采用的方法有操作风险自我评估法、调查问卷法、专家法、审计确认法等。在整个操作风险管理流程体系中，操作风险评估工作起着承上启下的作用，操作风险评估的结果可以作为操作风险监测和检查的参考。

操作风险应对。风险应对或风险缓释是指根据风险评估的结果，对不同的操作风险所采取的风险态度。如果风险管理价值为负，说明该类操作风险无法通过管理有效缓释，应进行回避；反之，如果风险管理价值为正，则说明通过该类操作风险的管理，可以为银行带来一定的收益，应与承担，并须实施相应的管理措施。

操作风险应对的管理措施主要包括内部控制、保险、外包和资本准备。内部控制是商业银行实施的主动风险管理，是商业银行管理操作风险最主要和最基本的措施；保险、外包和资本准备则是商业银行采取的被动式的风险管理措施。其中，保险是借助保险公司对无法预计的操作风险损失实施的一种较为有限的或然保障，外包是根据比较优势原则将相关业务外包的同时局部地转移了相应的风险。资本准备是从价值上对无法预计的操作风险损失进行的补充准备。

操作风险监测和检查。一旦操作风险和应对措施得以确认，商业银行就应对风险暴露情况进行定期的监测和检查。内容包括控制是否发生作用、风险暴露是否变动和是否需要采取相应行动。在商业银行日常工作中，需要定期对风险诱因、关键风险指标、内外部损失数据、因果模型、操作风险资本计量模型以及绩效测评方法等进行监测，以更好地应对不断变化的操作风险管理环境。风险监测和检查的结果将影响商业银行风险评估结果的动态调整。

操作风险报告。操作风险报告制度是实现操作风险管理工作信息沟通与反馈的主要桥梁。目前，城市商业银行操作风险报告工作主要包括两个维度：一个维度是商业银行系统内的操作风险报告，包括下级机构对上级机构的汇报、主管机构对管理层的定期报告等；另一个纬度是商业银行按照监管要求的对外报告，主要包括向银监会的报告和相关市场信息披露等。

(3) 第三层次：操作风险管理内部环境。操作风险管理内部环境是指支撑商业银行实施操作风险治理、操作风险管理流程体系的银行内部的物质的和非物质因素，其主要包括操作风险管理IT系统、操作风险内外部损失数据、操作风险管理方法、操作风险管理程序、操作风险管理人员以及整个企业的操作风险管理文化等。

(4) 第四层次：外部监管环境。外部环境主要是指来自银行外部的监管和监督，包括监管当局的监管规定、社会公众的监督和市场约束等。有效的外部环境是促进城市商业银行加强操作风险管理所不可或缺的推动力。城市商业银行可通过适时充分的信息披露，加强与外部的信息沟通，主动创建良好的外部环境。

4.操作风险的集中控制。

目前部分城市商业银行已经在进行操作风险评估基础上，结合流程银行建设，进行业务流程再造，把部分操作风险控制职能进行集中。如将部分业务处理与前台分离、实行中后台集中，不仅有利于防范操作风险，还有利于形成以客户为中心的经营理念和行为模式，促进网点由操作型向营销服务型转化。但是目前城市商业银行普遍缺乏支持与实现前、中、后台分离的IT系统，而且在实践中短期内要增加大量人力资源和相应成本，因此大规模集中操作难度较大。因此城市商业银行可将临柜复杂业务、批量业务、操作风险集中业务转入后台集中处理，对银行账户开立、验资、放款等实行后台集中（或区域集中）审批，最大限度控制操作风险。

5.操作风险的资本计量。

巴塞尔新资本协议中操作风险的计量方法分为基本指标法、标准法（及标准法替代形式）、高级计量法。中国银监会规定商业银行计量操作风险监管资本的选择的方法为：标准法、替代标准法、高级计量法。

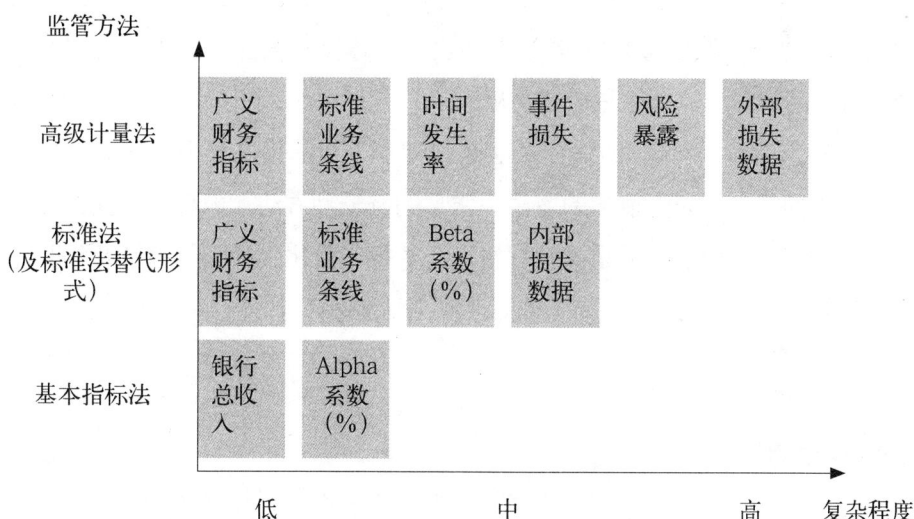

（1）标准法下资本的计算。资本要求等于前3年操作风险监管资本的算术平均数，前3年中每年的操作风险监管资本等于当年各个业务条线监管资本的总和。下表为不同产品线的操作风险权重表及计算说明。

	业务条线	β系数	监管资本
1	公司金融	18%	18%×公司金融总收入
2	交易和销售	18%	18%×交易和销售总收入
3	零售银行	12%	12%×零售银行总收入
4	商业银行	15%	15%×商业银行总收入
5	支付和清算	18%	18%×支付和清算总收入

续表

6	代理服务	15%	15%×代理服务总收入
7	资产管理	12%	12%×资产管理总收入
8	零售经纪	12%	12%×零售经纪总收入
9	其他业务条线	18%	18%×未能划入上述8类业务条线的其他业务总收入
	第一年操作风险监管资本	—	以上各项之和
	第二年操作风险监管资本	同上	同上
	第三年操作风险监管资本	同上	同上
	操作风险监管资本		前三年操作风险监管资本之和÷3

(2) 替代标准法。除零售银行和商业银行业务条线的总收入用前3年贷款余额的算术平均数与3.5%的乘积替代外，替代标准法的业务条线归类原则、对应系数和计算方法与标准法相同。

(3) 高级计量法。高级计量法是银行基于内部损失数据计量其操作风险的非预期损失（VaR值）的方法，常见的有三种方法：内部度量法、损失分布法和极值理论法。城市商业银行由于数据、量化、模型、验证及经验等各方面的不足，目前实施高级计量法面临较大的困难。

本章参考文献

1.陈小宪：《风险·资本·市值——中国商业银行实现飞跃的核心问题》，中国金融出版社2004年版。

2.COSO：《企业风险管理——整合框架》，东北财经大学出版社2005年版。

3.[美]亨利·范·格罗等：《银行风险分析与管理》，中国人民大学出版社2006年版。

4.白涛：《商业银行风险管理新实践》，中国金融出版社2009年版。

5.潘华富等：《"信贷工厂"模式的探讨》，《银行家》2009年第5期。

第十章
城市商业银行的人力资源管理*

第一节 城市商业银行人力资源管理概述

经过十几年的发展，城市商业银行的员工数量快速增加，一家企业少则上千人，多则六七千人。如何通过有效的管理，充分调动员工的积极性，发挥员工的潜能，是城市商业银行各级管理层经常在思考的问题。概括地说，城市商业银行要根据银行发展战略的要求，运用现代管理方法，有计划地对人力资源进行合理配置，通过对员工的招聘、培训、使用、考核、激励、调整等一系列活动，为企业创造价值，保障企业战略目标的实现，这就是城市商业银行的人力资源管理。

一、城市商业银行人力资源管理的现状

诺贝尔经济学奖获得者西奥多·舒尔茨曾指出："人的能力是企业财富的主要源泉。高收益企业的利润是由什么构成的？主要是人的能力，人的

---

* 本章由聂庆、刘晓峰撰稿，其中第五节由邵丽萍撰写初稿。

能力是企业最宝贵的资本。"这些年来，城市商业银行取得了较好的发展和良好的效益，就是充分发挥员工能力的结果。经过十多年的努力，城市商业银行的人力资源状况已经发生了巨大的变化。目前已建立了一支具备较好个人素质和较高业务技能、年龄结构较为合理的员工队伍。截至2010年底，全国147家城市商业银行有员工20多万人，其中青年员工的占比在80%以上。绝大部分员工具有大专以上学历，硕士和博士也占有相当比例。尽管这些员工从业时间不长，金融工作的经验还不丰富，但他们基础知识扎实，市场经济意识较强，具有良好的开拓创新能力，是城市商业银行可持续发展的主力军。同时，城市商业银行的人力资源管理体系也从无到有，从简单到系统，初步建立起符合现代银行业要求，具有城市商业银行特色的人力资源管理体制和机制。

（一）开始制订人力资源战略和规划

城市商业银行的快速发展对人力资源管理提出了新的更高要求。进入21世纪后，城市商业银行纷纷制订长期发展战略，人力资源战略作为企业战略的一个重要组成部分摆上了议事日程，在明确使命和目标的基础上，制订了包括人员招聘和配置、绩效管理、薪酬管理、人力资源开发、人力资源信息系统等各项具体战略举措。根据企业发展和人力资源需求的预测，不少城市商业银行制订了人力资源规划，使企业的人力资源管理走上了有序的轨道。

（二）初步建立了用人的竞争机制

为了提高人力资源使用效率，市场化竞争在城市商业银行人力资源配置中的基础性作用不断加强，如"双向选择"、"减员增效"、"待岗制度"等一系列用人制度改革得到推行，一些年龄偏大、业务技能和素质难以适应城市商业银行发展和竞争需要的员工退出了一线岗位。考试录用、竞争上岗、公开选拔等制度逐步推广，并成为城市商业银行选拔优秀人才的重要途径，拓宽了选人、用人的视野，打破了论资排辈现象。在员工职业成长通道方面，少数城市商业银行采取更为先进的理念，建立了以专业化为成长通道的员工岗位职务等级管理与升迁制度，使员工职业成长通道更加通畅。但是，随着城市商业银行经营状况的不断改善，员工竞争意识和危机意识开始有所弱化，员工的进与出、中高级管理人员的上与下等渠道建设还不够通畅。

（三）与市场接轨的绩效管理和薪酬制度逐步建立

城市商业银行普遍建立了通过对企业战略的目标分解、业绩考评等方面的绩效管理办法。为迅速提高人员素质和竞争力，城市商业银行在考核评价机制改革方面步子迈得比较快，行长目标责任制考核、360度考评、平衡计分卡等考核评价工具得到广泛运用。在管理部门的考核方面也进行了有益尝试，平均主义、"大锅饭"现象得到较好的改变，以能力和业绩为导向的考核评价机制基本形成。在此基础上，城市商业银行在薪酬制度方面进行了有益的改革和探索，改革了原来单纯以职务为标准的行员工资制度，建立了基础年薪和绩效年薪相结合的薪酬制度，确立员工收入与员工业绩和能力挂钩的考核方式。为进一步健全风险与收益挂钩的薪酬分配机制，不少城市商业银行还建立了员工风险责任保证金制度。但是，随着市场的变化和竞争的加剧，城市商业银行在绩效管理和薪酬制度方面还存在一些问题。比如，考核评价缺乏稳定的标准，考核内容连续性和系统性不够，导致考核的结果变化大，影响了对员工的激励和约束作用；薪酬结构方面基本以短期激励为主，缺少中长期激励；激励手段比较单一，忽视了员工需求的多样性等等。

（四）加强了员工的培训与开发

员工培训和人才开发是增强企业核心竞争力的推动力。做好人力资源培训与开发，不仅可以为城市商业银行的发展提供智力保障，提高员工的满意度和忠诚度，同时也是城市商业银行快速发展的要求。经过十余年的发展，城市商业银行已初步建立了较完备的培训管理体系，明确各专业系列、各类人员在培训工作中的角色分工和职责；制定了培训工作的管理制度、操作流程，以保证培训工作的程序化、规范化、制度化。有的城市商业银行还成立了教育培训中心或者企业内部大学，组建了自己的内部培训师队伍。在人才开发方面，除了传统的职务提拔、岗位交流等方式外，城市商业银行还根据自身实际情况进行了创新，比如：实行了师傅带徒弟的OJT培训（On-Job-Training）、实施后备人才的管理培训生制度、与高校合作的订单培训班等模式，并取得了一定的成绩。

二、城市商业银行人力资源管理面临的挑战

经过十几年的探索和实践，城市商业银行的人力资源管理取得了长足的进步。但是随着城市商业银行迅速发展以及我国银行业竞争加剧，城市商业银行的人力资源管理面临着严重的挑战。

（一）人才短缺和员工能力提升的挑战

银行规模的扩大和业务品种的增加以及精细化管理的需要对城市商业银行的员工素质提出了更高的要求，中高级管理人员短缺更是一个突出的矛盾。人才规划总是赶不上业务的需求，各个部门都在喊缺人，招聘和录用压力巨大。如何保证招聘的人才在数量与质量上的平衡，如何解决新设机构中高级管理人员的短缺，如何保证全行员工队伍结构有机平衡，如何让员工技能迅速提高以适应市场的激烈竞争等等，都对人力资源管理提出了挑战。

（二）企业文化建设及凝聚力形成的挑战

城市商业银行是一个年轻的群体，还没有形成系统和完整的企业文化，其员工既有原城市信用社的职工，也有很多来自其他金融机构的人员，更有大量近几年毕业的年轻大学生，各种文化的融合是一个长期而复杂的过程。由于员工来源的多元化，各种职业行为、管理方式等存在较大差异，在思想理念和价值观取向上与城市商业银行原来的企业文化产生冲突。随着员工来源渠道的拓宽，员工的需求开始多样化，需求层次逐步提高，城市商业银行在组织文化建设方面逐渐落后于员工的需求，对加强人力资源管理形成了某种制约。

（三）组织架构调整对人力资源管理的挑战

城市商业银行的组织架构还处在调整阶段，从传统模式到扁平化管理，从加强专业化到矩阵式管理，各家城市商业银行正在不断探索适合于自身条件又有利于发挥城市商业银行优势的组织架构，跨区域发展的实施又面临总分支体制的建立，这些调整和变化给工作分析、人员招聘、绩效考核、薪酬管理、培训教育等方面带来了很多新问题，对人力资源管理形成了新的挑战。

三、加强人力资源管理，提高城市商业银行核心竞争力

人力资源是银行实力的基础，是银行竞争优势的核心力和发展的原动力。银行间的竞争就是员工队伍素质的竞争。有什么水准的员工队伍，就决定了有什么水准的银行。加强人力资源管理是提高城市商业银行核心竞争力的保证。

（一）以企业文化建设统领人力资源管理

企业文化是企业员工思想、行为的依据，将企业文化渗透在人力资源管理中，发挥企业文化在人力资源管理中的统领作用，才能提高企业员工的凝聚力，充分激发员工的各项潜能。国内外的优秀企业把团队协作精神、以客户为中心、平等对待员工、激励与创新精神等作为企业文化的重点，并把这些内容体现在人力资源的管理中，成为人力资源管理的核心原则。十几年来，城市商业银行的企业文化在团队协作精神和平等对待员工上形成了一定的特色和优势，但也存在一些问题，地缘式的亲情曾经在城市商业银行的发展中起到了较好的凝聚力和激励作用。但随着员工队伍的迅速扩大和员工来源地域的多元化，文化的碰撞和融合能否形成良好的核心价值观将会影响企业的凝聚力和员工能力的发挥。在其他方面，城市商业银行的企业文化更有很多需要完善的地方，只有不断地为企业文化注入活力，城市商业银行才会有一支积极向上、具有良好素质的员工队伍。

（二）重视战略性人才规划的制订和执行

人力资源规划分为战略性的人才规划和日常性的人员规划编制两个层面。实际工作中，人力资源规划往往重视日常性的人员编制规划，忽视战略性人才规划，致使城市商业银行的关键重要岗位和中高级管理人员长期短缺。我们把企业战略性人才归集为"知识型员工"和职业经理人两类，并把这部分人力资源称做企业的人力资本。管理大师彼得·德鲁克曾断言："怎样提高知识型员工的生产力，怎样对知识型员工进行管理，是企业在21世纪面对的最大挑战。"加强城市商业银行战略性人才规划事关企业长期可持续发展，是城市商业银行人力资源管理的重头戏。在战略性人才规划制定前，

需重点了解根据全行发展战略，银行未来需要哪些重要的创新和管理人才，根据人岗匹配原则有计划、有的放矢地去选聘、培养人才。战略性人才规划中人才的招聘和甄选是基础工作，但更重要的是需要建立一套有利于人才脱颖而出的培养、使用、竞争、激励和约束机制。企业的工作除了战略决策、组织协调外，大量的是技能操作，因此城市商业银行要在加强战略性人才培养的同时，必须重视吸收和培养技能过硬、操作能力强的适用人才，坚持合理定位，建设梯度人才队伍，为不同层次、不同种类的员工提供不同的人力资源管理方案，保证银行大量基础性工作的效率和质量。

（三）建立科学高质量的绩效管理和薪酬管理

人力资源管理是一个完整的体系，包括岗位评价、人员测评、绩效管理、薪酬管理、学习和培训、企业文化建设等方面。绩效管理在其中处于核心地位，人力资源管理的其他方面几乎都和绩效管理有关。绩效管理的好坏制约着人力资源开发和管理的水平。薪酬管理是人力资源管理中最敏感的部分，它涉及企业每一位员工的切身利益，是员工在企业工作能力和水平的直接体现，员工往往通过薪酬水平来衡量自己在企业中的地位。因此薪酬管理在人力资源管理中处于重要地位，直接影响员工能力的发挥。薪酬管理的依据来自于绩效管理，同时对绩效管理的全过程都会产生影响。城市商业银行的绩效管理起步时间不长，不少城市商业银行往往用绩效考核来代替绩效管理的全过程，存在着考核评价的办法单一、考核的结果与员工的职业发展、能力提升以及激励约束机制关联度不高，缺乏交流、沟通、监督等问题。在薪酬管理方面，不少城市商业银行也存在激励手段比较单一、关键岗位薪酬激励水平竞争力不够、缺少长期激励和约束机制等问题。这些问题都亟须解决和改进。

（四）加强人力资源开发

城市商业银行的员工是一支年轻的队伍，加强人力资源的开发尤为重要。通过人力资源开发把员工的智慧、知识、经验、技能、创造性和积极性充分地发掘、培养和利用起来。一般的人力资源开发往往只注重员工的学习和培训，着力于员工知识、能力的提高和工作态度的改善，而且在培训中注重培训内容和方法的调整，忽视培训结果的评估，从而影响了培训的实际效果，这种状况必须改变。同时，以青年员工为主的城市商业银行除了加强对员工的学习培训外，还必须重视员工的职业生涯规划，把员工个人的发展和城市商业银行的发展结合起来，让员工在为实现企业战略的具体工作中，明确自身事业发展的目标和计划，实现自身的人生价值。这对于充分发挥员工能力，调动员工持久的积极性非常重要。城市商业银行所面临的经济金融环境正在发生不断的变化，金融改革和创新要求城市商业银行员工不断地更新知识，因此创建学习型组织是城市商业银行可持续发展的必然要求，也是人力资源开发和管理面临的新课题。

（五）重视人力资源专业人员素质和效率的提升

随着城市商业银行的快速发展，对人力资源部门工作人员的业务素质和管理能力提出了更高要求。人力资源管理的专业人员必须重视自身专业的培训和学习，掌握人力资源管理改革和创新的发展趋势；必须保持对银行业务和市场变化的敏感性，加强与专业部门的沟通和配合，以便了解业务部门发展战略重点以及对人才的要求；必须虚心学习同行的先进管理经验并结合自己的实际积极地运用；必须建立和银行发展相协调的管理信息系统，把科技手段应用到传统人力资源服务工作中去，提高人力资源管理人员的效率等等。人力资源管理部门要把更多的精力放到人力资源的开发上，加快人力资源管理从事务处理向人力资本经营的转变。

（六）建立基于"战略合作伙伴"的企业人力资源管理体系

随着市场经济的发展，人类社会进入了知识经济时代，人力资本成为企业的第一竞争要素，人力资源管理已非人力资源部门单独所能完成。因此，要完善和发挥好人力资源管理机制，建立一种基于"成为业务管理部门的战略合作伙伴"的人力资源管理体系，有效解决目前存在的各种问题，提高城市商业银行的核心竞争力。同时，要建立起以客户价值为导向、与企业其他管理部门有效结合的人力资源业务流程体系。人力资源部门要明确自己的客户不仅仅是员工，同时还有银行的各管理部门，建立与其他业务管理部门的联动机制，发挥这些管理部门在人力资源管理上的参谋和顾问作用，建立健全业务管理部门的人力资源管理方面的相关职责，使得银行人力资源管理工作能覆盖到全行各级部门。在联动机制中，人力资源部门主要负责体制机制的改革创新，统筹人力资源管理的各项工作，提出解决各种问题的方案，组织、协调各项工作实施等。其他管理部门要积极配合人力资源部门将各项工作在本部门职责内操作好，做到职位、工作、人员三者有机结合，并把各种情况反馈给人力资源部门。

第二节 城市商业银行人力资源规划

人力资源规划是人力资源管理的基础，人力资源管理的各项具体工作都要在人力资源规划的基础上展开。人力资源规划是企业为确保自身战略目标的实现，依据内外部环境，对战略实施过程中人力资源的供给、需求和缺口进行分析、判断和预测，并制定人员吸纳、培训和激励等一系列人力资源政策和措施的过程。

一、城市商业银行人力资源规划存在的问题

由于城市商业银行人力资源规划起步较晚，管理手段和方法比较单一，人力资源规划尚不尽科学，还存在不少问题。

（一）人力资源规划与业务发展不能有效衔接

在制定、推动战略规划的过程中，部分城市商业银行由于人力资源部与业务部门之间缺乏有机联动，导致业务发展实际需求与人力资源规划相脱节。一方面，部分城市商业银行业务管理部门对业务发展模式缺乏较长远和明确的路径规划，或者虽然有业务发展模式规划，但在实际执行过程中常常背离原定的业务发展模式，致使人力资源规划往往"虚置"，人力资源部不得不迫于业务发展的临时性需求，频繁调整人员招聘方案和培训方案。另一方面，部分城市商业银行人力资源管理的专业能力不足，不能科学诊断全行

人力资源"瓶颈",也不能有效判断人才储备重点,同时在员工的招聘、培养和激励等方面也缺乏专业能力,致使人力资源规划的有效性大大降低。

(二)人才梯队建设规划不够完善

随着业务发展和跨区域经营的实现,城市商业银行对人才的需求和要求越来越高,但是由于专业技术和高级管理人才储备不够,部分城市商业银行面临着想派人却派不出去的难题,存在着人才断层的危机,只好采取临时性的岗位竞聘或者外部招聘等应急性手段解决。这一问题的主要原因是部分城市商业银行对银行发展的前瞻性预测能力不足,人才梯队建设规划不能有效符合银行发展的实际人才需求。部分城市商业银行尽管建立了后备人才库,但是由于缺少统一的人才评价标准和对后备人才持续性的培养跟踪,使得后备人才建设处于"放羊式"的状态,削弱了后备人才库的建设意义。

(三)日常人员编制管理较为被动

目前城市商业银行在日常人员编制管理中主要运用的方法是定岗定编,根据业务流程、岗位职责、人员素质要求及工作量大小综合确定岗位和人员编制。在跨区域发展过程中,城市商业银行借鉴了一些股份制银行的做法,依据分支机构利润、业务规模确定人员编制。但是,由于缺少必要的数据积累和实际执行效果分析,人力资源日常人员编制管理比较被动。在人员数量规划方面,简单地按照员工退休数量、机构设置的基本需求进行人员预测,而对岗位职责重叠是否导致人员冗余,人岗不匹配是否导致人才浪费、业务发展需要什么样的后备人才、人员素质不高导致发展缺乏可持续性等重要性因素分析比较少,往往导致员工数量和结构得不到有效改善。

二、城市商业银行人力资源规划的实践和探索

虽然城市商业银行人力资源规划存在一些问题,但是部分城市商业银行在发展过程中对人力资源规划制定进行了一些探索和实践,主要体现在以下四个方面:

(一)逐步建立科学的人力资源规划流程

城市商业银行人力资源规划分成四个阶段:一是准备阶段。该阶段主要是

分析内外环境变化对人力资源管理的新要求。城市商业银行生存发展面对利率市场化逐步趋近、金融脱媒不断加剧、监管新政逐步实施、同业竞争日益激烈等外部环境，同时又面对自身资源和能力等方面的内部约束，转变发展方式，推进差异化、特色化发展成为城市商业银行的必然选择。人力资源管理主要是围绕着这一战略转型进行招聘、培训、人才选拔、绩效、薪酬以及激励约束等方面的准备，为战略转型提供充足的人力资本支撑。二是预测阶段。人力资源预测主要关注两个内容：企业未来的发展需要的人才类型以及为了实现企业的目标需要制定的人力资源管理政策。为避免制定人力资源规划的盲目性，制定人力资源战略规划时，要以内外环境的变化为基础，结合企业发展战略，预测企业发展所需配置的主要人员及相配套的人力资源政策。三是制定规划阶段。该阶段主要是确定企业战略性人才和适用人才的净需求，制定人力资源供求平衡的总体方案，通过明确人员招聘、培训、绩效、薪酬以及激励约束等具体方案使企业未来对人力资源的需求得到满足。四是实施和控制阶段。该阶段主要是编制具体实施计划，明确相关部门、部门应承担的责任及必要的职权，建立有效的监控体系以及有效可行的应急和整改方案。

（二）人力资源规划要以实现企业整体发展战略目标为出发点和归宿

人力资源规划的前提条件是企业要有明确的战略规划，人力资源规划是要把企业经营战略和目标转化成人力需求，以企业整体的超前和量化的角度分析和制定人力资源管理的具体目标和政策。近年来，内外环境变化要求城市商业银行进行业务结构转型，推动战略转型。一方面，持续深化中小企业金融服务，在小企业服务和特定细分行业市场上形成差异化、特色化竞争优势；另一方面，将业务经营范围从存、贷等传统业务延伸到财富管理、投资银行等新兴业务，形成可持续发展后续动力。在此背景下，小企业金融服务和投资理财等成为城市商业银行战略转型的重要方向，小企业客户经理、理财客户经理的招聘、培养等成为了相当一部分城市商业银行人力资源管理的重点之一。例如，自2005年以来，浙江泰隆商业银行、包商银行、杭州银行、哈尔滨银行等城市商业银行全力打造一支规模为数百人的专业小企业客户经理队伍，实行与公司客户经理和零售客户经理完全不同的人力资源政策。

（三）重点加强战略性人才规划

城市商业银行的战略性人才是那些拥有专门技术、掌握核心业务、控制关键资源、对银行的生存与发展产生深远影响的核心人才或关键岗位员工。战略性人才规划是在分析现有人力资源的基础上制定出与企业未来战略实现和持续发展相适应的核心人才或关键岗位员工的招聘、培训发展、使用激励等方面规划。首先要做好银行内部人力资源状况的诊断，根据战略目标了解目前银行员工结构状况，明确将对银行的生存与发展产生深远影响的核心人才或关键岗位；其次依据战略目标规划"人才池"，包括人才类型、储备数量以及要达到的发展目标；最后制定和战略性人才培养相配套的人力资源政策，建立基于以能力发展为核心的素质模型，以帮助银行更好地选拔、培养、激励对银行发展具有重大影响的战略性人才。只有建立一套战略性人才体系，以独特的人才招聘战略、开阔的事业发展空间、优良的人才成长环境，有效的激励机制和以人为本的企业文化理念"筑巢引凤"，才能使城市商业银行成为人才聚集的高地，为企业的可持续发展提供源源不绝的动力。现阶段，城市商业银行的战略性人才主要集中在支行行长、高级市场营销人员、风险经理、投资理财、IT软件开发等具备特殊技能、培养周期长、市场替代性弱的岗位。

（四）根据内、外部环境变化动态调整人力资源规划

人力资源规划是一个动态的开放系统，要根据国家及地方人力资源政策环境的变化和内部的经营环境的变化，对其过程及结果必须进行监督、评估，并重视信息反馈，不断调整，使其更切合实际，更好地促进企业目标的实现。一方面，人力资源规划要随着企业发展战略的变化而调整。这主要表现为：城市商业银行的不同发展阶段有不同的发展战略，不同的发展战略有不同的人才的需求和人力资源管理政策。另一方面，人力资源规划要随着国家人力资源政策、市场劳动力供求等方面的变化而作出相应的调整。国家劳动人事政策、薪酬管理办法以及激励约束机制政策等变化都会引起人力资源规划方案调整。

第三节 城市商业银行人员招聘与选拔

一、员工招聘

员工招聘在人力资源管理工作中具有重要的意义。招聘工作直接关系到企业人力资源的形成，有效的招聘工作不仅可以提高员工素质、改善人员结构，也可以为组织注入新的管理思想，为组织增添新的活力。城市商业银行在人员招聘方法、适用人才招聘以及人员甄选方法等方面进行一些有益的探索和实践。

（一）坚持"公开公平竞争"和"能岗匹配"的招聘原则

城市商业银行在创立初期，更多的是依靠外部招聘解决人才紧缺问题，人才的竞争和要求相对较低。但是随着城市商业银行精细化管理要求的提升、员工综合素质不断提高以及员工数量的大幅增加，城市商业银行开始主要依靠内部培养方式选拔适用人才，外部招聘大都限定在紧缺性人才招聘和储备性的大学生校园招聘。在招聘过程中，城市商业银行逐步推行"公开公平竞争"和"能岗匹配"等市场化原则。岗位和上岗条件公开，笔试和面试各占成绩的一定比重，通过招聘过程中的公开公平竞争，进一步提升了城市商业银行市场化运作的品牌形象和员工队伍的素质。把合适的人放在合适的岗位上，为相应的岗位找到相应的人，通过能岗匹配的评价原则和机制建设，提升了城市商业银行人力资本的使用效率。与此同时，部分城市商业银行人力资源管理部门通过规范招聘流程体系、与业务部门联合招聘等措施，保障"公开公平竞争"和"能岗匹配"原则贯彻落实。例如：规范招聘流程体系，将招聘岗位需求、职位说明书、简历筛选、面试问题设计、拟录用人员考察等环节制度化和标准化，保证招聘公开和透明；组建包括业务部门人员、招聘专员等在内的联合招聘小组，发挥业务部门人员的积极性和专业性，保证招聘的质量。

（二）围绕发展战略招聘适用人才

城市商业银行对外招聘要围绕着企业的发展战略进行，确保实现企业战略具有足够的适用人才储备。适用人才是指符合企业发展战略总体要求、促进业务发展方式转变、有助于构建核心竞争力的人员。在现阶段，城市商业银行要转变发展方式，推进差异化、特色化经营，要改变业务发展资本占用多、成本消耗高、人均和网均产出偏低的经营状况，更加注重发展的质量和效益，走资本消耗低、成本节约、风险可控的发展道路。同时要更加注重细分市场，进一步明确市场定位，集中有限资源发展核心客户和核心业务，塑造经营特色，特别是要在中小企业业务领域建立差异化经营的竞争优势，形成核心竞争能力。在这种情况下，城市商业银行要根据业务发展的人才需求，针对岗位特点和工作性质的需要进行人才招聘，确保录用的人员能岗匹配，避免过度追求高学历、厚资历、名企名校等现象，也不能无原则降低人员招聘的标准。比如：杭州银行在建立小企业客户经理队伍过程中，重点面向中小企业财务管理人员的录用；宁波银行为加强总行管理人员后备队伍建设，实施"管理培训生"计划，挑选优秀大学毕业生进行培养和跟踪；包商银行在微小企业客户经理招聘方面，不从传统的金融人才中产生，而是主要通过培养应届大学生加以解决。

（三）探索和实践多种甄选方法招聘员工

城市商业银行在人员招聘甄选方法上，除了保留传统的笔试、面试和背景调查等方法外，进行一些新的探索和实践，使得城市商业银行员工甄选的准确性、招聘效率得到提升。一是借助专业咨询公司的指导在员工素质模型基础上形成了较为科学的人员测评甄选方法。把员工素质模型作为员工甄选录用工作的主要依据，通过员工素质模型进行人员测评甄选选择合适人员。二是与高校合作推行订单班培养模式。银行与高校签订合作协议，高校根据银行人才培养要求定向设置课程和实践项目，学生毕业后定向进入银行工作。订单班培训模式实质上是银行把新员工培训平台前移到高校，缩短了银行新员工培训周期，使大学毕业生更快适应工作岗位，培养对象主要是银行柜面人员。三是在招聘部分操作类岗位时探索推行劳务派遣工制度。劳务派遣工与劳务公司签订劳务合同，被劳务公司派遣到银行工作，由劳务公司发放工资，银行根据考核结果发放奖金。经过3年左右的工作实践，银行根据劳务派遣工的综合测评考核结果，将合格的劳务派遣工转为正式员工，其中表现特别优秀的可以破格提前转正。劳务派遣工制度成为银行甄选正式员工的重要渠道。

二、中高级管理人员的选拔

城市商业银行创立后，部分城市商业银行在干部的选拔上拓宽了选人用人的视野，打破了论资排辈现象，竞聘上岗、岗位轮换、人才梯队建设等逐步在企业内部推广，并成为中高级管理人员选拔和培养的重要途径。

（一）坚持"内部培养为主，外部招聘为辅"的中高级管理人员选拔原则

内部培养是城市商业银行中高级管理人员选拔的主要方式。内部培养的主要优势在于为员工提供了职业晋升的通道，增强了员工对企业的归属感，有利于激发员工的工作热情，提高员工对企业的忠诚度。外部招聘是内部培养的重要补充，当银行内部缺乏合适人选或者需要引入新的管理理念时，外部招聘引进中高级人员能够在企业内部产生"鲶鱼效应"。

（二）公开竞聘上岗已经成为城市商业银行中高级管理人员选拔的主要途径

部分城市商业银行统一组织总行部门和分支机构负责人的公开竞聘，企业内部组建专家领导小组，通过一系列严格测评程序对参与人员进行选拔。公开竞聘上岗是城市商业银行市场化运作的产物，某种程度上打破了城市商业银行长期以来中高级管理人员论资排辈的现象，逐步形成了城市商业银行中高级管理人员"能者上、平者让、庸者下"的竞争机制。

（三）岗位轮换成为培养和提升中高级管理人员能力素质的重要载体

岗位轮换制度是企业有计划地按照固定的期限，安排员工轮换担任若干种不同工作岗位的做法。岗位轮换制实质上相当于在企业内部建立一个人才市场，促进了人才的合理流动，实现了企业内部人力资源的合理配置和潜能的激活。对企业而言，岗位轮换不仅可以培养出大批优秀的复合型人才，为

企业的持续发展奠定智力基础；对员工来说，岗位轮换无疑是员工职业生涯规划的有效方式，有助于激发员工潜能，寻找到适合自己发展的位置。

（四）人才库和人才梯度队伍是中高级管理人员选拔的重要储备库

企业基业长青必须要通过人才库和人才队伍梯队建设形成源源不断的人才输送渠道。人才库和梯队队伍建设主要有以下三个关键因素：一是推行提名制、指标评价法等人才识别方法，组建、充实人才库。提名制主要有民主推荐、组织考察等方式，此方法的关键要素是：提名人员的人才识别能力要突出、提名人员的范围要明确、提名流程要公开、公正以及人才选拔的标准要具体。指标评价法主要有人才测评、绩效评估、360度行为评估等方式。人才测评主要建立在心理学的基础上，了解员工个人的价值观、成就动机、性格等隐瞒于"冰山"下的潜质；绩效评估和360度行为评估主要建立在基于员工过去的业绩和能力以及同事的评价，并不代表员工未来的能力，采用该种评估模式必须配合素质模型才能取得较好的成效。二是建立以胜任力为目标的人才培养和跟踪机制，促进人才梯度队伍稳步成长。人力资源部要协同业务部门定期做好梯队人才的培训、绩效评价与辅导等方面的工作，促成人才梯度队伍按照预期培养目标发展。三是及时提拔后备人员，形成人才梯队队伍建设的长效机制。中高级管理人员岗位或关键岗位空缺时，要优先从后备人才库中选拔适用人才，形成人才培养和选拔的良性互动机制，使得人才库和人才梯队队伍建设行之有效，同时防止核心人员流失。人才库和人才梯队建设是项持续而复杂的工作，城市商业银行在人才梯队建设初期坚持循序渐进、以点带面的方式进行，先选择某一个关键岗位进行试点，在总结成效和经验的基础上，再逐渐扩大到其他岗位。

第四节 城市商业银行员工的培训

员工能力与企业发展的匹配不是一次性的行为，而是持续发展过程。在此过程中，通过培训提升员工的素质，促进人力资本增值，进而增加企业的价值，成为企业人力资源管理和人力资本经营的长期任务。随着"以人为本"、"人才为第一资源"的理念深入人心，城市商业银行对员工培训的重要性认识得到了前所未有的提高，培训理念不断进步，培训体系和方式日趋完善。

一、培训理念的转变和培训体系的创新

（一）培训理念的转变

培训理念是一种存在于观念中的关于培训活动的深层次认识，它决定企业对培训目标的认识，指导企业对培训手段的选择，约束着企业对培训过程的组织。城市商业银行已经逐步形成了科学的培训理念。一是树立培训投资观。部分城市商业银行从最初的"培训成本观"开始转变为如今的"培训投资观"，有的城市商业银行还制定了教育培训奖励办法，并加大用于培训硬件建设的投入力度，营造有利于培养创新人才的环境，培养创新型人才。二是确立终身教育观。传统的城市商业银行员工教育培训，通常是出于短期需要的一次性教育，如新员工岗前培训、业务产品培训等等。但是，"头痛医头、脚痛医脚"的临时性、一次性培训已经无法适应现在和未来发展的需要，城市商业银行开始重视员工持续性、系统性的终身教育。为提高组织的竞争力、创新力，部分城市商业银行开展"学习型组织"、"知识型员工"的建设和评比活动。三是塑造具有企业自身特色的培训。一方面，以企业文化凝聚人，加强本企业核心价值观的培训；另一方面，以本企业实际需求为培训课题，发挥培训在企业不同发展阶段的作用。

（二）培训体系的完善

为加强员工培训管理，城市商业银行在培训体系建设方面进行了以下四个方面的探索和实践：一是建立专职的教育培训管理机构。城市商业银行

基本都从无到有创建了专职的教育培训管理机构。大部分城市商业银行设立了教育培训委员会；北京银行、汉口银行、重庆银行等设立了教育培训中心；平安银行、宁波银行、泰隆银行等举办了企业大学，由行长挂帅进行教育培训管理。二是设置差异化的培训课程内容。以培训对象为主线，针对新员工、中高级管理人员、客户经理等各类人员的培训需求，形成了管理技能及素质系列、市场营销系列、人力资源管理系列培训。三是健全规范化的培训管理制度。部分城市商业银行出台了新员工教育培训管理办法、中高级管理人员培训管理办法、各类客户经理培训管理办法、内部培训师管理办法、教育培训奖励办法等一系列的管理办法，实现了培训组织、讲师管理的规范化。四是建设多样化的培训支持手段。部分城市商业银行组建了内部培训师队伍，外聘培训机构和专职讲师队伍，开发了适合本行的内部培训教材，采用了e-learning在线学习平台和计算机考试系统等先进培训手段，与高校或者咨询机构进行外部培训的战略合作。通过上述多样化培训支持手段的使用，城市商业银行明显改善了培训环境，逐步实现了对各级员工按时、按需进行有计划、成体系的培训。

二、培训方法的改进

城市商业银行借鉴和吸收银行同业和战略投资者的有益经验，对培训方法进行了改进，逐步形成了符合城市商业银行自身实际和资源能力状况的培训方法。

（一）OJT培训（On-Job-Training）

OJT培训是在工作现场内，领导和技能娴熟的老员工对下属、普通员工和新员工通过日常的工作，对必要的知识、技能、工作方法等进行教育的一种培训方法。OJT的培训方法和中国手工业中传统的师傅带徒弟的方法类似。它的特点是在具体工作中，一边示范讲解、一边实践学习。有了不明之处可以当场询问、补充、纠正，还可以在互动中发现以往工作的不足、不合理之处，共同进步。某城市商业银行自2004年首创公司客户经理OJT培训模式以来，经过实践检验后，已推广到小企业客户经理和零售客户经理条线，这种在工作岗位中培训、以传帮带的培训方式，加快了新员工成长进程，提升了新员工的工作能力。

（二）案例汇编

案例分析是城市商业银行最常用的培训方法之一，是促进学习和提高能力的有效方法。该方法主要是通过对经典案例以问题加解决方法的形式来体现，侧重于解决实际问题。有的城市商业银行要求中高级管理人员和员工每年编写工作案例，汇编成公司营销、理财设计、小企业产品营销、银行风险管理、岗位廉洁教育等案例，并在全行下发，以供为员工解决类似问题提供经验借鉴。

（三）成功方法培训

某城市商业银行零售业务总部在境外战略投资者支持下在各支行推行成功方法培训。成功方法培训主要有三个方面的特征：一是对支行各级人员实行差异化培训。针对支行行长、营业主管等管理层开展"领导力与销售服务管理"培训；针对零售客户经理层面开展"卓越的销售技巧"培训；针对柜员开展"客户服务基础"培训。二是培训分成三个阶段。首先，按照20人组班进行小班化技能培训，并每班按照5人为一组分成四个团队进行技能模仿。其次，建立零售日志、周一晨会、周四碰头会等制度，然后零售业务总部分头对零售支行进行现场指导和督查，建立成功方法销售示范网点，并录制成光盘发放至每个网点，对表现好的网点予以通报表彰。再者，开展成功方法培训成果演示会，由行领导、部门代表进行评比，并形成较为完善的培训示范教材。三是注重培训的评价和后续跟踪。成功方法培训重视员工培训后行为和结果层面的变化，因此该行零售业务总部大力推动培训的后续跟踪，使得零售客户经理和柜员在销售观念和行为上发生了很大变化，并在业绩上取得了明显改善。

三、培训的评价和跟踪

培训评估是一个运用科学的理论、方法和程序，从培训项目中收集数据，并将其与整个组织的需求和目标联系起来，以确定培训项目的价值和质量的过程。部分城市商业银行在培训的评价和跟踪过程中形成了以下经验：

（一）重视行为改变和绩效提升的评估

教育投入也要讲实效，不能为了培训而培训，因此人力资源部和其他部门要以对企业战略支持度为标准进行培训评估跟踪。除了进行学员反应层面和知识掌握层面的评估外，要深入进行行为改变层面和绩效提升层面的评估。只有将培训知识转化为员工行为的改变和绩效管理的提升，才能使员工培训转化为银行竞争优势。员工培训行为改变层面和绩效提升层面的评估主要采用对员工操作差错率、员工服务态度、员工工作方式和面貌的改变、员工业绩增长等进行全面了解和评价。

（二）培训评估要坚持多样化

培训通常只进行反应层面和学习层面的评价。但是对新员工、人才储备库人员等特殊员工的培训，除了进行反应层面和学习层面的评价之外，还要建立中长期评价机制。比如新员工入职后要进行1至3年的跟踪评价，人才储备人员通过跟踪评价及时推荐到合适岗位。

（三）建立员工培训记录与考核制度

要给员工和内部培训师发放培训记录手册。员工培训记录手册主要记载参加培训的课题、培训结果、培训师对学员评价、部门负责人对培训后员工行为或绩效提升评估。内部培训师培训记录手册主要记载出场授课和课件开发记录、学员对其评价和建议、培训组织机构的评定等。员工、内部培训师岗位晋升和轮换时以及年度考核时，要把员工是否参加了该项培训及培训成绩作为依据之一。

四、内部培训师的培养和选拔

由企业员工兼职担任的培训师被称为"内部培训师"。相比于聘请外部培训师，内部培训师对本企业的文化和业务更熟悉，讲解本行日常业务更得心应手。

（一）选拔内部培训师的基本条件

一是心态积极。积极向上的态度是做好一切工作的前提。专业知识和工作技能再高，如果心态消极，也不能担任培训师。培训师在讲解中，一句消极的话甚至一个消极的眼神，都会让讲课效果大打折扣，甚至产生负面影响。二是热爱培训工作。有的员工工作技能强，但不善于与人分享，即使给他上台的机会，他也不愿意尝试。三是有良好的语言表达能力。良好的语言表达能力是培训师和被培训员工有效沟通的重要载体，主要通过对培训师的表达能力训练和实际培训实战逐步形成。四是工作绩效达到相当水平。内部培训师一般是要经验丰富、从业时间较长、工作成绩较为突出的员工，他们把自身的工作经验加以理论化、系统化，再传授给其他员工。内部培训师"讲其所做"，员工自觉地"做其所讲"。

（二）培训师的培养内容和选拔流程

对内部培训师的培训，可以请总部专职培训师承担或者委托专业的咨询培训机构进行。对内部培训师的培训主要有两个方面的内容：一是专业知识和技能，包括但不限于银行业务知识等；二是演讲技巧和培训技能，包括如何备课、讲课及课后对学员的考评，如何设计讲稿和讲义、准备培训现场用的道具和教具，如何回答学员疑问，如何调控课堂气氛等。内部培训师的选拔可以依照下列流程：首先，人力资源管理部确定本年度的培训计划和培训课题，并公布内部培训师选拔的基本要求；然后，由员工根据自身情况和内部培训师选拔要求自主报名参选；接着，由人力资源部根据工作需要和报名者情况对报名者进行初步筛选；最后，人力资源部统一对初选者进行内部讲师培训，并对通过知识考核和试讲的，发放内部培训师证书。

（三）对内部培训师的管理

遴选内部培训师只是城市商业银行内部培训师队伍建设的第一步。要保证培训质量和调动培训师的工作积极性，还必须要加强对内部培训师的管理。首先，明确内部培训师的职责。内部培训师要根据培训计划完成所担任课程的授课任务、对学员进行必要的业务指导、向培训部门或上级领导提供改善课程的建议、编写和改进所授课程的教案、把修改的课件和发给学员的讲义以及其他培训资料统一上交培训部门备案。其次，定期评价和考核内部培训师。把培训师分为初、中、高三级，对内部培训师实行分级分类管理。

根据对内部定期考核和评价的结果，调整内部培训师的职级。

五、举办企业大学

企业大学是一些在行业中处于领先地位的企业比较重视的培训管理方法。平安银行、浙江泰隆商业银行、宁波银行等城市商业银行建立了企业大学，形成以下可供借鉴的经验：

（一）银行高管层的高度重视

从平安金融学院等企业大学的成功经验来看，银行高管层直接参与和推动企业大学业务开展是非常重要的。银行高层领导和各部门负责人是企业大学内部培训师的主要力量，经常亲自开发培训课件和登台上课，起到了较好的领导和带头示范作用。

（二）明确的培训对象和职能定位

主要体现在两个方面：一是企业大学的培训对象与企业人才培训战略相衔接。企业大学的重点培训对象的确要符合企业人才培训战略。例如，企业要是确定人才培训战略目标是提升中高层管理水平和储备后备人员，企业大学就必须要围绕着这一目标进行培训师、培训课程等方面相配套的安排。二是企业大学的职能定位与企业发展阶段相衔接。企业大学的职能主要有三个方面：为员工提供系统性的培训课程，成为员工发展的顾问；针对员工实际业务问题提供相应的解决方案，成为员工的业务合作伙伴；利用学习与培训推动企业变革和战略转型，成为银行战略转型的推动者。同时，企业大学不仅要去解决企业当下的问题，还要为形成良好的企业文化和坚持企业发展的战略做出长远的安排。

（三）完善培训的课程体系

一是规范课程培训体系建设流程。首先，了解银行战略对员工要求；其次，判断员工目前的素质、能力与组织目标实现过程中需要承担角色的差异性，努力找出员工的"短板"；然后，建立基于员工岗位任职资格和能力的模型，并在此基础上提出各专业条线的课程体系。二是坚持"内部开发为主、外部引用为辅"的课程开发原则。为保证培训的实用性，做到培训与企业业务策略相一致，企业大学优先使用内部开发课件，再根据培训体系需求甄选外部课程来补充和完善课程体系。三是设立多维度的课程培训体系。从培训课程类别来看，培训课程分为基础课程、通用课程、技能课程、激励课程和观念课程等；从培训课程用途来看，课程分为营销类课程、财务与运营类课程、风险与合规类课程、资金与理财类课程、服务类课程等课程；从培训课程对象来看，课程分为领导层课程、管理层课程、经理层课程、在职培训类课程和新员工培训课程。四是健全培训课程优化机制。培训课程的优化经过"培训需求调查—核心知识点的资料收集与整理—专家论证—授课—学员意见反馈—课件完善"等环节循环滚动优化。

（四）浙江泰隆商业银行和宁波银行企业大学建设案例

浙江泰隆商业银行高度重视育人工作，专门成立泰隆学院，从"教师、教材、教法"三个方面进行创新，自行组织师资、自行撰写教材、自行研发课件，讲案例，讲故事，讲原理，培养"有专业、有水平、有素质、人人都是主人翁"的泰隆"子弟兵"，努力实现"90%人才自主培养"的目标。宁波银行以宁波银行大学为依托，建立大学—学院—分校三级培训管理体系，规范员工的培训与学习。目前，已经组建了一支160余人的大学兼职内部讲师队伍，开发了200余门内部课程，并建立宁波银行网络学习平台，确保员工可以做到随时随地的学习。

第五节 城市商业银行绩效管理的实践与探索

绩效管理在企业人力资源管理中处于核心地位。绩效管理作为一种有效的管理手段，既对城市商业银行的经营管理活动起着导向作用，又是资源配置和内部激励的主要依据。近几年来，城市商业银行为适应商业化经营的需要，在绩效管理方面做了许多探索，逐步形成了具有自身特色的绩效管理制度和体系。但是，在金融同业竞争日趋激烈的新形势下，如何进一步完善绩效管理制度，更好地发挥绩效管理的激励约束作用，仍然是城市商业银行面临的一个重要课题。

一、城市商业银行绩效管理存在的主要问题

（一）对绩效管理的认识存在偏差

部分城市商业银行往往把绩效管理与绩效考核等同起来，造成绩效管理重视结果，轻视辅导过程，重视绩效分配，轻视考核沟通，不能及时根据辅导和沟通的结果为员工职业生涯规划提供帮助，影响了绩效管理作用的发挥。此外，部分城市商业银行对绩效考核缺乏明确的目的。一些城市商业银行的绩效考核是为了考核而考核，把绩效考核的目的仅局限于奖金的分配和岗位系数工资的调整，不能真正发挥绩效考核的激励约束作用。

（二）绩效考核指标设置不够科学

这主要是由两方面原因造成：一方面，经营指标基本都是自上而下制定，上级行可能因无法全面掌握下级行的经营情况，致使考核指标的科学性难以得到保证。下级行和部门从自身利益出发，与上级行讨价还价，使得考核指标在利益博弈中产生，造成行级间、部门间的人为偏差，出现鞭打快牛或搞平衡现象，影响了考核的公正性。由于指标设置的不科学，使下级行和部门"任务"观念强化，机械地为任务而完成任务，为指标而完成指标，经营失去了应有的创造力和活力。另一方面，绩效考核指标体系设置没有和总体发展战略有效衔接。城市商业银行要转变发展方式，坚持和深化"服务城

乡居民、服务地方、服务中小企业"的市场定位，走差异化、特色化发展道路，但是部分城市商业银行在年度绩效考核指标体系中偏重于规模效益和眼前利益，不能有效促进中长期战略的落地。

（三）绩效考核体系不完整，考核制度不连续

从部分城市商业银行的绩效考核开展情况看，对分支机构的考核开展时间较长，各项考核制度和考核指标较为完善，已基本建立了一套考核体系，但对部门、个人的绩效认定缺乏客观、科学的方法和标准，导致部门缺乏活力，工作效率不高，员工干多干少一个样，挫伤了工作积极性；从部分城市商业银行绩效考核制度实施情况来看，绩效考核制度的制定缺乏前瞻性和连续性，一年一个政策，一项工作一个办法，名目繁多，令被考核单位和部门无所适从，对分支机构、部门和员工的绩效考核由内部不同部门负责，考核各层次之间标准不一，绩效考核的激励约束作用难以真正发挥出来。

（四）绩效考核结果运用不充分

绩效考核结果的运用范围很狭窄，对部门的考核结果主要与奖金分配挂钩，与部门经营管理、部门负责人任免关系不大；员工绩效考核结果也主要为员工的工资发放提供依据，忽视了将考核结果用于员工晋升、岗位调整、培训以及长期发展等方面；对分支机构的考核结果主要与工资收入挂钩，与等级行管理、授权管理、内部资源分配挂钩力度不大。

二、城市商业银行绩效管理的实践和探索

（一）建立科学有效的绩效管理方法

1.建立以战略为导向的绩效管理流程体系。绩效管理是各级管理者和员工为了达到组织目标共同参与的绩效计划制定、绩效辅导沟通、绩效考核评价、绩效结果应用、绩效目标提升的持续循环过程。绩效管理的目的是持续提升个人、部门和组织的绩效。绩效计划制定是绩效管理的基础环节，不能制定合理的绩效计划就谈不上绩效管理；绩效辅导沟通是绩效管理的重要环节，这个环节工作不到位，绩效管理将不能落到实处；绩效考核评价是绩效管理的核心环节，这个环节工作出现问题，绩效管理会带来

严重的负面影响；绩效结果应用是绩效管理取得成效的关键，如果对员工的激励与约束机制存在问题，绩效管理不可能取得成效。绩效管理要取得成效，上述各环节的工作都要做好，否则就不会达到绩效提升的效果。城市商业银行的绩效管理起步时间不长，不少城市商业银行往往用绩效考核来代替绩效管理的全过程，但是也有部分城市商业银行在绩效管理标准流程体系的基础上逐步形成了以战略为导向的绩效管理体系。以战略为导向的绩效管理流程体系包括战略规划分解、经营管理目标确定、KPI指标建立、绩效监控、绩效考核评价、绩效奖励、绩效反馈等环节，构成一个完整的循环系统，有效避免了绩效指标与战略目标的脱节、短期目标与长期目标的脱节，成为促成战略落地的有效工具。

2. 树立绩效管理的科学理念。科学的绩效管理理念主要体现在两个方面：首先，人力资源部门是绩效管理的组织协调部门，各部门和分支行领导以及相关管理人员是绩效管理的主角。在城市商业银行绩效管理的早期实践中，高管层对绩效管理工作很重视，人力资源部门也下了很大工夫推进绩效管理工作，但各部门领导和员工对绩效管理认识不够，把绩效管理工作单纯理解为是人力资源和计划财务部门的工作。近些年，城市商业银行通过绩效管理思想的培训和灌输，使得城市商业银行各级管理人员逐渐认识到绩效管理的重要性；通过绩效管理有关工具、方法和技巧的培训，提高各级管理者能力素质和企业管理水平；通过企业文化建设，加强绩效管理方案的执行力。城市商业银行绩效管理已经逐步成为各级管理人员工作的重要抓手。其次，绩效管理涉及企业管理的方方面面，绩效管理作用的发挥依存于相关的管理工作的持续跟进。部分城市商业银行在绩效管理的实践中，逐渐认识到绩效管理工作与银行的其他基础工作息息相关。比如：企业明确的战略方向、战略目标以及合理的年度经营计划和年度预算是做好绩效计划的前提和依据，是选择关键绩效指标的依据，是确定考核标准的依据；符合战略的业务流程和体现企业文化的管理流程，以及与流程协调的组织架构、规范的岗位说明书，是合理界定职责、落实考核指标到岗位和人员的前提；公平合理的薪酬制度及其他人力资源管理政策是落实绩效考核结果、进行绩效激励的依据。只有这些前提工作做好了，绩效管理体系才能更好地发挥作用。

3.运用先进的绩效管理工具。为迅速提高市场竞争力和员工队伍素质，城市商业银行在先进绩效评价工具的推广方面进行了探索，关键绩效指标（KPI）、360度考评、平衡计分卡（BSC）、经济增加值①（EVA）等绩效管理工具得到了较为广泛的运用。KPI是对重点经营活动的衡量，把企业的工作目的和任务自上而下地转化为全体员工的明确目标；360度考评是从多个维度来考核员工绩效，包括了员工本人、上下级、同事之间以及终端客户的打分；平衡计分卡是从财务、客户、流程以及学习与成长四个维度，将总体战略由公司、部门到员工逐层分解，它突出跨部门的协调，既跟踪财务业绩，又监督员工能力的建立和成长，驱动每个人的工作重点不会偏离战略方向；经济增加值（EVA）管理方法是把企业内部制定的很多离散指标统一成一个最终指标，无论是增加业务量还是提高市场份额，最终目的是为企业创造价值。部分城市商业银行在实践中逐步建立了KPI、360度考评、平衡计分卡以及经济增加值相混合的员工绩效评价方法。对市场营销人员，多使用KPI指标考核方式，考核相对偏重于数量指标；对高管人员，360度考评是一种使用较多的考核方式；对银行分支机构负责人，多采用平衡计分卡，考评内容包括机构总体业务目标完成情况、日常管理工作情况、综合素质定性评价情况、客户满意度等方面；采用经济增加值指标考核指标主要是鼓励引导分支行和客户经理发展低资本消耗、高资产收益率的业务，初步形成了以资本为核心、以价值创造为导向的预算和考核体系。

4.发挥绩效考核在绩效管理中的核心作用。一是建立以发展战略为导向的绩效考核指标。绩效考核指标与战略目标和市场定位相统一，引导资

---

① 经济增加值是指企业税后净营运利润减去包括股权、债务的全部投入，以及减去资本的机会成本后的所得。其本质是经济利润而不是传统的会计利润。与传统的会计利润相比，经济增加值的优点是显而易见的，它反映了企业创造的价值。这说明，按照传统考核方式，有利润的企业未必创造价值。

源配置向战略性客户和业务倾斜。比如：某城市商业银行确定为小企业重点的发展战略，未来三年新增小企业资产业务比重需达到银行新增资产业务规模的50%，那么在绩效考核指标中就要侧重于对小企业业务的奖励考核，逐步降低与战略不吻合的业务指标。二是建立健全机构网点等级和员工等级制度。在同一法人或区域内，对不同机构网点按照绩效考核指标总体评分结果实行不同等级制度，不同等级机构实行不同待遇，促进各机构间的竞争；对员工按照业务类、管理类岗位、专业技术类分别建立等级考核制度，统一级别、分开考核，充分调动员工工作积极性和创造性，发挥各类岗位员工自身业务或管理专长，做到人尽其才。三是重视员工绩效考核结果的运用。员工绩效考核结果无论好坏，都要让员工真实感觉到考核结果对自己的影响。把绩效考核结果优秀的员工及时晋升岗位职务等级或者列入后备人才库，进行更全面的培养；对绩效考核结果靠后的员工调整岗位和提供有针对性的培训。

5.建立良好的绩效考核部门分工协作制度。绩效考核是人力资源范畴的工作，但是由于银行绩效考核的大量考核指标体系特别是经营指标主要在计划财务部门，因此大部分城市商业银行在绩效考核的实施中建立了人力资源部门和计划财务部门的良好分工，使绩效考核的实施顺利进行。对分支行等经营部门的绩效考核以计划财务部门为主，经营指标体系、考核办法等由计划财务部门下达，人力资源部门辅以综合管理指标，考核结果由计划财务部汇总。总行管理部门的考核以人力资源部门为主建立综合管理指标体系，计划财务部门辅以必要的KPI指标，考核结果由人力资源部门汇总。实践证明这样的分工合作是卓有成效的。

（二）切实建立职责分明的分层考核问责约束机制

考核问责机制是激励约束机制建设的重要组成。城市商业银行发展的早期阶段主要以对员工的制度性约束、合同性约束以及道德约束为主，包括全员劳动合同制度、员工行为规范、违规行为处理办法、绩效考核办法等各项规章制度以及职业道德等等。近年来，一些城市商业银行积极探索建立了责任分明的分层考核问责约束机制。

1.建立员工操守基金相关考核制度。部分城市商业银行结合银监会《银行业金融机构从业人员职业操守指引》等规定，积极探索建立包括高级管理人员在内的所有员工操守基金及相关考核制度，从员工薪酬总额中提取一定比例作为操守基金，并实施操守考核制度，每年根据考核情况对操守基金数额作出调整，逐年累计，在该员工离职（任）后一定时期内根据每年的考核结果和风险释放情况予以兑现，提高员工长期忠诚度，激励员工自觉遵守职业操守，促进企业持续稳健发展。

2.实行员工风险责任保证金制度。部分城市商业银行实施了全员风险责任保证金制度。风险责任保证金是根据岗位责任大小和履职风险程度高低，每年按员工绩效工资的一定比例提取，用于员工发生责任事故、经济案件、违约等风险时赔偿或罚没的款项，如没有发生以上情况，则在一定年限后递延支付给员工。

3.实行机构或员工等级晋升和淘汰制度。将机构和员工等级与其绩效挂钩，根据绩效考核结果及时调整机构和员工等级，真正实现等级评定能上能下，打破"大锅饭"现象。对考核结果不合格的机构和员工，予以警诫提示，增强机构和员工的危机感、紧迫感和责任感。

4.实行董事、监事、高级管理人员履职考核制度。积极探索履职行为量化考核办法，加强对董事、监事和高级管理人员日常履职行为考核，提高履职考核的科学性和合理性。部分城市商业银行建立了《董事履职评价制度》、《高级管理层述职管理办法》等制度规范，科学全面地评估董事、监事、高管人员的履职情况，明确了奖惩措施，有效推进了董事、监事及高管人员的履职评价工作。

三、城市商业银行绩效考核管理改进方向

（一） 构建以战略为导向的各级机构和人员业绩评价体系

考核是一个全面系统的工程，要体现战略导向，完成年度预算，同时必须奖优惩劣。城市商业银行应运用平衡计分卡的管理理论，从财务业绩、客户服务、内部流程、学习成长四个维度来构建各级机构和员工的业

绩评价体系。

1.对分支机构进行分类考核。城市商业银行在对下一级分支机构进行考核时，可以设置相同的考核指标、考核标准，采用相同的计分权重和方法，使各分支机构的考核结果具有可比性。同时，也可根据各行的经营条件不同，划分类别实行分类考核。如可根据分支机构所处的区域划分为一类分行、二类分行、县域行、辖区(中心)支行、辖属行；也可根据资产质量分类，按照不良贷款占比分类考核。再如对不良率低的行减少资产质量考核权重，加大效益、存款类指标权重。反之，加大不良率考核指标的权重。根据历史和地域等因素，对部分存在包袱的机构设定过渡性的考核指标，但是给予一定的年限使其逐步达到标准考核比率。发挥各分支机构的不同优势，因行施策，激励先进，鞭策后进，逐步缩小行际差距。

2.完善对横向部门的绩效考核。根据部门工作性质的不同，对资金业务、银行卡部门等运作体系独立的业务部门实行责任制，建立内部转移价格体系，按照全成本对部门费用进行分摊，参照损益表计算各部门的责任利润，自负盈亏，建立以利润为中心的考核体系和奖惩机制，工效挂钩，奖惩兑现；对以业务管理和后勤保障为主的部门，实行目标管理考核，根据各部门的分工情况，从工作业绩、部门管理和部门整体功能发挥三个方面进行考核。部门的目标管理考核内容年初根据全行的工作计划和工作任务确定，以正式文件或责任书的形式下达，目标管理内容要以定量为主，对难以量化考核的，以民主评议为主，将不同的考核指标交由不同人员打分，以便全面、公正地进行考核。

3.加大员工绩效考核力度。岗位分类是员工绩效考核的基础，针对商业银行岗位特点，可将员工岗位职务划分为决策类、管理类、客户经理类、专业技术类、业务操作类和后勤保障类，实行分类管理。

(二) 构建以经济增加值为核心的绩效考核指标体系

1.推进以全面覆盖资金成本、经营成本、风险成本、税务成本、资本成本的经济增加值为核心的业绩指标体系。该体系优点表现在：一是较准确地反映分支机构在一定时期内创造的价值，可以较全面、真实地反映机构经营成果，有利于分支机构的可持续发展。经济增加值扣除了资本成本，资本成本是一种预期成本、未来成本，它考虑了资金的时间价值和风险因素，这就必然有利于分支机构行为长期化。二是有利于通过内部资金转移定价、费用及税务成本分摊、风险成本和资本成本分摊，促进分支机构合理配置资源，实现银行价值最大化的终目标。通过"无形的手"，引导各级经营机构强化资产负债的定价管理、增强成本及风险控制意识、节约资本占用等。

2.科学设定以经济增加值为核心的绩效考核指标体系。商业银行绩效考核指标设定得科学与否，直接影响考核结果的公正性和科学性，进而影响到绩效考核功能的发挥。以效益考核为导向的绩效考核，要采用经济资本成本调整后经济利润，并辅之以各业务结构类考核指标；在此基础上，总行测算确定各分支机构经济利润提奖比例、费用率（即利润薪酬率、费用率），由上述比例和条线专项指标共同构成分支机构的薪酬总额和考核费用总额。同时，要避免考核指标设计过多、过细。实际上，多标准的考核容易导致评价失真，甚至产生负激励作用；要合理设置"期望值"，考核指标的设置既不能高不可攀，又不能一蹴而就，应"以跳起来能摘到桃子"为宜。

（三）建立和完善业绩指标与薪酬分配相一致的考核激励体系

为了充分调动各下级行、各部门和各员工的工作积极性，必须在正确评价业绩的基础上，充分运用考核结果，建立健全激励约束机制。

1.对分支机构实行等级行管理。以经营规模和绩效考核两类指标为依据，将所辖分支机构统一划分为若干个等级。以某城市商业银行一级分行为例，大体可划分为4个等级，二级分行分为第1至第3等级，支行分为第3至第4等级。各类等级之间可以相互交叉，下一层次的分支机构如果绩效水平较高，在资源配置时可按上一层次对待。不同等级的行资源配置不同，主要与领导职位的配备、内设机构数量的确定、员工编制的确定、经营授权的确定、信贷规模的确定等挂钩。

2.强化部门绩效考核结果的运用。各部门要对照考核结果，找出差距，有针对性地改进工作。各部门的绩效考核结果，要与部门费用、奖金分配挂钩。部门业绩是部门负责人工作业绩的体现。因此，要把部门考核结果与部门负责人的个人收入、任免等事项挂钩，真正起到激励作用。

3.健全员工激励机制。一是实现员工多渠道晋升，建立行员等级制；二是建立管理职务和专业职务等级岗位制。

（四）实现绩效考核的规范化、制度化

1.健全考核组织机构。为有效组织考核工作，发挥绩效考核的导向、激励和约束作用，城市商业银行应该建立考核工作领导小组，统一领导，集中组织。领导小组由行领导挂帅，成员由相关部门负责人组成，并下设办公室（挂靠在某部门）负责考核日常工作。

2.处理好考核制度稳定性和变动性的关系。绩效考核办法在一定时期内必须具有相对稳定性，例如：考核办法保持3-5年的稳定性，即3-5年内办法的整体架构、体系和方向不变，年度可根据业务重点进行局部修正，对个别指标进行调整。

3.建立真实完备的信息统计系统。绩效考核设置的指标是多样化的，考核数据采集量很大，因此，绩效考核数据应尽量从计算机中心、财务报表、信贷管理等相关系统上直接提取。目前部分管理先进的城市商业银行已经通过完备的管理系统、内部资金转移系统、成本分摊系统、风险评级系统数据，计算考核主体所占用的资金成本、运营成本、风险成本等，准确评价考核主体的经济增加值及贡献。

4.加强考核工作的分析调研。针对考核工作中带有普遍性、倾向性、典型性的问题，开展调查研究，广泛听取意见和建议，确保考核工作的真实、客观和公正。

第六节 城市商业银行薪酬管理的
实践与探索

薪酬体系是维系雇员满意和敬业最有效的激励措施，它能把企业的战略目标和价值观转化为行动，转化为市场竞争力。近几年来，各城市商业银行在薪酬激励方面进行了一系列的探索和实践，逐步建立了具有一定市场竞争力的薪酬体系和薪酬机制。

一、建立有竞争力的薪酬体系

（一）优化薪酬结构

城市商业银行的薪酬管理体系由基本薪酬、绩效薪酬、福利性收入、中长期激励等构成。基本薪酬是为保障员工基本生活而支付的基本报酬，主要根据员工经营中的劳动投入、服务年限、所承担的经营责任及风险等因素确定。绩效薪酬是支付给员工的业绩报酬，主要根据当年经营业绩考核结果来确定。福利性收入包括城市商业银行为员工支付的社会保险费、住房公积金、企业年金等。根据监管部门对商业银行建立稳健薪酬体系的要求，城市商业银行对薪酬结构的优化主要体现在三个方面：首先，基础薪酬和绩效薪酬相结合，发挥绩效薪酬对员工的激励作用。城市商业银行在发展初期阶段实行单纯以职务为标准的行员工资制度。目前，大部分城市商业银行逐步建立起了基础年薪和绩效年薪相结合的薪酬制度，根据机构和员工等级评定情况，在保障基本生活需要的基础上合理确定固定薪酬，根据个人或团队的经营绩效确定当期绩效薪酬。其次，逐步扩大中长期薪酬比重，增强业务发展的可持续性和员工队伍的稳定性。通过探索建立薪酬延期支付制度，建立长期激励机制，提高养老保险金，设计多项福利计划，建立和风险持续时期相联系的收入方式，逐步扩大长期薪酬的比重。再者，调整薪酬分配岗位结构，保障中后台管理人员的合理收益水平。通过建立对中后台管理人员尤其是风险控制人员适当倾斜的薪酬政策设计，防止业务人员和中后台管理人员之间的收入差距进一步扩大。

(二) 改进薪酬支付方式

城市商业银行根据不同业务活动的业绩实现和风险变化情况合理确定薪酬的支付时间并不断加以完善。薪酬支付期限与相应业务的风险持续时期保持一致是城市商业银行这几年薪酬支付方式上的重大改革。基本薪酬按月支付，根据薪酬年度总量计划和分配方案支付基本薪酬；合理确定一定比例的绩效薪酬，根据经营情况和风险成本分期考核情况随基本薪酬一起支付，剩余部分在财务年度结束后，根据年度考核结果支付；每年对包括高管人员在内的所有员工按绩效奖金的一定比例建立风险保证金制度，实行递延支付，高管人员的风险保证金占有较大的比例，锁定期长短取决于相应各类风险持续的时间，至少为3年；住房公积金、各种保险费应按照国家有关规定纳入专户管理；探索建立中长期激励制度，中长期激励在协议约定的锁定期到期后支付，经过董事会考核后确定兑现的数额。

(三) 完善薪酬管理组织架构

城市商业银行正在逐步建立层级分明、分工明确、有效制衡的薪酬管理架构。董事会按照国家有关法律和政策规定负责本行的薪酬管理制度和政策设计，并对薪酬管理负最终责任；董事会设立相对独立的薪酬管理委员会，组成人员中至少要有1/3以上的财务专业人员，且薪酬管理委员会要熟悉各产品线风险、成本及演变情况，以有效和负责地审议有关薪酬制度和政策。管理层组织实施董事会薪酬管理方面的决议，人力资源部门负责具体事项的落实，计划财务、风险管理等部门参与并监督薪酬机制的执行和完善性反馈工作。审计部门每年对薪酬制度的设计和执行情况进行专项审计，并报告董事会和银行业监督管理部门。外部审计应将薪酬制度的设计和执行情况作为审计内容。审计、财务和风险管理部门员工的薪酬应独立于所监督的业务条线，且薪酬的规模和质量应得到适当保证，以确保其能够吸引合格、有经验的人才。

(四) 建立市场主导和契合自身实际的薪酬制度和政策

一是逐步建立以市场为导向的薪酬政策。大型城市商业银行通常参照上市银行和当地先进银行的薪酬水平，再按照一定的系数进行调整，保证薪酬竞争力不脱离市场轨道；对一些紧缺核心岗位、在内部无合适人选的情况下，一些城市商业银行采取协议工资制度引进急需人才，增强人才的成就感。二是建立原则性和灵活性相统一的分支机构薪酬管理政策。部分城市商业银行跨区域发展过程中，确定异地分支机构员工薪酬水平时，既要考虑全行薪酬政策的统一，也要保证在市场中有竞争力。总行对分行实行固定和绩效工资总额管理，由分行依据总行薪酬标准和考核办法、当地市场行情等因素自行分配使用。对一些特殊的稀缺岗位，给予更高的地区系数。这种原则性和灵活性相统一的异地分支机构薪酬管理政策，既保证异地分支机构员工的薪酬标准在全行框架内，也保证了薪酬水平贴近当地市场。三是实行以岗位价值为主的岗位职务等级工资制度。部分城市商业银行按照岗位性质划分成管理、营销、柜员、专业技术四大序列，每个序列划分成初、中、高等若干等级，每个等级又根据各种因素分成若干档，根据岗位价值评估结果确定目标薪酬。岗位等级工资制度的实施使得员工职业晋升通道明显增加，体现了员工岗位专业化的要求和员工价值领先的理念。

二、逐步建立短期激励和中长期激励相协调的薪酬机制

近几年来，随着宏观经济形势的变化、监管力度的加大和银行业竞争的加剧，城市商业银行的经营层越来越感到必须尽快建立可持续发展的体制和机制，必须从追求规模的扩张转移到以提高银行的效益为中心，必须从依赖外延式增长转变到实现差异化发展形成经营特色、提高银行的综合竞争力。这其中一个重要问题就是要解决好短期激励约束和中长期激励约束问题。短期的激励约束已暴露出明显的缺陷，必须和中长期的激励约束结合起来，否则科学的可持续发展目的难以实现。有的城市商业银行已经开始在这方面进行探索。

（一）科学有效的中长期激励措施对城市商业银行的稳健发展具有重大战略意义

一是促进企业实现可持续发展。中长期激励的基本原理在于以企业组

织目标为导向，通过制度化设计使高管和员工的个人利益与企业组织利益、股东利益长期保持趋向一致，促使高管和员工按照企业组织设定的方向行动，实现企业协调、持续、稳健发展。二是保持高管和员工队伍相对稳定的需要。一方面，中长期激励的实现取决于既定经营目标在未来若干年内逐步实现，如果经营目标没有得到实现，就享受不到长期激励设定的收益，因而有利于稳定高管和员工队伍，形成凝聚力，以共同实现企业的经营目标；另一方面，企业对中长期激励的实现附加限制条件，一般规定在授予后的若干年后才可以部分行使，如果高管和员工在上述限制期间内离开银行，就会丧失剩余的长期激励收入，加大了离职的机会成本。三是有效防控金融风险的客观要求。建立完善有效的长期激励约束机制，将高管和员工的薪酬水平与信用风险、流动性风险、操作风险等风险控制目标进步度挂钩，有利于提高风险防控能力，克服短期行为，防止风险释放与扩散，防止内部人控制及利用信息不对称侵害存款人和股东的利益，维护城市商业银行安全稳健运行。

（二）城市商业银行对高管和员工的中长期激励要积极进行探索

对高管和员工的中长期激励设计是优秀企业激励约束机制建设的重点。中长期激励是将高管和员工的利益与企业的长远发展相挂钩，对高管和员工的长期贡献给予回报的激励方式。长期激励的工具比较多，按照企业与被激励对象的结算方式分为股权和现金两种方式。西方国家银行业金融机构主要通过高管股票期权和内部职工持股制度，给银行管理者和员工以长期激励。但是如何将高管股票期权和内部职工持股制度等在西方国家广泛使用的长期激励措施在国内银行中合规有效地应用在政策上还不明朗。银监会2010年2月首次发布的《商业银行稳健薪酬监管指引》规定：对中长期激励只有原则性规定，并没有具体相关操作性办法。城市商业银行高管和员工由于历史原因普遍持有本银行的股份，从严格意义上来说，当时内部职工持股并不是主动意义上的长期激励，而是为了满足企业长期发展和资本要求的被动选择。近些年，内部职工持股问题一直成为城市商业银行公开上市融资的障碍，不少城市商业银行在不同程度上实行员工减持计划。目前我国实施"股票期权"① 长期激励计划的法律障碍已经消除，但是股票期权制度在中国银行业金融机构中基本没有获得应用。由于这些原因，城市商业银行对高管和员工的中长期激励还处在探索阶段，但从城市商业银行的长久、稳定发展考虑，建立这一机制是非常必要的，有条件的城市商业银行要积极进行试点。目前，少数城市商业银行已在实践对高管人员的以现金为结算方式的中长期激励。

（三）某城市商业银行高管人员中长期激励案例

该城市商业银行高管人员的薪酬主要由基本年薪、绩效奖金、中长期激励、特别激励和福利津贴构成。其中中长期激励与三年全行关键业绩指标完成情况挂钩，从而使高管人员个人利益与银行长期发展紧密联系在一起，同时确保高管人员整体薪酬的市场竞争力。中长期激励授予频率为每三年一次，授予后的第三周年结束后生效，生效价值取决于全行三年关键业绩指标完成情况。董事会每三年年初基于市场调研、本行薪酬定位提议年度长期激励授予价值。年度长期激励授予价值以高管人员的年度目标总现金薪酬水平为基础，授予水平原则上为高管人员年度总现金水平的20%。由于激励计划每三年授予一次，因此每次授予的长期激励总价值等于三年合计的年度长期激励授予价值。具体的三年关键业绩指标由董事会根据本行中长期战略目标和实际情况在授予时点确定。高管人员实际可获得的长期激励(又称实际长期激励生效价值)等于三年合计长期激励授予价值乘以关键业绩指标完成率，而关键业绩指标完成率系数取决于与标杆银行相比的相对三年业绩完成情况。原则上当完成业绩在标杆银行组中排名等于过去三年业绩排名时，完成率系数等于1；当完成业绩在标杆银行组中排名提升到较有竞争力时，完成率系数大于1，最高不超过2，当业绩在标杆银行组中下降到较差时，完成率系数小于1，最低可能为0。

---

① 高管股票期权是授予银行高管层在未来的一定年限内以授予期权时的市场价格购买银行股票的一种权利，高管层就能够获得现价与以后股价之间的价差，这样银行高管的薪酬来源就打破了传统意义上的年薪和加奖金结构，而多数收入来源于所持有银行股将来的兑现，高层管理人员能否从期权计划中获益又完全取决于银行股票的价格是否上涨，把股票在市场上的表现与高管层的收益挂钩。

（四）探索分支行和员工的中长期激励和约束办法

仅仅建立高级管理人员的中长期激励和约束机制是不够的。城市商业银行要实现可持续发展的大量具体工作是由分支行和从事业务的员工去完成的。近几年城市商业银行发展的实践说明建立分支行管理层和直接从事业务员工的中长期激励和约束机制十分必要，要认真探索解决的办法。城市商业银行对分支行和员工的中长期激励和约束必须认真研究解决几个问题。一是中长期激励和约束的时限问题，一般以三年为宜，时限过短会失去中长期激励的目的，太长又容易使被激励者失去信心。二是中长期激励和约束目标体系的设计问题。对分支行应该以经总行审定的分支行三年发展规划为基础，形成一套有利于考核的指标体系，比如经济利润指标、风险控制指标、业务结构指标、业务发展指标等等，主要是定量的，也有定性的。对于直接从事业务的员工，可以是一个团队也可以直接到人，指标体系要简单，一般不要超过五个，全部是定量的，要让员工能比较直观地明确三年内要达到的目标和可能得到的激励和约束。三是长期激励和约束的授予权每三年一次，授予水平可按当年总收入的一定比例确定，在分支行的薪酬总额中预留，三年后的生效价值取决于业绩指标的完成情况。四是建立科学民主的评审体制。对中长期激励和约束的评审体制要由总行业务部门、分支行员工代表和若干独立身份的专家组成。对三年中可能造成激励约束指标体系变化的特殊因素可在评审中调整，但这种调整应该是少数和个案。五是建立长期激励和约束机制，既要有足够的激励力度，更重要的是要有可操作的约束措施，比如自动下岗、离岗培训、降低专业技术等级等等。

城市商业银行高管和员工的中长期激励约束机制的建立既十分必要和紧迫，又要积极稳妥地推进。在具体实施中可以分层次先进行试点，逐步取得经验后再予以推广。

本章参考文献

1.中国银行业监督管理委员会:《商业银行稳健薪酬监管指引》,银监发〔2010〕14号,2010年2月。

2.中国银行业监督管理委员会:《关于建立健全农村合作金融机构激励约束机制的指导意见》,银监发〔2009〕70号,2009年8月。

3.周好文、程婵娟:《商业银行财务管理》,清华大学出版社2007年版。

4.包季鸣:《人力资源管理——全球化背景下的思考与应用》,复旦大学出版社2010年版。

5.张永成:《人力资源管理革命》,武汉大学出版社2006年版。

第十一章
城市商业银行的跨区域发展*

第一节 城市商业银行跨区域发展
的背景和现状

一、城市商业银行跨区域发展的背景

城市商业银行成立时就定位于地方金融机构，在主办地城市经营，确定了为地方经济、中小企业和城乡居民服务的市场定位。这一定位和经营模式，使城市商业银行在有效防范风险的同时实现了快速发展。但随着城市商业银行群体的不断壮大，在单一城市的经营模式弊端越来越明显。一是不利于降低贷款行业集中度和分散风险；二是由于结算和汇路的影响，城市商业银行为本地客户的跨区域经营无法提供优质的服务；三是由于经营活动局限于一地，城市商业银行受地方政府的行政影响和干预较大，难以建立真正的市场化经营机制。

---

* 本章由谭志浩撰稿。

在此背景下，银监会根据"分类指导"的原则，逐步放宽了对资质较好的城市商业银行跨区域发展的限制。2006年，银监会发布了《城市商业银行异地分支机构管理办法》，正式明确了城市商业银行设立异地分支机构的具体要求和操作流程，也由此拉开了城市商业银行跨区域发展的序幕。

2006年4月，上海银行宁波分行成立，标志着我国城市商业银行的经营地域突破了单一城市的限制。随后，一大批城市商业银行相继实现了省内和跨省设立分支机构。2009年4月，银监会发布了《关于中小商业银行分支机构市场准入政策的调整意见（试行）》，放宽了城市商业银行跨区域设立分支机构的有关限制。一是符合条件的中小银行在相关地域范围内设分支机构，不再受数量指标控制；二是进一步简化审批程序，将省内分支机构审批权限下放给各省银监局；三是要求商业银行科学制订机构发展规划，合理布局，有序竞争，防止盲目扩张；四是鼓励商业银行到中、西部和东北等银行机构较少、金融服务较薄弱的地区发展；五是中小商业银行分支机构的准入门槛和银行法人机构的总体情况相结合；六是不再对城市商业银行设立分支机构设定统一的营运资金要求，由各城市商业银行根据业务发展和资本管理需要统筹安排。试行意见发布后，城市商业银行跨区域发展的步伐明显加快。

二、城市商业银行跨区域发展现状

随着城市商业银行跨区域发展政策的调整，尤其是在北京银行、南京银行和宁波银行上市的示范效应下，激发了城市商业银行跨区域发展的积极性。它们普遍希望通过异地发展抢占市场，做大规模。据不完全统计，截至2011年4月，共有40家左右城市商业银行通过在异地设立170多家分支机构实现了跨区域发展，[①]不少城市商业银行还通过设立村镇银行实现跨区域发展。城市商业银行的跨区域发展呈现出如下的特点：

（一）跨区域发展区域分布集中

城市商业银行的跨区域发展按照监管部门的要求是先省内，再经济区，

---

① 资料来源：中国国际金融有限公司研究部。

再跨省市，同时鼓励向下延伸，向地、县、中心集镇延伸。因此城市商业银行在跨区域发展的初期大都在所在省内发展。但是作为以追求利润最大化为经营目标的市场主体，城市商业银行在选择跨省异地分支机构的目标城市时不约而同地把目光投向了发达地区，集中向长三角、珠三角和环渤海三大经济圈扩张。据统计，在实现跨区域经营的城市商业银行中，其异地分支机构设立在东部发达地区的占了大多数。这种选择既反映了城市商业银行的求大情结，也反映了城市商业银行在跨区域审批政策不确定性的预期下，不约而同地将有限的异地分支机构指标更多地用于发达地区的战略性布局，而较少地考虑这些地区的竞争情况和自身长远的战略定位。

（二）跨区域发展模式多样化

除了通过在异地设立分支机构实现跨区域经营的主要模式外，城市商业银行还结合自身的情况积极探索多种模式，如投资参股控股、收购城市信用社和农村信用社、设立村镇银行等等。这些模式不仅丰富了城市商业银行跨区域经营的手段，而且在地域选择与市场定位的合理性等方面更是呈现出一些积极的意义。

投资参股控股是城市商业银行跨区域发展的一种快捷有效的模式。2008年4月，北京银行与廊坊银行正式签署了《股份认购协议》和《战略合作协议》，以战略投资者的身份认购廊坊银行19.99%的股份，成为该行的第一大股东。通过这种方式，北京银行迅速将经营区域覆盖至河北地区。南京银行也在2008年投资入股山东日照商业银行，将业务拓展到山东省。

设立村镇银行是城市商业银行实现跨区域经营的另外一条重要途径。为了解决农村地区银行业金融机构覆盖率低、金融供给不足、竞争不充分等问题，2009年7月中国银监会发布了《新型农村金融机构2009-2011年工作安排》。根据这一安排在全国将规划设立1027家村镇银行。在这一政策的指引下，村镇银行发展迅速，2010年年末已设立349家村镇银行，其中大部分村镇银行发起机构为城市商业银行、农村信用社等地方性中小金融机构，其中又以城市商业银行为主。村镇银行的服务对象以小企业和农户为主，这有利于城市商业银行扩大本地市场的外延，带来新的利润增长点。部分城市商业银行抓住村镇银行加快发展的政策机遇，重点通过设立村镇银行的模式实现有效地跨区域发展。如包商银行已发起设立了16家村镇银行，并计划在3年内再成立更多的村镇银行，形成村镇银行的规模经营。哈尔滨银行到2010年已开设了3家村镇银行，正在筹建的村镇银行有12家，并正在探索与外资合作建设全国性村镇银行网络的可行性。

（三）跨区域经营加剧了城市商业银行的分化趋势

城市商业银行因各自所在地经济、金融状况的巨大差异，在多年的发展过程中逐步走向了分化，监管机构的分类指导原则以及城市商业银行自身实力、素质和管理能力的差异等因素进一步加剧了这种分化程度，跨区域发展的不断深入，更是使得城市商业银行在分化中走向了不同的发展道路。北京银行等少数几家城市商业银行利用可移植资源优势，积极布局全国市场，走向了全国性大中型商业银行的发展道路。南京银行等中等规模的城市商业银行通过深挖金融资源，有向区域性商业银行发展的趋势。而部分资产规模较小或者达不到跨区经营条件的城市商业银行则试图通过差异化经营和精耕细作等方式向社区银行和地方性特色银行方向发展。同时，经过十五六年的发展，各城市商业银行之间的资产规模、发展战略、经营模式、市场定位、盈利状况等已有巨大差异，简单地把这些银行归类在一起，用统一的评价标准、监管模式去评价、分析、管理城市商业银行已适应不了城市商业银行发展分化的现实。

二、城市商业银行跨区域发展的相关研究与观点

从西方研究来看，支持中小银行跨区域发展是主流，但也有反对之声。早期美国虽曾对银行经营地域进行过限制，但其主要基于三方面的考虑，即防止垄断、保证银行体系安全和对消费者的服务质量。1994年，随着Riegle-Neal法案的颁布，美国便解除了对商业银行经营地域的限制，规定商业银行自1997年即可完全实现跨州经营。

西方理论界普遍采用实证的方法对放松地域管制与银行业效率、金融市场结构以及经济增长的关系进行了研究，结果表明：一是银行业放松

管制会使得银行效率提高、规模增大以及产品多样化，并最终有利于消费者；二是在取消地域管制之后，银行业的市场结构发生了一定程度的变化，集中度随管制放松而降低，规避了单一城市制的贷款集中度风险，银行业的竞争程度也得以提高，并可能通过规模效应、优胜劣汰等机制提高银行的盈利能力；三是放松地域管制带来银行经营成本降低，不仅增加了银行收益，而且随贷款利率的降低而惠及普通贷款者，从而间接地促进了经济增长。

国内学者更多地从定性的角度对城市商业银行跨区域经营表达了不同的观点。支持者多强调了城市商业银行单一城市制的弊端，如尹明勇认为，城市商业银行的地域限制阻碍了灵活机制的发挥，并且在服务上难以满足部分向异地拓展业务的中小企业；赖小民认为，城市商业银行发展面临着如何在条件成熟后使好的城市商业银行实现跨区域发展；彭建刚认为，城市商业银行应定位为区域经济发展的金融支柱，发展方向是区域性股份制商业银行；曹凤歧提出，城市商业银行经营区域应定位于"当地化经营为主，探索区域化经营"；谢绍荣也有类似的看法，他根据城市商业银行资产规模的大小，将我国城市商业银行划分为四个梯队，并认为不同的梯队应找准自己的市场定位，北京银行、上海银行等超大型城市商业银行，应走全国化，甚至国际化的道路。

反对意见则更多地集中在城市商业银行跨区域发展后的市场定位的迷失与所面临的风险方面：欧明刚对新出台的《城市商业银行监管与发展纲要》提出质疑，认为纲要淡化了城市商业银行地方性银行的特点，城市商业银行与其不切实际地跨区域发展，与大银行拼网络、拼大客户，不如在细分市场中寻求自己的定位；刘煜辉谈到城市商业银行的区域定位时指出，城市商业银行在其所在的城市具有地缘、信息等多种优势，为所在城市提供金融服务才是最核心的竞争力。有不少专家更直接提出中国不缺全国性的大银行，不缺跨区域性设立分支机构的银行，缺的是踏踏实实地为当地经济服务的中小银行。

第二节 城市商业银行跨区域发展
的问题与风险

任何事物都有两面性。经过四年多时间，城市商业银行跨区域发展取得了较大的突破，某种程度上有助于产生规模效应，形成新的利润增长点。但城市商业银行在跨区域发展过程中所面临的短板与困难正在逐渐显现。与此同时，城市商业银行跨区域发展所面临的风险问题也越来越引起了人们的普遍关注。

一、城市商业银行跨区域发展的深层次问题

城市商业银行的跨区域发展不单单是一个微观的行业问题，它涉及我国银行体系的安排以及金融资源的重新配置。只有从更高层面上探讨与认识与其相关的深层次问题，才能进一步认清与把握城市商业银行跨区域发展的是非与规律。

（一）如何与均衡、多层次银行体系的要求相适应

一个由不同性质、不同规模、服务于不同区域的各类商业银行组成的多层次银行体系，对于满足一国经济体中不同层次经济主体的金融需求，从而促进经济和谐发展具有重要意义。在我国，经过多年的演变，一个由国有商业银行、全国性股份制商业银行、城市商业银行、农村商业银行和农村信用社、村镇银行、政策性银行组成的多层次银行体系已基本形成。在这个体系中，城市商业银行正好处于中间位置，被定位于主要服务于城市居民与中小企业。跨区域发展后，城市商业银行的服务区域不再局限于地方，在商业化的驱动下可能会向上端迁移，这使得我国更多银行和绝大多数金融资源向竞争本已非常激烈的高端集中，而基层中小企业、中小城镇与广大乡村的各种经济体与农户却得不到相应的金融支持，影响了我国振兴中小企业、新农村建设等重大政策的执行。因此，城市商业银行的跨区域经营如果在执行过程

中出现明显的、一致性的方向偏离，就有可能面临着一定的政策风险。

（二）未来经济金融环境与监管政策能否支持"兴业模式"的复制

兴业银行成立于1988年，成立后很长一段时间仅在福建省发展，1995年存款规模突破了100亿元，1996年开始了其跨区域经营的步伐，开设了第一家异地分行——上海分行。2010年6月30日，其各项存款余额突破了1万亿，总资产达到了1.7万亿元，在全国设立了37家一级分行，有577个营业网点。从跨区域发展至今，兴业银行用了不到15年的时间，实现了近100倍的规模增长，以令人瞩目的发展速度成长为一家全国性股份制上市银行。对照兴业银行的成功案例，城市商业银行的跨区域前景似乎阳光明媚，但仔细分析就会发现，支撑兴业银行高速发展的经济金融环境与监管政策已经发生了明显的变化。

其一，城市商业银行未来几年的经济金融环境不容乐观。始自1999年的第十轮经济周期是中国改革开放以来实体经济变化最大、进步最为显著的一段时期，经济增长率从1999年开始逐步上升，并从2003年开始进入两位数的增长，一直持续到2007年13%的增长，其后虽然在金融危机的影响下有所回落，但整体经济依然保持着较为强劲的增长势头。在这期间，银行业也伴随着经济景气周期进入了一个长期的快速增长趋势。但未来几年，中国经济面临着前所未有的复杂局面，经济发展的速度将回落并且有可能要经历下行周期的轮回，这给城市商业银行的发展带来了严峻的挑战，毕竟城市商业银行尚未经历严格意义上的经济下行周期考验。

其二，监管政策对城市商业银行规模扩张的约束越来越严格，这包含多种限制：一是城市商业银行异地开设机构的数量与分布都受到监管机构不断趋严的审查，不能按照自己的节奏进行发展；二是商业银行资本充足的刚性要求以及城市商业银行资本补充渠道有限、商业银行巨量资本需求所引发的融资困难都使得城市商业银行粗放的规模扩张受到抑制。

其三，利率市场化使得外延性的规模扩张的盈利空间缩小，城市商业银行跨区域发展的实力受到挑战。随着农业银行的上市，国有银行不良贷款的重组和整体改制相继完成，银行体系安全性得到提高。可以预计，未来几年商业银行利率市场化将有可能迈出实质性步伐。在这种背景下，"兴业模式"的商业环境与盈利模式将不复存在。在商业银行的存贷利差由于利率市场化的竞争不断趋于收窄的情况下，单纯的外延式增长已经不能获得足够的盈利空间，从而也就无法支撑这种外延式增长本身的持续。

（三）单凭设立异地机构的跨区域发展能否解决可持续发展问题

稍加分析就会明了，城市商业银行跨区域发展本身不可能自动产生核心竞争能力，尤其是要面对业已存在的国有银行和全国性股份制商业银行的激烈竞争。反而会出现的一种情况是，城市商业银行由于跨区域经营后各种要素紧缺，使得原有的核心竞争能力有可能被削弱。

合理的逻辑是城市商业银行在自身已经拥有某些差异化经营的优势后，通过合理选择跨区域的目标地，能够将这些差异化的经营优势在新的区域内进行复制，从而获得可持续发展的动力。另外一种可能是，城市商业银行在对邻近区域进行谨慎地扩张，并在适合自己能力范围内的区域内精耕细作后，通过地域聚焦的方式获得地缘和人缘方面的优势，从而获得可持续发展的动力。无论如何，城市商业银行跨区域发展只有在和已有的优势和现存因素结合起来，通过整合和复制等手段产生正向的叠加效应，才能从根本上解决其可持续发展的问题。

二、城市商业银行跨区域发展的潜在风险

城市商业银行跨区域发展设立异地机构，不仅要面对相对陌生的市场，陌生的客户群体，还需要在短时间内发展壮大，形成自己的相对竞争优势，这是一项非常艰巨的任务。通过对4年来城市商业银行跨区域发展行为的研究与分析，以下潜在的风险需要引起关注：

（一）跨区域发展的目标和战略定位不明确

目前，城市商业银行跨区域发展存在着盲目跟风的情形，部分城市商业银行没有认真分析跨区域发展的整体目标和战略定位；跨区域经营节奏过快，超越了自身的管理能力与资源储备；在跨区域发展的目标选择上也更多地考虑全国性布局的战略位置，而很少考虑自身的能力和市场定位是否同目

标地域相匹配；低估了跨区域发展所面临的风险和困难，对异地市场过分乐观，认为只要在大城市就能快速发展和做大规模，存在着一定的发展隐患。

（二）人才、科技和资本等各项资源捉襟见肘

必要的人才储备是确保城市商业银行跨区域发展顺利推进和异地分行平稳运行的基本条件。而现实情况并不尽如人意，由于城市商业银行跨区域发展的速度较快，几乎所有已实现跨区域发展的城市商业银行都面临着人才储备不足的问题。虽然通过人员本地化策略使城市商业银行部分缓解了这一矛盾，但与此同时，又带来了分行文化与总行文化的差异与整合问题。这一问题如果不能很好地得到解决，由此产生的风险不可低估。同时，城市商业银行的人员急剧增加，不仅迅速提高了营运成本，而且降低了营运效率，使得城市商业银行丧失了一个固有的竞争优势。

（三）异地与本地市场定位错位，难以形成整体的竞争优势

城市商业银行与国有银行、全国性股份制商业银行相比在中小企业贷款领域具有相对的竞争优势，但在异地市场发展初期开拓中小企业融资市场却存在很大的困难。城市商业银行获取中小企业的真实信息原本就相当困难，初到新的城市，尤其是较为发达的中心城市，面临的是全新的市场和全新的金融环境，对异地的中小企业自然缺乏足够的了解，短期内只能通过中小企业并不规范的财务报表了解其经营状况。并且，由于地理基础和历史基础的丧失，原先的一些如与企业员工面对面交流、亲身接触企业管理者、实地考察企业运营状况等非正规渠道也不再发挥作用。同时，城市商业银行由于品牌和在异地分支机构网点数量较少，零售业务也很难有所进展。在这种情况下，城市商业银行的异地分行出于盈利的压力，大多依靠新招聘人员所带来的资源，与其他银行争夺大客户。虽然在短期内做大了异地分行的规模，解决了初期的盈利问题，但仍未解决其异地分行的可持续发展问题，并且由于和本地市场定位相矛盾，也无法增强整体的竞争势力。

（四）跨区域发展的管理架构和管理能力亟待提高和完善

所有分支机构集中于单一城市的经营模式使得城市商业银行的经营管理特别是对分支机构的管理相对较为简单。也正是因为这个原因，很多城

市商业银行出于提高市场反应速度的考虑，实行了扁平化的管理。跨区域设立异地分行后，城市商业银行的整个管理架构都需要改革，条线管理要加强，需要对扁平化管理进行大的调整。这不是一个简单的组织机构变动，而是要对原有的管理架构进行重建，并且要改变与完善相应的管理流程与管理方法。在这种情况下，城市商业银行不得不边设立异地分行边进行整个组织架构的重建，在实践中往往产生两种倾向：一种是总行对异地分行"过度管控"，仍沿用以前对当地分支机构的管理办法，导致异地分行缺乏活力，在市场竞争中处于不利地位；另外一种是总行对异地分行"过度宽松"， 由于对分行所在地的情况不甚了解，只能依赖分行领导决策，容易造成失控。同时，城市商业银行跨区域发展从管一地的支行到管多地的分支行，这就要求管理层尽快提高管理能力和水平，而管理能力的提升是在实践中逐步积累和长期形成的，发展速度和管理能力不能匹配，将会产生众多矛盾和风险。

（五）操作性风险与信用风险增加

经过近十多年的发展，城市商业银行积累了比较丰富的风险控制经验，但这些经验仅适用于单一城市的管控。跨区域发展后，城市商业银行的管理链条加长、内控的有效性降低，统一的风险管理文化难以在短时间内形成，致使发生操作性风险和各类案件的可能性增加。此外，由于异地分行进入新的市场，对新市场缺乏足够的了解，信息不对称，往往难以及时掌握贷款企业经营状况的变动情况，进而导致贷款风险损失的几率增大，加大了贷款的信用风险。

第三节 城市商业银行跨区域发展的策略分析

一、城市商业银行跨区域发展基本原则

城市商业银行要实现稳健、可持续发展，就要根据自身定位，通过跨区域发展这一手段努力形成比较优势。在跨区域发展的过程中，要遵循以下几条基本原则。

（一）跨区域发展的整体布局要与自身的战略定位相一致

城市商业银行跨区域经营首先要考虑的问题是自身的战略定位，要根据综合实力与整体战略明确自身未来的发展目标，是要发展成为全国性股份制商业银行，还是区域性的股份制商业银行，是要依靠外延型的扩张还是依靠内涵型的增长，是走传统银行的路还是走社区银行或特色银行之路，有什么样的战略定位就要选择什么样的网点布局。虽然网点布局由于受监管政策的限制不能完全按自己的意愿发展，但也要克服在自己战略定位之外的区域内盲目设立分支机构的倾向，有所为有所不为的原则同样适用于城市商业银行的跨区域发展。

（二）跨区域发展必须对目标市场的竞争性有充分的了解

城市商业银行跨区域发展往往把目标市场定在经济发达的大城市和特大城市。其实这些市场虽然金融总量庞大，但金融企业竞争也非常激烈甚至过度，要适应这种竞争需要花很大的代价和很长的时间。人才吸引不了、运营费用很高、客户的稳定性差等等因素使新进入的银行难以形成经济规模，更不用说产生效益。在这些竞争激烈的市场，城市商业银行不但难以发挥优势，原先的劣势可能会以更明显的形式凸显出来；反之，二、三线的城市虽然金融规模不大，但其竞争性也相对较弱，并且成本和费用较低，使中小银行能较快打开局面并产生效益。因此，城市商业银行要根据自己的综合竞争力，量力而行，进入合适的市场。那些已经进入一线大城市的城市商业银行，也应该关注相对竞争不十分激烈的城郊和市属县域，使自己能更快地适

应市场，站住脚跟。

（三）跨区域发展目标市场的选择要有利于发挥自身的比较优势

城市商业银行跨区域发展不是目的，而是要在跨区域发展的过程中通过发挥自身的比较优势，培育和强化自身的综合竞争能力，否则，城市商业银行跨区域发展就失去了其本意。虽然也会带来规模增长等短期效益，但从长远来看，所蕴涵的风险会大于收益，就达不到"1+1＞2"的正向叠加效应。发挥自身的比较优势就要使自己长期积累的经验和开发的产品在新市场中有可复制性，只有是可复制的经验和产品，才能在跨区域发展中发挥作用。同时，必须考虑市场的互补性，使自己的产品和服务能丰富这个市场，提供补充作用，从而取得客户的认同。

（四）跨区域发展的节奏要与自身资源、风险管控能力相匹配

为了防止监管机构收紧跨区域经营的相关政策，城市商业银行跨区域发展的步伐往往希望用足监管政策，较少去考虑自身的人力、科技、资本等各项资源是否支撑其扩张速度，也很少评估自身的风险管控能力是否能跟上，这往往会给城市商业银行的跨区域发展带来不少风险隐患。因此，坚持跨区域经营的节奏与自身资源、风险管控能力相匹配，做到风险可控显得尤为重要。

（五）跨区域发展的前提是要做好本地业务

跨区域发展需要有强大的总部支撑，只有把本地业务做强做大，跨区域发展才有基础和实力。城市商业银行是在本地城市中成长发展起来的，具有独特的地方特征，它们与当地经济社会、政府部门、企业居民的联系所具有的信息优势是做好本地业务的重要条件。城市商业银行要从本地区域经济的特点出发，积极利用在本地的优势，寻找区域经济新的增长点，扩大在本地的发展空间，努力提高在本地的市场占有率，保持在本地的核心竞争力。同时，跨区域发展所必需的人才储备、经营特色、产品优势等等都需要总行的支撑，只有把本地做强了，才有能力去支持分行的发展。在跨区域发展上，既要积极抓住机遇，也要冷静分析利弊，发展一个、巩固一个，不能舍本求末、缘木求鱼，盲目扩张，为跨区域发展而发展。

二、城市商业银行跨区域发展策略选择

城市商业银行选择跨区域发展策略的影响因素很多，但是否有利于形成自身的比较优势，是否能够增强自身的差异化竞争能力，是跨区域经营策略选择的主要因素。虽然我国商业银行的同质化程度很高，但部分城市商业银行在多年的竞争中，通过不断地努力与探索，结合地域特点，逐步形成了自身较为明显的竞争优势。如泰隆银行、包商银行等在微小企业融资领域内形成了比较鲜明的特色，南京银行在债券市场具备了一定的竞争优势。其他城市商业银行虽然在差异化经营上还有待深化，但由于它们坚持多年在某一区域内深耕细作，也都在该区域内拥有一定的地缘优势和人缘优势。因而，城市商业银行在实施跨区域发展策略时，只有巩固和不断放大这些竞争优势，才有可能实现稳健、可持续的发展。

（一）聚焦客户，不断复制服务中小企业成功的盈利模式

对于部分在中小企业融资领域内已形成较为明显竞争优势的城市商业银行，跨区域经营面临的主要问题是如何将自己成功的盈利模式不断在异地加以复制。该跨区域经营策略的首要前提是城市商业银行已形成了可以复制的中小业务盈利模式，拥有一整套适合中小企业融资特点的业务流程与管理办法，尤其是建立了中小企业专业人才流程化培训机制。在跨区域经营的过程中，除了要遵循先近后远、巩固本地市场的基本原则外，还要把重点放在跨区域目标地中小企业业务盈利模式可复制性的因素，坚持把异地分支机构设立在产业集群明显、专业市场发育成熟等中小企业较为密集的区域。同时要注意在当地不断地储备与培养中小业务的专业人才，并通过他们将中小企业业务的流程与文化复制到各个分支机构。

（二）聚焦地域，建立以地缘和人缘优势为核心的区域性商业银行

对于很多城市商业银行而言，跨区域发展的重要策略是通过聚焦地域，逐步发展成以地缘和人缘优势为核心的区域性商业银行。聚焦地域的范围依据城市商业银行的实力与规模等因素可大可小，既可以在一个城市的范围，

以市区为核心，向城郊结合部、周边集镇与县市拓展，也可以在一个省的范围密集布局，实力雄厚的可以在一个经济圈的范围内扩展。这种跨区域经营策略的核心是通过在一个区域范围内不断地精耕细作，以地缘和人缘优势为核心，衍生出局部范围内的竞争优势。如通过一个区域内网点布局的优势，奠定零售业务的发展基础；通过对区域内企业、经济情况的深入了解，提高信用风险的整体把握能力；通过与地方政府的紧密联系，获得稳定的资金来源，拓宽信贷投放渠道等等。区域性商业银行的模式，既可以根据自身的情况达到规模效应与分散风险的目的，也有利于形成局部范围内的竞争优势，这应该是很多城市商业银行努力发展的目标。

（三）聚焦同行，加强城市商业银行之间在跨区域发展中的合作

城市商业银行作为中国银行业的"第三梯队"，经过十几年发展虽然在资产质量、盈利能力、监管指标、风控水平等方面有很大进步，但是和国有商业银行、股份制商业银行在服务渠道、产品创新、信息技术等方面都存在较大差距，特别是在跨区域发展后，这些问题尤为突出。城市商业银行在跨区域发展中要变"独立各自为战"为"联合协同发展"，发挥城市商业银行在140多个地级市都有法人机构的优势，探索城市商业银行跨区域发展时系统内外更加深层次的合作。在通存通兑、银行卡、同业往来、国际业务、产品代理、银团贷款等方面开展业务合作，集中各自优势资源，有效发挥城市商业银行的整体合力。河北11家城市商业银行签订了《省内跨区域发展公约》，公约对各成员行在省内跨区域发展过程中的网点设置、业务合作、人才招聘、有序竞争等方面开展合作进行了引导，有利于各行跨区域发展顺利实施并尽快见到成效。

第十二章
城市商业银行发展趋势研究*

第一节 从金融生态理论看
城市商业银行的发展

一、金融生态理论的由来和内涵

改革开放三十多年来，我国的经济发展取得了举世瞩目的成就，其中金融业的发展也取得了长足的进步。为探索我国金融业的发展方向和发展模式，国内金融学界进行了很多研究，希望能够找出一套符合中国实际的金融理论来指导中国金融业的发展。中国人民银行行长周小川于2004年将"生态"一词引入金融领域，强调用生态学的方法来考察金融发展问题。中国社会科学院金融研究所的《中国城市金融生态环境评价》课题组通过对中国若干城市的金融生态环境的研究分析，提出了金融生态界说。他们把金融生态系统界说为是由金融主体及其赖以存在的金融生态环境构成，两者之间彼此

---

* 本章由马时雍撰稿。

依存、相互影响、共同发展。

　　徐诺金教授把金融生态系统定义为"是各种金融组织为了生存和发展，与其生存环境之间及其内部金融组织相互之间在长期的密切联系和相互作用过程中，通过分工、合作所形成的具有一定结构特征，执行一定功能作用的动态平衡系统。"并把金融生态系统的基本框架划分为由金融主体系统、金融生态环境系统和金融生态调节系统三部分组成（见下图）。[①]

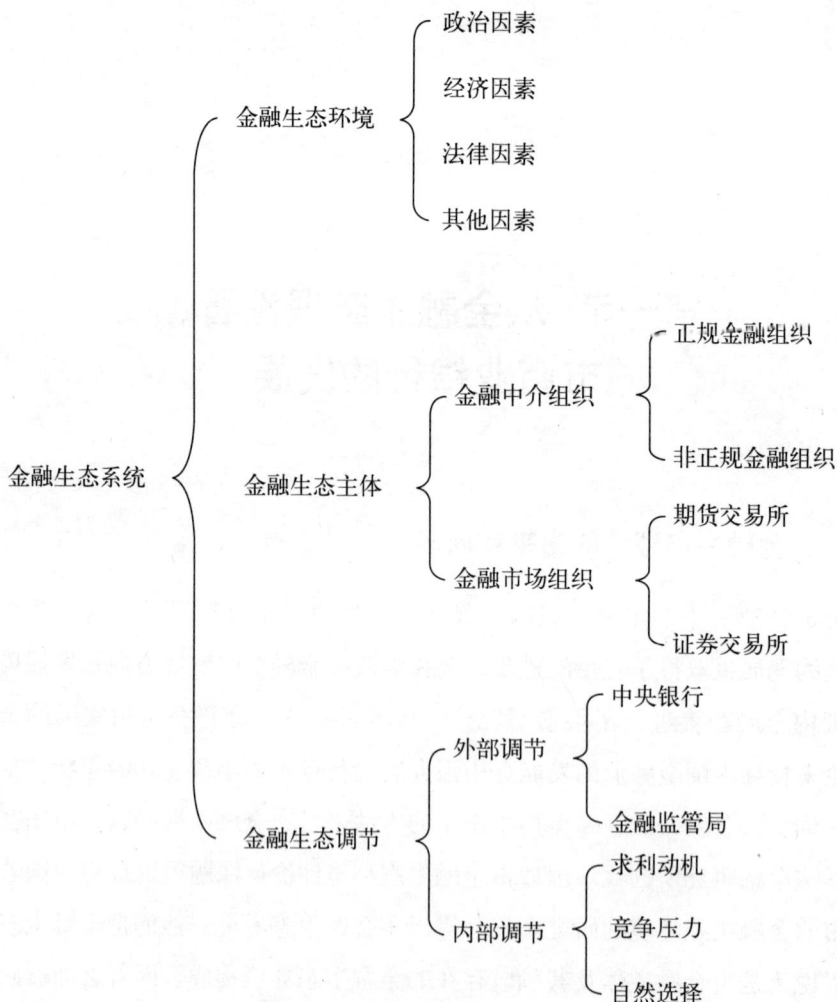

金融生态系统
- 金融生态环境
  - 政治因素
  - 经济因素
  - 法律因素
  - 其他因素
- 金融生态主体
  - 金融中介组织
    - 正规金融组织
    - 非正规金融组织
  - 金融市场组织
    - 期货交易所
    - 证券交易所
- 金融生态调节
  - 外部调节
    - 中央银行
    - 金融监管局
  - 内部调节
    - 求利动机
    - 竞争压力
    - 自然选择

---

① 参见徐诺金：《金融生态论》，中国金融出版社2006年版。

在对金融主体问题、金融环境问题、金融调节问题进行了较为系统的理论分析后徐诺金认为，金融生态主体、金融生态环境、金融生态调节三者之间是有内在联系的，金融生态环境作用于金融生态主体，金融生态调节作用于金融生态环境，而主体对环境则有反作用，它也能促进环境条件的变化，三者之间具体的关系如下图所示。[①]

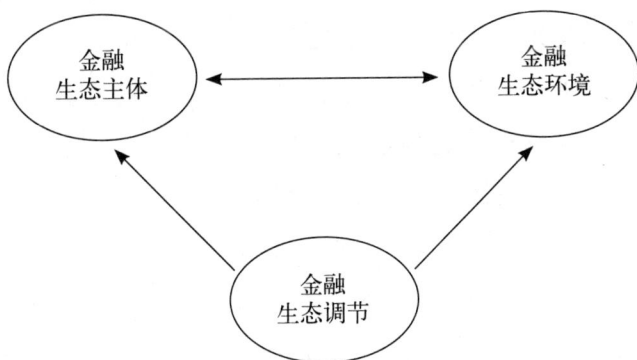

综合对金融生态理论的研究成果，我们可以从以下几方面来认识金融生态理论的主要内涵，它揭示了金融业发展的内在规律和要求，可以很好地指导我国城市商业银行的发展。

（一）金融业是在适应内外部环境的生存竞争中发展进化的，我们要遵循金融业的发展规律

从古老的钱币兑换业逐渐演变出经营存、贷、汇业务的银行业，再从银行业演化出理财业、保险业、基金业、证券业，从古老的民间借贷、钱庄等非正规金融，发展到信用功能更为强大的现代金融，金融业的演变经历了从简单到复杂、从低级到高级的发展和进化过程。而在这过程中，推动金融业进化的最大力量是竞争，是金融主体在适应内外部环境过程中的优胜劣汰竞争规则。所以我们要遵循金融业的发展规律，不要人为刻意地去扶持或设限，不能破坏金融生态的优胜劣汰竞争规则。

---

① 参见徐诺金：《金融生态论》，中国金融出版社2006年版。

（二）外部环境条件的差异会使金融主体的进化发展出现变异，从而使金融业呈现多样性

在金融生态系统中，金融生态主体和金融生态环境的关系是相互的、辩证的，其中金融生态环境构成金融主体的服务对象和活动空间，它决定着金融主体的生存条件、健康状况、运行方式和发展方向。就像不同的自然环境会创造出不同的生物形态及其生物特性一样，不同的环境会创造出不同的金融生态主体结构及其行为特征，从而使金融业呈现多元化。

（三）金融主体具有自适性特征，金融业的多样性就是金融主体在不同的环境条件下逐渐适应和进化形成的

每个金融生态主体都是一个以自身利益最大化为目标的自利组织，随着环境条件的变化，金融生态主体不是消极被动地适应环境，它能积极主动地调整自身以适应环境，即金融主体具有自适性特征。不同的环境条件下，金融主体会作出不同的行为选择，自然就会有不同的发展结果，由此形成金融业的多元化和多样性。

（四）金融生态体系自身就是一个具有自我调节功能、趋于平衡稳定的体系

和自然生态系统一样，金融生态系统是一个非常复杂的、具有自我调节功能的、趋于平衡稳定的体系，由于受金融生态系统最基本的特征——生命性所决定，金融生态系统始终处于动态变化之中，有时甚至会出现金融危机等不稳定不平衡状态。但总体上讲，金融生态系统是在自我调节功能的作用下，朝着稳定向前的方向发展，所以金融监管机构的重点在于引导市场向公平高效的方向发展，而不是给金融业的发展限定框架，甚至越俎代庖，过多地干预金融主体的金融活动。

二、金融生态环境对城市商业银行发展的影响

（一）　城市商业银行所处的宏观金融生态环境

中国经济已经多年快速增长，前些年，受全球金融危机影响，对中国经济发展提出了严峻挑战，在中央一系列宏观调控措施指引下，虽然经济增速

有所放缓，并且今后还会碰到不少困难和矛盾，但未来继续保持稳定增长的总体趋势不会改变。同时，以扩大内需、优化产业结构、提高资源利用率、增强自主创新能力、更大程度发挥市场配置资源的基础性作用等为特征的经济增长方式转变，将会使我国的产业结构、区域结构、收入结构、市场组织结构等国民经济结构发生较大的变化，经济发展的内涵将逐渐改善，未来中国经济将在保持稳定增长的基础上追求质量的提高，我国城市商业银行未来的发展仍将处于一个较好的外部经济环境中。

随着我国经济的快速稳定发展，中小企业已在我国国民经济中占据越来越重要的地位，据统计，目前中小企业户数量超过1000万户，占全国企业总数的99%，其创造的最终产品和服务产值约占GDP的60%，上缴税收近国家税收总额的50%，集中城镇就业岗位75%以上。此外，国民经济的发展以及把保障和改善民生作为我国经济和社会发展的重要指导思想后，将使我国城乡居民的收入和消费快速增长，并带来巨大的金融服务需求，这对定位于为中小企业和城乡家庭服务的城市商业银行而言，无疑是一个巨大的市场机会。

在经济不断发展的同时，我国的政治体制改革和司法制度改革也在不断深化中。虽然目前还存在着这样那样的问题，但我们可以预期，未来我国将会逐步完善法律和执法体系，金融生态平衡所必需的规范有序的市场经济秩序将会逐步建立。同时，现阶段我国普遍存在的诚信文化缺失现象引起了社会各界的广泛关注和重视，已建立的征信系统正在逐步发挥作用，各级政府也十分重视培育诚信文化。

但是，我们必须清醒地认识到，前些年我们的增长过度依赖投资，过度依赖房地产行业，这些都系统性地提高了经济面临的风险。信贷集中大量投放、政府融资平台贷款激增、房地产信贷大幅上升等都让银行隐藏了很大的风险，而且随着经济增长趋缓，这些风险将逐步暴露；高速增长带来的通胀压力，使信贷规模趋紧，不少企业面临着资金短缺的状况，银行的不良资产将迅速增加；随着金融改革的深入，资本市场成为资金融通的重要渠道，银行组织存款困难，"金融脱媒"现象将愈演愈烈；市场经济体制改革不断深化，利率市场化必然会加快步伐。所有这些都增加了银行业的系统性风险，尤其是中小银行的风险控制和效益增长都面临巨大的困难。

以上分析表明，未来我国金融业的发展将处于一个机遇和挑战并存的宏观金融生态环境中，经济发展存在周期性的波动，以市场化和国际化为特征的宏观金融环境也将对商业银行经营风险的能力提出更高的要求，规模不同的商业银行在宏观金融环境变迁过程中被影响的程度也存在差异，相比大中型银行，城市商业银行处于一个较弱的金融生态位上，其自我掌控发展方向的能力较弱，更容易受到外部环境的影响，因而其未来发展趋势的不确定性更强。

（二） 城市商业银行所处的地区金融生态环境

我国社会经济的发展存在着较大的区域不均衡性，如长三角、珠三角和环渤海地区经济增速快、经济资源总量丰富、社会经济文化发展水平更高，所以相对而言这三个地区的城市的金融生态环境更优，这从2009年中国社会科学院金融研究所第三次发布的中国地区金融生态环境评价报告中可以明显看出，该评价报告从政府治理、经济基础、金融发展、制度与信用文化等四个纬度对2008年全国100个大中城市的金融生态环境进行了评价，并进行了排名，具体排名见下表：

2008年中国100个大中城市金融生态环境评价结果

金融生态环境评价得分	城　　市
得分在1.0—0.8之间	杭州　上海　深圳　宁波　温州
得分在0.8—0.6之间	苏州　厦门　绍兴　北京　东莞　台州　广州　金华　无锡　嘉兴　南京　济南　青岛　佛山　常州　福州　中山　成都　天津　湖州　珠海
得分在0.6—0.4之间	武汉　莱芜　烟台　合肥　东营　泉州　郑州　南通　昆明　大连　重庆　银川　威海　潍坊　长沙　扬州　乌鲁木齐　芜湖　连云港　惠州　海口　西安　南昌　包头　淄博　廊坊　沈阳　南宁　漳州　营口　贵阳　攀枝花　哈尔滨　石家庄　呼和浩特　秦皇岛　徐州　新乡
得分在0.4—0.2之间	唐山　湛江　德阳　汕头　柳州　长春　太原　宜宾　洛阳　绵阳　兰州　黄石　吉林　株洲　锦州　九江　张家口　牡丹江　鞍山　赣州　三亚　大庆　自贡　桂林　西宁　抚顺　湘潭　鄂州　大同　宝鸡　襄樊　衡阳　岳阳　开封　北海

续表

得分在0.2—0.0之间	齐齐哈尔	

注：以得分顺序排列。

（三） 金融生态环境的差异性对城市商业银行发展有重大影响

宏观金融生态环境对城市商业银行发展的影响有别于大中型银行，而地区间的金融生态环境的差异性，更会直接促成不同城市商业银行的不同发展方向。这就像不同的自然环境会创造出不同的生物形态及其生物特性一样，不同的金融生态环境也会创造出不同的金融生态主体结构及其行为特征，并对其发展方向产生深刻而重大的影响。

中国的地区间发展的非均衡状态以及由此造成的金融生态环境的较大差异，归因于多方面因素，其中，经济地理与文化差异、地区经济发展路径差异、中央政府所主导的非均衡区域发展策略以及分权体制下各级政府行为的差异等是最主要的几项因素。我国客观存在的各地区之间的金融生态差异主要是一种体制性和机制性现象。正是这种地区间金融生态环境的差异性已经造成了我国城市商业银行在向不同的方向发展。

三、城市商业银行的主体行为对其未来发展的影响

（一）城市商业银行有适应金融生态环境的能力

如前面所述，每个金融生态主体都是一个以自身利益最大化为目标的自利组织。随着环境条件的变化，金融生态主体不会消极被动地去适应环境，而是积极主动地调整自身以适应环境。城市商业银行正是如此，在其发展过程中凭借机制灵活的优势，不断调整自身以适应金融生态环境的变化，甚至表现出了比大中型银行更为出色的环境适应能力。

如宁波银行根据宁波外向型经济的特点，将产品前景良好、主业突出的中小型企业作为目标客户，大力发展具有自营出口权的中小型企业客户，推出了存货抵押贷款、出口退税账户托管贷款等特色产品。通过产品创新、

灵活快捷的市场反应能力以及对当地经济和客户的深刻理解，宁波银行实现了较高的贷款收益率，不良贷款比率也维持在较低水平。包商银行对小企业和微小企业金融市场进行大规模的商业性开发，不断根据小企业和微小企业的特点设计、完善自己的业务流程和管理方式，最终形成了一套行之有效的小企业和微小企业贷款风险识别和管理技术，拥有了对小企业和微小企业金融服务的能力体系，在服务小企业和微小企业的过程中取得了良好业绩。2009年该行小企业和微小企业业务只占用全行4.7%的资金，但创造了全行26.4%的利润，不良率仅为0.72%。

和宁波银行、包商银行一样，我国大部分城市商业银行能够根据所处的金融环境不断调整自身的经营策略，从而在严峻的市场环境条件下，成功地摆脱了成立初期的困境，并在激烈的市场竞争中得以生存和发展。

（二）城市商业银行适应金融生态环境的主体行为存在差异性

为适应不同的金融生态环境，城市商业银行会作出不同的行为选择，而各城市商业银行自身条件和内部机制的不同，比如产权结构、公司治理水平、对高管层激励约束机制以及高管层的个人素质、行事风格的不同，都会导致城市商业银行的主体行为出现差异，最终导致城市商业银行适应金融生态环境、把握机遇、应对挑战的能力存在着较大的差异。

比如在全国的城市商业银行中，浙江省的城市商业银行普遍实施了对高管和员工的股权激励机制，这使得它们形成了以利润为导向的经营文化，更贴近市场、对客户需求的反应更灵活快捷，由此浙江的城市商业银行普遍取得了高质量的发展。

（三）主体行为的差异性对城市商业银行的发展有着重大影响

在不同的环境条件下，城市商业银行会作出不同的行为选择，而不同的自身条件和内部机制，也会导致城市银行的行为选择出现差异，不同的行为选择自然就会有不同的发展结果，所以主体行为的差异性会对城市商业银行的发展产生重要的影响。

基于金融业的特点，"人"是金融业的核心资源、核心主体。对城市商业银行而言，同样如此，而代表城市商业银行作出不同行为选择的正是

"人"，特别是城市商业银行的董事会、高级管理层等核心人物。所以要提高行为选择的准确性，关键在于改变人，改变人的观念，提高人的素质，而这正是优化金融生态的核心内容之一。

四、金融生态调节体系对城市商业银行发展的影响

（一）地方政府的行政行为对城市商业银行发展的影响

城市商业银行的发展历程表明，地方政府的扶持在城市商业银行的发展过程中发挥了重要的作用，从注资增强城市商业银行的资本实力，开创阶段在业务上对城市商业银行予以倾斜，再到为城市商业银行处理历史遗留问题进而承担剥离不良资产的责任等等，地方政府都起到了积极的促进作用，使得城市商业银行顺利渡过难关，并逐渐发展壮大起来。

但如同我国经济的发展存在着区域不均衡一样，现阶段我国各地政府的市场化意识也存在着很大的差异，一些地区的地方政府在积极支持城市商业银行自主经营的同时，鼓励城市商业银行通过市场配置资源，争取更快发展；而有些地方政府则往往倾向于用行政的方式推动城市商业银行的发展。由此，地方政府的不同行政行为就会导致城市商业银行不同的发展方向和发展结果。比如，有些地方政府更倾向于支持城市商业银行自主发展或按市场原则兼并重组，而有些地方政府则更倾向于采取（或已经采取）行政手段对辖内的城市商业银行进行合并重组、做大做强。

（二）监管部门的监管行为对城市商业银行发展的影响

出于控制风险的考虑，在城市商业银行降生的那一刻起，金融管理部门就对其设置了一系列有别于国有商业银行和全国性股份制商业银行的政策，比如在经营区域、业务准入等方面的限制政策。这些政策虽然一定程度上控制了城市商业银行的风险，但在城市商业银行的风险已基本被化解、整体发展迈上新阶段的时候，这样的政策已经不能适应城市商业银行的下一步发展。银监会成立后考虑到城市商业银行之间的发展不平衡，制定了"一行一策，分类监管"的原则，提出了"分类监管、突出重点、缩小差距、科学发展"的基本思路，根据资本、资产质量、盈利能力、流动性等指标将城市商

业银行分为几类，进行分类监管，实施不同的监管政策：对优质城市商业银行采取扶持政策，在新产品审批、跨区域经营等方面予以积极支持；而对评级较低、经营和管理水平还有较大差距的城市商业银行则要求在当地市场做强做精为工作重点。城市商业银行之间发展的差异性已经客观存在。

此外，由于各城市商业银行归口于所在城市的监管分支机构管理，因而即使是相同的监管政策，在具体的执行过程中也存在着较大差异。有些监管机构的监管思路更加开放、更加活跃。有些监管机构的监管思路相对谨慎，监管者监管思路的不同也会一定程度上影响城市商业银行发展方向。

第二节 我国城市商业银行不同发展方向和路径的案例分析

随着我国经济和社会发展以及各地金融生态环境的变化和金融监管政策的调整，特别是我国加入了WTO以后，从2002年开始我国各地城市商业银行的发展开始呈现了很大的差异性，多元化发展趋势已开始显现。因而对国内城市商业银行的不同发展方向和路径进行案例分析和研究显得十分必要。

一、部分城市商业银行向大型跨区域银行发展

至2010年，在我国城市商业银行中有十多家银行总资产已超2000亿元，其中北京银行已超过7000亿，上海银行已超过5000亿元。这些银行目前在国内已拥有多家分行，从它们近年来的发展布局以及它们提出的发展战略来看，其中几家城市商业银行向大型跨区域银行的发展方向已确立。我们试以北京银行的发展为例，对城市商业银行中少数几家规模较大的银行向大型跨区域银行发展之路进行分析。

（一）北京银行向大型跨区域银行发展的尝试与举措

1996年1月，由原北京市90家城市信用社及北京市财政资金管理分局等6家发起人共同发起设立组建北京市商业银行。2004年11月，北京市商业银行正式更名为北京银行。2005年3月和5月，北京银行分别与ING集团和国际金融公司签订股份认购协议，其中，ING集团作为境外战略投资者以19.9%的股份成为当时北京银行第一大股东。2007年9月，北京银行在上海证券交易所成功上市。2010年底北京银行总资产规模达到7332亿元，各项存款余额5577亿元，贷款余额3347亿元，不良贷款率0.69%，实现净利润68亿元。北京银行已成为我国资产规模最大、效益最好的城市商业银行。

北京银行在其2006-2010年的发展规划中明确提出了"区域化布局战略"，即以跨区域经营为手段，以环渤海区域、长三角区域、珠三角区域为重点渗透领域，加快向全国市场扩张，结合不同市场的不同特点，将北京市场的成功模式尽快复制到新的市场，实现裂变式增长，并在条件成熟时进入港澳、走向国际。

北京银行的跨区域发展战略是由北京地区向中国经济发达区域扩展，最终发展为大型跨区域银行。它们的具体发展策略是：首先走出北京，在环渤海经济圈设立分支机构；其次在长三角和珠三角经济圈的核心城市进行战略布局；第三在各经济圈不断增加二级机构，深度挖掘市场，同时在中国中西部重要城市布点设立机构。

目前，北京银行在北京地区拥有156家支行，并在天津、上海、西安、深圳、杭州、长沙、南京、济南等地开设多家分行，在香港和荷兰的阿姆斯特丹设立了办事处，合计有190个分支机构。

（二）北京银行向大型跨区域银行发展的分析

北京银行正朝着大型跨区域性银行发展。从它们这几年的发展实践以及用金融生态理论来分析，北京银行实现这样的发展目标的优势和有利条件很多。

北京作为全国政治、文化、科技、信息中心及经济决策和国际交往中心，在金融生态环境的诸多方面拥有得天独厚的优势。北京的中介服务发展充分、社会保障健全、人文环境优秀、社会诚信文化良好。近年来北京一直保持了很高的经济增长速度，综合经济实力保持在全国前列。北京是众多中央企业及不少行业总部所在地，信贷、资金往来和结算需求十分旺盛，总部经济资源是北京各家银行优质客户的重要来源，2010年北京的存款总量已超过6.6万亿元，贷款总量超过3.6万亿元。同时，北京高速增长的经济和高端收入群体为银行的持续发展提供了强有力的支撑。这样良好的金融生态环境，是北京银行能在北京继续做大做强并进而向大型跨区域银行发展的基础。向大型跨区域银行发展的关键一点是必须有强大的总部做支撑，缺乏这一条件，大型跨区域银行的发展目标很难实现。另一方面，北京银行跨区域发展首先占领的是环渤海区域、长三角以及珠三角地区，这些地区的金融生态环境在全国都是最好的地区，这些地区分行的成立必将对北京银行成为大型跨区域银行奠定坚实的基础。

从北京银行金融主体本身来分析，正如前所述，经过十几年的发展北京银行已具备中型银行规模。他们有一支专业的高级管理团，有一套稳健有效的风险管控制度和经验，有在同业中领先的创新能力，形成了独具特色的中小企业信贷模式等等，这些都使北京银行的竞争能力大大提高。特别是北京是我国教育尤其是高等教育最发达的城市，高等院校特别是重点院校的数量和学生都遥遥领先于全国各地，这为北京银行吸收一流人才以及建立良好的人力资源体系提供了非常有利的条件，这是北京银行向大型区域性银行发展的十分重要的优势，是否具备各个层次的一流人才是城市商业银行向大型跨区域银行发展成功的最重要条件，否则，目标难以实现。

北京是全国的金融决策和监管中心，各大监管机构总部均设在北京，金融资源丰富，金融竞争规范有序，具有良好的金融发展环境。这就保证了北京银行与监管机构沟通的顺畅和信息交流的及时有效。这也是北京银行向大型区域性银行发展最有利的条件。

北京银行在金融生态环境、金融主体以及金融调节体系方面具有众多的优势，但并不是说他们在向大型跨区域银行的发展中没有什么困难和障碍了。从金融生态环境来分析，北京的经济、金融市场化程度略低，政府对经济、金融活动的主导力较强，在社会诚信、办事效率等软竞争力方面还存在一些问题等等都会影响这一发展战略的实现。同样，对金融主体本身而言，近年开始实施的宏观调控以及稳健的货币政策环境下，北京银行向大型跨区域发展面临着挑战，在信贷总量受到限制的情况下，必须通过调整结构，才能有足够的力量去支持跨区域发展，而这种结构调整需要配套政策、业务转型等等方面的支持。从监管部门来分析，对城市商业银行分类监管的政策是否会发生变化，在市场准入、综合化经营试点、产品创新等方面对具备条件的城市商业银行能否给予公平竞争的机会等等都存在着不确定性。但是从总体上看，我国金融业市场取向的改革大局已定，经过市场的优胜劣汰，经过10到20年的发展后，已承受过市场经济洗礼和考验的城市商业银行中一定会出现几家竞争力很强的大型跨区域银行。

二、部分城市商业银行正在向区域性股份制银行发展

我国部分省会城市、计划单列城市和经济发达地区的城市商业银行借助于当地良好的金融生态环境以及较为平衡稳定的金融生态调节系统，这些年来发展较快，其中不少城市商业银行总资产都已超过2000亿元，而且具备了盈利状况良好、不良资产比例较低、公司治理基本完善、资本充足情况良好、管理水平与人员素质相对较高的特点。金融主体的综合竞争能力和自适性逐渐提升。在这种情况下，把这些银行限制在一个城市内经营已满足不了他们的发展需求，也不利于风险的分散，因此不少银行正在谋划或已实施成为区域性银行的计划。我们以杭州银行为例来进行分析和研究。

（一）杭州银行向区域性银行发展的实践和分析

杭州银行成立15年来，从一家高风险银行发展成为一家品质较好、资产质量较优、盈利能力较强、各项指标达到上市银行中等偏上水平、具有较好投资价值的银行，在全国省会城市和东部地区的城市商业银行中具有一定的代表性。至2010年，杭州银行总资产已达到2174亿元，各项存款余额1523亿元，贷款余额1065亿元，实现净利润19.11亿元。

从2005年开始，杭州银行确定了三步走的发展战略，其中第三步目标是：打造成为一家总部位于杭州、在长三角区域具有竞争优势的区域性股份制商业银行，并要成为上市银行。根据建设区域性银行的战略定位，近五年

内杭州银行确定了跨区域发展的"三、三"战略：即以杭州为中心，采用梯度扩张的方式，构建三个机构布局的经济圈；采取跳跃扩张的方式建立支持企业转型与可持续发展的三个战略支撑点。第一个经济圈是杭州市域及其毗邻县(市)，第二个经济圈是嘉兴、湖州、绍兴、金华等杭、嘉、湖、绍地区，第三个是以南京、苏州、无锡、宁波、台州等城市为发展极，覆盖长三角的经济圈。三个支撑点是指在珠三角、环渤海湾和中西部地区选择区位优势明显，与杭州金融业互补性强的城市设立分行，以支持企业实现业务转型，调整信贷结构。

短短的三年多时间，杭州银行向区域性银行发展已取得了阶段性的成果，在省内外设立了9家分行，在新增的存、贷款中分行的比例都已超过50%，所开设的分行一年后都实现盈利。杭州银行的跨区域发展的顺利实施究其原因，一是杭州及其周边地区良好的金融生态环境。根据中国社科院金融研究所中国地区金融生态环境评价，对100个大中城市的金融生态环境排名，杭州和上海等五个城市被排在最高等级。[①] 二是作为金融主体的杭州银行在十几年的发展过程中不断地通过竞争、创新、自我改造等手段去适应环境的变化进而增强自己的竞争力逐步壮大起来。三是政府和监管部门在金融生态环境上的有效作为也是杭州银行这些年快速健康成长的重要原因。地方政府以及金融监管机构给城市商业银行必要的监管和支持，但并不过度地干预和保护，让企业在竞争中自主寻求机会，这对城市商业银行的发展十分重要。

（二）影响城市商业银行成为区域性银行的主要因素

我国有不少城市商业银行都在努力向区域性银行的目标发展，对于城市商业银行的跨区域发展，业界有不同意见。有一种观点认为城市商业银行跨区域发展与我国银行业的总体战略相悖，与城市商业银行的市场定位相违；另一种观点认为，一部分大型城市商业银行向区域性银行发展，这是历史发展的必然，但是这些银行最终能否真正实现这样的目标，还受到内外部条件的制约和能否抓住有利

---

① 参见中国社会科学院金融研究所：《中国地区金融生态环境评价》，中国金融出版社2009版，第170页。

的发展机会。

从金融生态环境来分析，这些行所处的城市金融生态环境还有较大的差异。比如，长三角地区的金融生态环境比较优良，在100个大中城市金融生态环境排名中，上海、浙江、苏南地区各城市均排名前列。经济快速增长、司法公正、重商主义的人文传统支撑起良好的社会诚信文化。京津大都市经济圈，在金融生态环境的诸多方面拥有得天独厚的优势，但金融的市场化程度略低，政府对经济、金融活动的主导力较强，在社会诚信文化建设方面还有进一步提高的余地。珠三角各城市作为经济率先开放城市，在金融生态环境方面也表现出色。我们认为城市商业银行是否能成为区域性银行的重要一点取决于他们进入的区域的金融生态环境是否良好，同时他们总行所在的城市金融生态环境能否进一步改善也将直接制约他们的跨区域发展。

从金融主体本身来讲，跨区域发展意味着这些城市商业银行要进一步按市场经济的原则和现代企业制度来改造自己，形成完善的公司治理和合理的股权结构。这些银行从目前来讲虽然资本充足率已达到了监管要求，但稳定的资本补充渠道大部分并未形成，频繁的增资扩股或通过发放次级债来增加资本会受到很多限制。因此，如果不建立起稳定的资本补充渠道，就难以实现区域性银行的目标。同时，这些银行管理半径能否扩大还取决于其领导层和全体员工素质的提高、风险管理制度的完善及科技水平的提高。面临着市场竞争日趋激烈的新情况，在向区域性银行发展的过程中合理的市场定位是生存和发展的关键，各家银行应该从自身的特点和细分市场出发，正确地选择自己的服务对象、服务区域、服务行业和业务品种，以达到资源的最优配置和最佳利用。

从金融生态调节系统来看，金融监管政策的调整也决定着这些城市商业银行能否成为区域性银行的命运。目前对城市商业银行跨区域发展有从严控制的迹象。在混业经营方面，目前还没有一家城市商业银行取得试点的机会，这就影响了城市商业银行竞争能力的提高。还有其他一些监管政策也影响了城市商业银行的跨区域发展。可见城市商业银行发展成区域性银行的不确定因素很多，实现这样的目标需要不断地改革和创新。

三、城市商业银行在政府主导下的合并重组

通过并购来实现企业的扩张和发展是企业发展中常用的发展战略。我国公司法规定合并有两种形式，即吸收合并和新设合并。吸收合并是指一个公司吸收另一家公司，被吸收公司解散，并依法办理注销登记，丧失法人资格，被吸收公司的债权、债务由吸收公司承继。企业的吸收合并即狭义上的企业兼并。新设合并是指两个以上的公司合并设立一个新公司，原合并各方公司解散，合并各方的债权、债务由合并后新设公司承继，合并各方依法办理公司注销登记，合并各方同时放弃法人资格，并依法办理新设公司登记，成立一个新的公司。[①] 2005年以来，在城市商业银行中出现了以省级政府为主导将省内城市商业银行进行合并重组的发展模式。这种合并重组依靠行政主导的强势作用，实现资源共享和配置，树立统一品牌，以实现做大做强的目的。目前已经合并重组的有徽商银行、江苏银行等， 我们以江苏银行为例来分析这种城市商业银行合并重组发展的模式。

（一）江苏银行的合并重组

2006年，江苏省政府对江苏省范围内除南京银行以外的无锡、苏州、南通、常州、淮安、徐州、镇江、扬州、盐城、连云港等10家城市商业银行进行合并重组，组建了江苏银行。江苏银行合并重组呈现了与徽商银行不同的一些特点：一是江苏银行采取的办法是新设合并的模式，10家城市商业银行撤销，合并设立一个新的银行。二是组建江苏银行的10家城市商业银行中苏南的苏州、无锡、常州等城市商业银行经营业绩都明显比其他几家城市商业银行要好。这给江苏银行的组建带来了一定的困难。虽然政府强势介入，但由于协调工作量很大，其合并组建的时间就较长。三是江苏银行是在合并重组的同时完成增资扩股，最终的股本规模达到了78.5亿股。四是江苏银行的股权结构中国有企业和省属金融企业占有很大比例。合并重组后的前五大股东都是国有企业，占有25.1亿股，占比为32%，江苏银行参股的民营企业

---

① 参见刘冀生：《企业战略管理》，清华大学出版社2006年版，第281页。

虽然比较多，合计的股份比例超过30%，但囿于资金实力，单一民营企业的股份都不多，进不了前五大股东。

经过近两年的筹建江苏银行在2007年1月25日正式挂牌，当时下辖总行营业部和10家分行，共有营业网点414个，各项存款余额1335.76亿元，各项贷款余额852.35亿元，总资产1471.98亿元。到2010年年末江苏银行的总资产达到4304亿元；存贷款余额分别为3595亿元和2395亿元；实现净利润41.85亿元。

（二）地方政府主导下的城市商业银行合并重组的利弊分析

对地方政府强势介入合并重组省内城市商业银行的做法，业界有较大的争论，不赞成这种做法的人认为：无论是徽商银行还是江苏银行，从表面看似乎做了一些市场性的安排，但实际上都是省级政府在从中周旋、指挥、安排、协调、决定的结果，企业基本上没什么话语权，这和在市场经济条件下发挥市场作用来配置资源的做法大相径庭。有人认为通过省级政府行政权力来实施银行的改革，既挫伤了原城市商业银行股东的积极性，也不利于企业的发展，无论从哪一角度看，对整体改革并非有利。另一种观点认为，在目前国内金融生态体系中，金融生态环境和金融调节机制中的政府和监管部门对金融主体的影响是巨大的，金融主体要摆脱这种影响并不现实，这就是中国特色。重组合并是否成功最主要的是要看结果，从目前来看合并重组的银行经过几年的运营后，业务都有较大的发展，综合竞争力也得到提高。今后要看这些银行在市场定位、公司治理、风险管理和内部控制、金融创新、营销策略和产权制度改革等方面能不能进一步适应金融生态环境的变化，在做大的同时做强，并且继续发挥城市商业银行支持中小企发展、为城乡居民服务的优势，作出特色和品牌来。

在目前的体制下城市商业银行的合并重组由地方政府来引导和推动是十分重要的，但这种引导和推动必须建立在企业自身愿望的基础上，并要按市场化原则去进行，通过行政命令，搞强行合并，不可避免会产生行政干预的负面影响，往往产生事与愿违的情况，影响合并重组的效果，在这方面已经有失败的案例。我们不能把省级政府强势介入重组城市商业银行视作为城市商业银行合并重组的唯一或最佳发展模式，应该提倡城市商业银行之间通过市场原则去联合、并购、交易转让股权等行为，地方政府不能用地方保护主义的观念去阻碍这种企业间的市场行为。从另一方面来看，城市是中国经济社会发展中重要的支撑力，应该有法人金融机构为城市中小企业、个体工商户、城乡家庭提供其他大型金融机构无法顾及的服务，为城市提高经济辐射力、成为区域经济发展及提供服务。如果把城市商业银行全部合并重组为以省为单位的银行，势必削弱了城市的经济功能和金融功能，造成了金融生态的不平衡。同时，城市商业银行的合并重组涉及股东、地方政府以及银行员工和高管层的利益，无论采用何种办法都必须统筹兼顾各方利益，在制度设计上要有前瞻性和创新性，要保持其植根于城市经济和社会发展的优势，不应照搬照抄大银行的体制和机制。

四、城市商业银行构建合作战略联盟

建立合作战略联盟是城市商业银行应对日益激烈的市场竞争、拓展生存和发展空间的一种良好选择。所谓战略联盟，是指企业间为了实现战略目标而达成的长期合作安排，是为了提升企业价值，在利益一致的基础上实现企业间业务合作、经营管理相互支持、资本相互渗透的一种有效形式。每一个城市商业银行都是独立法人，这使得城市商业银行在发展竞争中具备了管理层级少、决策效率高、管理成本低等方面的优势，但同时这又要求城市商业银行必须和其他大中型银行一样具有功能齐备的各种运作机构和良好的运行机制，在银行业务不断创新发展的过程中，要求每家城市商业银行都能很快适应并具备这些条件，无论在人力、物力、财力上都是勉为其难的。建立合作战略联盟可以将一部分各家银行都有的公共管理职能由专业机构去完成，可以实现优势互补、提高经营管理效率、解决困扰城市商业银行异地汇兑难、新业务开发能力弱、资金实力薄弱等业务发展问题，同时可以通过合作减少经营和竞争风险等等。因此构建战略联盟成为不少城市商业银行发展的选择，尤其是中等规模的城市商业银行发展的选择。山东省14家城市商业银行建立山东城市商业银行合作联盟有限公司是一个十分典型的例子。

（一） 山东省城市商业银行构建战略联盟的尝试

山东省有济南（后改名为齐鲁银行）、烟台、青岛、东营、莱芜、日照、潍坊、德州、临沂、淄博、济宁、枣庄、威海、泰安等14家城市商业银行。他们合作战略联盟是通过如下方式构建：

全省14家城市商业银行以各家出资1000万元发起设立一家金融性服务公司，即山东城市商业银行合作联盟有限公司，负责统一承担各城市商业银行的IT系统建设与维护、结算运营、人员培训、金融产品研发等中后台服务职能。该公司是一家具有独立法人地位的服务机构，对各城市商业银行有协调和管理职能，各城市商业银行的独立法人地位不受影响。合作联盟开发的各项服务和产品由各城市商业银行按照商业化的原则自愿购买，采取市场化的运作方式。这种模式为山东全省城市商业银行提供了一个紧密合作的平台。

山东省内城市商业银行的合作由来已久，早在2005年省内10家城市商业银行和3家城市信用社通过定期举行联席会议的形式形成松散的联合，通报经营情况和金融政策、商讨业务合作机会，其中原济南市商业银行已经与德州市商业银行有深度合作。但是这种合作基本还停留在浅层次上，合作效果有限。各家城市商业银行都希望更紧密的战略合作。这是因为各家银行都认识到：省内14家城市商业银行单打独斗各自为战的现状，难以适应现代金融业的发展，应该通过战略联盟，加快资源的有效整合，为各行寻求发展提供有利条件。2006年年初山东省内的城市商业银行与德国储蓄银行集团国际基金会开始探讨复制德国中小银行战略合作经验的可能。德国在全国范围内组建中小银行统一服务平台已有多年，在联合中小银行的同时也保留了中小银行各自的特色，对这种战略合作德国储蓄银行集团国际基金会有丰富的模式选择和技术支持的经验。随后，山东14家城市商业银行与德国储蓄银行集团国际基金会正式签订合作协议，由后者提供全程技术支持。山东城市商业银行合作联盟有限公司于2008年8月已正式开业，经过两年多运作，资本已达2.8亿元。目前该联盟已开发建立了综合业务系统(CBUS系统)，公务卡系统，网上银行系统，合作联盟数据中心、研发中心，并开展多项人力资源培训。公司运作正常，效益明显，受到了合作各方的认可。

（二） 城市商业银行合作战略联盟的选择

中小银行通过构建战略联盟来提高竞争力并求得生存和发展这在国外有不少成功的经验。中小银行战略联盟有着不同的形式，以联盟的范围和程度不同，可分为两类：一类是功能协议式战略联盟，另一类是股权参与式的资本战略联盟。山东省城市商业银行的战略联盟基本属于功能协议式的战略联盟，但同时又具有资本战略联盟的特点。从联盟的功能上分析参与联盟的主体在一个或几个领域里以协议方式进行合作，各方保持各自的法人地位和独立的组织机构，以协议的形式就联盟的内容和权利义务达成共识。同时联盟又是通过参股组成、以产权为纽带形成利益共同体，在合作中共同发展，这正是不少中小城市商业银行希望走的发展道路。有人认为目前山东城市商业银行这种合作战略联盟还比较松散，应进一步发展为更紧密关系，可以按市场经济的原则，通过资本的相互渗透，从单向参股逐步走向采用双向参(控)股的形式，实行并行两级法人的经营格局。相互参有股份可以使联盟各方突破各自局限，利用各方在不同领域的互补性优势拓展业务。联盟主要定位于以下方面：发展非信贷业务，为各城市商业银行逐步进入混业经营开拓路子；积极组织银团贷款；负责跨区域风险定价与控制；统一整合现有的中介业务资源，集中进行银行卡、理财、通存通兑等业务所需平台的搭建；负责科技信息系统的升级、开发和维护；加强银行产品的开发和创新，特别是为中小企业服务的产品和零售产品；形成统一的品牌等。相互参股使联盟各方的关系更加紧密，为联盟各方带来更多的利益，全面提升各方的综合竞争力。

（三） 影响城市商业银行构建战略联盟的几个因素

城市商业银行的战略联盟是否能成功取决于多种因素，主要有以下几个方面：首先，参与战略联盟的各城市商业银行应该处于基本相似的金融生态环境中。不同城市商业银行如所处地域在经济基础、法治环境、文化传统、社会习俗、企业诚信等方面有很大差异，他们在经营理念、价值取向、发展思路上往往会有很大的不一致，在这种情况下战略联盟会处于长期的矛盾和不融合中，难以发挥其合作和优势互补的作用。显而易见这种战略联盟是不会成功的。其次，参与战略联盟的各金融主体要有共同的利益诉求。参与战略联盟的城市商业银行应该在规模大小、经营业绩、发展方向、需要解决的问题等方面大体相似，从而希望通过建立战略联盟后要达到的目的也基本一致，这就使战略联盟的各方有共同语言，合作性远远大于排他性。这是城市商业银行战略联盟成功的重要前提。第三，建立相互信任的机制是战略联盟成功的必要条件。良好的信任机制有助于提高战略联盟的效率，减少联盟的交易成本，从而使结盟的各城市商业银行从情感型、默契型、理解型的信任方式发展为完全理性的契约型、程序型的互信方式。因此，城市商业银行战略联盟的各企业之间要积极构建信息交流平台以实现信息的沟通与反馈，使矛盾能在高效运行的协调机制下被迅速解决。第四，在目前我国政治和经济体制下，金融调节系统中来自于政府和监管部门的外调节所发挥的作用是巨大的。城市商业银行战略联盟的成功离不开政府和监管当局的支持。山东城市商业银行的战略联盟从酝酿到筹建得到了地方监管当局的重视和支持，中国银监会也鼓励城市商业银行探索适合区域金融特点和状况的联合模式，这也是山东城市商业银行选择建立合作战略联盟的原因之一。银行作为政府管制的行业，有严格的准入制度。尽管改革开放以来银行业发展很快，股权结构的多元化也已形成，但大部分城市商业银行地方政府还控股，出于自身利益的多种考虑，城市商业银行的并购和重组很难，构建战略联盟也可能具有行政色彩，这使得战略联盟发挥作用的难度加大。因此城市商业银行的战略联盟逐步从业务联盟、管理联盟向资本联盟过渡，也是一种现实和积极的选择。

目前重庆银行有意牵头建立"西部银行联盟"，成都银行、富滇银行、贵阳银行、南充银行对此首肯。联盟设想对银行的中间业务和产品进行优势互补、成果共享。河北省境内城市商业银行通过了"跨区域发展合作宣言"，意在加强省内各城市商业银行在跨区域发展中业务、产品的合作。这些城市商业银行之间的战略合作形式还要接受实践的考验。

五、城市商业银行被收购兼并

经历了十五六年市场经济风雨考验的城市商业银行中还有少数发展缓慢的银行，也有个别城市商业银行由于历史原因或经营不善产生了大量不良资产，无法通过自身努力消化，使企业陷入困境。在目前我国体制下金融企业很难按市场原则予以破产和清算，如果简单退市社会风险极大，政府将会付出更大的代价。2004年12月，兴业银行对广东佛山市商业银行进行收购，成为城市商业银行平稳退市的第一例。从国际经验来看，通过收购兼并来实现银行退市是一种常用的方式，也是较优秀银行快速扩张的常用手段。兼并收购式的发展模式，对兼并方和被兼并方都具有重要意义，深圳商业银行被平安保险集团控股式兼并后又吸收兼并平安银行就是一个很好的例子。

（一）　深圳商业银行被兼并收购的过程及效果

1995年6月，深圳商业银行在原深圳市16家城市信用社基础上组建，是我国第一家城市商业银行。成立以来，该行在业务创新、管理水平和科技手段方面在业内有较好的影响并取得了良好的经营业绩，防范和化解风险的能力也有所增强。截至2005年年末，该行资产总额达到699.37亿元，各项存款达到628.6亿元，利润总额3.46亿元。但由于历史原因，该行承担了原城市信用社遗留的大量不良资产，加上成立后一段时期管理不规范，形成了较大数量的不良资产。同时，该行拨备严重不足，资本充足率较低，距离监管要求有较大差距。截至2005年年末，该行资本充足率仅为3.4%，不良贷款率为8.47%，不良资产率为7.61%。根据德勤华永会计师事务所对该行2005年度的审计，该行净资产虽然为24亿元，但仍有6.22亿元的一般准备、18.05亿元的贷款损失准备和3.28亿元的其他资产减值准备尚未提取，合计数额达到27.55亿元，贷款损失准备覆盖率不到30%。

为化解不良资产，提高资本充足率，深圳商业银行于2006年开始引进战略投资者——中国平安保险（集团）股份有限公司，并实施一揽子重组改制计划。2006年12月，经中国银监会批准，中国平安保险集团成为深圳商业银行最大股东，深圳商业银行注册资本增加至55.2亿元，其中平安集团持有89.24%的股份。此后，深圳商业银行受让了平安信托及汇丰集团所持有的中外合资的平安银行的所有股权，100%控股平安银行。平安银行成立于2004年，至2005年该行总资产仅30.46亿元，是一家未得到发展的小银行。2007年6月，深圳商业银行吸收合并平安银行并更名为深圳平安银行，获中国银监会批准，总部设在深圳。深圳平安银行成立后，资产质量明显提高，业务也得到了较快发展。2010年平安银行总资产已达2558亿元，存、贷款余额分别为1821亿元和1308亿元，不良贷款率0.41%，实现净利润17.53亿元。

深圳商业银行通过被战略投资者收购，又吸收兼并中国平安银行来化解不良资产，解决资本充足率不足问题，同时将原平安银行的上海、福州两个网点改制为分行，实现在深圳、上海、福州三地同时经营，从只在深圳一地发展的银行转变为跨区域的城市商业银行，走出一条城市商业银行被兼并收购后加快发展的新模式。平安银行作为中国平安集团"保险·银行·投资"三驾马车的重要一环，将充分发挥优势，凭借良好的发展基础以及平安集团庞大的客户群、全国性的销售网络、强大的品牌和管理机制等资源的支持，发展成为以零售、中小企业为主要目标市场的、具有较高管理水准的银行。

（二）深圳商业银行被收购兼并的启示

深圳商业银行被收购兼并而退市取得了良好的效果，对城市商业银行今后发展以及地方政府应该有不少启示。

一是处于改革开放最前沿的深圳具有良好的金融生态环境，当地的金融监管部门对金融企业的监管也比内地要开放和更市场化。但由于历史遗留的不良资产以及建行初期的经营不善，深圳商业银行的总体经营状况仍不理想，不良资产比率高、资本充足率远低于监管标准，这些金融主体存在的严重问题不解决，即使有良好的金融生态环境和生态调节系统，深圳商业银行仍然不可能良好地发展。这再一次说明金融生态系统的各个方面是相互依存、相互影响的，在任何一个环节上出现的问题都可能影响系统的健康发展。

二是我国不少城市商业银行目前还是地方政府通过财政或国企控股，

对城市商业银行存在的问题，人们按照习惯思维往往希望政府用行政手段解决，而实际上不少地方政府缺乏解决这些问题的愿望和实力。深圳特区政府以"但求所在不求所有"的开明态度，通过市场化操作，引进战略投资者的办法来消化不良资产、提高企业的资本充足率，从而为银行的新生和抓住机遇、加快发展创造了条件，更好地支持地方经济和社会发展，这并不会对地方政府的形象造成不良影响，地方政府应该有这样的胆识，同时这也是地方金融生态环境良好的一种表现。

三是经过十几年的发展，城市商业银行之间已经产生了很大的差异性，部分城市商业银行已具有相当的实力，继北京银行、南京银行、宁波银行上市后还会有一批城市商业银行会上市，城市商业银行战略重组的时机已显现。通过兼并收购是具备条件的城市商业银行实现快速扩张的一种理想选择，被兼并收购同样是部分规模较小又缺乏经营特色或经营状况较差的城市商业银行一种良好的选择。

六、城市商业银行走社区银行之路

社区银行的概念源自于欧美，这类银行通常把自身的经营活动限定在当地社区，吸收储蓄和提供贷款都是在一个有限的贸易区域内进行的，而非全国性地运作。事实上，很多市场参与者都把资产在10亿美元以下的银行划分为社区银行。[①] 美国独立社会银行协会对社区银行的定义为：社区银行是独立的、由当地拥有并运营的机构，其资产从1000万到数十亿美元不等。而另一些定义则是从社区银行的经营特点和市场定位出发的：社区银行是通过其提供个性化、私密的以及成本低廉的服务为社区个人和企业客户服务。同时社区银行还致力于社区改善并实现投资人预期的回报。芝加哥储备银行强调社区银行四个特点是：规模小；经营区域受限制；传统的银行服务模式；关系融资是核心的经营原则。

在中国，社区是一个行政区划和群众自治组织的概念，和欧美社区的概

---

① 哈恩等：《社区银行的独特性》，《英国经济评论》2005年一季度。

念有很大的差异。国内学术界普遍认为对社区银行的定义是：在一定地区范围内按市场化原则自主设立、独立按照市场化原则运行、主要服务于中小企业和个人客户的中小银行。如果按照这样的定义，大部分城市商业银行已经是社区银行。社区银行的主要特点应该从其经营特色和服务对象来区分，其服务对象主要是小企业和城乡家庭。这些正是我国中、小城市的一些城市商业银行发展的方向，但真正能做到的还比较少。我们以浙江省台州市几家城市商业银行为例来分析。

（一）　浙江台州市几家城市商业银行向社区银行发展的实践

台州市是浙江省中部沿海地区的一个中等城市，全市辖椒江、黄岩、路桥三区和临海、温岭、玉环、天台、仙居、三门六县(市)，人口570万人，2010年实现国内生产总值2415亿元，全市存款余额3588亿元，贷款余额3055亿元。台州市有8万多家工业企业和近50家大型工业制成品专业市场，企业以民营经济为主，中小企业占该市企业总量的99%以上，而且以小企业为主，这些企业对经济增长的贡献率在95%以上。台州市有3家城市商业银行，分别是台州银行、浙江泰隆商业银行和浙江民泰商业银行。其中台州银行和浙江泰隆商业银行同在台州市区的路桥区，一个城市有3家城市商业银行并且其中两家集中在同一市区这在我国城市中目前是唯一的。通过调查，台州市3家城市商业银行这几年走的就是社区银行的道路，并且走得很成功。

台州银行是在原台州银座城市信用社基础上成立起来的。该信用社1988年成立时只有10万元资本金，6名员工，到台州银行成立前夕，该信用社已拥有自有资金1.4亿元，各项存款29.2亿元、各项贷款17.9亿元，年盈利超过5000万元，不良贷款控制在1%以下。2001年该信用社购并了当地5家规模较小、经营状况较差的城市信用社，成立了台州银行。在很快消化这些信用社3.5亿元不良贷款和1.78亿负资产缺口的基础上，台州银行坚持"为大多数在过去无法从银行获得贷款的微型和小型企业创造获得银行贷款的机会"的经营理念，发展迅速并取得了良好的经营绩效。至2010年年底，该行存款余额428.67亿元，贷款274.74亿元，实现净利润10.88亿元，不良贷款率0.23%。台州银行的发展与其坚持社区银行的理念，始终把为小企业客户服务为己任，为他们创造平等获得融资的机会是分不开的。在具体经营活动中，台州银行又从当地实际出发创造性地运用了关系融资的手段，有效地防范了风险，这些都是社区银行特有的优势。至2009年年末，台州银行有近4.69万户有贷款客户，平均每户贷款余额只有44.4万元，其中500万元以下的中小企业贷款客户占到所有贷款户的99.49%，贷款余额占全部贷款余额的86.23%左右。

小企业往往没有规范的财务报表，会计的记录也不全面，企业资产和老板个人资产难以分清。因此小企业融资难的核心问题是信息不对称。一方面，大多数处于起步阶段或成长阶段的小企业主很少有和银行打交道的经验，他们不了解银行的产品和要求。另一方面银行无法从企业得到全面、真实的各类财务报表，银行了解企业更难。台州银行在实践中不断探索和总结小企业贷款风险控制技术，对传统的信贷调查进行了改进，有效地解决了小企业贷款的信息不对称问题。他们认为客户存款账户积数的形成过程和数量，可以清晰地反映客户经营和财务状况。因此客户经理每天都会关注客户在银行（包括其他银行）的存款情况，分析资金流向和流量，从中掌握客户的经营情况，筛选出合适的客户重点进行营销和管理。针对小企业财务数据不完整的状况，台州银行以独创的简化客户财务报表为工具，对客户的资产负债算大账，对客户的日常消费、家庭资产算细账。同时，他们从不同角度来检验客户信息的可靠性。充分发挥社区银行地缘、亲缘、人缘的关系来开展信贷工作。台州银行的客户经理大部分是土生土长的当地人，每人管理约200个左右的客户。这些客户经理利用亲属、同学、朋友等关系，能够简单清晰地了解一个企业主的道德品质、资本积累、经营状况等大量信息。在充分激励的薪酬制度下，这些客户经理有强烈的"以客户为中心"的市场开拓意识。他们不仅仅停留在信贷服务上，而且乐于为客户提供延伸服务、勤于和客户保持日常联系、善于当好客户顾问。在台州银行，一般老客户申请贷款能够"立等可取"，新客户一般在8个小时工作时间内予以明确回复，这样的效率在其他银行是难以做到的。

近几年来台州银行将实现小企业金融服务模式的复制作为跨区域发展的

前提与基础，先后在舟山、温州、杭州开设3家分行，在深圳福田、北京顺义等地开办了4家村镇银行。他们始终坚持社区银行的定位，坚定为小企业服务，形成了特色鲜明的服务品牌，得到了当地社会和企业的认可，取得了良好的效益。

（二） 城市商业银行向社区银行发展的条件

社区银行是很多中小城市城市商业银行值得考虑的发展方向，台州银行和浙江泰隆商业银行走出了一条有中国特色的社区银行之路，有不少经验值得我们认真思考。

首先，社区银行要有一个良好的金融生态环境，这样的金融生态环境需要社会、政府、企业和金融主体共同去营造。就信用环境而言，在台州市城乡欠钱不还的恶行足以让一个人身败名裂，这种"声誉机制"普遍存在并且相当有效。这些银行几乎100％的客户都是当地居民、下岗职工或在路桥小商品市场从事贸易的个体户，担保人则一般是他们在当地的熟人。正是因为扣准了这种"声誉机制"，银行才得以规避无担保贷款的风险。为了巩固这种信用环境，台州市政府专门拨出资金，用于扩大中小企业信用中心和加强信用培训、信用征集、信用评级等工作，并建立了区域性中小企业信用档案中心，以完善信用信息征集体系。台州市有关部门还建立了中小企业信用担保督导机构，充分发挥区域信用管理系统内的资源优势，指导各地建立中小企业担保机构，制定和落实相关政策措施，防范和控制信用担保行业的风险。

其次，对金融主体本身而言能否建立起一套完整的体制和机制使社区银行的优势得到发挥是十分重要的内在条件。社区银行融资和一般银行融资的区别在于，它不是根据借款者的"硬"信息即一些客观标准，比如企业财务状况、抵押比率、信用等级等，而是根据借款人的"软"信息给企业持续地贷款支持。这些软信息的特点是不容易被其他人观察到、不容易被证实、不容易传递，需要时间的积累和熟悉了解关系人才能得到，而得到这些信息对关系融资的可靠性、安全性、效益性是极为重要的。

台州的几家城市商业银行正是按照这样的要求以企业文化建设、选择合适人才、加强职业道德行为规范教育、完善内部控制等手段，建立了一整套完善的、以小企业融资为核心的体制和机制。它们都十分重视信贷文化建设，营造自觉维护信贷资产安全的氛围，建立信贷人员行为规范、管理规范和相关的事前、事中、事后的执行、检查制度。同时还建立了"存贷挂钩、利率优惠"的贷款定价策略和风险定价机制；推行"充分授权、充分监督"的信贷管理机制；树立了"事关信贷风险，就是事关职业前途"的人力资源新理念；实行了以绩效薪酬为重、信贷风险控制指标一票否决的薪酬体系；建立了对客户的激励与约束机制，对黄金客户，承诺贷款就像取钱一样方便，对违约企业实行信贷制裁和黑名单制度，还实行了上门驻讨等办法。正是这一系列制度和机制的建立，才使社区银行关系融资的优势得到发挥。

第三，从产权制度上来分析，台州的几家城市商业银行以民营资本为主，只有产权十分清晰，出资人的责任才能到位，银行的法人治理才能完善，责、权、利才能真正统一。民营银行灵活的经营机制，使其可以按市场规则选择管理人才，同时其商业化的服务理念和顾客至上的企业文化也是社区银行必不可少的。政府和监管部门应该尊重社区银行的自主经营，把工作重点放到培育良好的金融生态环境上去，真正发挥好金融生态系统中外调节的作用。

以上是我国城市商业银行向不同发展方向发展的六种案例。通过这些案例的介绍和分析，我们不难发现，我国城市商业银行今后的发展趋势有多种形式和不同路径。随着我国政治经济形势的发展，改革开放的深化，金融生态环境和金融生态调节体系的改变，特别是我国地区间金融生态环境的差异性和城市商业银行本身已经出现的差异，我国各地的城市商业银行还可能会有其他类型的发展趋势。

第三节 我国城市商业银行未来发展
将呈现多元化、多层次的格局

　　城市商业银行成立后，在地方政府和监管部门的帮助指导下逐步发展壮大起来，成为地方经济和社会发展中一支不可缺少的金融力量。随着我国金融体制改革的深化，竞争日趋激烈，金融制度创新所带来的挑战进一步加剧，宏观政策的调整和金融监管压力逐步增大，城市商业银行的发展面临着挑战和机遇并存的局面，成为我国银行业中发展趋势不确定性最高的群体，它们向何处发展，不仅是城市商业银行主体最关心的问题，也引起了地方政府、监管当局的重视，金融理论界的专家也开始进行研究。我们经过对城市商业银行发展趋势研究后认为：由于各城市商业银行所处的金融生态环境存在差异性以及改革开放三十多年来城市商业银行主体因地方经济社会发展的不平衡，加之监管政策在各地的执行时也会有一定的差异，今后我国城市商业银行将会出现多元化、多层次的发展趋势。少数城市商业银行可能发展成为跨区域的大型股份制商业银行；经济发达地区或部分省会城市商业银行会向区域性股份制银行发展；部分城市商业银行通过形成战略联盟获得生存和发展的机会；中小城市的城市商业银行会向社区银行或特色银行发展；还会有一些省域内城市商业银行合并重组；也有一些城市商业银行被其他银行或金融企业并购而退出市场；有不少城市商业银行通过投资设立村镇银行来实现跨区域发展；同时不排除存在其他的发展方向。需要指出的是，城市商业银行无论向哪个方向发展，都必须从所处的金融生态环境和本身的综合竞争能力出发，遵循金融发展的规律并在监管部门的指导帮助下实事求是地作出选择。不是说层级越高、规模越大，银行就一定能办好。如果城市商业银行盲目贪大求全，不但不能形成核心竞争力，反而会丧失原有的竞争优势，严重影响自己的发展。

一、国际银行业发展变化的启示

　　从2008年美国次贷危机所引发的全球金融危机至今已有三年多，在这次国际金融危机中，欧美中小银行表现了很强的生命力。据美国独立社区银行家协会2009年3月公布的报告显示：在危机中中小银行的市场份额在扩大，57%的中小银行新客户快速增长，40%的中小银行贷款发放量高于往年。大部分中小银行正在平稳地渡过这次危机，并在后危机时代能得到发展，即使有少数中小银行倒闭，也不会发生像大银行倒闭时所产生的大范围系统性风险。[①] 这再一次说明，一个稳健的多元化多层次的银行体系对于整个国家经济的健康发展，尤其是应对大规模系统性危机是十分必要的。

欧美国家经过多年的激烈市场竞争，中小银行形成了层次分明、富有活力的多种规模结构。它们有各自运作空间、相互竞争、相互补充。各层次之间虽然也有交叉，但每一个层面的银行都采取了特色化、差异化的市场定位、营销策略、风险管控、运营规则等发展策略，有效地规避了同质化引起的市场竞争过度和系统性风险，提高了银行的核心竞争力和可持续发展的能力，同时也都形成了自己的盈利空间，给予股东理想的回报。欧美中小银行发展的规律对我国城市商业银行今后的发展是可以借鉴和学习的。

从欧美中小银行上百年的发展过程看，各个层级之间的银行也是会发生变化的。全球著名的花旗银行（Citibank）前身是1812年6月16日成立的"纽约城市商业银行"（City Bank of New York）。经过近两个世纪的发展、并购，花旗银行已成为美国最大的银行，也是一家在全球一百多个国家及地区设有分支机构的国际大银行。美国第一银行成立于1929年，当时名为哥伦布市国民城市商业银行信用公司(City National Bank and Trust Company)，是一家资产规模很小、位于俄亥俄州哥伦布市的小银行。1979年更名为第一银行(Banc One)，曾是全美第六大银行，2004年1月被摩根大通银行收购。收购之前，该行拥有71,200名雇员，在14个州拥有1800家分支机构。该行拥有全美第三大信用卡公司、领先的零售银行、高质量的企业银行以及一流的投资管理公司。该行虽已被摩根大通银行并购，但其走过

---

① 肖远企：《后危机时代我国中小银行的发展方向》，《中国金融》2010年第3期。

的九十多年发展历程，对银行的发展仍有参考价值。保富银行（Preferred Bank）成立于1991年12月，总部位于加州洛杉矶市，注册资金2,018万美元，是一家社区银行。经过近二十年发展，目前保富银行在南加州共有11家分支机构，为当地的华人、中小企业、房地产开发商以及专业人士提供专业的金融服务。截至2010年年底，保富银行资产总额12.56亿美元、存款余额10.81亿美元，贷款余额9.15亿美元，资本充足率达 15.02%。[①]

美国一百多年的金融发展历史说明：随着美国金融生态环境的变化以及监管政策的调整，美国中小(城市)银行发生了很大的变化。一方面，一些中小(城市)银行通过不断的兼并收购逐步发展成大银行，这些已具规模的大银行又可能被更大的银行收购而成为全国甚至全球的著名银行。在这里发挥作用的是资源的市场配置、公平竞争以及监管政策的不断规范。另一方面，虽然美国有众多大银行和世界一流的银行，但为中小企业和社区群众服务的社区银行仍然在不断地发展，并仍然以良好的服务和效益保持其旺盛的生命力。这说明不同的市场需要不同规模和特色的银行。

美国很多大银行或区域性银行都是从城市商业银行发展过来的。但这种变化是一个在市场竞争中长期积累的过程，这个过程可能是十几年、几十年、上百年甚至更长，并非一蹴而就。关键是要有严密和可操作的长期发展战略、对市场机遇的发现和把握、严格的风险控制以及经营者精心的运作等等。中小银行采用盲目跟随大银行战略，市场、产品、服务、模式与大银行雷同，一味只求尽快做大而不注重扎扎实实做强，是注定不会成功的。

二、进一步明确市场定位，严格控制风险，提高城市商业银行核心竞争力

城市商业银行今后呈多元化、多层次的发展取向取决于各城市商业银行金融主体自身核心竞争力以及适应金融生态环境能力的不断提高，审时度势调整战略、抓住机遇，确保发展方向的实现。核心竞争力的提高包括很多

---

① 资料来源：《保富银行（Preferred Bank）2010年年度报告》。

方面诸如加强公司治理的科学性和有效性、清晰的发展战略、稳健的经营模式、严格的风险管控、人力资源的储备、成熟的IT系统等。从目前城市商业银行发展的现状来看，进一步明确市场定位，实施有特色的差异化发展，显得尤为重要。

很显然，城市商业银行不管向什么方向发展，其为中小企业和城乡家庭服务的市场定位不能改变，为地方经济和社会服务的宗旨不能改变，只有在定位和宗旨不变的基础上，城市商业银行才能充满生机和活力。这是城市商业银行整体的服务方向，是与城市商业银行的资金实力、竞争优势和风险管控能力等客观条件相匹配的，也是城市商业银行多年实践活动证明的成功经验。人们常常只看到一些城市商业银行做大做强的优秀业绩，被他们引资、跨区域发展、成功上市所吸引，却往往忽略了这些成功的城市商业银行立足本地、服务中小企业的稳健扎实的市场定位。必须明确，对每一家城市商业银行来讲，仅仅停留在整体服务方向上是远远不够的。一家城市商业银行资源总是有限的，不可能满足市场的所有需求，只有在认真地分析市场的基础上，对整体定位和服务方向进一步层次化、差异化细分，确定自己的目标客户，并以此提供有特色的产品和熟练、优质的服务，与其他层级的银行错位竞争，逐步在细分的市场中树立形象，形成核心客户、核心市场和核心主业，占领相应的市场份额，形成自己的品牌，才能实现可持续发展。在向核心客户、核心市场提供专业化、精细化服务，培育竞争优势的同时，也提高了银行定价的主动权，获取良好的回报，实现了企业利益的最大化，从而为全面提高核心竞争能力奠定了坚实的基础。

进一步加强对风险的控制是城市商业银行向多元化发展的根本保证。城市商业银行无论向什么方向发展，都必须把加强风险控制放在突出的位置上，这是中小银行永恒的主题。面临全球金融危机，政府出台了大规模经济刺激计划，信贷规模天量投放必然隐藏着大量的风险。进入后危机时代，为了防止通胀，政府出台了加强宏观调控的一系列措施并开始紧缩信贷规模。由此给中小银行带来的体制性风险和不良贷款迅速增加的风险是巨大的，城市商业银行有可能首当其冲。因此，城市商业银行必须花比原来更多的精力和投入去加强内控机制和体制的建设，防范和处置可能出现的各类风险。

新资本协议实施在即，国内外银行业面临的监管环境更趋严厉，为维护金融的安全与稳定，监管部门会采取更严谨的监管措施。城市商业银行要主动适应各项监管要求，强化和改进管理、夯实基础，提高风险抵御能力，这本身就意味着竞争能力的提升。

三、正确把握地方政府在城市商业银行多元化、多层次发展中的作用

目前城市商业银行进入了改革深化、制度变迁、向多元化多层次方向发展的重要时期，如何注意界定政府与市场的边界，处理好"银政"之间的关系，发挥市场配置资源的作用，按市场经济的规律推动城市商业银行的发展是个必须认真面对的问题。

城市商业银行是自主经营、自负盈亏的经济法人实体，其发展离不开地方政府的帮助和支持。地方政府既可在经济体制的转轨期为城市商业银行的发展提供适宜的制度环境，又可以在一定的范围内发挥矫正"市场失灵"的作用。目前，城市商业银行在市场竞争中还处于弱势，很多非市场因素使其无法和国有商业银行、全国性股份制商业银行在同一起跑线上竞争；由于市场反映的信息有其局限性，城市商业银行在支持地方经济和社会发展，特别是支持中小企业和社区发展的重要意义还无法在纯粹的市场竞争中反映出来。正因为如此，城市商业银行的发展需要地方政府适当的扶持。但是，在城市商业银行多元化、多层次发展过程中地方政府不能越俎代庖。回顾我国二十多年来金融企业改革发展的过程，以往的金融制度变迁多是一种政府强制性的制度变迁，这样虽然可以节约时间、提高效率，但难以满足金融主体自身发展的要求，而且会带来长时间的摩擦纷争，甚至付出很大代价。因此在城市商业银行多元化、多层次的发展过程中，地方政府不能违背了市场经济的原则预先设计一套固定的模式让企业去执行，不能随意动用行政权力去配置企业的金融资源，更不能直接干预和参加企业的经济活动。尊重市场的作用，尊重企业的自主权，理性的引导才是地方政府合理明智的选择。

四、城市商业银行的多元化、多层次发展需要良好的金融监管环境

金融监管部门的政策与指导对城市商业银行今后多元化、多层次发展影响很大。在我国银行体系中，城市商业银行还是弱势群体，在目前这种金融体制下，城市商业银行往往是最先承受风险，最后得到实惠。监管部门应该在创造公平的竞争环境、改善监管机制、提供良好服务等方面，为城市商业银行的多元化、多层次发展创造条件。

改革开放以来，我国的商业银行形成了国有商业银行、股份制商业银行、城市商业银行等多维体系，从行业总资产来看，2010年，国有商业银行占据了48.6%，股份制商业银行占15.8%，城市商业银行只占8.4%，其他机构占27.3%。城市商业银行在开展经营活动中还会遇到一些不利于其发展的政策，"唯成分论"的观念往往制约了城市商业银行的发展，显然有失市场经济的公平原则。金融主管部门要为城市商业银行创造公平竞争的外部经营环境。比如对城市商业银行增资扩股和上市要予以积极的鼓励和支持；只要城市商业银行具备所需要的管理能力、技术支撑和人才资源就应该在业务准入上一视同仁；要支持具有条件的城市商业银行开展混业经营的试点；在制订监管指标控制信贷规模时，要充分考虑城市商业银行的实际情况，区别对待，避免出现名义上的平等而实际上的不平等情况。

应该增强监管规则的统一性和可操作性，推进监管方式的规范化和科学化。监管部门并非银行的主管部门，监管工作不是干预或指挥银行的具体经营管理活动；要改变行政性的管理方式，更多的运用经济手段和法律手段；监管当局对城市商业银行分类监管的原则确定后，应该有透明、公开的具体实施办法，以利于处于不同发展阶段的城市商业银行在向不同方向发展时可以得到更为明确的政策支持。

五、制订政策扶持推动城市商业银行多元化、多层次发展

首先，应该制定"中小银行法"。目前对以城市商业银行为主的中小

银行的管理和大型银行的管理都是根据《商业银行法》及其派生出来的一系列规章制度等来实施。大型银行和中小银行无论是它们所处的环境、内部情况、服务对象，还是其经营理念、追求目标、承担的责任等方面，都有巨大的差异。因此参考国外银行发展过程中对中小银行的扶持方式，我国应该制订支持和规范中小银行发展的"中小银行法"。中小银行的繁荣和发展，对改善我国微观经济运行状况，解决中小企业融资难问题，提高城乡居民家庭生活品质等，会产生重要作用。而中小银行长期的繁荣和发展必须得到法律的保护和规范，否则难以达到这样的目标。我国金融业目前已经进入了高度竞争的阶段，大型金融企业凭借其国家信用背景正在向金融控股集团和混业经营发展，金融垄断的迹象已开始显现。在某种程度上这和市场经济的竞争原则相悖，也不利于企业的进步和满足社会多元多层次的金融需求。中小银行法可以保护中小金融企业的发展，有利于形成一个平等、公开、透明的金融竞争环境。

其次，可以在城市商业银行中率先试点存款保险和再保险制度。存款保险和再保险制度是一种以信用保障为主要特征的应付风险与危机的救助制度。存款保险制度使金融风险在事前防范、事中控制、事后施救三方面都有可靠的物质保证和相应的法规措施。在风险防范和信用危机处理上，国有商业银行有国家信用支撑，股份制商业银行有强大的大型国有企业为后盾，城市商业银行是无法和它们比拟的。在城市商业银行中进行存款保险制度有三方面好处：一是通过这种制度解决城市商业银行信用保障不足问题，提高社会公众对城市商业银行的信心，改善城市商业银行的社会形象和信誉，保护城市商业银行的合法权益，使之能够在市场上进行公平竞争，从整体上提高城市商业银行的竞争力。二是保险制度的建立使城市商业银行的退出机制得以形成。在城市商业银行今后多元化的发展过程中，建立退出机制是十分必要的。在市场经济条件下由于各种原因我们不能保证每一家城市商业银行在发展过程中都能成功，少量企业退市，被市场淘汰，是十分正常的现象，也是市场经济竞争的必然结果。三是通过在城市商业银行中的试点，可以总结经验，发现问题，从而为在全体金融企业中实施这项酝酿多年的制度奠定基础。在城市商业银行中进行存款保险和再保险制度需要得到国家和地方政府的支持。如适当降低城市商业银行上交央行的存款保证金比例，降低城市商业银行税收或者采用税收返还的形式支持城市商业银行建立存款保险和再保险制度。

第三，降低城市商业银行的税收负担，为城市商业银行多元化、多层次发展创造宽松的环境。城市商业银行成立以来在化解城市信用社遗留的不良资产时除了得到城市政府扶持外，主要靠自身的积累，这导致他们没有能力在科技支撑、网点建设等基础设施方面有更多的投入。城市商业银行在这些方面和国有商业银行、股份制商业银行有很大的差距，这严重影响了城市商业银行的综合竞争力。同时，城市商业银行在多元化、多层次的发展过程中需要更大的投入和必要的财力支持，在一定时期内应该降低城市商业银行的营业税税率，以支持其发展。中长期内随着整个税收体制改革要将营业税改为增值税，使我国银行业的税收制度和国际接轨，增强我国商业银行的竞争力。

本章参考文献

1.刘冀生：《企业战略管理》，清华大学出版社2003年版。

2.中国社会科学院金融研究所：《中国城市金融生态环境评价》，人民出版社2005年版。

3.徐诺金：《金融生态论》，中国金融出版社2006年版。

4.吴小新等：《区域性股份制中、小银行的发展研究》，中国财经出版社2006年版。

5.武志：《中国地方金融体系的改革与重构》，东北财经大学出版社2005年版。

6.王爱俭：《中国社区银行发展模式研究》，中国金融出版社2005年版。

7.李仁杰、王国刚：《中国商业银行发展研究》，社会科学文献出版社2006年版。

8.胡援成等：《我国中小银行战略联盟的选择》，《上海金融》2002年第11期。

9.刘胜会：《我国商业银行成长战略的现实选择：战略联盟》，《华北金融》2006年第14期。

10.周鸿卫、彭建刚：《非均衡协同发展战略下的我国城市商业银行发展研究》，《中南财经大学学报》2007年第5期。

11.刘志斌：《转型期城市商业银行发展路径选择——制度变迁的分析视

角》，《时代经贸》2007年第8期。

12.周建松：《关于城市商业银行发展战略的反思》，《浙江金融》2006年第4期。

13.丁宁、丁傈：《欧美社区银行发展对中国城市商业银行改革的启示》，《大连海事大学学报》（社会科学版）2007年第2期。

14.韩文亮、张吉光：《WTO时代城市商业银行的战略选择》，《银行家》2006年第7期。

15.郑先炳：《解读花旗银行》，中国金融出版社2007年版。

16.徐填失：《金融改革路在何方》，北京大学出版社2002年版。

17.中国社会科学院金融研究所：《中国地区金融生态环境评价》，中国金融出版社2009年版。

后　记

经过近一年的时间，在大家的努力下，《城市商业银行改革创新的实践和探索》这本书终于付印出版了。酝酿写一本总结城市商业银行这十几年来的艰难发展历程的书已很长时间了。在城市商业银行工作的同志们常常在思考一个问题，这就是：在纷繁复杂的经济环境和越来越激烈的竞争中，如何能让城市商业银行战胜困难，不断地前进。这十几年的发展实践说明，答案很简单，那就是要不断地改革创新。正因为如此，我们就把这些年来城市商业银行发展中的经验和教训以及改革创新的实践和探索进行认真地总结，写成一本书，让城市商业银行的同仁和专家们评说，以期望今后在城市商业银行的发展中更好地改革和创新，少走一些弯路，少犯一些错误，把城市商业银行办成充满活力和朝气、能在可持续发展道路上不断前进的企业。

本书作者都是长期从事城市商业银行管理和经营者，全书由马时雍主编，撰写了第一章、第十二章，并拟定其他章节的提纲，对全书进行修改和总纂。其他各章的撰稿人为：王志森（第二章），聂庆（第三章），陈予、袁立宏（第四章），赵映珍、余南军（第五章），赵映珍、章斌（第六章），邵丽萍（第七章），朱海、胡丽健（第八章），潘华富（第九章），聂庆、刘晓峰（第十章），谭志浩（第十一章）。任勤民、俞薇薇、王立雄、赵卫星对第五章，宋剑斌、敖一帆对第六章，宋剑斌对第八、第九章，徐国民对第十章进行了修改。李杨健为本书做了英语翻译。

城市商业银行有今天这样良好的局面确实不容易，这是城市商业银行二十多万员工以顽强的精神长期艰苦奋斗的结果，是各级政府、监管部门支持帮助的结果。我和我的同事们怀着一种十分珍惜的心情来编写这本书。由于我们的知识水平和掌握的资料有限，至定稿之时，仍感到有很多缺陷和不尽如人意之处，敬请读者们批评指正。感谢很多同事在本书的编写过程中给予的帮助，感谢吴太普、严华好、俞胜法、江波等同志审阅了本书并提出宝贵意见，感谢郑鸿毅、章建夫、高振华同志为本书撰稿提供了帮助。感谢出版社的编辑和美虹排版公司对本书出版付出的辛勤工作。

城市商业银行的明天一定会更美好。

2011年7月8日

责任编辑:方国根

装帧设计:徐　剑

图书在版编目(CIP)数据

城市商业银行改革创新的实践和探索/马时雍主编.
　-北京:人民出版社,2011.10
ISBN 978-7-01-010316-7

Ⅰ.①城…　Ⅱ.①马…　Ⅲ.①城市商业银行-银行体制改革-研究-中国
　Ⅳ.①F832.33

中国版本图书馆CIP数据核字(2011)第200525号

城市商业银行改革创新的实践和探索
CHENGSHI SHANGYE YINHANG GAIGE CHUANGXIN DE SHIJIAN HE TANSUO

马时雍　主编

人 民 出 版 社 出版发行
(100706　北京朝阳门内大街166号)

北京中科印刷有限公司印刷　新华书店经销

2011年10月第1版　2011年10月北京第1次印刷
开本:710毫米×1000毫米 1/16　印张:26.75
字数:394千字　印数:0,001-7,000册

ISBN 978-7-01-010316-7　定价:63.00元

邮购地址 100706　北京朝阳门内大街166号
人民东方图书销售中心　电话(010)65250042　65289539